Ensinando ginástica
para crianças

Ensinando ginástica para crianças

Peter H. Werner, PED
University of South Carolina em Columbia

Lori H. Williams, PhD
The Citadel

Tina J. Hall, PhD
Middle Tennessee State University

3ª edição

Título original em inglês: *Teaching Children Gymnastics, 3rd edition.*
Copyright © 2012 by Peter H. Werner, Lori H. Williams, Tina J. Hall
Copyright © 2004, 1994 by Human Kinetics, Inc.
Todos os direitos reservados.
Publicado mediante acordo com a Human Kinetics, Inc.

Este livro contempla as regras do Novo Acordo Ortográfico da Língua Portuguesa.

Editor gestor: Walter Luiz Coutinho
Editora de traduções: Denise Yumi Chinem
Produção editorial: Priscila Pereira Mota Hidaka, Cláudia Lahr Tetzlaff e Nilce Cristina Vanessa Xavier dos Santos
Assistência editorial: Gabriela Rocha Ribeiro, Michel Arcas Bezerra e Vinicius Asevedo Vieira

Tradução: Sueli Rodrigues Coelho e Maria Idalina Ferreira Lopes

Revisão técnica: Myrian Nunomura
        Professora Associada da Escola de Educação Física e Esporte de Ribeirão Preto da Universidade de São Paulo (USP)
        Livre-docente pela USP
        Pós-doutora em Ciências do Esporte pela University of Tsukuba, Japão
        Doutora em Ciências do Esporte pela Universidade Estadual de Campinas (Unicamp)
        Mestre em Educação pela Yokohama National University, Japão
        Licenciada em Educação Física pela USP

Diagramação: Paper Office
Capa e ilustração de capa: Axel Sande/Gabinete de Artes

Dados Internacionais de Catalogação na Publicação (CIP)
(Câmara Brasileira do Livro, SP, Brasil)

Werner, Peter H.
    Ensinando ginástica para crianças / Peter H.
Werner, Lori H. Williams, Tina J. Hall ;
[tradução Sueli Rodrigues Coelho, Maria Idalina
Ferreira Lopes]. -- 3. ed. -- Barueri, SP :
Manole, 2015.

    Bibliografia.
    ISBN 978-85-204-4018-6

    1. Ginástica infantil 2. Treinamento I. Werner,
Peter H.. II. Williams, Lori H.. III. Hall, Tina
J.. IV. Título.

15-01729   CDD-796.44083

      Índices para catálogo sistemático:
        1. Ginástica infantil : Esporte   796.44083

Nenhuma parte deste livro poderá ser reproduzida, por qualquer processo, sem a permissão expressa dos editores.
É proibida a reprodução por xerox.
A Editora Manole é filiada à ABDR – Associação Brasileira de Direitos Reprográficos.

Edição brasileira – 2015

Direitos em língua portuguesa adquiridos pela:
Editora Manole Ltda.
Av. Ceci, 672 – Tamboré
06460-120 – Barueri – SP – Brasil
Tel.: (11) 4196-6000 – Fax: (11) 4196-6021
www.manole.com.br
info@manole.com.br

Impresso no Brasil
Printed in Brazil

Sumário

Sobre os autores	ix
Prefácio	xi
Agradecimentos	xv
Parte I – Ginástica apropriada ao desenvolvimento	1
Capítulo 1 • Por que é importante ensinar ginástica às crianças?	3
Definição de ginástica apropriada ao desenvolvimento	5
Breve história da ginástica	5
Ginástica hoje	7
Normas norte-americanas para a educação física	8
Como a ginástica deve ser ensinada	18
Onde estamos agora?	22
Um olhar para o futuro	22
Resumo	23
Questões para reflexão	23
Capítulo 2 • Como adaptar a ginástica à sua situação de ensino	25
Planejamento	25
Desenvolvimento de um ambiente de aprendizado positivo	32
Resumo	39
Questões para reflexão	39
Capítulo 3 • Como incorporar a ginástica em seu programa	41
Conteúdo e sequência	42
Etapas da ginástica	44
Desenvolvimento de tarefas na ginástica	45
Estilos de ensino direto e indireto	47
Quando encorajar demonstrações dos alunos	48
Responsabilidades: a ética no exercício da ginástica	48
Como enfatizar a boa mecânica corporal e a estética	48
Temas de habilidades motoras para a ginástica	50
Variáveis do processo	56
Experiências de aprendizagem	58

v

VI Ensinando ginástica para crianças

O que faz uma experiência de aprendizagem ser apropriada ao desenvolvimento?	59
Resumo	60
Questões para reflexão	61

Capítulo 4 • Como avaliar o progresso das crianças na ginástica | 63
Novas formas de avaliação	63
O que avaliar	65
Como avaliar	66
Avaliação psicomotora	69
Avaliação cognitiva	71
Avaliação afetiva	73
Comunicando o que foi avaliado	75
Resumo	75
Questões para reflexão	77

Parte II – Como ensinar experiências de aprendizagem apropriadas ao desenvolvimento na ginástica | 79

Capítulo 5 • Experiências de aprendizagem de deslocamento | 81
Experiências de aprendizagem deste capítulo	81
E lá vamos nós	82
Superfície de aterrissagem	84
Transformers ambulantes	87
Salto do coelho	91
Prontos para decolar	94
Rock and Roll	96
Voo fantástico	99
Atravessando o cruzamento	101
Relógio	104
Quero ver você subir	107
Eu e minha sombra	111
Outras sugestões de experiências de aprendizagem	113

Capítulo 6 • Experiências de aprendizagem de equilíbrio estático | 119
Experiências de aprendizagem deste capítulo	119
Círculos e pontos	120
Empurrar e puxar	123
Igual e diferente	125
Vela	127
Imitação	130
Dimensões	133
Estátuas	137
Glúteos para cima	140
Gêmeos	143
Olha só o que eu consigo fazer	146
Conte comigo	149
Outras sugestões de experiências de aprendizagem	152

Capítulo 7 • Experiências de aprendizagem de rotação	157
Experiências de aprendizagem deste capítulo	157
Bolas, ovos e lápis	158
Tudo para trás	161
Pião	164
Deitando e rolando	167
Dando um giro	170
O desafio do cordão	172
Rolando de um jeito diferente	174
Vamos nos conectar	177
Giros de quadril	179
Em pares	183
Pés, mãos, pés	186
Outras sugestões de experiências de aprendizagem	190
Capítulo 8 • Como elaborar sequências de ginástica	195
O que é necessário para uma boa sequência de ginástica	196
Exemplos de sequências de ginástica	198
Apêndice Formulários e folhetos	215
Referências bibliográficas	229
Sugestões de leitura	231

Sobre os autores

Peter H. Werner, PED, é um eminente professor emérito aposentado do departamento de educação física da University of South Carolina. Sua área de especialização é a educação física para crianças, incluindo ginástica, dança e aprendizagem interdisciplinar. O dr. Werner esteve presente em várias conferências nacionais para a American Alliance for Health, Physical Education, Recreation and Dance e para a National Association for Sport and Physical Education (NASPE). E também apresentou seu trabalho sobre ginástica educacional em uma conferência internacional.

Werner trabalhou como editor sênior do *Teaching Elementary Physical Education* e desempenhou funções editoriais para muitas outras publicações de educação física. Foi reconhecido inúmeras vezes por suas contribuições para a educação física, recebendo, inclusive, da University of South Carolina, o Ada B. Thomas Outstanding Faculty Advisor Award, em 2001, o Margie Hanson Service Award, em 2002, do Council on Physical Education for Children, e o Hall of Fame Joy of Effort Award, da National Association for Sport and Physical Education, em 2008. É coautor de *Interdisciplinary Teaching Through Physical Education* (2009), *Seminar in Physical Education* (2008) e *Geocaching for Schools and Communities* (2010), todos publicados pela Human Kinetics. Escreveu também centenas de artigos.

O dr. Werner e sua esposa mudaram-se para Black Mountain, em North Carolina, onde ele pratica canoagem, corrida, ciclismo e fabrica vassouras artesanais.

Lori H. Williams, PhD, é professora assistente na Citadel, em Charleston, South Carolina. Ela ensinou educação física nos ensinos fundamental, médio e superior. Em seus 25 anos de experiência de ensino, catorze foram em escolas públicas. A ginástica sempre fez parte de seu currículo. É coautora de *Schoolwide Physical Activity* (2010) e de vários artigos para publicações especializadas. Williams apresentou-se em inúmeras conferências estaduais, regionais e nacionais, das quais muitas focavam na ginástica. Ela tem sido uma colaboradora ativa na coleta e na análise de dados de avaliação em nível estadual junto ao South Carolina Physical Education Assessment Program e é membro do NASPE Assessment Task Force.

Tina J. Hall, PhD, é professora associada do departamento de saúde e desempenho humano na Middle Tennessee State University. Atua na área de ensino desde 1985 e dedicou dezoito desses anos aos ensinos fundamental e médio. Sua experiência em ginástica inclui o ensino da ginástica como parte integrante do currículo de educação física nos ensinos fundamental e médio, a orientação de uma academia de ginástica extracurricular e o ensino de ginástica educacional para futuros professores de educação física no nível superior. Realizou diversos *workshops* e treinamentos focados em ginástica. É coautora de *Schoolwide Physical Activity* (2010) e de vários artigos para publicações especializadas.

Prefácio

No colégio religioso em que fiz o primário, a disciplina educação física não era oferecida. Felizmente, fui uma criança ativa. Eu me lembro de balançar e escorregar nos brinquedos do parquinho e de jogar beisebol, futebol americano e basquete. Durante o ginásio e o colegial, eu era dispensado da educação física porque era um atleta. Como resultado, cheguei ao final da adolescência apenas com um pouco de experiência informal em ginástica. Na faculdade, como bacharelando de educação física em meados dos anos 1960, fiz dois cursos de ginástica. Um de *tumbling* e o outro de ginástica de equipamentos. Como eu frequentava um programa de ginástica tradicional da escola alemã Turnverein na University of Wisconsin, em LaCrosse, ambos os cursos foram apresentados de modo bastante formal e progressivo, com base em um sistema olímpico. Minhas experiências com o dr. Gershon como professor foram excelentes e completas. Aprendi boas habilidades fundamentais e boa mecânica corporal, mas me senti frustrado! Não comecei na ginástica cedo o bastante nem pratiquei tempo suficiente para me tornar competente em mortais para trás, para a frente, e coisas do tipo – aquelas que impressionam. Nunca me senti realmente satisfeito porque nunca consegui montar uma rotina completa. Nós aprendíamos e éramos testados em habilidades individuais.

Quando comecei a lecionar, estava convencido de que a ginástica era uma coisa boa para crianças e que deveria fazer parte do currículo de educação física. Comecei a buscar maneiras de aumentar meu conhecimento. Participei de *workshops* apresentados por Joan Tillotson, Bette Jean Logsdon, Kate Barrett, Jane Young e Pat Tanner. Li todos os livros britânicos sobre educação do movimento que pude encontrar. Ampliei muito meus conhecimentos em todas as áreas de conteúdo da educação física – jogos, dança e ginástica. O trabalho de Rudolf Laban e a estrutura do movimento, incluindo os conceitos de corpo, espaço, esforço e relações, tornaram-se minha principal influência. Uma pós-graduação e um doutorado vieram em seguida.

Quando comecei a dar aulas na universidade no início dos anos 1970, a grade curricular começou a mudar. Com a expansão do conhecimento em disciplinas como fisiologia do exercício, cinesiologia e aprendizagem motora, os cursos com conteúdo em habilidades foram eliminados. Durante os anos 1990 e hoje, no século XXI, não é incomum que estudantes de educação física tenham apenas uma matéria de ginástica. E, frequentemente, a matéria vale só um crédito e é dada duas vezes por semana durante um semestre. Que especialização em ginástica um professor consegue obter com apenas uma matéria? Como professor, como posso passar a meus alunos aquilo de que eles precisam para se sentirem confiantes para ensinar ginástica a crianças?

Para mim, algumas respostas surgiram durante dois períodos sabáticos na Inglaterra em 1987 e 1994. Lá, eu estudei com Bob Smith da Loughborough University of Technology. Também participei de *workshops* sobre ginástica apresentados por John Wright da Nonington College, Martin Underwood da Exeter University, Joyce Allen da Chelsea School of Human Movement, e Victor Sabin do departamento de educação de Northamptonshire. Ainda que a ginástica enfrente as mesmas dificuldades tanto na Inglaterra como nos Estados Unidos – ensino fraco e falta de ênfase no currículo –, esses líderes assumiram uma postura positiva, trazendo a ginástica ao seu lugar de direito no currículo nacional.

Esta terceira edição de *Ensinando ginástica para crianças* traz duas novas coautoras: Lori Williams e Tina Hall. Cada uma delas com ampla experiência nos ensinos fundamental e médio. Além de ensinar ginástica para crianças, elas realizam *workshops* para professores por todo o país. Ambas também têm experiência nas normas revisadas de educação física e de avaliação de educação física dos Estados Unidos. Lori e Tina também são coautoras do livro *Schoolwide Physical Activity,* com Judy Rink (Human Kinetics, 2010).

De certo modo, viemos acumulando o conteúdo deste livro por mais de 40 anos. Essas ideias representam nosso crescimento como professores. Elas combinam nosso conhecimento de ginástica e de ensino e os melhores aspectos das habilidades de desenvolvimento, condicionamento físico relacionado à saúde e aprendizagem conceitual da área do movimento humano. Elas representam o que acreditamos ser possível alcançar no mundo real com o ensino da ginástica. Nesta terceira edição, tais ideias mostram como crescemos nos últimos 15 anos.

Neste livro apresentamos a ginástica de modo que ela tenha significado para os professores. É por meio de vocês que as crianças podem aproveitar os muitos benefícios para o desenvolvimento de um sistema de ginástica focado no gerenciamento do corpo. Este livro é tanto para os professores de educação física iniciantes como para os experientes que queiram ampliar seus conhecimentos de ginástica. O conteúdo foi separado em duas partes.

PARTE I

A Parte I começa com um capítulo introdutório que inclui uma definição de ginástica, um breve histórico do esporte e discute como a ginástica contribui para os domínios psicomotor, cognitivo e afetivo. A novidade nesse capítulo são as Normas Norte-americanas de Educação Física atualizadas. O Capítulo 2 discute a adaptação da ginástica à sua situação de ensino. De fato, não existem duas situações de ensino que sejam idênticas em educação física. São oferecidas sugestões de estruturação de programas para se ajustar às particularidades de cada escola. Esse capítulo inclui ideias para aulas com espaço, tempo e equipamento limitados. A novidade nesse capítulo são as seções sobre gerenciamento do comportamento, inclusão (trabalhando diferenças individuais) e mediação de conflitos. Como explicado nesse capítulo, programas de qualidade podem ser desenvolvidos em situações não ideais, ainda que isso não seja fácil. O Capítulo 3 foi reestruturado para incluir uma nova tabela de conteúdo e sequência de ginástica desde o 1º ano do ensino fundamental. As informações sobre desenvolvi-

mento de sequências em ginástica foram transferidas para um capítulo específico na Parte II.

O último capítulo da Parte I trata da avaliação. Além de oferecer exemplos sobre como avaliar os alunos nas áreas psicomotora, cognitiva e afetiva, esse capítulo revisado relaciona a avaliação às normas norte-americanas, oferece sugestões de resultados com base no desempenho e trata da avaliação tanto dos meios analíticos como holísticos de responsabilização na ginástica.

PARTE II

A característica especial deste livro é a série de exercícios detalhados na Parte II para cada um dos temas de habilidades motoras de deslocamento, equilíbrio estático e rotação. Cada capítulo subdivide o trabalho em categorias. As categorias de deslocamento no Capítulo 5 incluem ações de locomoção com os pés; ações de locomoção com as mãos, os pés e os joelhos; transferência de peso e voo. As características, princípios e tipos de equilíbrio são as categorias de equilíbrio estático do Capítulo 6. O Capítulo 7 foca nos princípios da rotação, movimento ao redor de três eixos e rotação do corpo. As variáveis do processo de movimento humano – corpo, espaço, esforço e relações – suportam todo o trabalho (ver a Tabela 3.8 na p. 57).

As experiências de aprendizagem não se desenvolvem em apenas um aspecto. Ainda que um tema de habilidade motora seja escolhido como foco principal em cada experiência de aprendizagem, outros temas de habilidades são usados para apoiar o desenvolvimento daquele conceito em trabalho em sequência. Os temas desenvolvem-se paralelamente e de modo dependente um do outro. Isso significa que uma aula nunca será apenas sobre rolamentos, estrelas, equilíbrio ou saltos e aterrissagem. Na verdade, depois de um período de aquecimento, o foco principal da aula é desenvolvido, e os alunos aprendem e trabalham o novo material. Então, é desenvolvida uma sequência que integra o foco principal com outras habilidades aprendidas anteriormente. Por exemplo, se as crianças estão aprendendo habilidades de rolamento, ao final da aula elas podem integrar um salto, uma aterrissagem e um rolamento à sua escolha, terminando com um movimento de equilíbrio em um nível baixo.

O conceito por trás da aula é o foco no desenvolvimento de uma habilidade específica e, depois, a combinação dessa habilidade com outras dentro de uma sequência lógica.

Por exemplo, os alunos que estejam aprendendo a fazer rolamentos podem juntar dois rolamentos diferentes com um equilíbrio. Os alunos que estejam trabalhando em ações de deslocamento podem saltar, saltar, saltar com um giro ou forma de equilíbrio; aterrissar; e terminar o movimento com um equilíbrio.

Enquanto a segunda edição do livro incluía 10 experiências de aprendizagem para cada tema de habilidade motora, esta edição aumenta esse número para 11. Cada uma das experiências de aprendizagem segue os elementos descritos na Parte I deste livro. Além disso, esta edição traz algumas mudanças em relação às experiências de aprendizagem adicionais.

Acrescentamos um oitavo capítulo a esta terceira edição. Ele trata de sequências de trabalho na ginástica.

O capítulo oferece um guia para auxiliar os professores a desenvolver sequências de trabalho com as crianças. Oferecemos exemplos de sequências para ajudar os professores a começar a desenvolver suas próprias ideias.

A maioria dos livros sobre ginástica apresenta uma série olímpica de movimentos, *tumbling* e habilidades em equipamentos. Poucas obras seguem uma abordagem educacional ou informal utilizando os temas de Laban sobre gerenciamento corporal. Fortalecemos este livro ao integrar a ginástica olímpica e educacional de forma a desafiar os estudantes e juntar habilidades de ginástica dentro de sequências significativas em cada experiência de aprendizagem.

Peter Werner

Agradecimentos

Nenhum projeto deste porte poderia ser realizado por uma única pessoa. Somos gratos a todos os professores e treinadores com os quais estudamos por suas contribuições ao nosso conhecimento crescente de ginástica. Agradecemos a Terry Sweeting, Sharon Brown, Liz Jones, Gina Barton, Adelaide Carpenter, e aos alunos e ex-alunos que revisaram, ensinaram e deram sugestões sobre planos de aula na fase de criação deste livro. Além disso, agradecemos a Kym Kirby, professora de educação física na Escola Fundamental A. C. Moore, Richland District 1, Columbia, Carolina do Sul (1998-2002), por permitir que ensinássemos seus alunos e experimentássemos nossas ideias para o desenvolvimento de conteúdo em ginástica. Mary Werner preparou os quadros e as figuras, e sem seu ótimo trabalho este livro não teria uma base estética. Nosso envolvimento com Scott Wikgren e outros colaboradores da Human Kinetics foi sensacional. Que grupo de profissionais inspiradores!

Parte I

Ginástica apropriada ao desenvolvimento

Em 1992, a Associação Americana de Esporte e Educação Física (NASPE – *National Association for Sport and Physical Education*) publicou um documento intitulado *Developmentally Appropriate Physical Education Practices for Children* (Práticas de Educação Física Apropriadas ao Desenvolvimento para Crianças). O documento, desenvolvido pelo comitê executivo do Conselho de Educação Física para Crianças (COPEC – *Council on Physical Education for Children*), representa a sabedoria coletiva de muitos educadores físicos sobre o que é uma boa educação física fundamental. Esse documento foi revisado em 2000 sob o título de *Appropriate Instructional Guidelines for Elementary Physical Education* (Diretrizes e Instruções Apropriadas para Educação Física Fundamental) e, mais recentemente, em 2010, sob o título de *Appropriate Instructional Practice Guidelines for Elementary School Physical Education* (Diretrizes e Instruções Apropriadas para Educação Física no Ensino Fundamental). Os princípios adotados pela NASPE em cada um desses documentos direcionaram o desenvolvimento deste livro.

A Parte I começa com um panorama da ginástica apropriada ao desenvolvimento, discutindo por que motivo ela deve fazer parte de um programa de educação física fundamental de qualidade e como essa abordagem difere do que vem sendo ensinado tradicionalmente na educação física. O Capítulo 1 inclui um breve histórico da ginástica em suas muitas formas, além de trazer a definição do que seria uma pessoa fisicamente educada de acordo com as Normas Norte-americanas de Educação Física, incluindo padrões de desempenho psicomotor, cognitivo e afetivo, e uma discussão sobre a importância dessa definição de ensino de ginástica para crianças.

De fato, não existem duas situações de ensino que sejam idênticas na educação física. O Capítulo 2 identifica similaridades e diferenças no ambiente escolar. Ele oferece várias sugestões de como estruturar um programa para acomodar as idiossincrasias de uma escola e inclui ideias para aulas com limitação de espaço, equipamento e tempo. O capítulo também traz uma discussão sobre planejamento, desenvolvimento de um ambiente de aprendizado positivo, inclusão de todas as crianças na educação física, diretrizes de segurança e mediação de conflitos. Como explicado no capítulo, programas de qualidade podem ser desenvolvidos em situações longe do ideal, mas isso não é fácil.

Uma descrição completa do conteúdo, incluindo as definições de termos específicos para a área, é apresentada no Capítulo 3. O foco específico desse capítulo é definir um currículo de ginástica apropriado ao desenvolvimento, elaborado para oferecer às crianças uma progressão lógica das tarefas, favorecendo a competência e a apreciação da prática. As etapas da ginástica, desde o desenvolvimento inicial das habilidades até a elaboração de sequências mais avançadas, são discutidas, bem como as formas de ampliar, refinar e realizar tarefas na elaboração de exercícios para crianças. Além disso, informações sobre estilos de ensino, apresentações de alunos, responsabilidade e boa mecânica corporal precedem uma discussão sobre cada uma das habilidades na ginástica e as variáveis do processo utilizadas no desenvolvimento dos exercícios. Como preparação para a Parte II deste livro, os componentes de uma experiência de aprendizagem são definidos. Você logo perceberá que eles contêm bem mais que simples jogos e atividades que só mantêm as crianças ocupadas por, no máximo, 30 minutos.

O último capítulo da Parte I é dedicado à avaliação. O Capítulo 4 foi revisado de acordo com as normas norte-americanas e os resultados baseados no desempenho. Ele diferencia avaliação alternativa de testes tradicionais e descreve a avaliação autêntica e fundamentada no desempenho. Também oferece maneiras práticas de avaliar o quão bem as crianças estão aprendendo os conceitos e as habilidades relacionadas ao conteúdo ensinado. No século XXI, os educadores são cada vez mais exigidos a documentar, de modo realístico, o progresso de seus alunos. Tal exigência apresenta desafios únicos para um professor de educação física do ensino fundamental que pode ter 400 ou mais alunos por semana. O Capítulo 4 oferece algumas sugestões realistas para uma avaliação analítica e holística do que as crianças estão aprendendo.

Capítulo 1

Por que é importante ensinar ginástica às crianças?

Após ler e compreender este capítulo, você será capaz de:

- explicar como a ginástica pode contribuir para o desenvolvimento motor humano, tanto nas habilidades relacionadas ao esporte como nas experiências diárias da vida;
- definir ginástica com suas próprias palavras;
- descrever a rica história e as várias manifestações da ginástica;
- discutir os resultados de um programa de educação física da qualidade com referência a ginástica e a resultados específicos de desempenho em diferentes níveis;
- explicar como a ginástica contribui para o desenvolvimento da criança nas áreas psicomotora, cognitiva e afetiva; e
- discutir como a ginástica deve ser ensinada com referência à pesquisa sobre o ensino e ao estudo pedagógico e de conteúdo.

Desde a infância tentamos dominar as possibilidades do movimento humano. Engatinhamos, começamos a andar, buscamos formas de desenvolver e variar nosso repertório de movimentos, nos aventurando no aprendizado de deslocamentos diversos, do equilíbrio e de rotações. Cada uma dessas habilidades está relacionada à ginástica em um sentido amplo.

Quando jovens, você, seus irmãos e amigos muito provavelmente empurravam o sofá, as cadeiras e a mesinha de centro da sala para arrumar espaço para brincar. Talvez seu pai, seu irmão ou algum outro adulto mais forte se deitasse de costas e erguesse você com os pés apoiados em sua cintura, segurando-lhe horizontalmente no ar. Parte de suas acrobacias pode ter incluído rolamentos. A mobília pode ter servido como equipamento.

Talvez você se lembre de ter se divertido ao ar livre com muitas brincadeiras similares:

- rotações com um adulto segurando você pelos braços;
- andar de cavalinho nos ombros ou nas costas de alguém;
- descer um gramado rolando;
- virar estrela no gramado;
- subir em árvores;
- pular por cima de troncos no meio do mato;
- subir no trepa-trepa;
- pendurar-se nas barras de macaco e desafiar seus amigos para ver quantas barras eles conseguiam pular;
- sentar em um balanço e torcer as correntes o máximo possível para depois soltar e ficar girando;

- balançar-se em cipós ou em cordas presas em árvores;
- atravessar um riacho pulando de uma pedra para outra por todo o percurso;
- escorregar em um morro sentado em uma tampa de plástico ou em um pedaço de papelão;
- andar sobre a guia da calçada, tentando se equilibrar;
- pendurar-se de cabeça para baixo em um tronco ou na escada no *playground*;
- dar cambalhotas (rolamentos) ou ficar de ponta-cabeça (em inversão) dentro da piscina.

Ainda que os brinquedos infantis tenham mudado com o passar dos anos, o propósito da brincadeira não mudou. Talvez quando criança você tenha brincado de pular corda, perna de pau, pula-pula, pogobol, sapato de lata, bola upa upa, tenha andado de *skate* e brincado de bambolê. Talvez suas brincadeiras fossem parecidas com as brincadeiras das crianças de hoje, que se arriscam no *skate*, *snowboard*, patins *in-line* e *scooters*. As brincadeiras e os desafios mais modernos para crianças e adultos também incluem atividades de equilíbrio em brinquedos eletrônicos, como os exercícios do *Wii Fit Balance*. Todas essas atividades que enfatizam o deslocamento e o equilíbrio são muito divertidas, independentemente da geração.

Crianças de todas as idades parecem fascinadas por movimentos que estimulam sua percepção vestibular (senso de equilíbrio) e da posição do corpo no espaço. Os menores gostam de andar de elevador e escada rolante. Brinquedos de parques de diversão como carrossel, samba, montanha-russa e roda-gigante estimulam a percepção do movimento linear e de rotação. As crianças gostam de andar em cima de qualquer superfície estreita, sobre o meio-fio, um muro ou um tronco caído. Elas parecem não se cansar nunca.

Em anos de Olimpíadas, há um aumento expressivo no número de pais que inscrevem seus filhos em centros de ginástica. No passado, as meninas sonhavam em se tornar Mary Lou Retton, Cathy Rigby, Nadia Comaneci, Olga Korbut, Shannon Miller, Dominique Dawes, Kerri Strug, Dominique Moceanu, Svetlana Khorkina, Liu Xuan, Kim Zmeskal ou Betty Okino. Os meninos sonhavam em ser como Bart Conner, Kurt Thomas, Mitsuo Tsukahara, Vitaly Scherbo, Alexei Nemov, Li Xiaopeng, Mitch Gaylord ou Trent Dimas. As crianças, hoje, podem aspirar a ser a próxima Shawn Johnson, Nastia Liukin, Carly Patterson, Paul Hamm ou Jonathan Horton (ver Fig. 1.1). Outras crianças buscam a ginástica na esperança de um dia se tornar líderes de torcida, acrobatas ou artistas de circo.

Figura 1.1 Muitas crianças sonham em competir nas Olimpíadas.

Apesar da excitação e do desafio de mover seus corpos de formas diferentes, apenas alguns poucos jovens continuam a praticar a ginástica depois da infância. Eles são a pequena elite que sonha com as Olimpíadas ou competições universitárias, ainda que muitas jovens usem as habilidades em ginástica como um meio para trabalhar como líderes de torcida. Hoje, nos Estados Unidos, as líderes de torcida tornaram-se protagonistas de competições que exigem habilidades avançadas de ginástica na formação das equipes.

A ginástica desempenha um papel no esporte e na vida diária ajudando as pessoas a aprender a movimentar seus corpos de maneira eficiente e segura. Um ciclista, ao ver um cachorro atravessando seu caminho de repente, joga-se ao chão, rola e evita uma lesão séria. Um pintor calcula erroneamente a distância de um degrau em uma escada curta, tropeça, mas se recupera antes de um desastre total. Um jogador de softbol corre, mergulha para pegar a bola, rola, levanta e sai correndo novamente para alcançar o corredor na primeira base. Um jogador de futebol é bloqueado, rola, levanta-se novamente e sai para o ataque. Um jogador de vôlei mergulha para evitar que a bola toque o chão, rola, e logo já está em pé. Um cavaleiro é jogado para fora do cavalo, encolhe-se e rola para evitar lesões. Todas essas ações são variações de movimentos da ginástica, usadas por pessoas que não são ginastas olímpicos.

DEFINIÇÃO DE GINÁSTICA APROPRIADA AO DESENVOLVIMENTO

A ginástica pode ser definida, em um sentido mais global, como qualquer exercício físico, no solo ou em equipamento, que promove resistência, força, flexibilidade, agilidade, coordenação e controle do corpo. Melhor ainda, ela é o gerenciamento do corpo pelo uso de movimentos funcionais. Como tal, ela se diferencia dos jogos (que promovem o domínio de objetos e o alcance de objetivos, como superar um oponente) e da dança (que promove a expressão ou a comunicação de sentimentos, atitudes, ideias e conceitos).

A ginástica se parece com muitas outras atividades da infância. No entanto, ela ensina a desenvolver habilidades de locomoção e de equilíbrio, bem como consciência espacial e corporal. Além de aumentar a consciência corporal, a ginástica é uma atividade que trabalha o movimento de modo controlado. Ela também é uma agradável atividade estética que utiliza vários estímulos (equipamento, trabalho em grupo e música) para promover o desenvolvimento do corpo e da mente ao trabalhar tarefas específicas.

Um programa de educação física apropriado ao desenvolvimento inclui tarefas que trabalham tanto a habilidade como a confiança dos alunos. Várias experiências, com ou sem equipamentos, que incluem deslocamentos, voos, equilíbrio, rolamentos e transferência de peso, vão trabalhar as diferenças individuais dos alunos.

Um programa de educação física com ginástica beneficia as crianças de muitas maneiras. Melhora o gerenciamento e o controle do corpo e ajuda no desenvolvimento de habilidades locomotoras, não locomotoras e manipulativas. A ginástica desenvolve coordenação, flexibilidade, agilidade, força e resistência muscular e fortalecimento dos ossos. Essas habilidades, por sua vez, estão relacionadas à saúde e ao condicionamento físico e promovem estilos de vida mais ativos fisicamente. Na verdade, as Diretrizes Americanas para Educação Física de 2008 (*2008 Physical Activity Guidelines for Americans*), do Departamento Americano de Serviços de Saúde e Sociais (*U.S. Department of Health and Human Services 2008*), estabelecem que crianças e jovens precisam de no mínimo 60 minutos de atividade física, incluindo atividades que promovem o fortalecimento muscular e ósseo pelo menos três dias na semana (ver Fig. 1.2). Além disso, a ginástica pode melhorar resultados cognitivos e afetivos nas áreas de solução de problemas, mecânica corporal e estética. Cada um desses elementos será discutido detalhadamente mais adiante; primeiro, algumas considerações sobre a história da ginástica irão demonstrar como ela pode beneficiar um programa de educação física.

BREVE HISTÓRIA DA GINÁSTICA

Já em 2006 a.C., os chineses praticavam uma série de exercícios terapêuticos chamada *kung fu*. Eles achavam que as doenças eram resultado da inatividade do corpo, então desenvolveram a ginástica terapêutica, ou *kung fu*, para combinar movimentos com exercícios respiratórios, a fim de ajudar o funcionamento dos órgãos, prolongar a vida e garantir a imortalidade da alma.

A cultura grega também desenvolveu a relação entre o corpo e a mente. Filósofos como Sócrates, Platão e Aristóteles promoviam o treinamento físico, buscando beleza, força e eficiência nos movimentos. Os conceitos de ginástica terapêutica, massagens e condicionamento relacionado à saúde têm suas raízes na Grécia Antiga.

RESUMO DAS DIRETRIZES DE ATIVIDADES FÍSICAS PARA CRIANÇAS E JOVENS

As crianças devem praticar 60 minutos (1 hora) ou mais de atividade física diariamente.

- **Aeróbico:** a maior parte dos 60 minutos (ou mais) diários deve ser de atividade aeróbica de intensidade moderada ou vigorosa, e deve incluir atividade física de intensidade vigorosa pelo menos três dias por semana.

- **Fortalecimento muscular:** como parte dos 60 minutos (ou mais) de atividade física diária, crianças e adolescentes devem incluir atividades para o fortalecimento dos músculos pelo menos três dias por semana.

- **Fortalecimento dos ossos:** como parte dos 60 minutos (ou mais) de atividade física diária, crianças e adolescentes devem incluir atividades para o fortalecimento dos ossos pelo menos três dias por semana.

É importante encorajar os jovens a participar de atividades físicas que sejam apropriadas a idade deles, prazerosas e variadas.

Figura 1.2 Crianças e jovens devem gastar no mínimo 60 minutos por dia em atividades físicas que incluam exercícios aeróbicos, de fortalecimento muscular e dos ossos.
Reproduzido de U.S. Department of Health and Human Services, 2008.

Durante o Império Romano, a sociedade promovia atividades físicas para facilitar o treinamento militar dos cidadãos. Como resultado, os jovens romanos desenvolviam força, resistência e coragem por meio do condicionamento físico. Entre as várias atividades esportivas, que incluíam jogos com bola, corrida, saltos e lançamentos, as acrobacias surgiram como uma forma de ginástica.

No início do século XIX, na Europa, todas as classes da sociedade começaram a ter acesso à escola, e a educação física desempenhava um papel essencial no currículo. Na Alemanha, Johann Friedrich Guts-Muth e, mais tarde, Friedrich Ludwig Jahn utilizaram a educação física com aspirações políticas para promover o patriotismo e a liberdade contra a repressão imposta pela França de Napoleão. O sistema de ginástica de Jahn foi amplamente adotado em ginásios abertos e cobertos, marcando o início da ginástica artística moderna. Alunos praticavam exercícios de ginástica regularmente,

na esperança de que o desenvolvimento de jovens alemães fortes, saudáveis e destemidos traria a soberania da nação. Guts-Muth e Jahn viam uma conexão entre ginástica e condicionamento físico, ou uma ginástica militar.

O nacionalismo também motivou P. H. Ling, da Suécia, a desenvolver um sistema de educação física. Ling tinha esperança de que uma juventude vigorosa ajudaria a recuperar a dignidade da Suécia após o país ter perdido parte de seu território nas guerras contra a Rússia entre o final do século XVIII e o início do XIX. Ling também achava que seu sistema de ginástica, com base em um extenso estudo de anatomia e fisiologia, melhoraria valores estéticos, educacionais e de saúde. O sistema sueco de ginástica baseava-se em trabalhos com equipamentos, incluindo o uso de escadas, argolas, plintos e espaldar. Grande atenção era dedicada ao desenvolvimento de exercícios em progressão, dos mais simples para os mais complexos.

Antes da metade do século XIX, não existia um sistema formal de educação física nos Estados Unidos. Crenças religiosas puritanas e as duras condições de vida deixavam pouco tempo para a recreação e o prazer. Uma exceção foi o desenvolvimento do programa de ginástica de Jahn Turnverein, em Massachusetts, na metade da década de 1830. Nessa época, Catherine Bucher adaptou a ginástica alemã nos Estados Unidos, desenvolvendo um sistema de exercícios calistênicos mais simples e mais leves, feitos com música. O trabalho de Bucher resultou no nascimento da ginástica rítmica.

Entre 1870 e a Primeira Guerra Mundial, o treinamento militar tinha uma influência óbvia na preparação física dos jovens. Ao mesmo tempo, havia mais preocupação com a medicina preventiva. Como resultado, mestres como Dio Lewis, Edward Hitchcock e Dudley Sargent implementaram o programa de ginástica alemão e também o sueco nos Estados Unidos.

Outra figura no desenvolvimento da ginástica educacional foi Rudolf Laban, que fugiu da Alemanha para a Inglaterra pouco antes da Segunda Guerra Mundial, estabelecendo-se lá como uma sumidade na dança moderna. Ele desenvolveu o tema do movimento com base na consciência corporal e espacial, esforço e relacionamentos (CEER). Sua abordagem temática do movimento encorajou as pessoas a resolver e interpretar problemas de movimento de um modo novo e criativo. A influência de Laban se estendeu à ginástica e aos esportes; programas de educação do movimento tornaram-se populares na Inglaterra.

Ao mesmo tempo, Liselott Diem, na Alemanha, desenvolveu programas com base na exploração de ambientes estruturados utilizando equipamentos de ginástica. Seus programas ganharam, nos anos 1960, grande popularidade nos Estados Unidos e em outras partes do mundo.

A educação do movimento é um ponto de partida importante nos programas anteriores para a educação física. Ao contrário do sistema mais estruturado de desenvolvimento progressivo de conteúdo, no qual se espera que todos os alunos sigam o mesmo padrão, a ginástica educacional encoraja os indivíduos a resolver os problemas do movimento de formas únicas e que correspondam a seus níveis de habilidade. Por exemplo, em vez de incentivar todos os alunos a tentar uma parada de cabeça, os professores podem pedir que as crianças tentem achar um modo de se equilibrar, com a cabeça para baixo, apoiando-se em três partes do corpo.

GINÁSTICA HOJE

A ginástica dividiu-se em vários ramos ao longo dos anos. Ela é um guarda-chuva (ver Fig. 1.3) que engloba muitas formas de movimento, assim como a dança assume muitas variedades (p. ex., *jazz*, sapateado, dança moderna, folclórica, quadrilha, balé, aeróbica). Obviamente, como professor, é você que deve decidir quais elementos da ginástica são mais apropriados em determinadas situações. Às vezes, as crianças precisam aprender habilidades específicas, tais como o rolamento para a frente ou a estrela. Talvez o método mais efetivo para conseguir isso seja o ensino direto, usando a abordagem olímpica (formal) para ensinar ginástica. Em outras ocasiões, a ginástica pode ser usada de acordo com um modelo terapêutico (médico) elaborado para desenvolver força e flexibilidade de determinados músculos e articulações. A ginástica educacional, que utiliza conceitos como temas de aprendizado, pode ser a mais adequada quando você precisa que os alunos resolvam problemas de movimento de formas diferentes, o que dá a cada criança um modo de resolver o problema com base em suas habilidades e interesses individuais. A abordagem utilizada neste livro pode ser mais bem definida como uma combinação de ginástica educacional e formal.

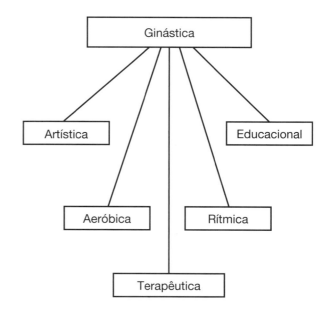

Figura 1.3 As diversas ramificações da ginástica.

NORMAS NORTE-AMERICANAS PARA A EDUCAÇÃO FÍSICA

O movimento de reforma das normas começou em resposta ao documento, de 1983, *A Nation at Risk* (Uma Nação em Risco). Por volta de 1996, em resposta à resolução de 1994, foi divulgado o documento *Goals 2000: Educate America Act* (Objetivos para o ano 2000: Ato da América para Educação), e especialistas de várias áreas começaram a desenvolver normas de conteúdo nacional. A NASPE preparou sete normas de conteúdo para educação física. Uma década mais tarde, em 2004, essas normas foram reduzidas para as atuais seis (ver Fig. 1.4).

As normas de conteúdo para educação física definem o que os alunos devem saber e ser capazes de fazer como resultado de um programa de educação física de qualidade. Além disso, elas oferecem uma estrutura de alinhamento instrucional (ou seja, elas permitem que você alinhe práticas instrucionais e avaliação com resultados de desempenho estabelecidos de acordo com o nível do programa e do aluno).

A utilização de resultados de desempenho como objetivos pode ajudar o professor a planejar as aulas e a avaliar o progresso dos alunos em se tornarem educados fisicamente. Uma pequena amostra de resultados de desempenho está incluída no trabalho *Moving Into the Future: National Standards for Physical Education* (Em direção ao futuro: Normas Nacionais para a Educação Física) (2004) e são listados de acordo com a norma e ano escolar do aluno (do 1º ao 3º anos, do 4º ao 6º anos no ensino fundamental). Essa classificação é usada para representar o aprendizado dentro de períodos de três anos. A seguir, há uma amostra de resultados de desempenho que você pode incluir em um programa de educação física para o ensino fundamental. Ainda que a maioria desses exemplos sejam específicos para a ginástica, alguns poucos atingem todas as áreas do programa. Os resultados de desempenho são listados de acordo com as normas por domínio de aprendizagem (psicomotora, cognitiva e afetiva) e o ano escolar do aluno. Apesar de a Figura 1.5 apresentar muitos resultados de desempenho possíveis, a abrangência deste texto não permite incluir todas as opções possíveis.

UMA PESSOA EDUCADA FISICAMENTE

- **Norma 1**: Demonstrar competência em habilidades motoras e em padrões de movimento necessários para realizar uma variedade de atividades físicas.

- **Norma 2**: Demonstrar compreensão dos conceitos de movimento, princípios, estratégias e táticas, conforme eles são aplicados no aprendizado e na realização de atividades físicas.

- **Norma 3**: Participar regularmente de atividades físicas.

- **Norma 4**: Alcançar e manter um nível de condicionamento físico benéfico à saúde.

- **Norma 5**: Exibir comportamento social e pessoal responsável que respeite a si próprio e aos outros no ambiente da atividade física.

- **Norma 6**: Valorizar a atividade física para saúde, diversão, desafio, autoexpressão e/ou interação social.

Figura 1.4 Normas Norte-americanas de Conteúdo para Educação Física.
De National Association for Sport and Physical Education (NASPE), 2004, *Moving into the future: National standards for physical education*, 2. ed. (Reston, VA: NASPE), 11.

Área psicomotora (normas 1, 3 e 4)

Norma 1: Demonstrar competência em habilidades motoras e em padrões de movimento necessários para realizar uma variedade de atividades físicas.

Do 1º ao 3º anos

- Deslocar-se com diferentes padrões de locomoção (p. ex., *skips*, *hops*, galopes, deslizes) usando uma forma madura.

- Demonstrar contraste claro entre movimentos lentos e rápidos ao se deslocar.

- Deslocar-se para a frente e para os lados, usando várias habilidades locomotoras, mudando de direção rapidamente em resposta a um sinal ou obstáculo.

- Combinar uma sequência de ações locomotoras no solo com um parceiro.

- Manter-se parado momentaneamente e suportar peso em diversas partes do corpo como base de apoio.

- Equilibrar-se, demonstrar imobilidade momentânea, em formas simétricas ou assimétricas sobre várias partes do corpo e em níveis diferentes.

- Equilibrar-se utilizando uma variedade de equilíbrios invertidos em bases de apoio diferentes, com formatos e níveis distintos.

- Equilibrar-se usando várias formas simétricas e assimétricas com um parceiro (como espelho ou como correspondência) tanto em cima como fora de equipamento baixo.

- Equilibrar-se usando várias bases de apoio em equipamento baixo.

- Começar agachado, balançar suavemente e repetidamente sobre as costas, mantendo uma forma arredondada do corpo, alternando o toque das mãos atrás da cabeça e voltando os pés para o colchão.

- Rolar em várias direções (para os lados, para a frente), mantendo uma forma arredondada do corpo sem hesitar ou parar.

- Rolar para os lados com controle, mantendo uma forma estreita do corpo e os músculos rígidos.

- Pular, aterrissar e rolar em pelo menos uma direção.

- Pular e aterrissar usando várias saídas e aterrissagens em relação aos diversos equipamentos.

- Saltar sobre objetos usando superfícies para executar aterrissagens.

- Saltar de um equipamento e executar várias formas com o corpo no ar.

Figura 1.5 Exemplo de resultados de desempenho relevantes na ginástica. *(continua)*
Baseado em NASPE, 2004; Hopple, 2005.

10   Ensinando ginástica para crianças

- Pular e aterrissar utilizando vários padrões: *hop* (de um pé para o mesmo pé); *leap* (de um pé para o oposto); saída e chegada sobre os dois pés; saída em um e chegada nos dois; saída em dois e chegada em um.

- Elaborar e executar sequências simples envolvendo deslocamento, equilíbrio e rolamento e incorporar mudanças de nível e formatos.

- Transferir momentaneamente o peso dos pés para as mãos, fazendo os pés aterrissarem em vários locais ao redor do corpo.

Do 4º ao 6º anos

- Saltar e aterrissar em altura e distância usando a forma madura.

- Correr e saltar em altura e distância usando um padrão maduro.

- Pular em cima, por cima ou de um objeto para outro usando superfícies elásticas para aterrissagem.

- Deslocar-se e saltar usando trampolim, aterrissando com segurança sobre um equipamento.

- Junto com um parceiro, pular de um equipamento e fazer uma série de movimentos combinados com o corpo durante o voo (p. ex., movimentos amplos, estreitos, arredondados, torcidos, simétricos e assimétricos).

- Saltar no equipamento usando várias saídas e aterrissagens.

- Saltar de um equipamento e girar durante o voo (um quarto, meio giro, três quartos, ou giro completo).

- Equilibrar-se em posições invertidas com o centro de gravidade sobre a cabeça (p. ex., equilíbrio em dois apoios, parada de três apoios, parada de cabeça).

- Equilibrar-se em equipamento usando várias bases de apoio, formatos e níveis.

- Equilibrar-se com um parceiro usando princípios de equilíbrio e contrabalanço.

- Elaborar e realizar um equilíbrio em grupo pequeno, controlando ou apoiando o peso entre si.

- Equilibrar-se em várias posições eretas ou invertidas, mover suavemente para um rolamento e terminar em uma forma equilibrada.

- Mover-se suavemente de um ponto de equilíbrio para outro, de várias formas.

- Equilibrar-se sobre vários objetos móveis (p. ex., pernas de pau, pranchas de equilíbrio).

- Equilibrar-se distribuindo parcialmente o peso no equipamento e no solo.

- Executar diversos rolamentos (p. ex., para a frente, para trás, ou sobre os ombros), demonstrando um padrão maduro para a saída e na aterrissagem sobre os pés.

Figura 1.5 *(continuação)* Exemplo de resultados de desempenho relevantes na ginástica.   *(continua)*

Baseado em NASPE, 2004; Hopple, 2005.

Capítulo 1 • Por que é importante ensinar ginástica às crianças? **11**

- Usar várias formas do corpo para começar e terminar os rolamentos.

- Deslocar, saltar sobre um equipamento baixo, aterrissar e rolar.

- Alongar-se para pegar um objeto ou rebater uma bola e, então, em uma direção com quantidade de movimento suficiente para retornar à posição em pé.

- Rolar sobre um equipamento baixo (p. ex., plano inclinado de espuma, banco).

- Elaborar e realizar sequências de ginástica que combinem deslocamento, rolamento, equilíbrio e transferência de peso dentro de sequências de fluência suave com mudanças intencionais de direção, velocidade e fluência.

- Elaborar e realizar uma série com um parceiro com e sem equipamento (incluindo rolamento, transferência de peso e equilíbrio, além de variação dos movimentos usando os conceitos de níveis, forma, direção e velocidade).

- Transferir o peso dos pés para as mãos de modo rápido ou lento, cobrindo uma distância longa (p. ex., parada de mão, estrela, coice).

- Usar ações distintas do corpo para mover dos pés para as mãos e retornar para os pés cobrindo uma distância longa (p. ex., estrela, rodante, torcendo para posições de aterrissagem diferentes sobre um ou dois pés).

- Iniciar a transferência de peso dos pés para mãos em um equipamento baixo.

- Transferir o peso apoiando as mãos sobre um equipamento e impulsionando os dois pés para atravessá-lo.

Norma 3: Participar regularmente de atividades físicas.

Do 1º ao 3º anos

- Participar de ampla variedade de atividades que envolvam locomoção, não locomoção e manipulação de objetos fora da aula de educação física.

- Envolver-se em atividade física de moderada a vigorosa de modo intermitente.

- Escolher uma habilidade para melhorar e praticá-la sozinho para desenvolvê-la.

- Manter a atividade nos recessos.

Do 4º ao 6º anos

- Participar de atividade física com propósito específico nos recessos e após a escola.

- Identificar um esporte ou atividade para praticar e melhorar.

Figura 1.5 *(continuação)* Exemplo de resultados de desempenho relevantes na ginástica. *(continua)*
Baseado em NASPE, 2004; Hopple, 2005.

- Buscar oportunidades em programas extracurriculares ou na comunidade para uma atividade física estruturada.

Norma 4: Alcançar e manter um nível de condicionamento físico benéfico à saúde.

Do 1º ao 3º anos

- Manter atividade física de moderada a vigorosa.

- Demonstrar força muscular suficiente para suportar o peso do corpo ao escalar, pendurar-se e ao carregar peso com as mãos.

- Mover cada articulação em toda a amplitude de movimento.

- Envolver-se em uma série de atividades locomotoras sem se cansar facilmente.

- Deslocar-se com as mãos ao longo de uma escada horizontal (p. ex., barras de macaco).

- Atravessar uma parede de escalada com pouca ou nenhuma assistência do professor.

Do 4º ao 6º anos

- Envolver-se em atividade apropriada que resulte no desenvolvimento de cada componente do condicionamento físico.

- Suportar, levantar e controlar o peso do corpo em atividades diversas.

Área cognitiva (normas 2 e 4)

Norma 2: Demonstrar compreensão dos conceitos de movimento, princípios, estratégias e táticas, conforme eles são aplicados no aprendizado e na realização de atividades físicas.

Do 1º ao 3º anos

- Identificar planos do corpo (i. e., frente, trás, lateral).

- Identificar várias partes do corpo (p. ex., joelhos, pés, braços, palma da mão).

- Reconhecer práticas de segurança apropriadas.

- Afirmar que o maior esforço é demonstrado na tentativa de executar tarefas novas ou mais difíceis.

- Repetir os nomes de habilidades motoras e, então, demonstrar e explicar o significado de cada uma.

- Corrigir movimentos errados em resposta a um *feedback* recebido.

Figura 1.5 *(continuação)* Exemplo de resultados de desempenho relevantes na ginástica. *(continua)*

Baseado em NASPE, 2004; Hopple, 2005.

Capítulo 1 • Por que é importante ensinar ginástica às crianças? **13**

- Explicar que a prática com qualidade melhora o desempenho.

- Identificar e usar diversos relacionamentos com objetos (p. ex., em cima e embaixo, atrás, ao lado, através).

- Identificar e passar a usar técnicas apropriadas (flexão da perna) para suavizar a aterrissagem de saltos (p. ex., agachar na aterrissagem).

- Identificar os elementos importantes de ações locomotoras e não ações locomotoras selecionadas (p. ex., saltar, pular, rolar, equilibrar-se).

- Explicar a diferença entre simétrico e assimétrico.

- Identificar os elementos importantes dos padrões de movimento básicos.

Do 4º ao 6º anos

- Explicar como a prática com qualidade melhora o desempenho.

- Identificar os benefícios físicos e psicológicos da participação em longo prazo nas atividades físicas.

- Reconhecer com precisão os elementos importantes de uma habilidade realizada por um colega e dar *feedback* para esse colega.

- Detectar, analisar e corrigir erros nos próprios padrões de movimento.

- Identificar técnicas de aquecimento e relaxamento adequadas e as razões para usá-las.

- Identificar princípios básicos de prática e condicionamento físico que melhoram o desempenho.

- Explicar que o centro de gravidade deve estar sobre a base de apoio para equilíbrios em inversão.

- Descrever os princípios de equilíbrio e contrabalanço.

- Explicar que a combinação de manter a forma arredondada do corpo e a quantidade de movimento pode ajudar uma pessoa a rolar e a retornar à posição em pé.

- Identificar elementos importantes dos padrões de movimento especializados.

Norma 4: Alcançar e manter um nível de condicionamento físico benéfico à saúde.

Do 1º ao 3º anos

- Descrever os efeitos imediatos da atividade física no coração.

- Expressar a relação entre participar de atividades prazerosas e condicionamento físico.

Figura 1.5 *(continuação)* Exemplo de resultados de desempenho relevantes na ginástica. *(continua)*

Baseado em NASPE, 2004; Hopple, 2005.

14 Ensinando ginástica para crianças

Do 4º ao 6º anos

- Reconhecer que as respostas fisiológicas ao exercício estão associadas ao nível de condicionamento físico.

- Explicar as consequências pessoais da pouca flexibilidade sobre a capacidade de se realizar várias atividades.

- Identificar pontos fortes e fracos com base nos resultados de um teste de condicionamento físico.

Área afetiva (normas 5 e 6)

Norma 5: Exibir comportamento social e pessoal responsável que respeite a si próprio e aos outros no ambiente da atividade física.

Do 1º ao 3º anos

- Seguir as regras para participar na aula.

- Trabalhar dentro de um grupo sem interferir com os outros.

- Responder aos sinais do professor.

- Manusear o equipamento com segurança.

- Compartilhar o equipamento e o espaço.

- Escolher parceiros sem se preocupar com diferenças pessoais (p. ex., raça, gênero, deficiência, nível de habilidade).

Do 4º ao 6º anos

- Fazer escolhas responsáveis para se tornar um aprendiz independente.

- Escolher um parceiro com quem possa trabalhar produtivamente.

- Ajudar um parceiro ao compartilhar observações sobre o desempenho dele durante a prática.

- Buscar, participar e demonstrar respeito às pessoas com níveis de habilidade similares ou não.

- Trabalhar produtivamente com um parceiro para melhorar o desempenho da sequência dele (p. ex., levar em conta diferenças de capacidade, compartilhar a tomada de decisões, praticar sincronização).

- Organizar o equipamento de ginástica de modo seguro e apropriado para a tarefa.

- Levar a sério o papel de ajudar outros alunos a melhorar seu desempenho.

- Demonstrar respeito por pessoas com experiências culturais diferentes.

Figura 1.5 *(continuação)* Exemplo de resultados de desempenho relevantes na ginástica. *(continua)*
Baseado em NASPE, 2004; Hopple, 2005.

- Usar com sabedoria o tempo disponível quando houver oportunidade para praticar e melhorar seu desempenho.

- Continuar na tarefa em grupo mesmo sem o monitoramento constante de um professor.

- Demonstrar preocupação com a segurança nas atividades elaboradas pelo próprio aluno.

- Encorajar os outros e evitar comentários depreciativos.

- Mostrar respeito e admiração pelos outros durante apresentações na aula.

- Aceitar a responsabilidade de optar por movimentos e equipamentos que sejam adequados e seguros para sua habilidade.

Norma 6: Valorizar a atividade física para a saúde, diversão, desafio, autoexpressão e/ou interação social.

Do 1º ao 3º anos

- Reconhecer que a atividade física é benéfica para o bem-estar pessoal.

- Exibir indicadores de diversão verbais e não verbais enquanto participa de atividades sozinho e também com outros.

- Identificar sentimentos que resultam da participação em atividades físicas.

- Aceitar os sentimentos resultantes dos desafios, sucessos e fracassos na atividade física.

- Ter vontade de tentar novos movimentos e habilidades.

- Continuar a praticar quando falhar.

Do 4º ao 6º anos

- Elaborar sequências de ginástica únicas.

- Comemorar sucessos e conquistas pessoais e de outros.

- Reconhecer o papel da ginástica em compreender a si próprio e aos outros.

- Descrever os benefícios da atividade física.

- Demonstrar gana de ser fisicamente ativo.

Figura 1.5 *(continuação)* Exemplo de resultados de desempenho relevantes na ginástica.
Baseado em NASPE, 2004; Hopple, 2005.

Área psicomotora

O desenvolvimento psicomotor refere-se ao desenvolvimento físico do corpo. No domínio psicomotor, os resultados de desempenho tratam da habilidade motora e do desenvolvimento do condicionamento físico. Na verdade, eles correspondem às normas de conteúdo 1, 3 e 4 do documento apresentado nas Figuras 1.4 e 1.5.

Desenvolvimento de habilidades

Os vários movimentos que as crianças experimentam na ginástica podem ser classificados em locomoções (deslocamento), posições estáticas e rotações. (Esses conceitos serão desenvolvidos em detalhes no Cap. 3.) O ponto aqui é que as primeiras experiências devem desenvolver habilidades básicas; com o tempo, as tarefas tornam-se mais complexas e mais difíceis. Algumas habilidades básicas são deslocar-se com os pés, equilibrar-se e rolar. Os conceitos de aprendizado da consciência corporal e espacial ajudam as crianças a desenvolver uma variedade de respostas de movimento para serem usadas em determinadas tarefas ou desafios. As crianças também podem trabalhar refinando essas respostas de movimento básicas.

Conforme as crianças se desenvolvem física, cognitiva e socialmente, conceitos adicionais focados no esforço e nas relações são lentamente inseridos. Em geral, os níveis de habilidade devem determinar as diretrizes (Graham, Holt/Hale e Parker, 2010). Nos primeiros anos (do 1º ao 3º anos), a maioria das crianças trabalha nos níveis de pré-controle e controle. As experiências de aprendizagem devem incluir o trabalho com habilidades que as tornem capazes de se mover com eficiência, eficácia e adaptação sob condições simples. Em termos práticos, primeiro as crianças vão correr, saltar, rolar e se equilibrar, focando cada habilidade isoladamente, para depois progredir e combiná-las em sequências simples. Os exercícios devem incluir movimentos com e sem equipamentos. Nas turmas mais avançadas do ensino fundamental (do 4º ao 6º anos), presumindo que as crianças tenham tido experiências de qualidade com a ginástica nos anos anteriores, a maioria delas já estará trabalhando dentro do nível de controle ou utilização. A competência e a confiança crescentes permitirão que elas trabalhem habilidades mais difíceis. Os alunos estarão prontos para combinar habilidades complexas em sequências e séries em relação a parceiros, grupos pequenos, equipamentos e aparelhos.

Desenvolvimento fisiológico ou de condicionamento físico

Como mencionado anteriormente, a ginástica é uma parte importante do currículo de educação física, ajudando no conceito de condicionamento físico relacionado tanto à saúde como à habilidade. Com o tempo, os pontos trabalhados na ginástica devem enfatizar, em relação aos benefícios à saúde, o desenvolvimento cardiorrespiratório, a força e resistência muscular e a flexibilidade. Durante a fase de aquecimento, as crianças podem obter benefícios cardiorrespiratórios com *hops*, *skips* e *jumps*[1] e pulos. Elas também podem usar as ações de deslocamento para alcançar, saltar sobre, mover-se ao longo de ou para fora de bancos, caixas, traves e outros tipos de equipamento, conseguindo um movimento contínuo. A repetição contínua de sequências simples, como correr no solo e rolar sobre colchões, também pode afetar o sistema cardiorrespiratório. O ponto importante é manter as pessoas em movimento de uma forma esteticamente próxima à ginástica. Não se trata de uma corrida ou dança aeróbica, mas de ser um ginasta que se move continuamente: correndo, pulando, saltando e rolando com boa mecânica.

O condicionamento cardiorrespiratório não ocorre separadamente, porém. Ele não pode ser alcançado em um programa de um ou dois dias por semana, ou em um aquecimento de cinco minutos. Quando a ginástica é combinada com outros aspectos do currículo de educação física (dança e jogos), intervalos de atividade física durante as aulas, programas de caminhada ou corrida e um programa geral de educação física ou de atividade física na escola, ela irá contribuir para o desenvolvimento cardiorrespiratório.

O foco no fortalecimento de vários grupos musculares e ossos pode ser uma parte da fase de condicionamento de cada aula. Erguer pesos com as mãos pode desenvolver os músculos e ossos dos braços e da cintura escapular. Fazer uma ponte com o corpo, apoiar o peso do corpo sobre a parte da frente ou de trás e manter posições de equilíbrio também desenvolve a força dos membros superiores. As ações de rolar, balançar, equilibrar-se, deslocar-se com os pés ou saltar desenvolvem os músculos e ossos que suportam o abdome, o quadril e os membros inferiores.

---

[1] N.R.T.: Para evitar confusões com os diferentes tipos de salto que ainda não têm um termo específico em língua portuguesa, foram empregados nesta obra os termos já consagrados em língua inglesa, com as devidas definições, quando necessário.

A maioria das habilidades da ginástica exige corpos fortes e firmes para o controle. Erguer, apoiar e impulsionar o corpo para o ar exige uma força tremenda. A repetição dessas atividades, com o tempo, desenvolve da mesma forma a resistência muscular e o fortalecimento ósseo.

Em muitos movimentos da ginástica, assim como na fase de relaxamento de uma aula, a flexibilidade do corpo também pode ser desenvolvida e mantida. Os ginastas tendem a demonstrar uma boa amplitude de movimento em todas as articulações. Posições carpadas, em espacato, com flexão do tronco, a postura do gato e do gato zangado e várias outras ações promovem a flexibilidade das articulações dos ombros, das costas, do quadril e dos tornozelos.

O condicionamento físico relacionado à habilidade envolve equilíbrio, coordenação, agilidade, potência, velocidade e tempo de reação. Algumas vezes chamado condicionamento motor, o condicionamento relacionado à habilidade pode contribuir para a capacidade de uma pessoa de adquirir habilidades motoras fundamentais e específicas, de participar regularmente de uma variedade maior de opções de atividade física e de prevenir lesões. Consequentemente, pessoas com condicionamento motor possuem várias opções de atividade durante a vida para ajudá-las a alcançar e manter um nível de condicionamento físico benéfico à saúde. Experiências precoces no gerenciamento do corpo e os desafios contínuos na ginástica são contribuições ideais ao condicionamento motor.

Área cognitiva

A área cognitiva refere-se ao desenvolvimento de uma base de conhecimento nas crianças. Na área cognitiva, os resultados de desempenho abordam o conhecimento básico e as habilidades de pensamento mais complexas, por meio da aplicação de conceitos e princípios. Para o desenvolvimento da área cognitiva, reveja a norma 2 e os resultados de desempenho relacionados nas normas NASPE apresentadas nas Figuras 1.4 e 1.5.

Conhecimento básico

A ginástica deve proporcionar às crianças várias experiências para o desenvolvimento de habilidades cognitivas. No nível mais simples, as crianças conseguem adquirir conhecimento sobre as partes do corpo e descobrir como movê-las no espaço. Seus movimentos devem refletir conhecimento sobre forma, nível, direção, caminho, extensão, tempo, força, fluência e relacionamentos (a estrutura

CEER). Com o passar do tempo, as crianças devem aprender vários princípios biomecânicos como rotação, centro de gravidade, base de apoio, equilíbrio, contrabalanço, quantidade de movimento e aplicação de força.

Habilidades de pensamento mais complexas

Conforme as crianças desenvolvem suas habilidades básicas de movimento, apresente a elas oportunidades de habilidades de pensamento mais complexas. Tarefas com o final em aberto, orientadas para o processo, oferecem oportunidades para a solução de problemas pelo desenvolvimento da compreensão e das habilidades dos alunos de aplicar, analisar, sintetizar e avaliar o movimento. Por exemplo, faça as crianças pensarem em uma situação de equilíbrio com uma base ampla e o centro de gravidade baixo. Em seguida, faça com que elas se equilibrem sobre uma base ampla com um centro de gravidade alto, e então pergunte: "Qual dessas situações é mais estável? Por quê?" Você também pode pedir que as crianças criem uma sequência de movimento usando cada um dos três eixos de rotação. Pergunte a elas quais são os três eixos e quais habilidades usaram para girar em cada um deles. O programa de ginástica deve educar tanto em relação às habilidades motoras como na compreensão do movimento.

Área afetiva

A área afetiva refere-se ao desenvolvimento da atitude e de sistemas de valor nas crianças. Nessa área, os resultados de desempenho abordam comportamentos e valores. Para o desenvolvimento da área afetiva, reveja as normas 5 e 6 e os resultados de desempenho relacionados nas normas NASPE apresentadas nas Figuras 1.4 e 1.5.

Responsabilidade pessoal e comportamento social

No ambiente da ginástica, os alunos têm a oportunidade de aprender e utilizar comportamentos aceitáveis na atividade física. O foco dirige-se à compreensão de práticas seguras e à aplicação de regras e procedimentos, na sala de aula, específicos da ginástica. Os alunos aprendem a cuidar dos equipamentos, a movê-los com segurança e a utilizá-los adequadamente. Eles aprendem a trabalhar de modo independente e produtivo por períodos curtos e também começam a compreender o conceito de cooperação por meio da oportunidade de compartilhar o espaço e os equipamentos com outros.

Compreensão e respeito pelas diferenças

A ginástica oferece oportunidades que ajudam a construir a base de uma comunicação interpessoal de sucesso. As crianças aprendem a brincar e a cooperar com as outras, independentemente de diferenças pessoais, como gênero, etnia e nível de habilidade. Elas reconhecem os atributos que pessoas diferentes podem trazer às atividades em grupo e aprendem a tratar os outros com respeito e a resolver conflitos de um modo socialmente aceitável.

Oportunidades para diversão, desafio, autoexpressão e interação social

A ginástica proporciona um ambiente para as crianças testarem novas atividades e habilidades de movimento. Ao fazer ginástica, os alunos podem aprender a ter satisfação em participar das atividades, sozinhos ou com outras pessoas. Eles são capazes de aprender a associar sentimentos positivos com essa participação. Conforme ganham competência, eles passam a dominar habilidades simples, preparando-se para o desafio de trabalhos progressivamente mais difíceis. Quando têm a oportunidade de desenvolver sequências de movimento baseadas em seus níveis de habilidade, os alunos podem demonstrar seu trabalho como um meio de autoexpressão. Trabalhar com um parceiro ou em grupos pequenos também proporciona aos alunos a oportunidade de interagir com amigos.

Desenvolvimento estético

A ginástica não tem a mesma preocupação estética que a dança. Dançarinos se preocupam com o corpo como um instrumento de expressão. Os ginastas estão mais preocupados com a função do movimento. A beleza dos movimentos da ginástica deriva de uma preocupação com a forma e a linha de ação. Os ginastas se esforçam para unir essas ações ou para criar uma fluência de ações de um movimento para o outro. Há uma satisfação cinestésica na realização de um movimento correto. Em termos de resultado, os ginastas conhecem e aplicam conceitos e princípios do movimento para conseguirem um desempenho satisfatório, competente e estético de uma única habilidade ou de uma sequência. Como observadores ou avaliadores, os ginastas também apreciam observar o movimento dos outros.

Desenvolvimento criativo

A verdadeira criatividade na ginástica é relativamente rara porque existem apenas algumas formas de mover o corpo. Movimentos novos (como o Endo ou o Tsukahara) algumas vezes são inventados e batizados. Com crianças, no entanto, a criatividade significa juntar uma série de movimentos, um processo que pode ser novo para o indivíduo. Em vez de sempre dizer aos mais jovens quais movimentos realizar e em que ordem, algumas vezes é mais sábio dar-lhes opções: rolar e terminar com um equilíbrio. Escolha uma ação de deslocamento para se aproximar e subir no banco, equilibrar-se no banco usando uma forma simétrica (ou assimétrica) e sair do banco com um rolamento (ou deslizando ou voltando).

Desenvolvimento psicológico

As crianças aprendem o que elas conseguem e não conseguem fazer com seus corpos. Em um sistema de ginástica que promove o gerenciamento do corpo, as crianças vão descobrir desafios apropriados a seu nível de habilidade. Tais desafios exigem que se corram alguns riscos, exigem coragem e perseverança. Se você apresentar as tarefas, as aulas e as unidades em uma sequência lógica, as crianças se autodesafiarão a dar o melhor de si, a superar alguns medos, a aprender seus limites e a desenvolver confiança em suas habilidades, enquanto respeitam os pontos fortes e as limitações dos outros.

COMO A GINÁSTICA DEVE SER ENSINADA

Para ensinar um sistema básico de gerenciamento do corpo e as habilidades da ginástica, você deve conhecer pesquisas sobre o ensino e o estudo da interação do conhecimento de conteúdo da ginástica combinado com o conhecimento pedagógico do ensino (Graham, 2008; Shulman, 1987). Se você quer que as crianças se tornem ginastas habilidosas, com atitudes positivas em relação ao bom gerenciamento do corpo, você deve adotar as seguintes práticas.

Comece conhecendo os componentes da habilidade

Ainda que você não precise ser um especialista na execução para ensinar uma habilidade, não há substituto para o conhecimento de como ela é realizada. Caso contrário, você não terá ideia do que exigir, de que orientações dar para a realização do movimento, de como avaliar o desempenho de uma criança ou o que corrigir. Imagine uma professora tentando ensinar a fazer estrela. Ela diz "você põe suas mãos para baixo, e depois os pés". Em seguida, há uma demonstração pouco precisa da professora ou de alguma outra criança. As crianças começam a praticar, algumas com sucesso, enquanto outras caem no solo com braços e pernas flexionados e fora de controle. "Tentem de novo, vocês conseguem fazer melhor", a professora encoraja. Mas a execução continua ruim.

As crianças obviamente precisam de um modelo melhor. Como a estrela é uma sequência de movimentos, as seguintes orientações são necessárias para sua realização:

- Comece com o corpo alongado, com seus braços e pernas estendidos como se fossem os raios de uma roda.
- Coloque uma mão, depois a outra e, então, um pé e depois o outro no solo.
- Comece e termine voltado para a mesma direção.
- Mantenha seus braços e pernas estendidos.
- Tente manter seus ombros alinhados com suas mãos e seu quadril alinhado com seus ombros quando estiver em inversão.
- Empurre suas mãos e braços com força conforme volta a ficar de pé.
- Mantenha seu corpo firme.
- Aterrisse suavemente sobre seus pés.

Estipule um tempo considerável de prática

As crianças precisam de uma prática longa e adequada para aprender habilidades como rolar, fazer estrela, equilibrar-se ou para realizar uma sequência que envolva equilíbrio, transferência de peso e um segundo equilíbrio. Quando você põe os alunos em fila e os observa um a um, eles provavelmente farão apenas uma ou duas tentativas antes de passar para uma habilidade nova, depois passarão o resto do tempo esperando na fila. Esse não é um bom uso do tempo de aula.

Vejamos um formato comum de aula para ensinar rolamentos para a frente, para trás e o rolamento lateral. As crianças são alinhadas em quatro grupos, um para cada colchão. Elas ouvem uma explicação, assistem a uma demonstração e começam a praticar. Cada criança faz o exercício uma vez e volta para o fim da fila. Após três tentativas, elas aprendem o próximo rolamento. No total, a prática resume-se a apenas nove tentativas – três vezes de três rolamentos.

Ainda que cada rolamento possa ser ensinado com uma ótima explicação e demonstração, as crianças não praticam o suficiente para tirar vantagem dessa boa orientação. Essas crianças poderiam praticar muito mais se você reorganizas-

se a aula, talvez designando parceiros para ir para a frente e para trás no colchão, ou colocando um colchão para cada dois alunos ou quadrados de carpete para cada criança em uma formação aberta (espalhada) (ver Fig. 1.6).

Utilize atividades apropriadas ao desenvolvimento

Crianças não são adultos em miniatura; elas possuem habilidades, necessidades e interesses muito diferentes. Da mesma forma, alunos da pré-escola não são iguais a alunos do ensino fundamental. A questão é que os programas precisam ser desenvolvidos para atender às necessidades de crianças de várias idades e com vários níveis de habilidade.

As atividades de ginástica para crianças devem começar com habilidades básicas e sequências simples. Gradualmente, habilidades mais difíceis podem ser acrescentadas conforme as crianças vão ficando preparadas para elas, bem como sequências que sejam mais complexas e exijam uma capacidade maior de resolver problemas. As crianças devem evoluir de um trabalho individual sobre os colchões para um trabalho com equipamentos grandes e pequenos, com parceiros ou em grupos pequenos.

A satisfação dos alunos resulta do sucesso. Há uma relação positiva entre um alto índice de sucesso e as realizações gerais dos alunos. Quando uma tarefa é muito difícil ou está acima do nível de habilidade das crianças, elas ficam frustradas, desistem ou se envolvem em outras atividades fora da tarefa proposta. Você pode elaborar tarefas ou movimentos que permitam trabalhar os diferentes níveis das crianças. Quando as tarefas são do nível apropriado, os alunos serão desafiados. Em vez de exigir que toda uma turma faça uma parada de cabeça por 10 segundos ou uma reversão, seria mais apropriado trabalhar com equilíbrios em posição invertida ou com transferência de peso dos pés para as mãos e de volta para os pés. Por exemplo, alguns alunos podem se sair razoavelmente bem aprendendo rolamentos para trás, enquanto outros têm bastante dificuldade porque seus braços são fracos, a cabeça fica no caminho, têm pouca força abdominal ou deixam o corpo aberto em vez de grupado.

Considere modificar a tarefa para os alunos que tenham dificuldade. Por exemplo, usar um rolamento para trás com apoio dos ombros facilita o movimento. Outra alternativa é trabalhar com o conceito de rolamento em geral, mostrando aos alunos como transferir o peso de uma parte do corpo para outra. Após a aprendizagem des-

Figura 1.6 Dividir os alunos em duplas em cada colchão diminui o tempo de espera e aumenta a atividade dos alunos.

A HISTÓRIA DE ELIZABETH

Em uma turma do quinto ano, uma menina chamada Elizabeth tinha leucemia e andava em uma cadeira de rodas. Ela era muito inteligente, mas fisicamente era bastante fraca. Quando chegou a hora de os outros alunos realizarem rolamentos, Elizabeth usou sua pouca força nos braços para levar as rodas para a frente e para trás e para girar para a direita e para a esquerda. Quando fazíamos as atividades de equilíbrio, Elizabeth criava formas simétricas, assimétricas, amplas e estreitas com seus braços e com a parte superior do corpo, mesmo sentada na cadeira. Também trabalhávamos com equilíbrios em pares, permitindo aos alunos que colocassem parte do peso ou todo seu peso sobre a cadeira dela.

Quando terminávamos nossa aula de ginástica, pedíamos aos alunos para executar uma sequência com um parceiro ou em um grupo de três. No começo, o grupo em que Elizabeth estava parecia um pouco perdido sobre o que fazer. Mas eles desenvolveram uma série de rolamentos e equilíbrios nos quais dois alunos faziam equilíbrios simétricos e assimétricos seguidos por rolamentos para a frente e para trás, e então um giro sentado. No final da sequência, os dois alunos ajudaram Elizabeth a sair da cadeira e levantaram-na, suportando todo seu peso, com ela deitada de costas. Praticamos as sequências e a apresentamos em um encontro de pais e mestres. Elizabeth ficou muito orgulhosa. Seus pais disseram que no caminho para casa ela disse que aquele foi o melhor dia de sua vida na escola.

se conceito, as crianças podem, então, rolar escolhendo uma direção e um estilo que consigam executar com sucesso. Uma vez que tenham dominado um rolamento, desafie as crianças a unir um rolamento com um equilíbrio ou com uma ação de deslocamento, aumentando o nível de dificuldade da habilidade.

Também leve em consideração crianças com necessidades especiais. Só porque algumas crianças têm pela frente um desafio maior que as outras, não significa que a ginástica não seja apropriada ou que crianças com necessidades especiais sejam incapazes de fazer ginástica. Esteja disposto a adaptar ou modificar habilidades ou a alterar seu estilo de ensino para acomodar as necessidades de cada criança. Uma pessoa em uma cadeira de rodas pode executar equilíbrios tanto na cadeira como no solo. Ela pode realizar rolamentos ou movimentos de rotação girando as rodas no eixo longitudinal. Algumas crianças em cadeiras de rodas podem ter braços muito fortes, apesar de a parte inferior do corpo ser mais fraca ou atrofiada. Tais alunos podem até mesmo ter vantagem ao levantar peso com os braços. Alunos com deficiências intelectuais ou autistas talvez precisem de uma pessoa para ajudá-los ou de instruções verbais ou visuais especiais, ou mesmo de manipulação passiva durante uma habilidade.

Encoraje o desenvolvimento cognitivo e afetivo

Ambientes ricos em experiências de aprendizagem envolvem as crianças tanto cognitiva como afetivamente. Elas precisam aprender boa mecânica corporal e compreender por que um equilíbrio é melhor que o outro. Para desafiar suas mentes, elas precisam de tarefas que exijam soluções e precisam examinar quais movimentos se conectam bem. As crianças precisam trabalhar juntas com parceiros, proporcionando e recebendo *feedback* sobre a forma, sugerindo alternativas para os movimentos e ajudando uns aos outros a executar novas habilidades (ver Fig. 1.7).

Geralmente, os professores pedem que as crianças executem habilidades ou sequências pré-definidas sem lhes fornecer informações sobre a tarefa. Em vez de especificar um avião para entrar em um rolamento para a frente, ou um rodante em um rolamento para trás, tente elaborar tarefas com a conclusão em aberto. Por exemplo, você pode dizer às crianças: "Façam um equilíbrio à sua escolha e o mantenham por três segundos. Passem devagar para uma ação de rolar e terminem com um segundo equilíbrio"; ou "Ponha o peso sobre as mãos por um momento e, conforme volta a apoiar os pés, faça o rolamento que escolher".

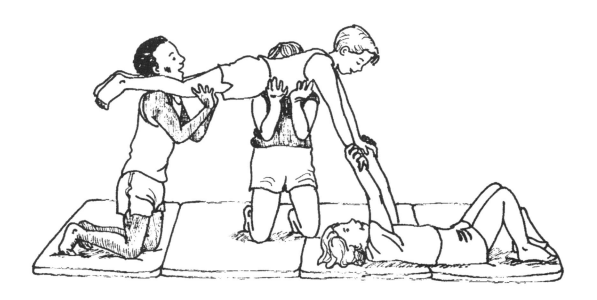

Figura 1.7 As crianças podem se ajudar mutuamente, cooperar e dar sugestões para melhorar a forma.

Conforme as crianças escolhem as habilidades que vão juntar com mais fluência e as habilidades que lhes parecem melhor esteticamente, e à medida que elas fornecem e recebem *feedback* de seus parceiros, elas começam a apreciar e a valorizar esse processo, o que é necessário para ser um bom ginasta. Essa é a essência do desenvolvimento afetivo. Elas podem trabalhar sozinhas ou com um parceiro para desenvolver boas respostas a essas orientações.

Ofereça um ambiente estruturado

Um ambiente de ensino estruturado e focado ajuda as crianças a entender seus objetivos. Quando os professores estabelecem objetivos, as crianças sabem o que se espera delas. Elas sabem o que fazer e como fazer. Os objetivos também tornam os alunos responsáveis no momento de uma avaliação.

Alguns professores aplicam várias posições de equilíbrio sem ordem ou motivo aparente. As crianças aprendem avião, cegonha ou quatro, equilíbrio com dois apoios e parada de três apoios. Elas praticam uma mistura de deslocamentos com passos de animais, como a caminhada do caranguejo, a caminhada do urso e coices de mula. Ao organizar equilíbrios e movimentos em grupos lógicos, você ajuda seus alunos a entender por que eles estão aprendendo aquilo.

No início de uma unidade ou aula de ginástica, dê a seus alunos uma orientação rápida. Diga a eles o que esperar: "A ginástica é a junção de equilíbrios com ações de deslocamento, transferência de peso e rotações". Você pode incluir uma demonstração, dessa forma os alunos têm uma imagem clara do objetivo do dia ou da unidade.

ONDE ESTAMOS AGORA?

A ginástica, como tradicionalmente definida, praticamente não existe em muitas escolas dos Estados Unidos. As crianças aprendem os mesmos rolamentos para a frente, para trás e estrela em todos os anos, do primeiro ano até o final do ensino médio. E, conforme repetem essas habilidades a cada ano, algumas delas vão ficando cada vez mais entediadas. Outras nunca conseguem dominar as habilidades mais simples e sentem-se incapazes. Alguns alunos caem e sofrem lesões ao tentar executar movimentos que não sabem fazer. Essas crianças passam a ter medo e recusam-se a continuar.

Não é de admirar que alguns educadores questionem por que a ginástica deveria ter um papel importante no currículo escolar e quais seriam seus benefícios. Como poderíamos apresentar a ginástica para crianças de modo que mantivéssemos o entusiasmo e motivássemos a participação em níveis elevados?

O fato de muitas pessoas questionarem a validade da ginástica – apesar de sua importância histórica na medicina, no condicionamento físico, nos esportes olímpicos, no gerenciamento do corpo, na resolução de problemas e nas acrobacias – está ligado ao currículo das faculdades. Nos últimos 30 anos, os programas de educação física passaram a incluir cursos como psicologia do esporte, aprendizado motor, fisiologia do exercício e biomecânica. O número total de horas de estudo, no entanto, não aumentou proporcionalmente. Como resultado, os estudantes têm tempo apenas para um curso teórico de ginástica, talvez negligenciando a prática de acrobacias, equipamentos, ginástica rítmica ou treinamento educacional. Logo, é difícil para os professores apresentar um conteúdo de modo confiante e bom dispondo de tão pouco treinamento nessa área. Os professores ficam confusos. Eles deveriam ensinar ginásticas olímpicas?[2] Ou ginástica educacional? Devem usar métodos diretos para ensinar? Ou métodos indiretos?

Na verdade, existem aspectos excelentes em cada abordagem da ginástica. A força das ginásticas olímpicas é o desenvolvimento progressivo da habilidade. A ginástica educacional permite diferenças individuais, com foco na solução de problemas e no desenvolvimento de habilidades de gerenciamento do corpo. Podemos ensinar as ginásticas olímpicas tanto com um estilo de ensino direto como indireto. O mesmo se aplica à ginástica educacional. Por causa das restrições de tempo, a ginástica no ensino fundamental deve manter seu foco em habilidades de gerenciamento do corpo para iniciantes, em vez de trabalhar atividades menos relacionadas, como as acrobacias e a ginástica rítmica moderna. Habilidades básicas sólidas são mais importantes que uma exposição a vários sistemas de ginástica sem tempo suficiente para fazer justiça a qualquer um deles.

UM OLHAR PARA O FUTURO

Este é um momento interessante para ensinar e, particularmente, para estar envolvido no ensino da ginásti-

---

[2] N.R.T.: A modalidade esportiva ginástica artística é uma das ginásticas olímpicas, ou seja, modalidade que faz parte dos Jogos Olímpicos. Para não gerar confusão, o texto se refere às ginásticas olímpicas (ginástica artística, ginástica rítmica e ginástica de trampolim).

ca. A educação baseada em normas forneceu um modelo para o aprendizado dos alunos. Uma vez que você já avaliou o que seus alunos sabem, o que são capazes de fazer e o que valorizam, e usando as normas de conteúdo de educação física, você é capaz de determinar o que seus alunos devem saber, fazer e valorizar em cada ano escolar. O resultado final será alunos educados fisicamente.

As Diretrizes Americanas para Educação Física de 2008 (*U.S. Department of Health and Human Services 2008*) reconheceram a necessidade de atividades para o fortalecimento muscular e dos ossos, destacando a ginástica como um componente importante do currículo para se alcançar esses objetivos. Para permitir esse fortalecimento dos músculos e ossos, programas como os de ginástica devem ser executados mais de uma vez por semana e por mais de uma unidade por ano, durante quatro a seis semanas cada. A ginástica é um componente importante do programa de educação física e deve ser tratada como tal.

Internacionalmente, há um movimento que relaciona a ginástica a um estilo de vida saudável e ativo (Physical Education Association of Great Britain and Northern Ireland 1991). Educadores britânicos estão debatendo o conceito de ginástica como condicionamento saudável para a vida. Em muitos países europeus, a ginástica tornou-se uma atividade de lazer e condicionamento físico. Os clubes de ginástica alemães são grandes complexos esportivos recreacionais, centros para o desenvolvimento pessoal com grande ênfase no bem-estar físico de seus membros. Em outros países europeus, a ginástica rítmica (trabalho com música) é o tipo mais comum de aula de condicionamento. Festivais de ginástica em outros países, como os *Lingiades, Turnfests, Spartakiades* e *Gymnaestrades,* apresentam várias técnicas.

Vamos trazer esse espírito dos festivais para o nível local. Imagine um evento de ginástica para pais e alunos no ginásio de sua escola ou um dia ao ar livre, tendo a ginástica como destaque. Essa ocasião teria seu foco na abordagem holística da ginástica, incorporando critérios de movimento, atividades naturais, conceitos de dinâmica, estática e fluência, e um ambiente estimulante com equipamentos e música. Esse pode ser o incentivo necessário para que a ginástica volte a ter importância no currículo escolar.

RESUMO

A ginástica encontra-se em uma encruzilhada na educação em escolas públicas. Embora sua história de contribuição para um estilo de vida saudável seja rica, por diversas razões ela não tem figurado como parte significativa do currículo de educação física por várias décadas. Recentemente os educadores têm pedido por reformas para redefinir a qualidade na educação física do dia a dia. A ginástica tem muito a oferecer às crianças, tanto no desenvolvimento de habilidades como no condicionamento físico, na estética, na criatividade e nas áreas psicológica e cognitiva. A ginástica deveria ser parte integrante de toda educação física no ensino fundamental.

Questões para reflexão

Quais experiências você teve durante a infância que contribuíram para sua postura negativa ou positiva em relação a você mesmo como ginasta?

Relate como culturas diferentes, com o passar dos anos, contribuíram para o desenvolvimento da ginástica.

Com base nas experiências que teve na ginástica, como você definiria essa prática esportiva?

Dê exemplos dos ramos da ginástica. Com base em seus conhecimentos sobre as escolas, os professores e os alunos, como a ginástica deveria ser ensinada nas escolas hoje em dia? Por quê?

Reveja os exemplos de resultados de desempenho para uma pessoa educada fisicamente com relação à ginástica nas duas divisões do ensino fundamental. Quais exercícios práticos de ginástica poderiam ser aplicados para se alcançar esses resultados?

(continua)

Questões para reflexão *(continuação)*

Com base em sua própria experiência em ginástica na educação física da escola, como a ginástica contribuiu para seu próprio desenvolvimento em cada uma das três áreas?

Visite uma escola local durante uma aula de ginástica. Qual era o principal objetivo da aula? Com base no que você viu ser ensinado, de que maneira a aula contribuiu para o alcance dos resultados de desempenho selecionados para aquele nível?

Capítulo 2

Como adaptar a ginástica à sua situação de ensino

Após ler e compreender este capítulo, você será capaz de:
- discutir fatores que sejam similares no ensino de educação física nas escolas, independentemente do local ou da escola em que você lecione;
- discutir fatores que sejam diferentes e exclusivos a cada escola e a cada situação de ensino;
- discutir ideias que orientem a tomada de decisões ao planejar o ensino da ginástica; e
- aplicar conhecimentos sobre conteúdo, pedagogia e conteúdo pedagógico, de modo a implementar efetivamente um programa de ginástica.

Ensinar seria muito mais fácil se todas as escolas e todos os níveis fossem idênticos. Nesse caso, um currículo-padrão com planos de aulas detalhados funcionaria em qualquer lugar. O fato, no entanto, é que nossas situações de ensino possuem algumas similaridades – mas algumas enormes diferenças! As similaridades incluem a necessidade de planejar, de estabelecer normas para o uso de equipamentos, de proporcionar uma prática ampla e desenvolver um ambiente de aprendizado positivo, promover um ambiente seguro, trabalhar com várias faixas etárias, diferentes habilidades e com necessidades especiais dentro de um mesmo grupo de alunos, e atuar como defensor da ginástica. As diferenças incluem o tamanho da sala de aula, a frequência e a duração das aulas, as instalações e os tipos de equipamento.

Ao desenvolver um programa de ginástica, você deve estabelecer um conjunto de práticas para se orientar e direcionar suas decisões. Algumas práticas podem se relacionar diretamente com as *Appropriate Instructional Guidelines for Elementary School Physical Education* (NASPE, 2010). Outras práticas dialogam apenas com técnicas de ensino eficazes. Ainda que nem todas as circunstâncias possam ser abordadas, tais práticas devem servir de base para decisões sobre o desenvolvimento de um programa sólido de gerenciamento do corpo. Este capítulo descreve alguns métodos pelos quais o conteúdo deste livro pode ser adaptado a várias situações de ensino para atender melhor às necessidades das crianças e também aumentar a satisfação e o aprendizado delas.

PLANEJAMENTO

O planejamento na ginástica deve ser parte de um processo para desenvolver todo o currículo de educação física, do primeiro ano até o 6º ou 7º ano (Graham, 2008). As sessões na ginástica devem fazer parte de um processo de planejamento geral para a educação física na escola. Exercícios específicos para as aulas de ginástica também devem ser planejados em detalhes. O planejamento, tanto para as unidades como para os exercícios na ginástica, deve estar relacionado aos índices de referência (ou seja, às normas de avaliação) definidos no Capítulo 1 (Fig.1.5). Sugestões mais específicas para o planejamento da abrangência e a sequência das unidades de ginástica são discutidas no Capítulo 3. Exemplos de exercícios específicos são apresentados na Parte II deste livro, nos Capítulos 5 a 7.

Na pré-escola, trabalhar a ginástica com grupos grandes ou com uma atividade para a classe toda funciona bem por um período curto, mais ou menos como acontece ao se formar uma roda ou contar histórias na classe. Uma atividade aberta, da qual todos participam, é uma boa rotina e oferece a regularidade que proporciona às crianças a confiança e a segurança de que elas precisam para se sair bem no ginásio. A maior parte do tempo gasto em ginástica para crianças muito novas deve ser estruturada em atividades com grupos pequenos ou em atividades individuais. Um ambiente de aprendizado temático, criado para que as crianças o visitem quando se interessarem, também pode ajudar. Por exemplo, como atividade do dia, espalhe vários colchões com bambolês alinhados vertical ou horizontalmente e peça às crianças que achem formas de passar por cima ou por baixo, por dentro ou por fora deles. Outra atividade pode ser espalhar colchões e bancos para serem usados buscando formas de se mover para a frente e para trás. Incentive as crianças a tentar jeitos diferentes de se mover sobre as mãos e os pés. Com o tempo, você pode estruturar ambientes de aprendizado para garantir que as crianças explorem e desenvolvam padrões de movimentos baseados na consciência corporal e espacial, ações de esforço e relacionamentos (CEER). Ainda que a instrução não pareça formal, as crianças mais novas aprenderão o bastante para ser bem-sucedidas em um ensino formal mais adiante.

Durante os primeiros anos, as crianças devem adquirir uma base sólida de ações de deslocamento, habilidades de equilíbrio e trabalho de rotação. Elas devem aprender a fazer todo esse trabalho individualmente, no solo ou sobre um colchão. O bom gerenciamento do corpo é essencial. Elas precisam desenvolver um bom controle e movimentos eficientes. Elabore sequências que progridam de forma apropriada ao desenvolvimento. Aproveite o sucesso das crianças como matéria-prima. Conforme apropriado, inclua equipamentos, como caixas e bancos, aros, cordas e obstáculos. Nos anos intermediários, as crianças progridem para habilidades mais difíceis, portanto acrescente equipamentos maiores, trabalho com parceiros e desenvolva sequências mais formais e complicadas.

Outro fator a se considerar no planejamento é há quanto tempo você é professor de cada turma. O planejamento do primeiro ano será (e deve ser) diferente daquele do décimo ano de um grupo. Quando você trabalha com um 6º ou 7º ano desde que eles começaram na escola, eles serão capazes de fazer coisas diferentes daquelas que um 6º ou 7º ano fará em seu primeiro ano naquela escola.

Tamanho da turma

Para garantir que os alunos recebam atenção individual e trabalhem em um ambiente seguro, mantenha suas turmas com o menor tamanho possível. Uma turma com 25 alunos (o que é normal na maioria das salas) é um bom número para se trabalhar. Algumas escolas e distritos, no entanto, programam aulas de educação física juntando duas ou três classes, o que significa um professor de educação física para 60 ou mais crianças ao mesmo tempo. Embora isso dificulte seu trabalho, você pode encontrar formas de desenvolver um conteúdo que proporcione às crianças experiências de aprendizado positivas (ainda que longe do ideal). Por exemplo, o uso de estações ou centros de aprendizado é um modo eficiente de organizar grupos grandes de crianças. (Ideias de cartões com tarefas, jogos com exercícios de equilíbrio, sistemas de notação de ginástica, e centros de aprendizado são fornecidas no apêndice.) Utilizar instruções por escrito pode reduzir o tempo gasto falando sobre a atividade com as crianças, que geralmente parecem menos inclinadas a ouvir quando em grupos grandes. Com turmas maiores ou quando os alunos são divididos em grupos menores por estação de trabalho, os pais ou uma criança mais velha podem ser treinados para ajudar a supervisionar, auxiliar ou observar habilidades específicas. Independentemente do tamanho da sala, você deve dedicar bastante tempo às séries de gerenciamento de ensino (Siedentop, 1991) ou protocolos (Graham, 2008), para que as aulas sejam dadas de modo eficiente e com o mínimo de interrupções.

Equipamento

Muitos educadores físicos enxergam a ginástica como um complexo amontoado de equipamentos comerciais (p. ex., plintos, barras paralelas, traves de equilíbrio). Consequentemente, eles consideram a falta desses equipamentos uma justificativa para excluir a ginástica de um programa de aulas. Essa ideia precisa ser questionada.

Os alunos podem prontamente praticar e melhorar suas habilidades de gerenciamento do corpo com o uso de colchões, bancos de madeira e um pouco de engenhosidade. Por exemplo, cordas, quadrados de carpete, bambolês, obstáculos feitos com varetas de papel e caixotes ou engradados (comuns na maioria das escolas), aliados a colchões e bancos, são equipamentos suficientes para motivar e desafiar os alunos (ver Tab. 2.1).

Com esses equipamentos simples, os alunos podem se deslocar, equilibrar e girar sobre, por cima, por fora, dentro, abaixo e ao lado dos equipamentos. Essas tarefas, por sua vez, ajudam as crianças a praticar ações em ligação. As crianças podem aprender a criar uma sequência contínua com transições suaves – um dos componentes do gerenciamento do corpo. Por exemplo, as crianças podem criar um equilíbrio em pé de sua escolha dentro de um aro. Depois elas podem saltar para fora do aro, aterrissar suavemente, abaixar o corpo até o solo de forma lógica, executar um rolamento que escolherem e terminar com um equilíbrio no nível baixo. Ou elas podem começar com um equilíbrio simétrico ou assimétrico sobre um banco. Depois de adquirir o controle, elas podem fazer um rolamento para fora do equipamento e terminar com um equilíbrio de contraste no solo.

As palavras-chave para o uso dos equipamentos são a versatilidade e a inovação. Tendo em mente os temas de habilidades motoras de deslocamento, posição estática e rotação, você decide as habilidades específicas que as crianças vão praticar e aprender em sequência ou em atividades combinadas. Essas habilidades podem ser equilíbrio, suspensão, apoio, rolamento ou deslocamento. Após decidir qual tema de habilidade motora será desenvolvido, considere o tipo de equipamento que pode ser útil e como organizá-lo para melhorar o desenvolvimento da habilidade naquela área em particular. Se o equilíbrio for a área escolhida, você pode decidir se o exercício será feito no solo ou sobre um equipamento. Da mesma forma, ações de deslocamento e rotação podem ser feitas sobre o solo ou sobre equipamentos, ou como um meio de subir ou sair do equipamento.

Que equipamento está disponível para qual equilíbrio? Talvez você seja um felizardo que tem à disposição bancos de 3 ou 4 metros ou plintos de boa qualidade. O mais provável, no entanto, é que você não tenha bancos ou caixas suficientes para cada uma ou duas crianças. O foco desse trabalho de ginástica, porém, é o gerenciamento do corpo, e não o desenvolvimento de ginástica competitiva. Sentindo-se encorajado a modificar e inovar, talvez você arranje mesas, cadeiras, caixas plásticas, colchões dobrados

Tabela 2.1 Equipamentos alternativos.

Equipamento	Especificações	Sugestões de uso
Caixas disponíveis na lanchonete ou no escritório da escola	• 30-45 cm de altura • 45-60 cm de largura e comprimento • Cheias de jornal • Fechadas com fita adesiva	Saltar sobre, para fora, por cima Equilibrar-se completamente ou parcialmente Rolar sobre, para fora Fazer estrela por cima
Bancos	• 30-45 cm de altura • 3-4 m de comprimento • 25-30 cm de largura • Base larga e estável para evitar que virem	Deslocar-se ao longo dele Equilibrar-se Pular sobre, para fora, por cima Rolar ao longo, sobre, para fora Fazer estrela por cima, para fora
Mesas	• 0,6-1 m de altura • 60-90 cm de largura • 2-2,4 m de comprimento • Estáveis, firmes, não dobráveis	Equilibrar-se completamente ou parcialmente Rolar para fora Saltar para fora
Cadeiras	• Estáveis, firmes • Com quatro pernas e encosto	Equilibrar-se Saltar por cima Saltar sobre, para fora
Caixotes ou engradados (de verduras, de legumes ou de bebidas)	• 15-45 cm de altura • 45-60 cm de largura e comprimento • Colocadas de cabeça para baixo sobre colchão ou outra superfície antideslizante	Equilibrar-se Saltar sobre, para fora, por cima Rolar sobre, para fora Fazer estrela por cima

Figura 2.1 Embora alguns programas contenham equipamentos de ginástica padronizados, os professores também podem usar aros, caixas, bancos e cadeiras.

ou caixas de papelão cheias de jornal – todas superfícies aceitáveis sobre as quais as crianças podem se equilibrar com segurança (ver Fig. 2.1). (Ver, mais adiante neste capítulo, as seções "Cuidados com a segurança" e "Diretrizes com a segurança e responsabilidade".)

Além de utilizar objetos diferentes na ginástica, como mesas e cadeiras, você pode modificar criativamente os equipamentos de ginástica que de fato possua para desenvolver as habilidades de gerenciamento do corpo (ver Fig. 2.2). Por exemplo, as crianças podem fazer movimentos circulares com os quadris em volta de uma trave de equilíbrio ou de uma barra paralela. Elas podem trabalhar embaixo da trave fazendo rotações, equilibrando-se em contrabalanço com a trave, suspendendo-se nela e se levantando. Além de realizar vários movimentos de salto, os alunos podem usar o cavalo para apoiar o peso do corpo enquanto criam formas de equilíbrio e usam rolamentos ou ações de deslizamento para subir ou sair do equipamento.

A organização do equipamento é outro elemento-chave para combinar os movimentos de ginástica e desenvolver um trabalho de sequência. Um colchão colocado ao final ou ao lado de um banco pode marcar os pontos de entrada e saída. Colocar o colchão entre o banco e as barras paralelas encoraja movimentos de ligação entre esses equipamentos. Primeiro, você precisa decidir quais habilidades combinar ou a sequência e, depois, deve organizar os equipamentos de acordo com isso.

Se no momento você tem disponível um número limitado de equipamentos profissionais de ginástica, você precisa definir um plano. Por exemplo, se você tem apenas uns três ou cinco colchões de 1,2 × 1,8 m para trabalhar, você poderia comprar mais um ou dois por ano e, enquanto isso, utilizar quadrados de carpete ou tapetes de yoga. A associação de pais e mestres da escola pode estar disposta a organizar um evento para levantar fundos para a compra de colchões ou de algum equipamento. Você também pode compartilhar o equipamento com centros de recreação locais ou outras escolas do mesmo bairro. Tente estabelecer um rodízio no qual cada escola contribua com dois ou mais

Figura 2.2 O equipamento pode ser utilizado de modo inovador.

colchões; no conjunto deve haver o suficiente para o programa de uma escola por vez.

Se agora você não tem bancos ou caixas, defina um plano para comprar um ou dois por ano até que tenha equipamento suficiente. Talvez você possa fazer um acordo com uma escola técnica para que eles projetem e construam os bancos e as caixas (ver planos para a construção de caixas e bancos em Graham, Holt/Hale, e Parker, 2010). Enquanto isso, você pode substituir os equipamentos por mesas e cadeiras, caixotes e engradados, caixas de papelão cheias de jornal. Estabeleça seu objetivo. Se você precisa de equipamentos para equilíbrios ou saltos, então escolha algo que lhe permita alcançar esses objetivos com segurança.

Depois de conseguir colchões, bancos e caixas, você vai querer expandir o programa de ginástica, oferecendo oportunidades para as crianças se suspenderem, balançar, apoiar o peso do corpo, equilibrar, saltar, saltar sobre equipamentos e assim por diante. Traves de equilíbrio, barras paralelas, barras fixas e minitrampolins (com cerca de 0,9 × 0,9 m e 46 cm de altura) são os equipamentos indicados para esses movimentos de ginástica. Trabalhe para alcançar esse objetivo, mas não desista nem diga que não pode ensinar ginástica porque não tem o equipamento ideal. Faça o melhor que puder com o que tem. Conforme o interesse pelo programa for crescendo, os pais e a administração da escola vão te apoiar.

Após adquirir o equipamento de ginástica, pense na disposição e na organização deles. É tentador posicionar colchões, bancos e caixas em fileiras e colunas retinhas. Deixar tudo arrumado e organizado ajuda você a se sentir bem como professor, mas há objetivos mais importantes a se considerar na disposição dos equipamentos. Você deve estabelecer um fluxo natural de um equipamento para o próximo, posicionando as peças de modo que as ações entre uma atividade ou habilidade e outra se conectem. Uma disposição desse tipo é mostrada na Figura 2.3.

Protocolos de equipamento

Quando estiver planejando desenvolver uma sessão de ginástica, é melhor trabalhá-la com toda a escola. Se você tem aulas seguidas com jogos, ginástica, jogos, dança, ginástica e assim por diante, a organização dos equipamentos, bem como seu planejamento, podem virar um pesadelo. O ideal é montar todo o equipamento pela manhã e deixá-lo montado pelo resto do dia, ou pelo menos por toda a manhã, antes de guardá-lo novamente. Em vez de ter todo esse trabalho sozinho, você pode contar com a ajuda das crianças. Uma forma é conseguir que as turmas de crianças mais velhas façam a primeira aula da manhã e a última do dia para ajudá-lo a dispor os equipamentos e a guardá-los depois. Outra opção é fazer com que as crianças, a cada aula, arrumem e guardem os equipamentos.

As crianças gostam de ficar responsáveis pelo cuidado com os equipamentos. Elas também podem aprender a

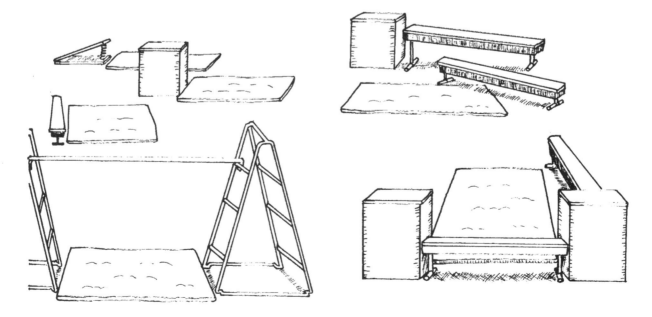

Figura 2.3 Organização do equipamento de modo a proporcionar uma passagem natural de uma peça para a outra.

erguer e carregar equipamentos pesados e a trabalhar em equipe. Elas devem trabalhar com um parceiro para erguer caixas, bancos, colchões e outras peças grandes. Elas também devem usar os músculos maiores e mais fortes do corpo para erguer equipamentos pesados. Isso significa que você deve ensinar as crianças a se abaixar com os joelhos flexionados, manter as costas eretas e se levantar usando os músculos quadríceps (Fig. 2.4). As crianças devem erguer o objeto simultaneamente, levá-lo até o local onde deve ser colocado e colocá-lo no chão devagar.

No início de cada aula, ou em qualquer momento em que você for dar instruções, as crianças devem se sentar fora do equipamento, pode ser no chão ou sobre um colchão, na posição ereta de ginástica. Crianças que ficam sentadas ou deitadas no equipamento têm menos probabilidade de prestar atenção enquanto você fala. E sempre existem os engraçadinhos da turma que vão "cair" do equipamento só para provocar umas risadas ou atrair a atenção dos colegas. Não permita que eles tenham a chance de se machucar ou de causar distrações.

Instalações

Ainda que alguns professores possuam espaços internos e externos adequados, outros têm menos sorte. Na verdade, alguns professores não dispõem de nenhum tipo de espaço interno, enquanto outros não têm áreas ao ar livre. A seguir, apresentamos algumas sugestões e ideias para adaptar o conteúdo deste livro a espaços limitados, sejam eles internos ou externos.

Figura 2.4 É importante ensinar às crianças a forma adequada de carregar os equipamentos.

Quem não gostaria de dar aulas no ginásio de Bela Karolyi com os melhores equipamentos que o dinheiro pode comprar? Um espaço amplo, aberto, com os melhores colchões amortecedores, várias traves, barras, cavalos – não seria ótimo? Eu me lembro de um amigo na faculdade que uma vez disse: "Um mestre em esgrima pode ensinar esgrima com cabos de vassoura melhor do que eu poderia com os melhores modelos de florete". A questão é que você precisa tirar o melhor de sua situação atual, mas sempre buscando melhorias para o futuro.

Um espaço aberto é essencial para ensinar ginástica com segurança e sucesso. As crianças precisam de espaço para correr, saltar, aterrisar, rolar, equilibrar-se e para praticar todas as outras habilidades da ginástica. Deve haver espaço suficiente entre os equipamentos para as crianças executarem os movimentos sem bater nas paredes, nos colegas ou nos equipamentos. Um ginásio grande ou uma sala multiuso é o sonho dos professores de ginástica. A ginástica pode ser ensinada, no entanto, nos auditórios da escola, em salas de aula vazias ou em corredores, com certos ajustes. Esses locais geralmente são pequenos, então a segurança e o nível de participação tornam-se uma preocupação. Você precisa calcular quantas crianças podem participar com segurança de cada vez em determinado espaço. Se as crianças passam tempo demais esperando a vez na fila, talvez você precise de um plano alternativo. Uma solução é dividir a turma em grupos, definindo duas ou mais atividades. Um grupo pode fazer um exercício com bola ou pular corda lá fora, enquanto o outro pratica ginástica lá dentro. Quando uma turma é dividida em dois ou mais grupos, pais, voluntários ou professores-assistentes podem supervisionar uma atividade. Outra solução é levar a ginástica para a área externa.

O ensino da ginástica em áreas externas não é o ideal, mas é praticável. Em locais de climas mais quentes, onde várias escolas não possuem ginásio, talvez você não tenha outra opção. Praticar ginástica em uma superfície asfaltada (com ou sem a proteção de um telhado), em um *playground* ou em um gramado pode ser algo difícil. Você precisa ser criativo. Levar colchões e equipamentos para fora e de volta para dentro todos os dias é um pesadelo. As crianças podem ajudar, especialmente os alunos que chegam à escola bem cedo ou que saem mais tarde, se aprenderem a carregar os colchões para dentro e para fora com segurança (ver Protocolos de Equipamento; Graham, 2008). Paraquedas grandes podem ser colocados sobre a grama ou sobre superfícies de terra para ajudar a proteger a pele e as roupas. A organização é a alma do negócio.

Frequência e duração das aulas

As escolas e as turmas diferem tanto no número de dias por semana em que as crianças têm aula de educação física quanto na duração das aulas. É natural esperar que crianças que têm 30 minutos de aula todos os dias aprendam mais que crianças que têm apenas 60 minutos de educação física por semana. Essa é uma das razões pelas quais é praticamente impossível sugerir um currículo padronizado de educação física. Não é irrazoável, porém, esperar que as crianças tenham aula de ginástica por um quarto do tempo curricular estabelecido para a educação física. Como sugestão, tente organizar e dar suas aulas de modo que, se os alunos têm educação física duas vezes por semana durante 30 minutos, eles pratiquem mais de 8 horas por ano de tempo real de aprendizado em ginástica (Kelly, 1989).

Cada uma das experiências de aprendizagem de ginástica inclui sugestões de atividades iniciais ou de aquecimento, habilidades novas e a integração de habilidades recentemente adquiridas com outras para a criação de sequências ou séries. Caso as crianças tenham alguma experiência anterior, como a boa execução de rolamentos simples ou de equilíbrios individualmente, elas podem complementar alguma experiência de aprendizagem no período da aula. Para outras habilidades, como suportar o peso com as mãos ou conseguir fazer equilíbrio com parceiros, podem ser necessárias várias aulas ou mesmo uma pequena sessão. É importante desenvolver um movimento de qualidade e construir uma habilidade. Não faz sentido seguir em frente antes que os alunos dominem habilidades fundamentais. Essa é a chave para garantir a segurança.

Necessidade de prática

As crianças precisam de tempo para praticar as novas habilidades e para combinar habilidades em sequência a fim de ganhar confiança e se sentir competentes. Uma dúvida que pode surgir é como calcular o número de repetições necessárias de um exercício para uma criança aprender uma habilidade. A resposta é que não existe um número específico de tentativas que se aplique a todas as situações. Cada criança é diferente; algumas precisam de mais tempo que as outras. Com certeza, da mesma forma que ninguém aprende a jogar ou driblar uma bola ou a dançar com algumas poucas tentativas, não podemos esperar que a maioria das pessoas aprenda bem ginástica com pouca prática.

Uma aula deve permitir de 10 a 20 repetições para cada tarefa. Criar essa quantidade de repetições de formas variadas é o que vai ditar como você organiza a aula. Não é eficiente formar apenas uma fila para que você possa observar cada criança em cada tentativa. Uma fila longa e única resulta em pouquíssimas tentativas. Em uma classe com 30 crianças, mesmo que você disponha de duas a quatro estações de ginástica entre as quais os alunos se revezam, seria necessário colocar de 8 a 15 alunos em cada estação. Uma criança teria apenas uma rodada e precisaria esperar de 7 a 14 rodadas para chegar sua vez. Em uma aula comum de 30 minutos, esse arranjo só permitiria duas ou três tentativas em cada estação, o que não é suficiente para desenvolver uma competência.

Você precisa organizar as aulas e oferecer equipamentos suficientes para que as crianças trabalhem individualmente, em dupla ou em grupos de três ou quatro. Com essa proporção baixa, você garante que as crianças tenham mais tempo de prática e menos tempo de espera (ver Fig. 2.5).

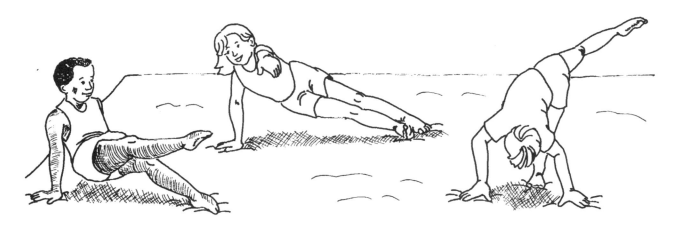

Figura 2.5 As crianças devem ter várias oportunidades de praticar.

Analise, de modo realista, quantas tarefas você consegue apresentar em uma determinada aula. Para aumentar o tempo de prática, você terá que diminuir o tempo de instrução. Considerando um objetivo de 10 a 20 repetições por aluno para cada tarefa, deverá haver provavelmente três a seis tarefas em uma aula (isto é, as crianças poderiam praticar três movimentos 20 vezes ou seis movimentos 10 vezes cada). Isso dá uma média de duas tentativas a cada minuto, incluindo instrução e espera. Ao manter as instruções curtas e claras, você pode alcançar esse objetivo.

As crianças se beneficiam das repetições. Para evitar o tédio, mude um pouco cada tarefa dentro de cada aula ou pelo menos entre as aulas. Por exemplo, se o foco da aula for um trabalho estático e as crianças estiverem se equilibrando em diferentes bases de apoio, você pode refinar o trabalho estimulando as crianças a se conscientizarem da extensão por meio dos braços e das pernas ou por linhas curvadas suavemente nas costas. Você pode variar uma tarefa pedindo às crianças que mudem a altura ou o formato de seus equilíbrios ou a relação entre as partes do corpo. Da mesma forma, você pode mudar levemente uma sequência para dar a ela um novo foco. Acrescente um rolamento à sequência equilíbrio-deslocamento-equilíbrio. Peça que um dos equilíbrios na sequência seja sobre um equipamento. Em cada exemplo, as crianças têm um foco ou desafio novo. Elas se concentrarão na tarefa e vão se beneficiar da variedade na prática.

DESENVOLVIMENTO DE UM AMBIENTE DE APRENDIZADO POSITIVO

De acordo com pesquisas sobre educação de professores, você precisa considerar vários fatores ao criar um ambiente de aprendizado positivo e produtivo para as crianças (Graham, 2008; Rink, 2010; Siedentop, 1991). Um dos fatores refere-se às suas expectativas. Cabe a você projetar e criar uma atmosfera positiva para a turma. Também cabe a você estabelecer regras e procedimentos que encorajem todas as crianças a se comportar, focar na tarefa, e trabalhar de modo produtivo.

As regras de conduta no ginásio ou no *playground* devem ser claras e positivas. Elas também devem ser apresentadas. Regras específicas para ginástica poderiam incluir: sentar-se como um ginasta fora do equipamento enquanto recebe as instruções (ver Fig. 2.6), focar na tarefa, trabalhar com segurança, dar o melhor de si e encorajar os colegas.

Figura 2.6 Os alunos devem se sentar fora dos equipamentos e prestar atenção quando o professor estiver fornecendo instruções.

Outros fatores que ajudam a criar uma atmosfera de aprendizado positiva são a definição de procedimentos sobre o modo como as crianças devem entrar e sair do ginásio, o estabelecimento de sinais que indiquem o início e o fim das atividades, o desenvolvimento de protocolos para o uso dos equipamentos e procedimentos para a escolha dos parceiros. Você também deve estabelecer protocolos que instruam as crianças sobre o que fazer:

• com os sapatos e as roupas quando entrarem no ginásio;

• quando trouxerem objetos de valor para a aula, como joias ou dinheiro;

• quando precisarem ir ao banheiro ou beber algo durante a aula; ou

• quando alguma lesão ou acidente ocorrer durante a aula.

Nível de habilidade das crianças e índice de aprendizado

As crianças que começam aulas de ginástica têm tamanho, estrutura corporal e nível de habilidade variados. Elas têm histórias e experiências diferentes. Essas diferenças são evidentes mesmo entre as crianças mais jovens (ver Fig. 2.7). Para algumas delas, a ginástica já é algo natural. Seus pais já praticavam com elas atividades parecidas com ginástica, como rolar no solo e jogá-las no ar desde que eram bebês. Algumas já podem ter tido experiência com programas de ginástica na pré-escola, como *tumbling*. Outras, ainda, podem não ter tido essa experiência, mas foram abençoadas com o tipo certo de corpo – pequeno, forte e flexível. Alguns alunos têm todas essas ferramentas, mas se interessam pelos esportes apenas como espectadores ou não têm interesse por esporte algum, porque a família não encoraja uma participação mais ativa. Outros simplesmente não têm talento para a ginástica. Algumas crianças são grandes, quase obesas. Elas podem ter o desejo de participar, mas não têm força, flexibilidade nem coordenação do corpo. Talvez elas não tenham vontade porque ficam envergonhadas ou são muito críticas e não querem fazer papel de bobo na frente dos outros. Com crianças mais velhas, essas diferenças costumam aumentar. Algumas acabam se tornando atletas competentes, até mesmo de nível olímpico. Outras talvez não progridam de jeito nenhum, pois têm dificuldade no controle do rolamento para a frente ou de uma estrela.

Todas essas crianças vão estar em suas aulas de ginástica. Como professor, você deve ter em mente essas diferenças de habilidades e velocidade de aprendizado. Ao contrário da ginástica artística, que se preocupa principalmente com a progressão do conteúdo de fácil para difícil, um sistema de gerenciamento do corpo deve incluir necessidades individuais. Você precisa ser sensível e compreensivo para

Figura 2.7 Cada criança deve progredir de acordo com seu próprio nível de desenvolvimento e ritmo.

perceber do que as crianças são capazes. Você precisa entender a progressão de conteúdo (de fácil para difícil) a fim de modificar e adaptar apropriadamente as tarefas para atender as necessidades das crianças.

Inclusão: Trabalhando as diferenças individuais

Muitas classes hoje em dia integram crianças com necessidades especiais (elas participam das aulas e de atividades com crianças que não possuem necessidades especiais). Em alguns casos, você consegue acomodar crianças com necessidades especiais (não apenas aquelas já incluídas) usando técnicas como o *ensino por incentivo* ou *variações dentro da tarefa*. No ensino por incentivo, você oferece às crianças duas ou mais formas de realizar uma atividade e permite que elas escolham qual irão realizar. No ensino com variações dentro da tarefa, você determina níveis de dificuldade dentro da tarefa. Às crianças que não conseguem executar o movimento é oferecida uma forma mais fácil para completar a tarefa; já as crianças com maior habilidade têm a tarefa modificada para que ela seja mais desafiadora (Graham, 2008; ver Fig. 2.8). Em outros casos, talvez seja necessário fazer adaptações diferentes para acomodar as necessidades desses alunos. Nesta seção discutimos algumas adaptações que você pode fazer para as crianças ao ensinar ginástica.

Se você tem alunos com necessidades especiais na ginástica, você deve trabalhar com eles de forma específica, usando um planejamento educacional individualizado (PEI). Em muitos casos, uma criança com deficiência visual ou auditiva pode fazer dupla com uma criança sem deficiência, que vai ajudá-la a executar uma habilidade ou sequência. Demonstrações visuais podem mostrar a crianças com deficiência auditiva o que fazer. Por exemplo, se você quer que a criança faça uma estrela, mostre ao aluno o que você quer, passo a passo – braços e pernas retos, posição em X, mão-mão-pé-pé, começar e terminar na mesma direção.

Você pode modificar as tarefas de várias formas para que elas se encaixem nas necessidades individuais do aluno. Por exemplo, uma criança em uma cadeira de rodas pode fazer movimentos com os braços e com a parte superior do corpo e fazer rotações com um giro da cadeira.

Figura 2.8 Variações dentro da atividade podem acomodar diferenças individuais na habilidade ou capacidade. Comparação entre uma criança (a), com pouca habilidade, executando um rolamento simples para a frente, com uma criança (b), com grande habilidade, fazendo um rolamento para a frente com afastamento das pernas.

Você também pode facilitar as tarefas para crianças com pouca habilidade, obesas ou com dificuldade de locomoção. Em vez de fazer rolamentos, estrelas ou saltos, as crianças com menos aptidão podem praticar rolamentos sentadas ou tarefas simples de suporte de peso com os braços. As crianças podem criar equilíbrios sobre marcações ou pontos, usando diferentes partes do corpo, em vários formatos e assim por diante, de acordo com seu nível de habilidade, mesmo que a atividade delas inclua o uso de muleta, prótese ou cadeira de rodas (Fig. 2.9).

Cuidados com a segurança

Muitos diretores de escolas públicas e professores de educação física hesitam em ensinar ginástica por causa da preocupação com a responsabilidade legal e a segurança. Do mesmo modo que em outros esportes de risco, como escalada, canoagem ou caiaque, a ginástica apresenta desafios e algum perigo. Isso não significa que esses esportes não devam fazer parte de um programa de educação física. Quando se tem o cuidado de utilizar bons equipamentos e boas práticas educacionais, os esportes de risco têm registros muito bons de segurança.

Ao promover um programa forte de gerenciamento do corpo em ginástica, suas preocupações com segurança devem se voltar primeiramente às questões de equipamento e práticas educacionais. Escolha os equipamentos com base na qualidade. Os colchões devem ser duráveis e ter bom amortecimento. Equipamentos grandes, como traves de equilíbrio, bancos, caixas e barras devem atender às normas estabelecidas pela indústria. Se mesas, cadeiras, caixas plásticas e outros equipamentos diversos forem utilizados, inspecione cada item em relação à resistência e decida cuidadosamente como trabalhar com cada peça. Verifique sempre o equipamento para ter certeza de que ele está sendo usado de modo adequado. Além disso, assegure-se de que o equipamento não vai derrapar ou deslizar com o peso dos alunos. Organize-o de modo prudente, deixando espaço adequado entre as peças, para permitir a execução do movimento pretendido. Como regra, coloque colchões ao lado ou embaixo do equipamento para permitir aterrissagens suaves e para amortecer quaisquer quedas que possam ocorrer.

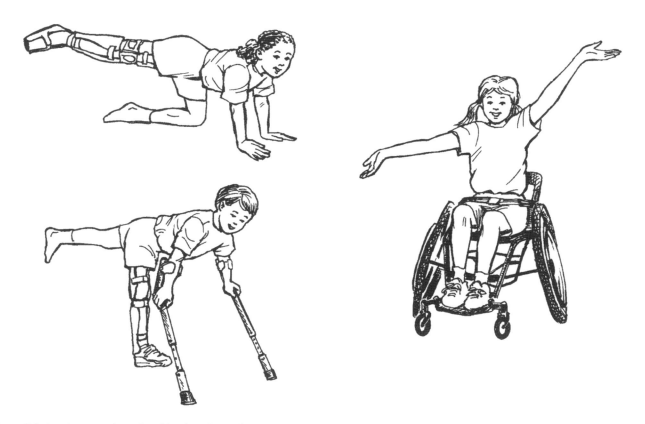

Figura 2.9 As crianças podem criar vários tipos de equilíbrio independentemente do nível de habilidade ou das necessidades especiais.

Roupas e calçados fazem parte da preocupação com equipamento. As roupas devem ser largas o suficiente para permitir movimentos livres e irrestritos, mas não tão largas a ponto de se prenderem em alguma coisa. Uniformes de ginástica e roupas de nylon ou elastano próprias para movimentos ativos são provavelmente o melhor. Dentro de ginásios, as crianças devem ficar descalças. Na ginástica é muito melhor sentir o chão e a superfície de apoio quando os pés tocam diretamente o chão ou o equipamento. A percepção tátil-cinestésica é mais precisa, dando ao ginasta informações sobre o corpo e o espaço. Em áreas externas, calçados antiderrapantes podem ser usados por segurança.

Além de escolher e utilizar bem os equipamentos, o ensino deve se basear em outros princípios sólidos. A assistência, uma preocupação principal, é uma técnica na qual o professor ou outro aluno presta assistência ao ginasta na execução de uma habilidade. O "assistente" geralmente se posiciona para ajudar fisicamente o aluno no ponto crítico da realização da habilidade. Ainda que ele não ajude a criança diretamente, ele está lá para pegar a criança caso ela perca o equilíbrio e caia. A assistência envolve uma variedade de movimentos invasivos. Por exemplo, em um extremo, o assistente pode simplesmente ficar parado com uma mão estendida próximo às costas do ginasta e ficar lá só para que o ginasta se sinta confortável ao fazer o movimento sem ajuda ou para que o assistente possa facilmente pegar o ginasta caso ele cometa um erro. A assistência direta seria a forma mais invasiva de ajuda – ambas as mãos tocam o corpo do ginasta durante a realização do movimento. Programas de ginástica artística geralmente usam a assistência. Neste livro, incentivamos a assistência apenas em circunstâncias específicas (ver Fig. 2.10). Em geral, a assistência é usada para desenvolver habilidades novas e mais difíceis e para combinar habilidades aprendidas anteriormente. Aplique-a individualmente, conforme as crianças necessitem ou peçam. Um programa de gerenciamento do corpo ensina as crianças a se moverem sob controle.

Não permita que elas despenquem (caiam no solo sem controle – sobre as costas ou sobre as pernas, posições em que a pessoa facilmente se machuca); ou que façam gracinhas, executando movimentos arriscados que não fazem parte da tarefa. Assegure-se de que a criança dominou o nível mais fácil de uma habilidade antes de permitir que ela tente um nível mais difícil. Por exemplo, uma criança não deve tentar uma parada de mão de fato, antes de ter controle do peso do corpo sobre as mãos e ser capaz de retorná-lo suavemente sobre os pés. Aos poucos o aluno impulsionará mais alto e atingirá o alinhamento vertical e sob controle. Ensine as crianças a se recuperar de qualquer perda de controle virando estrela ou se curvando para um rolamento. Quanto aos rolamentos, uma criança que controle um rolamento no solo pode tentar da próxima vez um rolamento sobre um equipamento, para subir ou então para sair dele. O ambiente deve estar ajustado especialmente para essas ocasiões. Use colchões adicionais empilhados ou dobrados para reduzir o impacto de qualquer queda possível. Encoraje apenas as crianças que já dominaram as habilidades mais fáceis a realizar os movimentos em uma situação mais desafiadora. Todas as crianças devem trabalhar dentro dos limites de suas habilidades. Você pode diminuir os riscos ao não exigir que todas as crianças tentem executar determinado movimento; em vez disso, permita que elas modifiquem as ações dentro do espectro desafiador do movimento apresentado.

Imagine uma situação em que uma tarefa é definida, e as crianças estão trabalhando, talvez transferindo o peso dos pés para as mãos e de volta para os pés. Como professor, você observa o nível de habilidade e pode chamar algumas crianças para dar instruções específicas e assistência em uma ponte para trás, reversão para trás ou para a frente (flic-flac). Não é importante que todas dominem essas habilidades mais avançadas. Talvez uma criança esteja trabalhando em uma sequência, combinando duas habilidades, ou tentando realizar uma habilidade de uma forma nova ou em um equipamento novo. A criança deve se sen-

Figura 2.10 Recorrer à assistência ao ensinar habilidades novas e mais difíceis.

D. W. FLIPS

Quando começo a dar aulas de ginástica para crianças do nível fundamental, geralmente sou bombardeado com perguntas que carregam excitação e alguma hesitação: "Podemos aprender a dar mortais?", "Vamos ficar de ponta-cabeça?", "Vamos balançar nas barras?", "Vamos ficar pendurados de ponta-cabeça?". Alguns têm certeza de que já conseguem fazer tudo isso, e outros esperam nunca ter de fazê-lo, porque morrem de medo. Com o passar dos anos, descobri um livro infantil que me ajuda na introdução (apresentação) da matéria. O nome do livro é *D. W. Flips*, de Marc Brown. Aprendi que as crianças têm várias interpretações do que significa executar mortais. O mortal pode significar simplesmente um rolamento para a frente ou para trás. Pode significar um mergulho em rolamento passando por dentro de um arco. Pode ser uma mudança na posição do corpo, uma reversão para a frente, com ou sem as mãos. Conforme vou lendo a história para as crianças, elas começam a ficar empolgadas com o fato de fazer ginástica e mais tranquilas pelo fato de que, em nossa aula de ginástica, executar mortais, equilibrar-se, balançar-se ou ficar suspenso será feito de modo que cada criança se sinta confortável e segura, pois tudo o que fizermos será de acordo com o nível de conforto delas.

tir livre para pedir ajuda (assistência) nessas situações. Encoraje as crianças a ter responsabilidade própria, a trabalhar dentro de seus níveis de habilidade e a desenvolver movimentos com base em princípios mecânicos sólidos.

Diretrizes de segurança e responsabilidade

Os professores de ginástica sempre se preocupam em oferecer um ambiente de aprendizado seguro para as crianças (ver Fig. 2.11). Ninguém deseja colocar as crianças em uma situação perigosa na qual elas possam se machucar. Você deve considerar as diretrizes seguintes, a fim de oferecer um ambiente seguro.

• Ensine as crianças a utilizar os equipamentos de modo seguro e forneça instruções por escrito. Orientações por escrito são apropriadas mesmo para alunos do começo do ensino fundamental, se você redigi-las de modo simples, como "Sente-se fora do equipamento" ou "Tome cuidado". As lesões geralmente ocorrem quando o equipamento é usado incorretamente. Por exemplo, atividades aceitáveis em uma barra de equilíbrio são atravessá-la andando, equilibrar-se, pular para cima ou para fora dela ou rolar para fora dela quando a tarefa exigir.

• Conduza a aula de ginástica como se estivesse em um ambiente de trabalho. Muitas lesões ocorrem quando as crianças estão fazendo brincadeiras, gracinhas ou desafiando umas às outras. O comportamento aceitável inclui manter-se focado na tarefa e trabalhar dentro de seu próprio nível de habilidade.

• Primeiro, pratique a habilidade no solo e, depois, próximo ao solo, sobre uma base ampla, antes de levá-la ao nível mais difícil. O domínio é a palavra-chave.

• Ofereça espaço suficiente para as crianças se moverem com segurança. Em áreas pequenas como salas de aula, palcos e corredores, o espaço é uma questão importante. Assegure-se de que há espaço suficiente para cada criança completar um movimento sem bater em uma parede, em outra criança ou em algum equipamento. Por exemplo, faça as crianças iniciarem os rolamentos perto de uma parede em direção a um espaço aberto ou fazerem estrela na direção do comprimento se o espaço for longo e estreito.

• Proporcione uma superfície segura. Coloque colchões embaixo e ao lado de qualquer aparelho maior para o amortecimento adequado. Em superfícies externas, use colchões ou paraquedas para proteger a pele e as roupas das crianças. Remova qualquer vidro ou objetos pontiagudos da área.

Figura 2.11 Oferecer um ambiente de aprendizado seguro é sempre importante na ginástica. Os alunos podem prestar assistência um ao outro quando necessário, ou o professor pode assisti-los.

- Inspecione cada equipamento regularmente como precaução de segurança. A superfície está livre de lascas? Aperte quaisquer porcas ou parafusos e remova itens salientes como porcas, parafusos, pinos e rodinhas.
- Assegure-se de que cada item do equipamento esteja firme e apoiado sobre uma superfície antiderrapante. O equipamento não deve se mover durante o uso.

Já ocorreram acidentes sérios na ginástica e, em alguns lugares, o uso de alguns equipamentos específicos ou mesmo o ensino de ginástica foi banido das escolas. Qualquer acidente é lamentável, e o trabalho de reinstituir um programa de ginástica pleno nas escolas pode ser difícil. No entanto, não é impossível. Encontre bons livros sobre os benefícios da ginástica para as crianças e mostre ao diretor, superintendente ou ao conselho da escola. Venda o programa desenvolvendo medidas de segurança e gerenciamento do corpo. Desenvolva um programa baseado em habilidades sólidas de *tumbling* no solo e com o uso de bancos e caixas largas e próximas do solo, talvez intitulando-o de programa de *gerenciamento do corpo* em vez de *ginástica*.

Mediação de conflitos

A mediação de conflitos é uma ação voltada para promover, manter ou defender uma causa. No caso da ginástica, muitas pessoas, incluindo administradores, professores e pais, não compreendem os objetivos e resultados de um programa bem-ensinado. A maioria das pessoas vê a ginástica como um esporte para animadoras de torcida, acrobatas e atletas de elite. Por razões de segurança, eles se preocupam com o ensino da ginástica para todas as crianças nas escolas. É seu trabalho defender a ginástica e mostrar como ela pode contribuir para o desenvolvimento da consciência espacial e corporal e para o condicionamento físico de todas as crianças. Você precisa promover a atividade e educar as pessoas sobre os benefícios de um programa de ginástica bem aplicado. Mostre como a ginástica pode ser ensinada de forma segura a todas as crianças.

Felizmente, durante os últimos anos, vários artigos e livros foram publicados, divulgando programas de ginástica de qualidade (Coelho, 2010; Graham, Holt/Hale e Parker, 2010; Mitchell, Davis e Lopes, 2002; Nilges, 1997, 1999, 2000; Nilges-Charles, 2008; Ravegno, 1988; Rikard, 1992). A ginástica também foi incluída nos *National Standards for Physical Education K-12* (NASPE, 1995, 2004). Use essas informações para promover a causa. Compartilhe-as com diretores de escola, pais e com outros que se preocupem com o ensino de ginástica nas escolas. Divulgue as informações disponíveis para promover a ginástica. Com o tempo, passe para os diretores alguns dos artigos citados aqui. Elabore um ou mais documentos para promover o esporte e informar as pessoas sobre a ginástica e encaminhe-os para os pais dos alunos. Apresente a ginástica como algo que tem um resultado muito positivo para as crianças. Como um defensor, você deve se engajar nas práticas a seguir tanto quanto possível.

- Instrua o diretor, os professores e os pais sobre a ginástica. Enfatize que ela desenvolve o condicionamento relacionado à saúde e o gerenciamento do corpo. Ela é para todas as crianças, e não apenas para uma pequena elite.

- Informe as pessoas preocupadas sobre o conteúdo da ginástica – equilíbrio, deslocamento e rotação. Mostre a elas que a ginástica é o ensino de habilidades que começam fáceis e vão progressivamente se tornando mais difíceis.

- Enfatize que as crianças trabalham o tempo todo dentro de seu próprio nível de habilidade e não são desafiadas a fazer algo de que não sejam capazes.

- Baseie o programa em práticas sólidas e seguras. Desenvolva a confiança e as habilidades no solo antes de passar para os equipamentos. Desenvolva o autocontrole das crianças com uma boa mecânica corporal. A ginástica não deve colocar as crianças em risco.

- Venda o programa. Convide os pais para assistir às aulas. Proponha e aplique um programa para a associação de pais e mestres, destacando as habilidades e as sequências que as crianças aprendem. Quando os pais virem um bom programa educacional, é provável que eles o apoiem.

RESUMO

Uma das maiores críticas dos programas de educação física no passado era a de que eles eram destinados apenas a atletas e eram uma experiência dolorosa para aqueles com pouca habilidade. Os educadores contemporâneos estão se afastando desse padrão de modelo único e restritivo de educação física; agora eles preferem programas que sejam ajustados, adaptados e projetados especificamente para atender as características das escolas e a capacidade, os interesses e as necessidades das crianças a quem lecionam. Este capítulo descreve algumas considerações que os professores atualmente levam em conta ao elaborar programas de ginástica para as crianças das escolas onde trabalham. Algumas similaridades entre situações de ensino, como a necessidade de planejar, de estabelecer protocolos para os equipamentos, criar um ambiente de aprendizado positivo e seguro, trabalhar as várias habilidades dos alunos, e promover a ginástica são discutidas, além de diferenças específicas como o tamanho da turma, a frequência das aulas, instalações e tipos de equipamento que tornam cada situação de ensino única.

Questões para reflexão

Visite duas ou mais escolas parecidas com a sua, ou converse com dois ou mais professores de outras escolas. Compare as situações de ensino de cada uma das escolas em relação aos fatores identificados neste capítulo. Que semelhanças você vê entre as escolas? Que diferenças são evidentes? Quais sugestões você recomendaria para lidar com cada uma das situações?

Com base nos marcos para cada nível identificados nas normas nacionais, como você mudaria o conteúdo do que ensina conforme as crianças passam dos primeiros anos do ensino fundamental para os anos posteriores?

Que estratégias você usaria no ensino da ginástica para crianças em turmas com 30 alunos ou mais?

Se a quantidade de equipamentos em sua escola é limitada, quais opções você tem no uso de equipamentos alternativos ou vindos de outros contextos?

Desenvolva um plano de longo prazo para adquirir o equipamento de ginástica de que precisa para aplicar seu programa. Quais são suas necessidades imediatas? Que sequência de equipamentos você compraria em um período de cinco anos? Por quê?

Faça um diagrama de como você organizaria os equipamentos de ginástica em seu espaço para permitir um fluxo bom, mas seguro, de uma peça para a outra, criando boas oportunidades de combinação para as crianças desenvolverem sequências.

Identifique as regras e os protocolos dos equipamentos que você tem em seu ginásio ao aplicar um tema de ginástica. Elas são as mesmas ou mudam quando você ensina jogos ou dança? Por quê?

(continua)

Questões para reflexão *(continuação)*

Em relação às instalações, de que modo você pode otimizar o uso dos espaços disponíveis para criar um ambiente de aprendizado produtivo e seguro?

Que mudanças no conteúdo de ginástica você esperaria adotar em um programa com aulas uma vez por semana, em comparação com um programa com aulas de duas a três vezes por semana?

No ensino da ginástica, que ideias você teria para promover um tempo de prática amplo e aumentar as chances das crianças de dominar as habilidades e os conceitos da ginástica?

Cada criança em sua escola é única. O que você pode fazer nas aulas para modificar seu ensino a fim de atender às diferenças individuais e às taxas de aprendizado?

Como você possibilita a integração de crianças com necessidades especiais em seu programa de ginástica?

Que diretrizes você acredita que são importantes para oferecer um ambiente seguro para as crianças na ginástica?

Desenvolva um plano para promover a ginástica em sua escola. Como você convenceria o diretor ou os pais das crianças de que a ginástica, quando conduzida de modo seguro, pode ter um efeito positivo no desenvolvimento das crianças?

Capítulo 3

Como incorporar a ginástica em seu programa

Após ler e compreender este capítulo, você será capaz de:

- criar seus próprios objetivo e sequência para ginástica com base em seu conhecimento das normas norte-americanas, nos resultados de desempenho para a educação física e em sua própria situação de ensino;
- descrever os estágios da ginástica e fornecer exemplos de cada estágio com suas próprias palavras;
- escolher uma tarefa informativa ou um ponto de partida para uma experiência de aprendizagem de ginástica e apresentar três tarefas de extensão, três de refinamento e três de aplicação para desenvolver o conteúdo em ginástica;
- discutir as habilidades gerais da ginástica em relação às categorias em cada uma delas, exemplos de cada categoria e dos princípios do movimento que governam cada categoria;
- descrever como as variáveis do processo (corpo, espaço, esforço e relacionamento) podem ser usadas no desenvolvimento do conteúdo em ginástica;
- listar os componentes de uma experiência de aprendizagem e oferecer um exemplo de cada um deles; e
- explicar o que torna uma experiência de aprendizagem apropriada ao desenvolvimento.

O conteúdo de jogos, de dança e de ginástica inclui muitas habilidades. Em vez de considerar as habilidades individualmente, é conveniente agrupá-las em categorias que podem ser organizadas em unidades de trabalho. Com relação à ginástica, existem várias formas de organizar essas estruturas. Alguns educadores separam a ginástica em acrobacias, *tumbling* e equipamentos. Outros organizam em uma estrutura de ações de manipulação, de locomoção e de estabilização. Outros professores, ainda, usam os conceitos de corpo, espaço, esforço e relacionamento (CEER) como estrutura.

Os temas de habilidade motora são a estrutura do conteúdo deste livro. Três delas formam essa estrutura: as ações de deslocamento do corpo, o trabalho estático e a rotação (Fig. 3.1).

Cada tema de habilidade motora pode ser pensado como uma série ou grupo de atividades, assim como na matemática. As ações de deslocamento incluem atividades nas quais a intenção é mover o corpo de um lugar para o outro. O trabalho estático inclui as atividades nas quais o foco é alcançar a imobilidade ou o equilíbrio. A rotação inclui atividades nas quais a intenção é torcer, virar ou rolar ao redor de um dos três eixos do corpo.

Conforme evidencia a Figura 3.1, cada um dos temas de habilidade motora pode funcionar como um conjunto separado. Conforme esses conjuntos interagem entre si, ocorre a sobreposição ou a união deles. Esse cruzamento dos conjuntos é um conceito matemático que se aplica ao trabalho da ginástica. Por exemplo, uma habilidade como rolar pode ser pensada, às vezes, como girar em torno do eixo do corpo horizontal ou verticalmente. Outras vezes, um rolamento pode funcionar para transferir o peso do corpo de um lugar para o outro como uma ação de deslocamento. Enquanto se move pelo ar, um ginasta pode girar o corpo para criar uma forma específica ou para mudar de direção. Em muitos exemplos, um conjunto de habilidades será o tema principal de determinada aula, ainda que outras habilidades sirvam como apoio, ligação ou se combinem com o tema principal para proporcionar unidade ao trabalho de ginástica.

A vantagem de pensar na ginástica como conjuntos ou unidades de trabalho é que podemos, às vezes, separar habilidades específicas para um ensino apropriado ao desenvolvimento por meio de tarefas de refinamento e extensão. Utilizar conjuntos de habilidades também nos permite combinar o trabalho de modo lógico. Na verdade, nós associamos exercícios de solo de ginástica, trave de equilíbrio ou barras paralelas com séries. Os ginastas se esforçam continuamente para aperfeiçoar habilidades individuais e depois combiná-las com outras habilidades para desenvolver sequências ou séries. Eles unem as ações ou ligam uma à outra com o intuito de usar o momento criado por uma ação para passar para a seguinte. Essa fluência, esse movimento funcional com total gerenciamento e consciência corporal, é o que garante a estética da ginástica.

CONTEÚDO E SEQUÊNCIA

Como estabelecido no Capítulo 2, o planejamento faz parte do desenvolvimento de seu programa de ginástica e de como ele se enquadra em seu programa geral de educação física. Em relação à ginástica, você deve estar atento ao objetivo e à sequência de possibilidades (Tabs. 3.1 e 3.2). O *objetivo* refere-se ao que você vai ou não incluir em seu programa. Por exemplo, se você tem apenas colchões ou não tem um local fechado para as aulas, o que você vai ensinar será diferente daquilo que alguém com mais equipamentos ou com um ginásio disponível vai trabalhar. A ordem na qual o conteúdo é ensinado e para quais séries é chamada *sequência*. Como professor, você é quem deve determinar o conteúdo e a sequência da ginástica para sua situação específica de ensino. Na tentativa de oferecer alguns modelos para você seguir, destacamos o conteúdo e a sequência da ginástica para turmas do 1º ao 6º anos, de acordo com as normas norte-americanas (NASPE, 2004) e a abordagem de temas de habilidade motora e conceito de movimento (Graham, Holt/Hale e Parker, 2010). Em geral, habilidades simples de deslocamento, equilíbrio e rotação, como andar, transferir o peso para as mãos, equilibrar-se sobre várias partes do corpo e rolar em várias direções são incluídas nos anos iniciais. Na área de conceitos de movimento, as crianças mais jovens concentram-se no desenvolvimento da consciência espacial, no uso do tempo e da força na área do esforço e nos relacionamentos das partes do corpo umas com as outras e com os objetos, como arcos, bastões, cordas, caixas e bancos suecos. Combinar as habilidades também é parte do desenvolvimento da ginástica nos primeiros anos. Conforme as crianças desenvolvem uma base sólida na ginástica, os últimos anos do ensino fundamental focam em deslocamento usando os pés, apoio do peso sobre as mãos, transferência de peso, equilíbrio e rolar em formas mais sofisticadas. As habilidades podem incluir as fases de voo em saltos simples ou por sobre equipamentos, paradas de mãos, estrelas, rodantes, reversões, rolamentos afastados e assim por diante. Nos últimos anos do ensino fundamental, as crianças também usam equipamentos para subir, equilibrar-se, deslocar-se para subir, descer ou movimentar-se ao longo do equipamento, e trabalham com parceiros ou grupos pequenos. Também há um foco no trabalho de sequências.

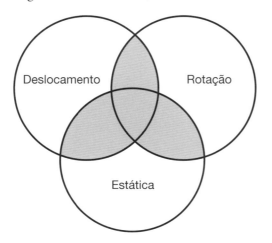

Figura 3.1 Temas de habilidade motora da ginástica.

Capítulo 3 • Como incorporar a ginástica em seu programa **43**

Tabela 3.1 Conteúdo e sequência para ginástica usando as Normas Norte-americanas para Alunos do 1º ao 6º anos.

	1º ao 3º anos	4º ao 6º anos
Deslocar-se em vários padrões de locomoção (p. ex., *skips*, *hops*, galopar, deslizar) usando o padrão maduro.	X	
Contraste evidente entre movimentos lentos e rápidos.	X	
Equilíbrio com demonstração de imobilidade momentânea em formas simétricas e assimétricas sobre diferentes partes do corpo e em diferentes níveis.	X	
Equilíbrio em várias bases de apoio sobre equipamentos baixos.	X	
Rolamentos em direções diferentes (para o lado, para a frente), mantendo a forma arredondada, sem hesitar ou parar.	X	
Saltos e aterrissagens com várias formas de saída e aterrissagem em relação a vários equipamentos.	X	
Transferência momentânea do peso dos pés para as mãos, fazendo as pernas aterrissarem em diferentes pontos ao redor do corpo.	X	
Elaboração e execução de sequências simples que envolvam deslocamento, equilíbrio e rolamento, e incorporam mudanças de nível e forma.	X	
Deslocar-se e, então, executar uma saída, aterrissando com segurança sobre um equipamento.		X
Saltos para fora de um equipamento e giros durante o voo (um quarto de volta, meia-volta, três quartos ou volta completa).		X
Equilíbrio em posições invertidas com o centro de gravidade sobre a cabeça (sapo, parada de três apoios, parada de cabeça).		X
Equilíbrio com um parceiro usando os princípios de contrapeso e contrabalanço.		X
Execução de diversos rolamentos mostrando um padrão firme ao iniciar e aterrissar sobre os pés.		X
Utilização de várias ações corporais para mover o peso dos pés para as mãos e voltar aos pés cobrindo distâncias longas (estrela, rodante, torção para aterrissar em posições diferentes).		X
Elaboração e execução de sequências de ginástica que combinem deslocamento, rolamento, equilíbrio e transferência de peso com mudanças intencionais na direção, velocidade e fluência.		X
Elaboração e execução de uma série com parceiro sobre e fora de um equipamento.		X

Baseado em Graham, Holt/Hale e Parker, 2010; e NASPE, 2004.

Tabela 3.2 Conteúdo e sequência de temas de habilidade motora e conceito de movimento para alunos do 1º ao 6º anos.

Conceito de movimento ou tema de habilidade motora	1º	2º	3º	4º	5º	6º
Consciência espacial						
Espaço próprio e espaço geral	X	X				
Níveis, direções, trajetórias	X	X	X			
Extensões			X	X		
Esforço						
Tempo e velocidade	X	X	X	X	X	
Força			X	X	X	X
Fluência			X	X	X	X
Relações						
De uma parte do corpo para outra	X	X				

O "X" mostra que o conceito de movimento ou habilidade geral é um dos principais focos do ano. Eles também podem fazer parte de outros anos. *(continua)*

Baseado em Graham, Holt/Hale e Parker, 2010; e NASPE, 2004.

Tabela 3.2 *(continuação)* Conteúdo e sequência de temas de habilidade motora e conceito de movimento para alunos do 1º ao 6º anos.

Formas do corpo	X	X	X			
Com objetos	X	X	X	X		
Com pessoas			X	X	X	X
Deslocamento						
Andar e correr	X	X				
Hop, *skip*, galopar	X	X	X			
Leap, deslizar	X	X	X	X		
Jump e aterrissagem	X	X	X	X	X	
Equilíbrio	X	X	X	X	X	X
Transferência de peso			X	X	X	X
Rotação	X	X	X	X	X	X

O "X" mostra que o conceito de movimento ou habilidade geral é um dos principais focos do ano. Eles também podem fazer parte de outros anos.

Baseado em Graham, Holt/Hale e Parker, 2010; e NASPE, 2004.

ETAPAS DA GINÁSTICA

Acredita-se que o desenvolvimento do conteúdo de ginástica seja similar aos estágios de jogos desenvolvidos por Rink (2010). Nos estágios de jogo, as crianças desenvolvem habilidades básicas no estágio I e, então, seguem para a combinação de habilidades no estágio II. Em seguida, elas usam as habilidades desenvolvidas em jogos modificados e simplificados no estágio III. No estágio IV, elas participam de jogos mais complexos que as levam a jogar com as regras oficiais de determinado esporte. Nilges (1997, 1999) estabeleceu um conjunto similar de estágios para o desenvolvimento do conteúdo de ginástica, que também tem quatro estágios (Tab. 3.3).

O estágio I inclui a exploração e a variação de habilidades individuais. Ela permite que os alunos desenvolvam uma base ampla de habilidades fundamentais em cada um dos temas de habilidade motora da ginástica. As habilidades iniciais na área de deslocamento incluem locomoção com transferência de peso usando apenas os pés, mãos e pés e outras formas de transferência de peso incluindo deslize, balanço e rolamento. Durante esse estágio, as crianças aprendem a explorar o desenvolvimento de habilidades específicas pela variação das características do processo (CEER; ver Tab. 3.8). Ainda que boa parte do desenvolvimento do estágio I ocorra durante os primeiros anos do ensino fundamental, as crianças também aprendem habilidades do estágio I durante todo desenvolvimento do conteúdo de ginástica. Por exemplo, quando crianças mais velhas aprendem a fazer equilíbrios difíceis, rolamento afastado, para-

da de mãos, reversão, giro de quadril na barra e habilidades de salto mais complexas.

Durante o estágio II, as crianças aprendem a combinar habilidades individuais em ordem lógica. Ao combinar habilidades, as crianças aprendem a ligar duas ou mais ações usando transições suaves. Nos níveis simples, a combinação de habilidades pode incluir equilibrar-se sobre espaços ou pontos e, então, escolher um rolamento lógico ou uma ação de deslizar para um equilíbrio diferente. Ou ela pode incluir uma ação em que suporte o peso com as mãos, como o salto do coelho, aterrissando suavemente com os pés e terminando com um equilíbrio em nível baixo. Nos níveis mais avançados de habilidade, o trabalho no estágio II pode incluir a passagem de um rodante para uma reversão para trás (flic-flac), com dois parceiros iniciando o movimento distantes um do outro e usando um rolamento ou passos para criar uma transição suave para um equilíbrio com parceiro ou um equilíbrio sobre um equipamento, seguido por uma saída.

O trabalho inicial de sequência é o foco do estágio III. Os alunos aprendem a fazer escolhas e a limitar seu trabalho dentro de sequências que podem ser repetidas. Toda sequência deve ter um início e uma finalização bem definidos, boa consciência corporal durante todo o seu desenrolar e uma combinação de ações a partir de dois ou mais temas de habilidade motora. Como as crianças já sabem como executar as ações ensinadas, o foco no estágio III é em como usar essas ações ou como juntá-las de um modo esteticamente agradável. Há também ênfase na fluência da sequência – o aluno estabelece continuidade de uma ação para outra. Exemplos de trabalho de sequência no estágio III podem incluir:

Tabela 3.3 Exemplos das etapas de desenvolvimento de conteúdo na ginástica.

Estágio I: Exploração e variação de habilidades individuais
Iniciante: salto do coelho, estrela, rolamento oval, rolamento lápis, equilíbrio sobre espaços e pontos com mudança de níveis e base de apoio, voo com formas no ar
Avançado: rodante, reversão para trás, rolamento afastado, giro de quadril ao redor da barra, saltos sobre equipamentos, uso de formas diferentes a partir de posições de apoio ou suspensão em equipamentos
Estágio II: Combinação de habilidades individuais
Várias passadas com os pés dentro e fora de arcos
Saltos sobre equipamento com transição para um equilíbrio
Equilíbrio, rolamento, equilíbrio
Rodante, reversão para trás
Equilíbrio sobre equipamento e saída
Estágio III: Trabalho de sequência inicial
Forma inicial, transferência de peso com as mãos para chegar ao banco, pular para subir no banco, equilíbrio sobre nível baixo, rolamento para saída, forma final
Equilíbrio em espelho com um parceiro, passadas para chegada conjunta, equilíbrio do parceiro, transição para saída do equilíbrio do parceiro, equilíbrio diferente em espelho com um parceiro
Estágio IV: Trabalho de sequência avançado
Forma inicial e final
Uso de dois equipamentos
Trabalho em grupo (três pessoas)
Deslocamentos ou rolamentos como transição para subir e descer do equipamento
Três a cinco equilíbrios similares ou contrastantes sobre equipamento, ou rotação ao redor da trave ou ambos

De Nilges, 1997.

• Estabelecer um início bem definido; transferir o peso usando as mãos para chegar a um banco sueco; subir no banco com um salto; baixar o corpo para uma posição de equilíbrio usando determinados espaços, pontos ou ambos; usar um rolamento para sair do banco; terminar com uma posição de equilíbrio final no solo.

• Parceiros, no início distantes um do outro em uma posição de equilíbrio na qual espelham o movimento um do outro, usam um deslocamento de passos para chegarem juntos, transitam para a posição de equilíbrio do parceiro, saem dessa posição para finalizar com uma posição de equilíbrio em que espelham um ao outro, mas que seja diferente da primeira, com mudança na base de apoio ou nível.

O trabalho de sequência avançada é o foco do estágio IV. Mais uma vez, os alunos devem trabalhar em uma sequência que consigam repetir, mas a natureza do trabalho tem menos limitações. O estágio IV inclui trabalhos a partir de múltiplos temas de habilidade motora. Geralmente, os alunos selecionam e organizam os equipamentos. Eles

também podem escolher o trabalho com um parceiro ou com um grupo pequeno. Há mais atenção às particularidades do processo de características do movimento (CEER). A sequência a seguir seria apropriada no estágio IV: enquanto trabalha em um grupo de três com um banco sueco e uma trave de equilíbrio, desenvolva uma sequência que tenha um início e uma finalização bem definidos; passadas ou rolamentos adequados para a transição de um equipamento para o outro; e o uso de três a cinco ações que apresentem equilíbrios similares ou contrastantes sobre cada equipamento, rotação na trave, ou ambos.

DESENVOLVIMENTO DE TAREFAS NA GINÁSTICA

Durante uma aula ou uma experiência de aprendizagem de ginástica, assim como no ensino de jogos ou dança, um professor exerce quatro funções (Rink, 2010). A primeira é a chamada *tarefa informativa*, que geralmente ocorre no início de uma aula, mas que também pode ser usada em outros momentos durante a aula, quando o professor introduz um foco completamente novo. Durante a tarefa informativa, o professor explica e descreve claramente o que as crianças vão aprender. Geralmente são feitas demonstrações para ajudar a esclarecer a natureza da tarefa. Nas experiências de aprendizagem apresentadas neste livro, as tarefas informativas são identificadas com o símbolo (I).

A segunda função do professor é ampliar as tarefas durante a aula. Uma vez que as crianças tenham recebido uma tarefa inicial, o professor precisa observar e analisar as respostas das crianças para determinar se a tarefa é fácil demais, adequada ou difícil demais. A intenção das *tarefas de extensão* é criar variedade para que as crianças tenham várias opções (desafios novos, mais difíceis ou mais fáceis) dentro de uma progressão ou série de tarefas. Nas experiências de aprendizagem apresentadas, cada tarefa de extensão nova é marcada com o símbolo (E).

Em terceiro lugar, o professor pode refinar uma tarefa ao fazer os alunos focarem na qualidade do trabalho. As *tarefas de refinamento* nem sempre precisam seguir uma tarefa de extensão, mas são usadas quando o professor acredita que as crianças podem se beneficiar da prática com foco na realização dos elementos principais de uma tarefa. Nesse momento, o professor geralmente interrompe a tarefa, aponta algum erro na execução e fornece alguma orientação para que os alunos se concentrem naquilo que pode melhorar a

execução. As tarefas de refinamento nas experiências de aprendizagem deste livro são marcadas com o símbolo (R).

Tarefas de aplicação constituem a quarta função do professor no desenvolvimento de tarefas. As *tarefas de aplicação* apresentam às crianças um desafio, a fim de determinar o progresso delas no aprendizado de uma habilidade. As tarefas de aplicação servem para manter o interesse dos alunos e determinar seu nível de sucesso em uma tarefa. Nas experiências de aprendizagem deste livro elas estão marcadas com o símbolo (A). Para ajudar você a entender o processo de desenvolvimento de tarefas na ginástica, a Tabela 3.4 ilustra cada uma das quatro funções.

Ainda que o exemplo na Tabela 3.4 não inclua todas as opções de tarefas de extensão, refinamento e aplicação, como professor você pode perceber que, se começar uma aula com uma tarefa de rolamento específico ou de rolamento como um conceito generalizado, você terá várias escolhas para fazer, de acordo com a resposta das crianças à primeira tarefa. Se as crianças mostrarem que conseguem executar bem a tarefa geral de rolamento (taxa de sucesso de 80%), você pode optar por estender a tarefa seguinte, introduzindo a ideia de rolar enquanto o corpo assume formas diferentes ou em direções diferentes. Se as crianças tiverem problemas com a qualidade de seus rolamentos, você pode parar a aula e fazer com que elas se concentrem novamente no rolamento de uma parte do corpo para a seguinte (corpo arredondado na

Tabela 3.4 Desenvolvimento de tarefas em uma ação de rolamento.

Informação	Extensão	Refinamento	Aplicação
Hoje faremos rolamentos. Vamos começar com um rolamento para os lados.		• Role de uma parte adjacente do corpo em seguida da outra. • Mantenha o corpo arredondado e relaxado.	Faça um rolamento de sua escolha mantendo uma boa postura.
	Role para o lado: • Com o corpo alongado • Com o corpo curvado • Sentado	• Corpo firme • Como um lápis – reto • Como um ovo – curvado • Com braços e pernas estendidos	Você consegue rolar para o lado fazendo duas formas diferentes?
	• Role para a frente ou para trás. • Use uma rampa para ajudar você a rolar.	• Corpo firme – joelhos e queixo no tórax • Comece em pé, termine em pé • Mantenha o corpo arredondado, não é para rolar como um pneu murcho	• Faça um rolamento para a frente e para trás com uma boa postura. • Você consegue fazer dois rolamentos seguidos?
	Mude a forma do corpo enquanto rola para direções diferentes.	• Longo e alto • Curto e pequeno • Para a frente, para trás ou para os lados	Crie uma sequência fazendo dois rolamentos diferentes com mudança de direção.

direção do movimento), mantendo os braços e as pernas retos ou o queixo e os joelhos flexionados na direção do tórax. Se você quiser dar às crianças uma atividade de autoavaliação, você pode dar a elas uma das tarefas de aplicação. Não há ordem específica para as tarefas. Todas elas dependem da resposta das crianças à tarefa anterior.

ESTILOS DE ENSINO DIRETO E INDIRETO

Como professor, algumas vezes você pode querer ser bastante específico em relação ao que deseja que as crianças aprendam. Esse é um bom modo de ensinar uma habilidade e desenvolver fundamentos sólidos. Isso proporciona à criança uma boa base a partir da qual progredir. Esse estilo de ensino é chamado de *direto, invariável,* ou *orientado* (Graham, 2008). Alguns exemplos são especificamente o ensino do rolamento, da estrela ou da posição de apoio frontal como habilidades, em contraste com o ensino dos conceitos de rolamento, transferência de peso ou equilíbrio. No ensino direto, uma habilidade ou série específica é apresentada. O professor estabelece um padrão de desempenho, e as crianças tentam se adaptar a esse padrão, com pouca ou nenhuma escolha. Essa abordagem tende a funcionar bem nos estágios iniciais do desenvolvimento da habilidade e no ambiente mais formal da ginástica artística que, progressivamente, leva alunos bem-sucedidos a níveis ainda mais altos de habilidade. Às vezes, é apropriada para ensinar habilidades específicas, princípios de boa mecânica corporal e fundamentos ou conceitos de movimento diretamente. Esses aspectos servem como uma base, um conjunto de peças com as quais as crianças podem começar a construir suas opções.

O ensino direto, no entanto, não costuma funcionar bem em um sistema que promove o gerenciamento do corpo. Ele pode fadar algumas crianças ao fracasso e tolher a criatividade e a imaginação delas. Como as crianças chegam à aula de ginástica com experiências e níveis de habilidade diferentes, propomos um estilo de ensino mais *indireto,* que seja orientado à descoberta, ao questionamento e à solução de problemas (Fig. 3.2). Esse tipo de ensino é frequentemente chamado de *investigativo* e traz linhas de pensamento convergentes e divergentes. Neste livro você sempre encontrará formas de ensinar deslocamento, equilíbrio e rotação às crianças a partir de um ponto de vista conceitual. Primeiro as crianças aprendem os princípios de deslocamento, equilíbrio e rotação e, só depois, são solicitadas a fazer escolhas. Por exemplo, combinar duas ações de deslocamento com passadas; equilibrar o corpo em uma posição alongada e depois curvada; ou realizar em sequência um deslocamento, um equilíbrio e um rolamento.

Você poderia facilmente dizer às crianças para saltar ou para se equilibrar em posição de T e, então, se curvar em forma de bola. Mas, no fim das contas, o que é melhor para a criança: copiar você, como um papagaio, ou ter o poder de tomar decisões e encontrar uma solução para um problema de movimento? Nós defendemos que encorajar as crianças a tomar decisões de movimento vai lhes proporcionar propriedade sobre a questão. Elas podem trabalhar dentro de seu próprio nível de habilidade e realizar uma sequência de seu próprio jeito.

Figura 3.2 O ensino indireto encoraja as crianças a resolver os problemas de movimento.

QUANDO ENCORAJAR DEMONSTRAÇÕES DOS ALUNOS

Muitos professores escolhem apenas alunos com mais habilidade para demonstrar ou executar as sequências. Como um professor de gerenciamento do corpo, você precisa considerar a finalidade das demonstrações, bem como a forma de escolher as crianças que farão a demonstração. Demonstrações são úteis quando a turma está começando uma habilidade ou uma sequência para apresentar um modelo ou mostrar exemplos de possibilidades (ver Fig. 3.3). No meio de uma tarefa, uma demonstração fornece orientações e mostra como refinar ou expandir opções de movimento. Os alunos podem corrigir erros e mostrar o trabalho que está em curso (ver descrição de detalhes em Graham, 2008). Mais adiante no processo de aprendizado, os alunos demonstram suas sequências de trabalho como uma apresentação.

Mas permanece a questão sobre quem escolher para demonstrar um trabalho. Ao escolher apenas alunos com mais habilidade, você passa às crianças uma mensagem com várias implicações. Os alunos medianos e mais fracos passam a acreditar que você não valoriza o trabalho deles. Como professor, você deve passar a ideia de que valoriza o trabalho de todos os alunos. Ao procurar observar todas as crianças em busca de um trabalho que seja mecanicamente correto, com soluções ímpares para um problema de movimento ou para uma tarefa difícil, você será capaz de incluir todas as crianças em algum momento nas demonstrações. Aponte para as crianças na hora em que estiveram fazendo bem alguma coisa. Dar a todas uma oportunidade de se destacar aumenta as chances de um trabalho produtivo, porque todas elas sabem que têm a mesma chance de serem chamadas.

Tenha em mente alguns outros aspectos das demonstrações: se uma criança faz uma demonstração, as demais estão observando. Pode ser útil, às vezes, pedir que todas observem algo específico, mas isso diminui o tempo de atividade. Geralmente, ter um aluno demonstrando um trabalho a um parceiro ou a um grupo pequeno é tão produtivo quanto ter a metade da turma se apresentando para a outra metade.

As demonstrações podem deixar algumas crianças nervosas e inseguras. Elas precisam ter o direito de se recusar a fazer uma demonstração. Talvez não se sintam prontas ou não se sintam à vontade com o que estão fazendo. Volte a chamá-las em outra oportunidade.

RESPONSABILIDADES: A ÉTICA NO EXERCÍCIO DA GINÁSTICA

As crianças devem ser responsáveis por suas ações. A sua satisfação e recompensa será a mesma com uma criança de pouca habilidade realizando um rolamento lateral sentado, quanto com um aluno avançado fazendo um mergulho por sobre um banco. Uma criança que não faz nada e fica enrolando para encobrir sua insegurança ou vergonha é tão perigosa quanto uma criança irresponsável, que fica querendo se exibir. Se você estabelecer regras adequadas no ginásio e aplicá-las, as crianças saberão que isso é sério: "Preste atenção durante as instruções", "Respeite os colegas", "Tome cuidado com o equipamento", "Seja produtivo".

A ginástica deve representar um ambiente agradável e desafiador, mas, ainda assim, um ambiente de trabalho. A aula é séria e não um lugar para ficar brincando à toa. É com esse tipo de brincadeira que as pessoas se machucam. Todas as crianças devem trabalhar produtivamente em seu nível de habilidade. Como no ditado do exército americano – "Seja tudo o que você puder ser" –, sua atitude deve mostrar que você se importa e espera o melhor deles.

COMO ENFATIZAR A BOA MECÂNICA CORPORAL E A ESTÉTICA

Com uma abordagem temática ou conceitual do ensino, as crianças passam a ter escolha sobre quais habilidades executar, como executá-las e como interligá-las em uma sequência ou série. É tentador se afastar e deixar tudo e qualquer coisa acontecer – o que quer que a criança es-

Figura 3.3 Utilização de demonstrações como exemplos de possibilidades de movimento.

A HISTÓRIA DE TONY

O que os alunos acreditam que fazem bem quase sempre é diferente do que, na realidade, eles precisam trabalhar para alcançar uma boa mecânica corporal e o componente estético resultante. Isso fica particularmente evidente quando os alunos tentam executar habilidades mais difíceis, como uma parada de cabeça. Por exemplo, Tony era um dos melhores alunos da minha turma. No entanto, quando trabalhávamos no conceito de equilíbrio em posições invertidas e, depois, tentando incluir um equilíbrio invertido em uma sequência, a qualidade do trabalho dele era bem fraca.

Vendo que ele tentava desesperadamente usar a parada de cabeça em sua sequência, comecei a trabalhar com ele individualmente. Enquanto os outros tentavam equilíbrios invertidos usando mãos, pés, cabeça, cotovelos e assim por diante, comecei a trabalhar com ele pela mecânica de uma boa parada de cabeça. Inicialmente, ele colocava a cabeça e as mãos no solo em linha reta. Então, ele chutava para cima, balançando as pernas fora de controle e rolando ou caindo no solo em poucos segundos. Nós trabalhamos para formar formando um triângulo com a cabeça servindo de vértice e, então, pressionando os braços e movendo as pernas simetricamente para cima até a posição correta. Falamos sobre como manter seu centro de gravidade dentro de sua base. Trabalhamos o alinhamento do corpo, mantendo seus tornozelos, joelhos e quadril sobre os ombros e a cabeça. Eu o segurei algumas vezes, até que ele pudesse sentir como executar esteticamente bem o movimento. E, insisti que, caso ele não conseguisse manter o controle da parada de cabeça contando devagar até três, ele teria de mudar a sequência e usar um movimento mais fácil.

Após um período de trabalho focado, ele começou a executar bem o movimento, de modo consistente e, por fim, colocou a parada de cabeça em sua sequência. Alguns outros alunos viram o que estávamos fazendo e quiseram fazer o mesmo, então ensinei a eles a mesma progressão. Muitas outras crianças estavam perfeitamente satisfeitas com a escolha de outras formas de equilíbrio em posição invertida.

colha está bom, com total exploração do movimento! Infelizmente, essa atitude traz riscos e está longe do que deveria acontecer na prática.

Ainda que desejemos que as crianças tenham opções, como professor você é o guia e o especialista. Você reconhece a boa execução e a boa mecânica corporal. Você sabe o que é esteticamente agradável na ginástica (ver Fig. 3.4). É seu trabalho orientar e ajudar as crianças a descobrir formas adequadas de executar habilidades e criar transições suaves entre os movimentos. Caso você veja uma criança rolando para a frente que precisa utilizar as mãos no final do movimento para retornar à posição em pé, você deve se aproximar e ensinar aquele aluno a se manter grupado e começar usar o impulso do corpo. Ao ver crianças colocando as mãos ou a cabeça no solo inapropriadamente, você precisa ensinar a elas a forma segura de executar o movimento. Caso você veja as crianças caírem e se chocarem

Figura 3.4 Execução e estética sempre são importantes na ginástica.

contra o solo com o queixo, as costas ou com outras partes do corpo, você precisa ensiná-las a fazer aterrissagens suaves e amortecidas. Por exemplo, quando as crianças apoiam seu peso nas mãos e depois voltam o peso para os pés, elas não podem cair! Seja quando elas fazem saltos simples como o do coelho ou quando fazem parada de mãos, elas sempre precisam voltar a ficar de pé suavemente. Os ombros sempre devem estar alinhados com as mãos, com os braços retos e os cotovelos encaixados.

Além disso, você deve ensinar às crianças o que é esteticamente agradável (ou seja, não deixar o corpo largado, manter um bom alinhamento e tensão). Se o corpo ou uma parte do corpo está alongado, ele está totalmente estendido? Se a intenção é se curvar, o corpo ou parte do corpo está arredondado e suave? Se a intenção é focar no alinhamento ou na forma, estão se esforçando para isso? As linhas podem ser horizontais, verticais e assim por diante. Às vezes, as linhas dos braços e das pernas podem convergir, divergir ou ficar paralelas. Em um determinado equilíbrio, os braços e as pernas têm um foco claro? Um ginasta é como um artista pintando uma tela. O ginasta busca mover o corpo de modos que não sejam apenas eficientes, mas também agradáveis de se ver. Como professor, você pode ajudar as crianças a fazer essas escolhas estéticas.

TEMAS DE HABILIDADES MOTORAS PARA A GINÁSTICA

Tendo considerado o objetivo e a sequência geral da ginástica (Tabs. 3.1 e 3.2), os estágios da ginástica (Tab. 3.3), o desenvolvimento de tarefas na ginástica (Tab. 3.4) e outros fatores que influenciam o ensino da ginástica, agora é hora de voltar a atenção para uma descrição mais detalhada de cada um dos temas de habilidades motoras que são o foco do trabalho. Os três temas de habilidades motoras são o deslocamento, o trabalho estático e as ações de rotação.

Ações de deslocamento

Neste livro, as ações de deslocamento do corpo incluem todo o trabalho cujo foco é mover o corpo de um lugar para outro (ver Tab. 3.5). A intenção de algumas ações de deslocamento é mover o corpo para uma posição nova no solo ou cobrir uma distância até um equipamento. Já a intenção de outras ações de deslocamento é mudar ou transferir o peso do corpo para uma nova posição, dessa forma, cobrindo apenas uma distância muito curta. Existem várias categorias maiores de ações de deslocamento.

Deslocamento com os pés

Todas as ações de passos dos pés são ações de deslocamento. Existem cinco formas de se transferir peso usando os pés: de um pé para o outro (andar, correr, saltar (*leap*)), de um pé para o mesmo pé (*hop*), partir e chegar com os dois pés (*jump*), partir com os dois pés e chegar com um, e sair com um pé e chegar com os dois. Essas ações combinadas produzem os movimentos de saltitar, galopar, deslizar e, ainda, outras formas inovadoras de usar os pés para percorrer uma distância no solo. O uso dos pés no deslocamento é chamado de locomoção.

Tabela 3.5 Ações de deslocamento do corpo.

Passadas – com os pés	Passadas – com mãos, pés, joelhos	Transferência de peso	Voo
Andar	Engatinhar	Balançar, rolar	Decolagem
Correr	Caminhada do urso	Torcer, virar	Suspensão
Hop	Caminhada do caranguejo	Deslizar	Aterrissagem
Salto	Salto do coelho		Trabalho em minitrampolim
Skip	Coice de mula		Salto sobre equipamento
Galope	Helicóptero		
Deslize	Andar em ponte (para a frente, para trás)		
Leap	Rodar (estrela, rodante sem fase de voo)		
	Saltar (para a frente e para trás com as mãos)		

Deslocamento com as mãos, os pés e os joelhos

Quando um ginasta usa as mãos e os pés ou as mãos e os joelhos para se deslocar, também está executando ações de passada. Alguns professores de ginástica incluem esses tipos de passadas em uma categoria de transferência de peso, mas neste livro escolhemos separá-las. Quando crianças pequenas exploram o que podem fazer com o corpo para se deslocar no espaço, elas aprendem a engatinhar, a fazer a caminhada do urso, do caranguejo, o salto do coelho, passos com nome de animais de todos os tipos, o helicóptero (um movimento circular executado com um braço na frente do corpo funcionando como pivô) e outros movimentos acrobáticos. Esses movimentos, sejam eles ensinados direta ou indiretamente (desafiando as crianças a encontrar formas diferentes de se mover com suas mãos e pés), ajudam as crianças a desenvolver força nos braços e nas pernas e a ganhar confiança no gerenciamento de seus corpos.

Neste livro, os termos *ginasta* e *próprio da ginástica* são usados para definir um tom, estabelecer uma filosofia ou uma linha de pensamento para os professores e para as crianças. A ginástica é diferente da dança ou dos jogos; ela inclui habilidades básicas de gerenciamento do corpo, bem como habilidades mais formais. Isso significa que nem tudo é aceitável dentro do termo ginástica. Conforme as crianças começam a pensar como ginastas, elas passarão a trabalhar mais produtivamente para unir ações e habilidades em sequências e séries que refletem essa atitude. O que não é próprio da ginástica são tentativas descontroladas de fazer passos de animais, barulhos bobos, corridas e revezamentos. Para encorajar o desenvolvimento de uma filosofia ou atitude de ginástica, sempre pense nas crianças como ginastas.

Conforme as crianças desenvolvem essas habilidades iniciais usando as mãos e os pés para transferir peso, considere a questão de qual trabalho é próprio da ginástica. Que tipo de trabalho nessa categoria você gostaria de continuar e encorajar e que tipo você tentaria excluir? Com exceção dos primeiros anos, os movimentos de engatinhar, os passos de animais e outros do gênero devem ser desencorajados; eles não são mais úteis. Eles não levam a lugar nenhum e não são próprios da ginástica. Conforme as crianças desenvolvem habilidades de prontidão, força nos braços e nos ombros e confiança, os movimentos de deslocamento na ginástica devem incluir movimentos de roda (estrela ou rodante), reversões (para a frente e para

trás) e outras ações nas quais o peso é transferido dos pés para as mãos e de volta para os pés. Elas podem praticar a ponte ou usar as mãos para transferir o peso sobre um banco sueco, caixa ou cavalo.

Transferência de peso

A categoria de transferência de peso como uma ação de deslocamento inclui todos os movimentos que se concentram na transferência de peso de uma parte do corpo para a parte seguinte. Balançar-se para a frente e para trás sobre a superfície frontal ou dorsal do corpo, ou de um lado para outro, ações de rolamento de todos os tipos e o movimento de deslizar são exemplos de trabalho nessa categoria. Ainda que os rolamentos apresentem uma intersecção de categorias entre ações de deslocamento e rotação, isso não é um problema se mantivermos em mente a ideia de blocos de trabalho unificados. Algumas vezes, o foco de um rolamento envolve os princípios de rotação. Outras vezes, um rolamento ajuda um aluno a deslocar-se sobre um colchão, chegar a um equipamento ou sair dele para entrar na próxima parte de uma sequência.

Ações de torcer e girar de todos os tipos também podem ajudar o corpo a se mover dentro de uma pequena distância e transferir o peso do corpo de uma posição para outra. Uma pessoa sentada em V, com o peso sobre as mãos, pode fazer meia volta para direita ou para esquerda para uma posição de flexão. Outra pessoa pode torcer o corpo ao sair de uma posição de vela para uma posição sobre os dois joelhos, ou sobre um joelho e um pé.

Nessa categoria, o deslizamento não deve ser confundido com o deslize para os lados usando os pés. Como uma forma de transferência de peso, deslizar refere-se à mudança do peso do corpo de uma posição para outra, em que a pessoa escolhe uma determinada superfície do corpo ao longo da qual deslizar. Por exemplo, uma criança deitada de bruços no solo ou sobre um banco sueco pode apoiar as mãos e deslizar ao longo da barriga ou das pernas para uma posição de flexão (com apoio frontal). Alguém pode deslizar de barriga sobre um cavalo, colocar o peso sobre as mãos, fazer um rolamento e terminar nos pés. A partir da posição de flexão, uma pessoa pode posicionar a cabeça no solo, deslizar os pés na direção das mãos até a posição carpada e subir para uma parada de cabeça. Em cada exemplo, a ação de deslizar ajudou a transferir o peso do corpo e representa uma parte funcional da sequência.

Voo

O voo, a última das ações de deslocamento, inclui movimentos como saídas, suspensão, deslocamento no ar e aterrissagem. As tentativas iniciais de saídas são exploratórias por natureza e devem incluir ações de passadas. Com o tempo, as crianças devem aprender formas especializadas para a saída, como a aproximação para partida com os dois pés, usada no mergulho ou no salto sobre a mesa na ginástica. Durante a fase de voo do *jump*, o foco é a forma do corpo – larga ou estreita, estendida ou grupada, simétrica ou assimétrica e assim por diante. As aterrissagens geralmente devem ser sobre os pés e controladas. Aterrissagens suaves e macias são a chave, pois as crianças aprendem a absorver o peso do corpo suavemente usando os joelhos. Alunos mais avançados podem aprender aterrissagens sobre as mãos, como o mergulho ou até mesmo sobre outras partes do corpo; o princípio é sempre o mesmo. Para receber o peso, o corpo precisa ceder ou absorver a aterrissagem suavemente, sob controle. Em quaisquer condições, deve-se ter a máxima segurança, protegendo a cabeça e outras partes do corpo.

O trabalho inicial do voo deve ser feito no solo. Gradualmente, as saídas e aterrissagens podem envolver superfícies elevadas, como pular de caixas e bancos e sobre eles. Conforme as crianças vão ganhando habilidade e confiança, você pode introduzir equipamentos especiais como trampolins tipo Reuter e minitrampolins, para enfatizar a fase de voo do salto. As crianças podem acrescentar outros trabalhos do conceito de voo nas ações de salto sobre o cavalo ou pelo uso de um ou mais padrões, como uma plataforma da qual saltar, como no salto da rã. Saltos específicos podem incluir o salto de coragem, o salto agachado, o salto afastado e o salto do lobo. Várias formas simétricas, assimétricas, estendidas, curvadas e torcidas, além de mudanças de direção no ar devem ser o foco do trabalho. Como sempre, deve-se enfatizar a qualidade de *jumps*, saltos em equipamentos e do voo no ar e de aterrissagens suaves e controladas.

Aplicando os princípios do deslocamento

Para que os alunos atinjam movimentos de qualidade, todas as ações de deslocamento devem ser focadas na forma e na função. Os ginastas se concentram nas características do processo de movimento e tentam deixar cada ação com boa aparência. Ao se deslocar com os pés, o trabalho deve ser predominantemente leve e suave, com os alunos se movendo sobre a ponta dos pés. Ocasionalmente, como na execução dos saltos, mais força é usada para gerar o voo. Para subir mais, os alunos devem levar os braços para cima para impulsionar o corpo para cima. Isso pode ser chamado de força de reação, repulsão ou *hop*.

Para que a aparência das ações de deslocamento seja agradável, os alunos devem prestar atenção à postura do torso, ao uso dos braços e à posição da cabeça. Os ginastas devem prestar atenção aos detalhes. Seus corpos apresentam bom alinhamento – seja em linhas retas, curvas ou em *twist*. Eles mantêm os membros estendidos desde a ponta das mãos e dos pés.

Enquanto está no ar, um ginasta tenta criar formas de qualidade com ênfase no bom alinhamento. Mais uma vez, eles precisam prestar atenção em tudo que o corpo está fazendo. Dependendo da forma (arredondada, torcida, estendida, simétrica, assimétrica), um ginasta busca a forma perfeita. Como a duração do voo é curta em relação ao tempo gasto no ar, o ginasta precisa fazer o movimento rapidamente, criar uma boa forma e sair rapidamente daquela posição para se preparar para a aterrissagem.

As aterrissagens devem ser suaves e absorver o impacto. Ao aterrissar, o ginasta deve flexionar o quadril, com os joelhos e os tornozelos sob controle para amortecer o momento do corpo. Os braços devem ser usados para ajudar a controlar ou estabilizar o corpo e interromper seu movimento.

Trabalho estático

O trabalho de ginástica dentro do tema de habilidade motora de estática inclui as atividades nas quais o foco é alcançar a imobilidade ou equilíbrio (ver Tab. 3.6). Inicialmente, você está tentando ajudar as crianças a alcançar o equilíbrio de modo controlado. Atividades como correr e parar, como estátua, podem ajudar as crianças a diferenciar a ideia de movimento e não movimento. Elas precisam aprender a sentir a firmeza dos músculos mantidos em posição estática. Quando aprenderem a manter o equilíbrio com os pés, os alunos podem mudar de posição para se equilibrarem sobre outras partes do corpo de modo controlado. Enfatize a questão do controle contando até três ou cinco. Nas primeiras experiências com equilíbrio, a contagem ajuda a manter o foco, mas ela deve ser deixada de lado aos poucos. Na verdade, os ginastas raramente mantêm uma posição por muito tempo na realização das séries. Eles mantêm a posição de equilíbrio apenas tempo suficiente para mostrar controle – é como se dissessem "eu poderia ficar assim por mais tempo, se quisesse". A verdadeira beleza da ginástica não está

Tabela 3.6 Características estáticas do corpo.

Características do equilíbrio	Princípios do equilíbrio	Tipos de equilíbrio
Momentos de imobilidade	Base de apoio	Em posição normal ou invertido
Firmeza do corpo	Centro de gravidade	Simétrico ou assimétrico
Controle	Contrapeso e contrabalanço	Suspenso
	Ações de ligação	Em apoio
	Movimento para entrar e sair do equilíbrio	Relacionamento com o equipamento
		Individual ou com parceiro

nos equilíbrios estáticos, mas na fluência criada quando o ginasta conecta esses equilíbrios por meio de movimentos que criam uma sequência ou série.

Tipos de equilíbrio

A ginástica inclui vários tipos de equilíbrio. O equilíbrio pode ser pensado como *em posição ereta*, com a cabeça posicionada acima da linha dos quadris, ou *invertido*, com a cabeça abaixo da linha dos quadris. As posições de equilíbrio podem ser *simétricas* ou *assimétricas*. Nos equilíbrios simétricos, o lado direito e o lado esquerdo do corpo se espelham (ou seja, ficam iguais). A parada de cabeça, parada de mãos, posição em V e outros equilíbrios comuns são simétricos. Ao mudar a posição de um braço ou de uma perna para a posição flexionada, estendida ou em *twist*, fazendo assim o lado esquerdo ficar diferente do lado direito, um ginasta assume um equilíbrio assimétrico. Existem inúmeras variações de equilíbrios assimétricos. Considerados dentro da estrutura CEER, tanto os equilíbrios simétricos quanto os assimétricos são tipos de formas do corpo entre as variáveis do processo (ver Tab. 3.8).

Com a introdução de equipamentos, como bancos, caixas, traves, barras ou trepa-trepa, um ginasta ainda pode criar outros equilíbrios com posições de apoio ou suspenso. Outros relacionamentos com os equipamentos ocorrem quando os ginastas criam posições de equilíbrio, apoiando parcial ou totalmente o peso do corpo no equipamento. Os equilíbrios também podem ser feitos individualmente, com um parceiro ou em grupos pequenos.

Aplicando os princípios de equilíbrio

Os aspectos principais que governam o equilíbrio são a base de apoio e o centro de gravidade (ver Fig. 3.5). Em geral, uma base de apoio ampla, com várias partes do corpo que atuam como base, será mais estável do que uma base estreita, com poucas partes do corpo servindo como apoio. Um centro de gravidade baixo é mais estável que um alto. A chave para escolher boas posições de equilí-

Figura 3.5 Exemplos de equilíbrios com boa base e bom alinhamento.

brio é manter o centro de gravidade sobre a base de apoio e, então, alinhar as partes do corpo que servem como bases. Em uma parada de cabeça, a cabeça e as mãos devem formar um triângulo, e a cabeça e os braços devem distribuir o peso igualmente, com os quadris e as pernas diretamente sobre a base para criar uma linha vertical desde a coluna, passando pelas pernas estendidas até os pés. Quando as pernas servem de base, os joelhos e os quadris devem estar alinhados verticalmente com os pés. Um bom alinhamento produz equilíbrios fortes.

Às vezes, um ginasta escolhe usar os conceitos de contrapeso e contrabalanço para assumir posições de equilíbrio (ver Fig. 3.6). Em uma *posição contrapeso*, o centro de gravidade do ginasta fica fora da base de apoio, mas ao apoiar seu peso contra outro ginasta ou contra um equipamento, o ginasta alcança uma posição de equilíbrio estável. Em uma *posição contrabalanço*, dois ou mais ginastas aplicam força na direção contrária um do outro, com seus centros de gravidade fora da base, mas, como eles compensam a força um do outro pela força em direções opostas, conseguem alcançar um equilíbrio estável.

Um ginasta também pode usar o conceito de equilíbrio como uma forma de entrar ou sair de uma posição de equilíbrio, ou para mudar de uma posição de equilíbrio para outra. Quando equilibrado em determinada posição, como em avião, um ginasta pode levar o tronco para a frente e uma perna para trás. Ele pode estender os braços para os lados, paralelos ao solo, para ter mais estabilidade. Desde que o centro de gravidade permaneça sobre a perna de apoio, o equilíbrio será estável. Ainda assim, ao experimentar a inclinação para a frente, para trás, ou para os lados, o ginasta pode encontrar o ponto em que ocorre a perda de equilíbrio. Uma vez que ela ocorra, o ginasta pode usar o momento gerado para levar o corpo suavemente para o próximo equilíbrio. Uma torção, uma volta, uma passada ou outra ação do corpo, usada sob controle, é um método comum para ligar equilíbrios dentro de uma sequência. Os ginastas buscam, continuamente, formas de ligar os equilíbrios suavemente e com controle por meio de ações de contrapeso: equilibrar-se, perder o equilíbrio, equilibrar-se novamente. Sem quedas. Sem batidas. Sem falhas. Sem passos desnecessários ou indesejados. Os ginastas buscam o uso controlado do momento para entrar e sair das posições de equilíbrio.

Ações de rotação

Os movimentos de rotação são executados ao redor dos três eixos do corpo – ou seja, nos três planos (dimensões) do espaço. Eles são os eixos longitudinal, transversal e anteroposterior. Caso uma haste fosse posicionada verticalmente da cabeça até os pés, a rotação ocorreria em um plano vertical. *Jumps* com um quarto de giro, meio giro ou giro completo no ar e rolamentos em forma de lápis ou

Figura 3.6 Exemplos de contrapeso e contrabalanço com parceiros e equipamentos.

tronco são movimentos típicos de rotação ao redor de um eixo longitudinal. Uma haste posicionada horizontalmente de um lado a outro do quadril (lateral a lateral) permitiria a rotação em um eixo transversal. Rolamentos para a frente, para trás, mortais para a frente e reversões para a frente e para trás são exemplos típicos de rotação no eixo transversal. Giros de quadril para a frente e para trás na barra são exemplos de rotação horizontal quando nos equipamentos. Uma haste posicionada horizontalmente (da frente até atrás) permitiria uma rotação ao redor do eixo anteroposterior. Ações de rodar, como estrelas e rodantes, no solo, ou para entrada e saída de equipamentos, são rotações típicas no eixo anteroposterior.

Tipos de rotação

A rotação no espaço ocorre quando o corpo se move ao redor de qualquer um dos três eixos sem o uso de equipamento, como em ações de rolamento no colchão, giros sentados, estrelas, rodantes, ações de salto e *jumps* com giro no ar. A rotação em torno de equipamento ocorre quando uma barra, trave, banco, ou outro equipamento age como raio da rotação.

Aplicando os princípios de rotação

O trabalho de rotação na ginástica inclui as atividades de torcer, girar e rolar ao redor de um dos três eixos

do corpo (ver Tab. 3.7). O movimento ao redor desses três eixos do corpo é influenciado por certos princípios mecânicos. A velocidade de rotação ao redor de um ponto fixo, ou eixo, aumenta conforme o raio (a distância entre o eixo e a extremidade) diminui. Inversamente, a velocidade de rotação ao redor de um ponto fixo é diminuída se o o raio for aumentado. Esse conceito é importante para ginastas, praticantes de salto ornamental, skatistas e outros atletas que usam giros e rolamentos em seus esportes. A posição grupada em um rolamento, giro de quadril ou salto mortal ajudará os atletas a girarem mais rapidamente. Ela encurta ou diminui o raio. Abrir ou se afastar do centro diminuirá ou interromperá a rotação; isso estende ou aumenta o raio. Os ginastas podem usar esse princípio para sua vantagem quando desejarem acelerar ou aumentar a velocidade, e desacelerar ou retardar um movimento. Por exemplo, ginastas executam a parada de cabeça ou parada de mãos passando para um rolamento para a frente e finalizam em pé, ficariam alongada ou estendida para começar o giro e gerar quantidade de movimento. Então, eles abaixariam o corpo e grupariam rapidamente, usando essa velocidade para completar o rolamento até terminar sobre os pés. Por fim, eles ficariam em pé e estendidos para diminuir a velocidade da ação e interromper o momento. Pense em longo e alto, curto e pequeno, ou longo e alto.

Tabela 3.7 Ações de rotação do corpo.

Princípios da rotação	Movimento nos três eixos	Tipos de rotação
Raio de rotação	Longitudinal	No espaço
Foco do olhar	Piruetas	Em volta do equipamento
	Giros	
	Rolamento lápis	
	Transversal	
	Rolamentos para a frente	
	Rolamentos para trás	
	Reversões	
	Mortais	
	Giros de quadril	
	Anteroposterior	
	Estrelas ou todos em roda	
	Rodantes ou saltos	

Aprender a fixar o olhar em um ponto estacionário é outro princípio que pode ajudar o atleta a girar, rolar ou fazer piruetas. Manter os olhos em um ponto fixo proporciona um ponto de referência para a posição do corpo no espaço. A utilização desse princípio ajuda os ginastas a manter o equilíbrio e superar alguma tendência à tontura.

Os ginastas também lutam para transferir o peso do corpo de uma parte do corpo para a próxima ao executar ações de rolamento. Isso ocorre tanto em rolamentos no eixo longitudinal como no eixo transversal. Por exemplo, ao realizar um rolamento tronco (também conhecido como rolamento lápis), um ginasta deve tentar fazer o corpo rolar suavemente das costas para a lateral, para a frente e para a lateral, e voltar para a posição inicial. O corpo precisa estar longo e alongado. Braços, cotovelos ou pernas que estejam um pouco para fora fazem o ginasta girar como um pneu murcho – *flop, flop, flop*. Da mesma forma, um ginasta consegue rolar no eixo transversal ao ficar curvado, com o queixo e os joelhos próximos ao tórax. Se as costas estiverem arredondadas, o rolamento ocorre suavemente. Se as costas estiverem retas, o rolamento fica desajeitado. Em um rolamento para trás, conforme o corpo fica de ponta-cabeça, o ginasta posiciona as mãos no solo com os polegares em direção às orelhas e os cotovelos elevados. Os braços podem então fazer um movimento rápido de impulso para criar espaço para a cabeça, conforme o ginasta volta a ficar em pé.

VARIÁVEIS DO PROCESSO

Cada um dos temas de habilidade motora que acabaram de ser descritos envolve uma consciência contínua dos conceitos de corpo, espaço, esforço e relacionamentos (CEER; ver Tab. 3.8). Originalmente, Rudolf Laban desenvolveu essas variáveis do processo para proporcionar uma estrutura para a dança. Sobrepor as variáveis do processo de Laban nos temas de habilidade motora de deslocamento, estática e rotação proporciona um vocabulário de movimentos de ginástica a alunos de todas as idades e níveis de habilidade. Cada uma dessas variáveis do processo pode ser interligada com experiências de aprendizagem nos temas de habilidades motoras de deslocamento, estática e rotação, em momentos oportunos. Ainda que cada uma seja importante em si, elas serão subtemas em nossa discussão sobre os temas de habilidades motoras.

Corpo

Concentre-se por um momento no corpo e no que ele pode fazer: nas ações do corpo todo e de partes específicas do corpo, nas atividades do corpo e nas formas que ele pode assumir. As ações do corpo incluem os movimentos de curvar, flexionar, torcer (*twist*) e balançar. As ações de partes específicas do corpo incluem suportar peso, direcionar um movimento, receber força (ou peso) e gerar força. As atividades do corpo incluem a locomoção, a não locomoção e a manipulação. Neste livro, as ações de deslocamento são as atividades locomotoras, o trabalho estático é o equivalente das atividades não locomotoras. As atividades de manipulação fazem parte da ginástica rítmica, os temas de habilidade motora de lançar, receber e chutar (ações de manipulação) não estão incluídos no domínio deste livro (ver Belka, 1993; Buschner, 1994; Graham, Holt/Hale e Parker, 2010). Por fim, o corpo pode assumir formas como angular, reta, arredondada, torcida, simétrica e assimétrica.

Espaço

Direções, trajetória, níveis, planos e extensões são os elementos espaciais que os ginastas mais usam. As habilidades de deslocamento e de rotação movem o corpo para a frente, para trás, para os lados, para cima e para baixo e na diagonal. Ao escolher uma trajetória na qual realizar uma sequência de ações, as crianças podem unir padrões de solo e de voo para mover o corpo. Por exemplo, "*jump*, rolamento e então um deslocamento apoiando o peso com as mãos" são ações que podem levar a uma trajetória em zigue-zague, reta, circular ou torcida. Praticar ao longo de linhas retas durante o trabalho no solo ajuda as crianças a transferirem mais tarde as habilidades e sequências para bancos suecos e para a trave.

Embora, no deslocamento e na rotação, o corpo se mova pelo espaço geral, o trabalho estático permanece dentro do próprio espaço pessoal. O corpo pode ser mantido ou movido através de uma variedade de níveis, de bem baixo ao muito alto. Incorporar mudanças de níveis em uma sequência proporcionará ao aluno a oportunidade de criar respostas com mais variedade e apelo estético. Mudanças no nível também se aplicam a partes do corpo em relação umas às outras. Por exemplo, pedir aos alunos que criem um equilíbrio em que seus pés fiquem acima do nível de suas mãos pode resultar na vela, em uma parada de cabeça ou mesmo em uma parada de mão.

Tabela 3.8 Estrutura CEER do movimento humano.

Corpo (o que o corpo faz)	Espaço (onde o corpo se move)	Esforço (como o corpo executa o movimento)	Relacionamentos (as relações que ocorrem no movimento)
Ações do corpo	Áreas	Tempo	Partes do corpo
• Curvar	• Geral	• Rápido, em aceleração, repentino	• Acima, abaixo
• Flexionar	• Pessoal	• Lento, em desaceleração, mantido	• Separado, junto
• Torcer	Direções	Força (peso)	• Atrás, na frente
• Balançar	• Para a frente	• Firme, forte	• Juntando, afastando
Ações das partes do corpo	• Para trás	• Delicado, leve	• Perto, longe
• Suportar o peso do corpo	• Para os lados	Espaço	Indivíduos e grupos
• Direcionar	• Para cima	• Direto, reto	• No espelho, combinando
• Receber peso ou força	• Para baixo	• Indireto, flexível	• Em oposição
• Aplicar força	• Em diagonal	Fluência	• Sucessivo, alternado
Atividades do corpo	Níveis	• Amarrado, parável, aos trancos	• Pergunta, resposta
• Locomotora	• Baixo	• Livre, contínuo, suave	• Ação, reação
• Não locomotora	• Médio		• Direcionar, seguir
• Manipulativa	• Alto		• Erguer, ser erguido
Formas do corpo	Trajetória		• Suportar, ser suportado
• Angular	• Reta		Pessoa e equipamento
• Reta	• Curva		• Ao redor, ao longo
• Arredondada	• Em zigue-zague		• Em cima, embaixo
• Em torção	• Torcida		• Perto, longe
• Simétrica, assimétrica	Planos		• Acima, abaixo, ao lado
	• Sagital (roda)		• Entrada, saída
	• Frontal (porta)		Outros tipos
	• Horizontal (mesa)		• Objetivos, limites
	Extensões		• Música, sons
	• Grande		• Poemas, histórias, palavras
	• Pequena		• Batidas, padrões
			• Arte, artefatos

Os planos do espaço definem as três dimensões do espaço, da mesma forma que os três eixos de rotação. O *plano horizontal* ou *mesa* divide topo e base. O *plano frontal* ou *porta* divide esquerda e direita. A roda, ou *plano sagital*, divide frente e costas. Pense no movimento ou em posições de equilíbrio ocorrendo em um ou mais planos do espaço. Uma parada de cabeça indo de baixo para cima ocorre principalmente no plano horizontal. Deslizar para os lados sobre os pés, atravessando um banco, enfatiza o movimento no plano frontal. O movimento do corpo para a frente e depois para trás enfatiza o plano sagital.

Extensões espaciais grandes e pequenas ocorrem durante a ginástica quando o corpo é *estendido* (as partes corpo estão longe do centro) e quando ele é *flexionado* (as partes do corpo estão próximas do centro). Um segundo tipo de extensão ocorre quando uma sequência leva o ginasta para longe do ponto de origem, cobrindo bastante espaço, ou mantendo o ginasta próximo do ponto de origem.

Esforço

As qualidades do esforço consistem em tempo, espaço, peso (ou força) e fluência. O *tempo* qualifica a forma como o movimento se desenvolve, isto é, muito rápido ou lento e sustentado. Um rolamento ou uma passada podem ser executados rapidamente ou devagar. A subida à parada de cabeça pode ser realizada lentamente, de maneira bem controlada, e um rolamento para sair dela pode ser feito rapidamente, para estabelecer o momento necessário para passar para a próxima ação.

A variável do *espaço* refere-se ao movimento direto e indireto. Um ginasta, movendo-se pelo solo ou se dirigindo a um equipamento, pode escolher deslocar-se diretamente para um determinado local ou usar um caminho indireto, como uma trajetória em zigue-zague ou em curva. Conforme os braços, as pernas ou outras partes do corpo se movem pelo ar, também se movem direta ou indiretamente pelo espaço.

O conceito de *peso* (ou *força*) refere-se à quantidade de energia empregada em uma ação. Algumas ações da ginástica são suaves e leves; outras exigem uma quantidade extraordinária de força bruta. Dá para saltitar pelo solo ou saltar sobre um banco com suavidade e delicadeza. Uma ação de salto sobre a mesa ou a subida a uma parada de mão podem demandar muita força.

A *fluência* refere-se ao fato de o movimento ser livre e suave ou amarrado e parável. Ações de giro ou piruetas (rotação) são geralmente leves e fluidas, enquanto ações de equilíbrio no trabalho estático são normalmente amarradas e tensas. Cada uma dessas qualidades de esforço, ainda que descritas separadamente, costumam interagir e combinar-se umas com as outras. Correr pelo solo pode ser uma ação rápida, leve, direta e fluida. Equilibrar-se sentado em V sobre um banco pode ser uma ação sustentada, forte e amarrada. (Para mais informações sobre as qualidades do esforço no movimento, ver Buschner, 1994.)

Relacionamentos

Os relacionamentos envolvem interações entre partes do corpo, entre duas pessoas, entre uma pessoa e um grupo ou entre uma pessoa e o equipamento. Alguns relacionamentos entre as partes do corpo são: em cima e embaixo, separado e junto, atrás e na frente, encontrando e separando, perto e longe. Trabalhando com um parceiro ou com um grupo pequeno, um indivíduo pode liderar ou

seguir; espelhar, combinar ou contrastar; erguer ou ser erguido; e suportar ou ser suportado. Dentro dos grupos, usamos o termo *sucessivo* para nos referirmos a uma ordem (1, 2, 3) ou sequência em um grupo pequeno e *alternado* para nos referirmos à sequência entre parceiros (você vai, eu vou). Termos como *pergunta e resposta* ou *ação e reação* são usados principalmente por bailarinos, conforme eles se relacionam e interpretam seus movimentos de expressivos.

Trabalhando com equipamentos, sejam eles grandes ou pequenos, um ginasta pode se mover ao redor, ao longo, em cima, acima, embaixo ou abaixo do equipamento. Os ginastas também se movem para chegar ao equipamento ou para sair dele, bem como para se aproximar ou se afastar do equipamento. Música ou sons podem acompanhar um ginasta que elabora o movimento em uma sequência relacionada à música. (Outros tipos de relacionamentos na estrutura CEER são usados em referência a jogos [objetivos, limites] e dança [poemas, histórias, palavras, batidas, padrões, arte e artefatos].) Qualquer um desses relacionamentos pode combinar-se com os temas de habilidade motora de deslocamento, estática e rotação.

EXPERIÊNCIAS DE APRENDIZAGEM

Anteriormente, neste capítulo, comparamos os temas de habilidade motora de ginástica a conjuntos de ações. Cada tema de habilidade motora pode ser ensinado individualmente, como um conjunto separado, ou em combinação, de modo que se sobreponham e interajam uns com as outros. De modo similar, cada uma das experiências de aprendizagem, apresentadas na Parte II deste livro, pode ser trabalhada individualmente, como um plano de aula único, ou uma experiência de aprendizagem pode ser desenvolvida em uma série de aulas temáticas relacionadas ou em uma unidade de trabalho. Por exemplo, você pode ser capaz de desenvolver duas ou mais aulas a partir de cada experiência de aprendizagem, dependendo de sua situação de ensino. Perceba, no entanto, que em muitos casos, se você for ensinar uma experiência de aprendizagem completa como uma aula, as crianças sem dúvida acabariam confusas, e provavelmente frustradas, já que as experiências de aprendizagem contêm bem mais do que pode ser razoavelmente ensinado, e aprendido, em uma aula de 30 minutos. A maior parte das experiências de aprendizagem tem vários objetivos. Na maioria das aulas você pode querer escolher um, talvez dois, desses objetivos para se concentrar. Em outras palavras, você pode optar por escolher a "parte ensinável" que as crianças poderão verdadeiramente entender e captar, em vez de simplesmente expor ideias que provavelmente elas não conseguirão entender, muito menos aprender, no pouco tempo disponível.

As decisões que você toma como professor são únicas em virtude de seu grau de compreensão, adquirido com os anos de experiência, das experiências das crianças que ensina, do ambiente e do currículo da escola em que leciona. Por exemplo, se você não tem uma experiência rica em ginástica, ou se as crianças que ensina são totalmente iniciantes, talvez você precise gastar mais tempo em cada uma das experiências de aprendizagem específicas. Caso você já trabalhe com ginástica para crianças há alguns anos, você pode optar, às vezes, por desenvolver determinada experiência de aprendizagem em uma única aula ou optar por expandir esse exercício para uma unidade de trabalho que culmine no desenvolvimento de uma sequência. Em outros casos, o número de aulas por semana ou o equipamento disponível é o que regulará o desenvolvimento de suas experiências de aprendizagem. Se você encontra seus alunos só uma vez por semana, provavelmente não poderá se dar o luxo de estender uma experiência de aprendizagem por várias aulas. Porém, se você os encontra três vezes por semana, pode considerar estender uma experiência de aprendizagem por várias aulas. No entanto, aí vai uma dica: é bem melhor cobrir menos conteúdo e fazer um trabalho completo, em um esforço para desenvolver um grupo menor de habilidades, que pincelar um pouco de tudo e nunca oferecer às crianças a chance de se tornarem hábeis ou de atingirem maestria.

Para responder à pergunta "O que é uma experiência de aprendizagem?", teríamos de dizer que é uma experiência *completa*. Ela possui vários objetivos, é direcionada para uma faixa etária específica e inclui uma descrição completa de como ensinar o conteúdo. Mais uma vez, uma experiência de aprendizagem pode se constituir de apenas uma aula ou de uma série de aulas relacionadas.

Componentes de uma experiência de aprendizagem

Cada experiência de aprendizagem neste livro é organizada de acordo com um formato consistente. Esse formato inclui o seguinte:
• O nome da experiência de aprendizagem.
• Objetivos que explicam as habilidades psicomotoras, cognitivas e afetivas que as crianças aprimorarão, resultado da participação na experiência de aprendizagem. Quando apropriado, a norma norte-americana que esses objetivos ajudam a cumprir é mencionada ao final do objetivo entre parênteses.
• As turmas sugeridas para a experiência de aprendizagem.
• A organização do ambiente durante a experiência de aprendizagem.
• Os tipos e a quantidade de equipamentos necessários para apresentar a experiência de aprendizagem para as crianças.
• Uma descrição de toda a experiência de aprendizagem, explicada como se você, o professor de educação física, estivesse realmente apresentando o exercício para as crianças (informações adicionais para os professores são apresentadas entre colchetes). Conforme as experiências de aprendizagem são desenvolvidas, cada tarefa nova para as crianças é identificada como sendo de informação (I), extensão (E), refinamento (R) ou aplicação (A).
• "Sugestões de avaliação", que fornecem os pontos-chave que você deve ter em mente ao observar informalmente e avaliar o progresso das crianças e sua experiência de aprendizagem, e que estão relacionadas aos objetivos do exercício.
• "Que mudanças posso fazer?" permite que você aumente ou diminua o nível de dificuldade da experiência de aprendizagem, permitindo assim que todos os alunos sejam desafiados dentro de seu nível de habilidade.

Além disso, ainda que não sejam indicadas em todas as experiências de aprendizagem, as categorias a seguir estarão incluídas quando apropriado:
• "Sugestões para ensinar condicionamento" ilustra como componentes do condicionamento físico podem ser integrados à ginástica.
• "Sugestões para um currículo integrado" ilustra como conceitos ensinados na ginástica podem ser relacionados ao aprendizado de outras disciplinas, como artes da linguagem, matemática, ciência, estudos sociais ou de suas combinações.
• "Sugestões de inclusão" ilustra como você pode atender às necessidades de alunos especiais ao adaptar tarefas, equipamentos ou requisitos em uma sequência.

O QUE FAZ UMA EXPERIÊNCIA DE APRENDIZAGEM SER APROPRIADA AO DESENVOLVIMENTO?

As experiências de aprendizagem para crianças são apropriadas quando atendem às necessidades de todas elas na sala de aula. Você deve ensiná-las de modo que tanto as crianças com pouca habilidade como aquelas com muita habilidade sejam adequadamente desafiadas. Você também deve basear as experiências de aprendizagem nas experiências anteriores das crianças com a ginástica. Como resultado, você deve apresentar tarefas e problemas de movimento de forma que haja múltiplas formas de responder. Caso a tarefa seja equilibrar-se sobre três partes do corpo, uma criança pode escolher se equilibrar sobre duas mãos e um pé. Outra pode escolher se equilibrar sobre um antebraço, um cotovelo e um joelho. E outra, ainda, pode resolver fazer uma parada de cabeça. Caso a tarefa seja executar um rolamento, as crianças devem ter a opção de escolher a direção (para a frente, para trás, para o lado), a forma (curvado, alongado), o tempo (rápido, devagar) e assim por diante. Caso você peça às crianças que desenvolvam um equilíbrio, rolamento ou equilíbrio para uma sequência de movimento, cada criança deve ser capaz de resolver o problema de acordo com seu nível de habilidade. É seu trabalho como professor conhecer as crianças e se assegurar de que cada uma delas se autodesafie de modo significativo.

Como mencionado anteriormente, você também deve cumprir outros elementos das normas norte-americanas (NASPE, 2010). Por exemplo, as crianças devem ter oportunidades frequentes, significativas e apropriadas à idade para desenvolver uma compreensão funcional dos conceitos de movimento. Devem ter experiências que encorajem o desenvolvimento de suas habilidades cognitivas. Habilidades sociais e de cooperação devem ser desenvolvidas por meio de atividades apropriadas ao desenvolvimento. Todas as crianças devem participar regularmente de cada aula, em vez de ficarem sentadas e esperando sua vez por longos períodos. O ambiente de aprendizado deve ser estruturado para as crianças serem bem-sucedidas. Em geral, crianças que falham repetidamente param de tentar e, então, acabam não melhorando. Em relação aos desafios, o ambiente de aprendizado não deve ser extremamente competitivo, especialmente se você ou os pais são aqueles que impõem a competição. As crianças devem se propor o desafio de dar o melhor de si. O foco da competição deve ser o autodesenvolvimento. A avaliação individual contínua das crianças deve ser formadora e refletir o que elas estão aprendendo física, cognitiva e socialmente. A avaliação não deve ser baseada na pontuação de um teste único ao final de uma unidade de trabalho. Quando você desenvolve experiências de aprendizagem com esses elementos em mente, eles provavelmente serão apropriados ao desenvolvimento.

RESUMO

Este capítulo serve como fundamento para as experiências de aprendizagem da Parte II deste livro. Em primeiro lugar, o objetivo e a sequência da ginástica são organizados para o conteúdo a ser ensinado, usando as normas norte-americanas como guia ao longo do ensino fundamental. Os segmentos seguintes desenvolvem os quatro estágios de ginástica, seguidos pela forma como os professores normalmente ampliam, refinam e aplicam as tarefas enquanto ensinam as experiências de aprendizagem. Em seguida, é apresentada uma discussão sobre o desenvolvimento das tarefas, as informações adicionais sobre estilos de ensino, o delineamento de sequências, as demonstrações dos alunos, a ética de trabalho e o foco na boa mecânica corporal.

Este livro é organizado em torno dos três temas de habilidade motora de deslocamento, estática e rotação. Cada unidade de trabalho (principal tema de habilidade motora) ou capítulo é subdividido em aulas que utilizam subconjuntos, habilidades ou ideias representativas. As variáveis do processo de Laban – corpo, espaço, esforço e relacionamento – fundamentam o desenvolvimento de conteúdo tanto da unidade quanto da aula. Diferentemente de outros livros sobre ginástica, que enfatizam uma única acrobacia ou habilidade por aula (p. ex., o rolamento para a frente ou a estrela), ou um tema específico de Laban (uso do espaço, forma e tempo), nossa ênfase no trabalho dos temas de habilidade motora está nas ações de ligação ou nas transições que fluem de uma ação para a outra. O último segmento deste capítulo aborda o conceito e os componentes de uma experiência de aprendizagem, bem como as características que a tornam apropriada ao desenvolvimento.

Questões para reflexão

Desenvolva seu próprio objetivo e sua tabela de sequência para o desenvolvimento do conteúdo de ginástica no ensino fundamental. Com base na sua situação de ensino, como sua tabela difere da tabela apresentada? Por quê?

Escolha três conceitos ou habilidades diferentes na ginástica (p. ex., ações de rolamento ou, mais especificamente, um rolamento lápis; deslocamento suportando peso nas mãos ou, mais especificamente, uma estrela; ações de equilíbrio realizadas sozinho ou com um parceiro) e ilustre o uso desses conceitos ou habilidades em cada uma das quatro etapas da ginástica.

Escolha uma tarefa inicial ou tema de habilidade motora da ginástica e descreva três formas para ampliar, refinar ou aplicar essa tarefa ou habilidade conforme desenvolve o conteúdo de ginástica.

Escolha uma habilidade ou tema de habilidade motora da ginástica e discuta como você pode ensiná-la usando tanto uma abordagem direta quanto indireta. Você consegue fazer isso com cinco ou mais habilidades ou conceitos?

Após as crianças aprenderem uma nova habilidade ou conceito de ginástica no estágio I, discuta como essa habilidade ou conceito, pode ser colocada (o) em uma sequência com começo, meio e fim. Desenvolva possíveis sequências para crianças que trabalham sozinhas em um colchão, trabalham com um parceiro e utilizam algum equipamento como uma caixa ou um banco.

Que considerações você deve fazer ao escolher os alunos para as demonstrações de ginástica?

Que regras você usaria em um ambiente de ginástica para manter as crianças responsáveis por seu trabalho?

Como professor de ginástica, como você enfatiza a boa mecânica corporal e a consciência estética e ainda proporciona às crianças oportunidades para fazer escolhas em seus trabalhos? Quais são alguns dos conceitos importantes que podem ser usados para ajudar as crianças a se concentrar nos detalhes e no que é esteticamente agradável?

Como você pode usar as variáveis do processo (CEER) para interagir com os temas de habilidade motora na ginástica?

Quais são os aspectos essenciais de uma experiência de aprendizagem? Que outros fatores podem influenciar o desenvolvimento de uma experiência de aprendizagem quando usados adequadamente?

Escolha uma experiência de aprendizagem de uma das aulas na Parte II deste livro e prepare uma folha com observações ou um *checklist* sobre as características do processo de desenvolvimento da habilidade ou um guia sobre a inclusão de componentes-chave de uma sequência. Por que você escolheu incluir os fatores que identificou como relevantes a essa experiência de aprendizagem específica?

Ofereça um exemplo de experiência de aprendizagem que pode durar apenas uma aula e de outra que pode constituir toda uma sessão de trabalho.

O que faz uma experiência de aprendizagem ser apropriada ao desenvolvimento? Por quê?

Capítulo 4

Como avaliar o progresso das crianças na ginástica

Após ler e compreender este capítulo, você será capaz de:
- discutir por que pode ser importante avaliar o progresso das crianças na ginástica;
- descrever métodos de avaliação alternativos e como você pode usar gabaritos para medir o progresso;
- usar as normas norte-americanas e os resultados de desempenho para cada grupo de séries para determinar o que avaliar;
- descrever tipos de avaliações alternativas;
- oferecer exemplos de avaliações informais nas áreas psicomotora, cognitiva e afetiva; e
- desenvolver métodos para reportar avaliações na ginástica para os pais ou outras partes interessadas.

Muitos professores de educação física lecionam para cerca de 400 a 600 crianças por semana, e cada aluno tem em média duas aulas de 30 minutos. O problema é que aulas curtas para turmas grandes podem fazer a avaliação parecer uma tarefa imensurável. Ainda assim, existem muitas razões para avaliar, como verificar o progresso das crianças em alcançar resultados de desempenho estabelecidos, avaliar o programa geral, ganhar credibilidade com os administradores da escola e com os pais, além de verificar o que você, como professor, ensinou.

NOVAS FORMAS DE AVALIAÇÃO

Desde que a primeira edição deste livro foi publicada, em 1994, ocorreram muitas mudanças no processo que os professores usam para avaliar os alunos. Nesses dias de reforma educacional baseada em padrões, os professores são considerados cada vez mais responsáveis por aquilo que as crianças aprendem ou deixam de aprender. Os padrões e os resultados de desempenho identificam o que os alunos devem saber e ser capazes de fazer conforme progridem na vida escolar. Como os padrões oferecem um consenso do que os alunos devem saber e ser capazes de fazer, eles também proporcionam uma base para a avaliação de desempenho e do programa. Junto com a educação baseada em padrões, chegaram também formas novas ou alternativas de avaliação. A *avaliação alternativa* refere-se a qualquer tipo de avaliação que seja diferente dos testes tradicionais. Existem outros termos usados para se referir a formas alternativas de avaliação, incluindo *avaliação autêntica* e *avaliação com base no desempenho.* Esses termos geralmente são

64 Ensinando ginástica para crianças

intercambiáveis. No entanto, na educação física, *avaliação alternativa* refere-se a avaliações como projetos, portfólios, tarefas de eventos, diários de alunos, *checklists*, notas e gabaritos. A *avaliação autêntica* descreve a avaliação de desempenho que ocorre em um ambiente realista, em vez de em um ambiente controlado.

A maioria das avaliações alternativas inclui uma tarefa e critérios de avaliação para julgar ou pontuar o desempenho da tarefa. Por exemplo, uma tarefa de avaliação pode ser para demonstrar uma sequência de ginástica com um equilíbrio, um rolamento e um equilíbrio diferente. Os critérios de avaliação para a sequência incluem:

- Mostrar início e finalização estáveis, mantendo os equilíbrios por três segundos.
- Os equilíbrios devem mostrar mudanças em pelo menos dois desses itens: forma, nível, base de apoio.
- O rolamento deve ser realizado suavemente com boa técnica e controle.
- A transição entre as ações deve ser suave.

O desempenho em uma tarefa de avaliação é tipicamente julgado por meio de uma *avaliação analítica* ou de uma *avaliação holística*. Uma avaliação analítica é feita quando uma habilidade em particular ou um único componente é avaliado. Por exemplo, uma avaliação analítica da tarefa descrita acima pode julgar as habilidades isoladas de equilíbrio e rolamento. Uma avaliação holística do desempenho abordaria a capacidade de realizar a sequência, levando em conta não apenas a execução de cada habilidade individualmente, mas as ações ou transições que unem as habilidades na execução de uma sequência de qualidade. A avaliação holística é con-

siderada mais eficiente e poderosa por causa da combinação de componentes que criam uma avaliação mais autêntica. Gabaritos são comumente usados para avaliar o desempenho dos alunos e podem ser analíticos ou holísticos. A Figura 4.1 mostra um exemplo de gabarito analítico para avaliar a execução de uma sequência com um equilíbrio, um rolamento e um equilíbrio diferente. Habilidades que recebem pontuação 4 seriam consideradas proficientes, com pontuação 3 seriam consideradas competentes, e pontuações 2 e 1 indicariam um nível de competência não alcançado. A pontuação geral é determinada pela soma da pontuação de cada coluna ou de cada habilidade em separado. A pontuação geral possível, usando o gabarito do exemplo, vai de 3 a 12.

A Figura 4.2 mostra um exemplo de gabarito holístico. Esse gabarito usa as definições de "proficiente", "competente" e "precisa melhorar" para avaliar o desempenho. Outros gabaritos podem usar categorias diferentes, como "alcançado", "em desenvolvimento" e "ainda não desenvolvido", para descrever o desempenho. O apêndice deste livro inclui avaliações adicionais e gabaritos. Quando usadas corretamente, as avaliações alternativas ajudam você a avaliar o currículo ou programa.

Com as atuais mudanças na educação, espera-se que os professores mostrem *que* os alunos aprenderam e *o que* eles aprenderam como resultado da participação na educação física. Alguns estados americanos estão adotando avaliações obrigatórias dos programas de educação física. Departamentos estaduais de educação, administradores e pais recebem informações sobre o desempenho dos alunos e dos programas. A educação física agora compartilha o mesmo nível de responsabi-

Nível	Início e fim	Equilíbrios	Rolamento
4	Os equilíbrios são mantidos por 3 segundos, no início e no final.	Os equilíbrios mostram formas claras e diferentes e uma mudança no nível ou na base de apoio.	O rolamento é realizado com técnica excelente.
3	Os equilíbrios mostram firmeza momentânea no início e no final.	Os equilíbrios mostram formas diferentes e uma mudança no nível ou na base de apoio.	O rolamento é realizado com boa técnica.
2	Um dos equilíbrios é firme.	Os equilíbrios não mostram claramente formas diferentes ou uma mudança no nível ou na base de apoio.	O rolamento é realizado com técnica satisfatória.
1	O equilíbrio não é firme nem no início nem no final.	As formas não são claras ou diferentes	O rolamento é realizado com técnica pobre.

Figura 4.1 Exemplo de gabarito analítico para uma sequência de equilíbrio, rolamento e equilíbrio diferente.
De P.H. Werner, L.H. Williams, T.J. Hall, 2015, *Ensinando ginástica para crianças*, 3.ed. (Barueri: Manole).

Proficiente

- Os equilíbrios são mantidos por 3 segundos e demonstram início e fim claros.
- Os equilíbrios demonstram uma mudança em pelo menos dois destes itens: forma, nível, base de apoio.
- Realiza rolamentos suavemente, com controle e técnica proficientes.
- Mostra transições suaves entre as ações (75% do tempo ou mais).

Competente

- Os equilíbrios são mantidos por pelo menos 2 segundos e demonstram início e fim claros.
- Os equilíbrios demonstram uma mudança em pelo menos dois destes itens: forma, nível, base de apoio.
- Realiza rolamentos suavemente, com bom controle e técnica.
- Usualmente demonstra transições suaves entre as ações (50 a 74% do tempo).

Precisa melhorar

- Os equilíbrios são mantidos por menos de 2 segundos e demonstram início e fim pouco claros.
- Os equilíbrios demonstram apenas uma mudança nestes itens: forma, nível, base de apoio.
- Realiza rolamentos com algum controle e técnica.
- Às vezes demonstra transições suaves (15 a 49% do tempo).

Figura 4.2 Exemplo de gabarito holístico para uma sequência de equilíbrio, rolamento e equilíbrio diferente.
De P.H. Werner, L.H. Williams, T.J. Hall, 2015, *Ensinando ginástica para crianças*, 3.ed. (Barueri: Manole).

lidade que outras áreas de conteúdo acadêmico. Dados de avaliação podem ser usados para demonstrar as conquistas dos alunos e apoiar a educação física como parte crucial do currículo escolar. Uma consequência de não se avaliar as crianças e os programas escolares é que autoridades como as secretarias de educação ou os conselhos escolares selecionarão uma bateria de testes para aplicar aos alunos. O resultado provavelmente será um teste de condicionamento físico. Ainda que o condicionamento físico seja essencial para o sucesso de um programa de ginástica, ele não deve ser o único critério de avaliação. Testes de condicionamento físico não avaliam todas as habilidades motoras que as crianças aprendem na ginástica, além de negligenciar os componentes cognitivo e afetivo.

A avaliação do trabalho das crianças na ginástica deve considerar suas habilidades e capacidade de combiná-las em sequências ou séries com transições suaves. O desenvolvimento cognitivo pode ser avaliado oralmente ou por escrito. Ele deve envolver o conhecimento das

crianças de orientações para habilidades em particular, o uso apropriado de princípios mecânicos e a seleção de variáveis adequadas do processo (CEER) ao desenvolverem sequências de movimento. O trabalho das crianças e as escolhas que elas fazem devem refletir o desenvolvimento afetivo. Aceitar um nível adequado de desafio, trabalhar com responsabilidade, escolher parceiros apropriados e trabalhar cooperativamente são apenas alguns indicadores do desenvolvimento de boas atitudes e valores nas crianças. Este capítulo apresenta ideias para avaliar as habilidades das crianças na ginástica em cada uma das três áreas: psicomotora, cognitiva e afetiva.

O QUE AVALIAR

Atualmente, um número cada vez maior de recursos excelentes está disponível para professores de educação física que precisam decidir sobre o que pode ser ensinado e avaliado em seus programas. Um desses recursos é o documento *Moving Into the Future: National Standards for Physical*

Education, Second Edition, publicado pela NASPE, em 2004, com as normas norte-americanas (ver Cap. 1). O documento descreve seis normas de conteúdo com pontos de ênfase divididos do 1º ao 3º anos, do 4º ao 6º anos e do 7º ao 9º anos do ensino fundamental e nos três anos do ensino médio. Esses pontos de ênfase são seguidos por uma amostra de resultados de desempenho. A fim de ajudá-lo a revisar o que pode ser ensinado e avaliado na ginástica do 1º ao 3º anos e do 4º ao 6º anos, a Figura 4.3 oferece uma amostra de resultados de desempenho para a norma 1. Veja o Capítulo 1 para outros resultados de desempenho.

Usar as normas norte-americanas, as estruturas de currículo estaduais, os currículos desenvolvidos em escolas ou uma combinação deles é um excelente ponto de partida para pensar nas finalidades e objetivos de um programa de educação física. Eles respondem à pergunta "Quais resultados queremos alcançar em nosso programa de educação física?". Responder a essa pergunta é geralmente o primeiro passo recomendado no processo de elaboração de currículo (Hopple, 2005). Uma vez que você tenha decidido sobre os objetivos gerais do programa de ginástica (do 1º ao 6º anos, no caso deste livro), o próximo passo é determinar os resultados de desempenho por ano. Quando os resultados de desempenho são definidos, você tem um guia ou um modelo a partir do qual desenvolverá os temas ou unidades de trabalho para o ano, seguidos por objetivos de aula específicos que levarão ao alcance desses resultados.

Uma vez que objetivos de ensino mensuráveis tenham sido claramente estabelecidos, você pode combinar cada objetivo com uma forma de avaliação. É essencial manter um *alinhamento instrucional*, que se refere a combinar objetivos mensuráveis a uma avaliação que meça o alcance desse objetivo pelos alunos. Dito de forma mais simples, você deve ter certeza de estar avaliando o que está ensinando e de estar ensinando o que está avaliando.

Após ter decidido o que vai ensinar na ginástica em cada grupo de série (ver o modelo de formulário de acompanhamento no apêndice), você também precisa decidir quais resultados avaliará. Em vista do tempo disponível para a educação física e a abrangência do currículo, é irrealista achar que você pode avaliar cada resultado de desempenho em cada série. Após decidir o que avaliará, o próximo passo é descobrir qual é a melhor forma de avaliar vários resultados do aprendizado.

COMO AVALIAR

Hoje em dia, os professores de educação física podem escolher entre várias formas alternativas de avaliação. Essas avaliações podem ser classificadas como projetos, portfólios, tarefas de eventos, diários de alunos e observação. Gabaritos, *checklists* e tabelas de classificação são geralmente usados nessas avaliações.

Projetos

Os projetos desenvolvidos pelos alunos são avaliações que podem ter a forma de uma apresentação ou exposição. Exemplos desse tipo de avaliação na ginástica podem incluir apresentação ou exibição de fotografias usando câmeras tradicionais ou digitais, vídeos de apresentações de alunos, trabalhos de arte, desenhos, murais, pôsteres, modelos e colagens. Os projetos podem ser realizados como lição de casa ou de modo integral, em conjunto com outras aulas como educação artística, língua portuguesa ou ciências. A Figura 4.4 é uma amostra de gabarito usado para avaliar um projeto de aluno.

Turmas	Amostra de resultado de desempenho
1º ao 3º anos	Deslocar-se (p. ex., *skip*, *hop*, galope, deslize) usando uma forma madura. Deslocar-se para a frente e para os lados usando vários padrões de locomoção e mudar de direção rapidamente em resposta a um sinal ou obstáculo. Demonstrar contrastes claros entre movimentos rápidos e lentos ao se deslocar. Equilibrar-se, mostrando firmeza momentânea, em formas simétricas e assimétricas sobre diversas partes do corpo.
4º ao 6º anos	Equilibrar-se com controle sobre vários objetos (prancha de equilíbrio, equipamentos maiores). Desenvolver e refinar uma sequência de ginástica demonstrando transições suaves. Saltar e aterrissar em altura e distância de uma forma madura.

Figura 4.3 Amostra de resultados de desempenho para as turmas do 1º ao 3º anos e do 4º ao 6º anos.
De P.H. Werner, L.H. Williams, T.J. Hall, 2015, *Ensinando ginástica para crianças*, 3.ed. (Barueri: Manole).

Pontuação	Avaliação
4	Todos os aspectos da tarefa são completados de modo exemplar. A informação é organizada e comunicada com clareza. Toda informação é precisa.
3	Apenas um aspecto da tarefa não está presente ou é comunicado vagamente. A maior parte da informação é apresentada de forma clara e é precisa.
2	Faltam duas partes significativas da tarefa. A informação é apresentada de forma clara com duas exceções ou mais. A maior parte da informação é precisa.
1	O projeto está incompleto ou não é completado conforme determinado.

Figura 4.4 Amostra de gabarito para avaliar o projeto de um aluno.
De P.H. Werner, L.H. Williams, T.J. Hall, 2015, *Ensinando ginástica para crianças*, 3.ed. (Barueri: Manole).

AVALIAÇÕES INTEGRADAS

A cada semestre, supervisionamos nossos estudantes de educação física no curso de métodos para o ensino fundamental, e os colocamos em escolas do ensino fundamental locais. Em certa ocasião, durante uma sessão de ginástica, trabalhamos com alunos do 5º e do 6º anos. Também trabalhamos com os professores da sala em um modelo de projeto de redação. Trabalhando com as crianças em aulas de equilíbrio, rolamento e deslocamento, buscamos o desenvolvimento de uma sequência com parceiro. As crianças tentavam espelhar ou combinar os movimentos uma da outra durante a execução de equilíbrios individuais. Elas usavam ações de deslocamento e rolamento para se mover em direção ao parceiro, para longe dele ou lado a lado. Elas deviam suportar o peso uma da outra total ou parcialmente, ao realizar movimentos de contrabalanço ou contrapeso.

Filmamos e fotografamos usando uma câmera digital para o registro do trabalho das crianças. Baixamos as fotos e demos às crianças para que elas levassem aos professores. Na sala de aula, elas deveriam observar suas fotos e escrever sobre a qualidade do trabalho delas. O que parecia bom (mecânica, alinhamento, estabilidade, cooperação com o parceiro)? O que precisava melhorar? Como elas se sentiram em relação à sua experiência com a ginástica? Como elas se sentiram em relação a si mesmas como ginastas? Estavam melhorando? Por quê? Aqui está o que uma aluna escreveu sobre a experiência dela:

> *Eu gostei do nosso equilíbrio. O que eu gostei mais é que tudo que eu tinha que fazer era segurar a Zola para cima. Felizmente ela não é muito pesada. Eu nunca conseguiria fazer o que a Zola está fazendo.*
>
> *A gente estava fazendo direitinho. Nessa hora não parecia que eu estava tentando matar ela. Ainda bem que a Sra. Kirby cortou a parte final. No final, a gente realmente perdeu o controle. Eu acho que no final a gente esperou demais para sair do equilíbrio. Parecia que eu estava jogando a Zola para baixo.*
>
> *Zola e eu estávamos bem retas. Eu não estou muito reta. A Zola está bem reta, mas está indo para a diagonal.*
>
> *A gente fez um equilíbrio com apoio. Eu estava segurando a Zola, mas ela não estava me segurando.*
>
> Eu acho que a gente estava firme e reta. Os dedos dos pés da Zola estavam em ponta, os braços dela estavam retos e meus braços estavam retos.

(continua)

> *Nosso equilíbrio foi original. A gente olhou na lista, escolheu esse e depois tentamos fazer. A gente tentou vários equilíbrios. Esse foi o que a gente fez melhor.*
>
> *A gente também teve alinhamento no nosso equilíbrio. Eu estava reta, e a Zola estava na diagonal, mas estava reta.*
>
> *Se eu pudesse mudar uma coisa, eu ia segurar a Zola mais reta, e eu ficaria mais reta.*

Reproduzido com a permissão de P. Werner, 2003."Clues to interdisciplinar learning: Check out the hallways", *Teaching Elementary Physical Education* v 14 (1): 3-5. Criado por Grant LeFever, 26-02-02.

Portfólios

Os portfólios tornaram-se um meio bastante popular de avaliar o progresso e as realizações de alunos. Eles podem incluir vários objetos que demonstram o aprendizado do aluno. De acordo com Rink (2010), a intenção dos portfólios é envolver os alunos no processo de avaliação e estabelecer a apropriação do aluno sobre o portfólio. Você ou o aluno podem decidir o que vai fazer parte do portfólio. Idealmente, você estabeleceria o objetivo de aprendizado, e o aluno decidiria o que colocar no portfólio para mostrar da melhor forma que o objetivo foi atingido. Você deve estabelecer critérios claros de como o portfólio será avaliado. Normalmente, ele é avaliado com o uso de um gabarito que deve fornecer critérios avaliativos claros, mas ainda permitir a criatividade dos alunos.

Tarefas de eventos

Tarefas de eventos são tarefas de apresentação que os professores pedem aos alunos para executar durante uma única aula. As tarefas de eventos são geralmente a experiência final em que se pede que os alunos apliquem ou usem o que aprenderem de forma significativa. Exemplos de tarefas de eventos incluem sequências de ginástica, de locomoção e séries de ginástica. Oferecer oportunidades para os alunos criarem e executarem uma sequência ou série, como parte da aula de ginástica, permite que eles demonstrem suas habilidades específicas quanto aos objetivos da aula e à proposta da instrução. Tarefas de eventos também permitem flexibilidade e individualidade nas respostas dos alunos. As tarefas de eventos normalmente são avaliadas com o uso de um gabarito, como o apresentado na Figura 4.2. O gabarito identifica as características da apresentação que são

importantes para os alunos demonstrarem. Você pode optar por avaliar a tarefa de eventos no momento da apresentação ou gravá-la em vídeo e avaliá-la mais tarde. Uma filmagem da tarefa de eventos também permite a autoavaliação e a avaliação pelos colegas.

Diários de alunos

Os diários de alunos oferecem outras possibilidades de avaliação alternativa na ginástica. Eles são usados para registrar eventos ou comportamentos que ocorrem com os alunos. As informações registradas podem mostrar progresso, mudança, padrões de participação ou escolhas. Diários de alunos são tipicamente usados para documentar sentimentos, atitudes, percepções e reflexões deles em relação a suas experiências na educação física ou em uma unidade de ginástica. Ao escrever os diários, os alunos percebem a importância de expressar sentimentos, reconhecer os pontos fortes e as limitações deles e dos outros, e de identificar os desafios e as conquistas que resultam da participação em um ambiente física e socialmente interativo. Reconhecer e desenvolver respeito por similaridades e diferenças individuais e crescer para valorizar os desafios, a diversão e a interação social que a atividade física proporciona faz parte das normas norte-americanas para a educação física.

Observação

A forma mais comum de avaliação usada na educação física é a observação. Você observa os alunos regularmente como parte do processo instrucional. Ainda que a observação possa ajudar você a tomar decisões, como, por exemplo, quando estender ou refinar uma tarefa, você também pode usar a observação como uma forma de avaliação sistemática, ao coletar informações sobre o desempenho dos alunos. Gabaritos, *checklists* e tabelas de pontuação são frequentemente usados para coletar e registrar dados de observação. Os alunos também podem usar a observação na avaliação de si próprios e dos outros. A autoavaliação e a avaliação por colegas geralmente são parte da rica experiência de aprendizado das crianças. O uso de critérios avaliativos, como os encontrados em um gabarito ou *checklist*, permitem que os alunos se concentrem nas informações relevantes. Quando as expectativas do desempenho são claramente comunicadas, os alunos podem se concentrar na melhoria desse desempenho. Um exemplo de avaliação por colegas pode ser visto na Figura 5.3, na p. 90. Você vai precisar ensinar aos alunos como realizar a autoavaliação ou a avaliação por colegas. Conforme os alunos vão se tornando observadores mais experientes, eles passam a ficar mais envolvidos no processo de avaliação.

AVALIAÇÃO PSICOMOTORA

Como mencionado anteriormente neste capítulo, as crianças devem ser avaliadas nas áreas de desenvolvimento psicomotor, cognitivo e afetivo, pela participação delas na ginástica. Os itens a seguir ilustram como você pode abordar cada uma dessas áreas com ideias de avaliação alternativa.

Como professor, você deve sempre se fazer perguntas como "As crianças estão aprendendo o conceito que estou ensinando?" e "Elas estão executando o conceito corretamente e com boa forma?". Questões como essas buscam avaliar o progresso de indivíduos ou de toda uma turma. Você pode desenvolver e usar *checklists* para avaliar componentes críticos de habilidades (Fig. 4.5). Os *checklists* são usados para identificar a presença ou a ausência de comportamentos desejados. Muitos *checklists* previamente desenvolvidos por professores estão disponíveis na internet,

como aqueles encontrados em <www.pecentral.org>, ou nos livros de Hopple (2005) e em outros.

Ao usar *checklists*, você pode observar uma criança de cada vez ou a sala toda. Caso tenha receio de perder um ou mais elementos de uma habilidade em particular, você pode filmar as tentativas ou as apresentações e verificá-las mais tarde. Seja em vídeo ou ao vivo, você pode fazer com que as próprias crianças se avaliem, avaliem os colegas, que uma criança mais velha avalie as mais novas, ou pode pedir a ajuda de pais voluntários.

Avaliando componentes críticos

O teste de habilidades motoras geralmente rende uma pontuação quantitativa: quantas vezes, a que distância, em que altura. Isso vale especialmente para as áreas de habilidades manipulativas e jogos, em que é mais fácil manter uma pontuação. Recentemente, tem havido o interesse crescente em avaliar como as crianças executam os componentes qualitativos de uma habilidade. Essa avaliação é particularmente adequada para as habilidades de ginástica, nas quais o processo se destaca.

O objetivo principal da avaliação qualitativa é analisar se um movimento está mecanicamente correto. Frequentemente, componentes críticos, pontos focais ou sequências de desenvolvimento de um dado movimento são analisados para fins de pesquisa com o uso de filmagens em alta velocidade ou quadro a quadro. Isso leva tempo e é pouco prático para a maioria dos professores. É mais prático criar *checklists* de componentes críticos (ver Fig. 4.5) e usá-los quando propuser uma tarefa ou sequência de movimentos às crianças. Uma vez que as crianças tenham começado a trabalhar, você pode recuar um pouco e observar um componente crítico de cada vez (como o refinamento). Por exemplo, você propõe às crianças a tarefa de fazer uma estrela no chão ou com um equipamento. Enquanto elas praticam,

Comportamento	Marcar se observado	Comentários
O peso do corpo é transferido dos pés para as mãos e para os pés.		
Os braços ficam alongados como raios em uma roda.		
As pernas ficam alongadas como raios em uma roda.		
Começa e termina com o olhar para a mesma direção.		
Os movimentos são controlados e suaves.		

Figura 4.5 Amostra de um *checklist* para atividade de estrela.
De P.H. Werner, L.H. Williams, T.J. Hall, 2015, *Ensinando ginástica para crianças*, 3.ed. (Barueri: Manole).

70 Ensinando ginástica para crianças

você verifica se estão mantendo braços e pernas retos; em três a cinco minutos uma estimativa geral pode ser obtida e registrada sobre a turma.

Alguns componentes qualitativos são mais facilmente observáveis para avaliação do que outros. Por exemplo, é fácil observar se as crianças conseguem voltar a ficar em pé ao final de um rolamento, mas é mais difícil ver se os joelhos ficam próximos ao tórax durante o rolamento. O uso de vídeos tipo quadro a quadro pode apurar a capacidade de observação e proporcionar uma avaliação mais confiável. Esse método não é rápido, mas vale a pena ser feito ocasionalmente para se ter uma ideia mais precisa sobre o tipo de ajuda que as crianças precisam para refinar suas habilidades.

Você pode se reunir com outros professores de escolas da região de tempos em tempos, talvez uma vez por mês, para discutir os componentes críticos de habilidades específicas. Vocês podem comparar *checklists* e discutir o que é importante observar. Assistam juntos ao vídeo de algumas crianças executando a habilidade que estão discutindo, para verificar se estão de acordo sobre o que observaram ou não. Esse é outro processo que pode apurar a capacidade de observação.

Testando séries e sequências

Ainda que o desenvolvimento de habilidades específicas seja importante na ginástica, a capacidade de ligá-las e criar transições suaves de uma ação ou equilíbrio para outro é ainda mais importante. No nível iniciante, você pode usar um *checklist* para *testar a presença de um comportamento desejado*. Ao pedir uma sequência ou série ao final de uma aula, você avalia rapidamente se os componentes es-

pecificados estão incluídos. Por exemplo, quando pede às crianças um equilíbrio-deslocamento-equilíbrio, você procura ver se os alunos escolheram um equilíbrio que podem manter por três segundos, uma ação de deslocamento apropriada e um segundo equilíbrio que eles novamente mantêm por três segundos para demonstrar controle. A maioria das crianças cumprirá esse tipo de tarefa, e você terá uma leitura rápida sobre o entendimento da criança em relação às suas instruções, checando sua clareza.

Uma técnica um pouco mais complicada poderia ser chamada de *avaliação de componentes qualitativos e de variáveis do processo*. Com o tempo, as crianças devem aprender que variedade, qualidade, contraste e desafios são partes importantes das sequências de ginástica. Ainda que avaliar ou julgar ginástica seja uma ação subjetiva por natureza, é um processo baseado em quão bem as habilidades são executadas e ligadas. Como resultado, tabelas de pontuação como a da Figura 4.6 podem ajudar a tornar as crianças conscientes da variedade de sequências possíveis no processo. Tabelas de pontuação são usadas para avaliar em que grau são apresentados comportamentos desejados. Praticamente da mesma forma que os gabaritos e os *checklists*, as tabelas de pontuação podem ser usadas para comunicar as expectativas de desempenho e para encorajar e desafiar as crianças a incluírem variedade e contraste quando criam as séries. Caso o primeiro equilíbrio seja de nível baixo, sobre duas partes do corpo, uma área e um ponto, talvez o nível do segundo seja mais alto, sobre três partes do corpo. Caso o primeiro equilíbrio seja na posição ereta, talvez o segundo seja invertido. Caso um seja simétrico, o segundo será assimétrico. O rolamento pode ser lento e sustentado ou repentino e rápido, com foco no tempo durante a transição. A variedade nas linhas (extensão dos

---

Série de ginástica: Classifique cada uma das seguintes características em uma escala de 3 pontos:

3 = sempre   2 = às vezes   1 = nunca

_____ Mantém o equilíbrio por 5 segundos.

_____ Os equilíbrios em posição ereta ou invertida demonstram extensões e forma clara.

_____ Demonstra movimentos com boa técnica.

_____ As transições entre os movimentos são suaves.

_____ Demonstra utilização controlada da quantidade de movimento e da imobilidade.

_____ Ganha altura durante o voo ou movimentos aéreos.

Figura 4.6 Tabela de pontuação para série de ginástica.
De P.H. Werner, L.H. Williams, T.J. Hall, 2015, *Ensinando ginástica para crianças*, 3.ed. (Barueri: Manole).

dedos dos pés aos das mãos), ângulos nas articulações, formas (alongado, curvo, torcido) e foco do olhar também podem contrastar e aumentar a qualidade da série. Outras ideias para sequências individuais e com parceiros são apresentadas no Capítulo 8.

AVALIAÇÃO COGNITIVA

A riqueza de informações que as crianças devem possuir sobre gerenciamento do corpo, incluindo elementos críticos de habilidades motoras, conceitos de movimento e aplicação de princípios mecânicos à ginástica, é esclarecida na norma 2 das Normas Norte-americanas de Educação Física (NASPE, 2004). De modo realista, como professor, você toma várias decisões sobre o que, quando e como testar o desenvolvimento cognitivo das crianças. Em primeiro lugar, os itens testados devem refletir o que é ensinado no programa de ginástica, e em segundo, os testes precisam ser gerenciáveis. Apresentamos aqui várias ideias que otimizam o tempo, mas que ainda assim reúnem informações valiosas no início ou ao final de uma aula. Como alternativa, crie um canto para testes, em uma parte tranquila do ginásio, que cada criança possa visitar rapidamente durante a aula. De qualquer modo, o teste não deve levar mais que 10 minutos para ser aplicado; ele permitirá uma avaliação rápida da compreensão da criança sobre determinada habilidade ou princípio (Figs. 4.7 e 4.8).

Outra forma de verificar rapidamente o entendimento é fazer com que as crianças escrevam os comandos principais para a execução de determinada habilidade (ver Fig. 4.9). Um comando é um componente crítico para a execução bem-sucedida de uma habilidade. Antes da aula, distribua lápis e papel para os alunos em uma área longe das

---

1. Para correr melhor, você deve:
    a. Balançar os braços de um lado a outro.
    b. Ficar sobre as pontas dos pés.
    c. Quicar para cima e para baixo.
    d. Ricochetear para trás.

2. *Skip* pode ser descrito como:
    a. Saltar com os dois pés e aterrissar sobre um só.
    b. Saltar com um pé e aterrissar sobre os dois.
    c. Dar um passo e, em seguida, saltar com um pé só.
    d. Saltar com um pé só e, em seguida, dar um passo.

3. Caso esteja tentando saltar por sobre um banco, o que você precisa fazer para saltar mais alto?
    a. Manter as pernas estendidas antes de saltar.
    b. Ficar nas pontas dos pés antes de saltar.
    c. Flexionar os joelhos antes de saltar.
    d. Manter os braços parados.

4. Qual dos itens a seguir são formas de transferir o peso?
    a. Apenas os pés.
    b. Mãos e pés.
    c. Partes adjacentes do corpo.
    d. Todos os anteriores.

5. Qual dos itens a seguir é uma trajetória que você poderia usar para se deslocar usando os pés?
    a. Curva.
    b. Para a frente.
    c. Direta.
    d. Para trás.

Figura 4.7 Amostra de questões de múltipla escolha sobre ações de deslocamento.
De P.H. Werner, L.H. Williams, T.J. Hall, 2015, *Ensinando ginástica para crianças*, 3.ed. (Barueri: Manole).

1. Para aumentar seu equilíbrio ou sua estabilidade em uma forma tipo estátua, você pode baixar seu centro de gravidade ao se flexionar.

☐ Verdadeiro   ☐ Falso

2. Para aumentar seu equilíbrio ou sua estabilidade em uma forma tipo estátua, você poderia deixar sua base mais estreita ao aproximar seus pontos de apoio.

☐ Verdadeiro   ☐ Falso

3. Você continuará equilibrado e firme mesmo que seu centro de gravidade se afaste de sua base de apoio.

☐ Verdadeiro   ☐ Falso

4. Em geral, você terá mais equilíbrio se três partes do corpo estiverem tocando o chão em vez de apenas uma parte do corpo estiver apoiada enquanto você tenta ficar parado.

☐ Verdadeiro   ☐ Falso

5. Você só consegue se equilibrar se estiver em uma forma simétrica. Se sua forma for assimétrica, você não consegue se equilibrar.

☐ Verdadeiro   ☐ Falso

Figura 4.8 Amostra de questões tipo verdadeiro ou falso sobre os princípios do equilíbrio.
De P.H. Werner, L.H. Williams, T.J. Hall, 2015, *Ensinando ginástica para crianças*, 3.ed. (Barueri: Manole).

Sua amiga não sabe como fazer um rolamento para a frente muito bem. Liste cinco coisas que poderiam ajudá-la a melhorar seu rolamento para a frente.

1. Mãos no solo, polegares apontados para dentro.
2. Quadril para cima.
3. Olhar entre as pernas.
4. Ficar em forma de bola.
5. Retornar para os pés.

Figura 4.9 O professor pode verificar a compreensão das crianças com questões abertas.
De P.H. Werner, L.H. Williams, T.J. Hall, 2015, *Ensinando ginástica para crianças*, 3.ed. (Barueri: Manole).

atividades de ginástica. Cartões de 7,5 × 12,5 cm (ou de 12,5 × 20 cm) funcionam bem se estiver trabalhando ao ar livre. Em algum momento da aula, peça às crianças para irem até essa área e responder a uma pergunta sobre uma habilidade. Assim que terminarem, elas podem retomar a atividade. Essa avaliação cognitiva leva menos de cinco minutos de aula.

As perguntas mais eficazes são aquelas que você elabora para avaliar o que está sendo ensinado em seu programa (Graham, 2008). Boas perguntas levam tempo para serem elaboradas. Normalmente, você vai querer revisar as perguntas com base nas respostas das crianças e nos níveis de compreensão. Com o tempo, porém, você consegue desenvolver uma série de perguntas que indicam o que as crianças estão aprendendo na ginástica. Fazendo apenas poucas perguntas de cada vez, você não se sentirá sobrecarregado com a correção e o registro das respostas. Por exemplo, com 5 a 10 questões, três vezes por semestre, você é capaz de organizar os testes e as correções em blocos de tempo gerenciáveis. Você pode testar turmas ou níveis diferentes várias vezes no ano letivo. Em vez de corrigir várias centenas de testes com 30 questões cada em um único fim de semana, limite o teste a uma verificação rápida da compreensão durante a unidade de instrução.

Verificando a compreensão

Também é possível avaliar, em um teste rápido, se as crianças entenderam direito um conceito. Para verificar o entendimento (Graham, 2008), peça simplesmente às crianças para demonstrar o que compreenderam sobre uma habilidade, conceito ou variável do processo em particular ao descreverem os comandos, pontos focais ou componentes críticos. Além de verbalizar a compreensão, os alunos podem demonstrar a habilidade. Por exemplo, você pode passar as seguintes instruções orais para as crianças:

- Diga os comandos para executar uma estrela adequadamente.
- Mostre onde e como colocar suas mãos no chão quando for executar um rolamento para trás.
- Diga os comandos apropriados para apoiar o peso sobre as mãos e transferi-lo para uma parada de mão.
- Mostre três formas de sair de um rolamento para a frente ou de uma vela.

Um exame irá rapidamente lhe dizer o quão bem as crianças entenderam a habilidade ou conceito. É claro que apenas saberem como fazer não significa que elas sempre executarão a habilidade corretamente, mas é um primeiro passo necessário. Essa verificação da compreensão é um ótimo encerramento para uma aula; a turma revisa os comandos (uma ou duas palavras de lembrete) que enfatizou durante a prática (ver exemplos nos exercícios dos Caps. 5 a 7).

Pesquisa com fichas

Outra forma de pesquisa com as crianças para determinar o quão bem elas entenderam um conceito cognitivo é fazer com que elas coloquem objetos de cores diferentes (como fichas de pôquer, canudos, palitos de sorvete ou ou-

tro item desse tipo) em um recipiente. Ao final da aula você demonstra um rolamento errado – por exemplo, posicionando as mãos no solo para retornar à postura em pé. Peça às crianças, conforme elas deixam a aula, para colocarem uma ficha, um canudo ou um palito vermelho na caixa se o rolamento foi executado corretamente, e uma ficha, um canudo ou um palito azul se o rolamento foi executado do jeito errado. Uma pesquisa rápida das cores colocadas no recipiente lhe dirá o quão bem as crianças entenderam o conceito.

AVALIAÇÃO AFETIVA

A área afetiva inclui características associadas aos sentimentos, atitudes, valores, interesses e comportamento social de uma pessoa. Duas das seis normas norte-americanas para educação física estão relacionadas a resultados afetivos. As normas afirmam que uma pessoa fisicamente educada "exibe comportamento social e pessoal responsável que respeita a si próprio e aos outros em um ambiente de atividade física" (norma 5) e "valoriza a atividade física para a saúde, diversão, desafio, autoexpressão e/ou interação social" (norma 6)[*]. Os resultados afetivos são frequentemente mensurados com a utilização de instrumentos do tipo lápis e papel. As atitudes e valores das crianças podem ser barômetros da probabilidade de elas desenvolverem estilos de vida saudáveis e ativos quando adultas.

Lápis e papel

Instrumentos do tipo lápis e papel incluem questionários, inventários de interesses e escalas de pontuação. Esses instrumentos podem servir para que os alunos identifiquem interesses, de que gostam, de que não gostam, ou podem servir para que eles reflitam sobre experiências ou comportamento. Essas autoavaliações podem lhe proporcionar a compreensão das percepções ou do autoconceito da criança. O modelo de questionário na Figura 4.10 sugere maneiras de avaliar os sentimentos e as atitudes das crianças.

Pesquisa com carinhas

Um modo simples de descobrir como as crianças se sentem é fazer uma pesquisa parecida com a pesquisa com fichas. Desta vez, no entanto, prepare cartões com carinhas:

---

[*] Reproduzido de National Association for Sport and Physical Education (NASPE), 2004, *Moving into the future: National standards for physical education*, 2.ed. (Reston, VA: NASPE), 11. Referência às duas normas, não a todo o texto.

sorridente, neutra e triste (Graham, 2008). Conforme as crianças forem saindo do ginásio, peça que elas peguem de uma das três caixas perto da porta a carinha que melhor represente como elas se sentem em relação à habilidade delas e à aula e depositem na urna. Aqui vai uma amostra de perguntas e afirmações para as crianças responderem:

- Como você se sente em relação à sua habilidade de executar rolamentos?

- Como você se sente em relação à sua habilidade de se equilibrar?
- A ginástica faz eu me sentir mais forte.
- A ginástica faz eu me sentir mais flexível.
- Como você se sente sobre o fato de ter que elaborar sua própria sequência na próxima aula de ginástica?
- Como você se sente sobre a aula de hoje?

---

1. Gosto de rolar, fazer acrobacias e estrelas em casa e no *playground*.

   ☐ Sim ☐ Não

2. Gosto de fazer atividades de equilíbrio com um parceiro.

   ☐ Sim ☐ Não

3. Gosto de criar sequências na ginástica.

   ☐ Sim ☐ Não

4. Caso estivesse passando ginástica na televisão, eu assistiria.

   ☐ Sim ☐ Não

5. Eu gostaria de fazer aulas extras de ginástica fora da escola.

   ☐ Sim ☐ Não

6. Como você se sente sobre sua capacidade de saltar para subir e descer de caixas ou bancos?

   ☐☺ ☐😐 ☐☹

7. Como você se sente sobre sua capacidade de rolar no solo ou em um colchão?

   ☐☺ ☐😐 ☐☹

8. Como você se sente sobre sua capacidade de se equilibrar de cabeça para baixo?

   ☐☺ ☐😐 ☐☹

9. Como você se sente sobre sua capacidade de se equilibrar em cima de um equipamento?

   ☐☺ ☐😐 ☐☹

10. Como você se sente sobre sua capacidade de saltar sobre objetos?

    ☐☺ ☐😐 ☐☹

Figura 4.10 Amostra de perguntas que avaliam os sentimentos e as atitudes das crianças em relação à ginástica.
De P.H. Werner, L.H. Williams, T.J. Hall, 2015, *Ensinando ginástica para crianças*, 3.ed. (Barueri: Manole).

COMUNICANDO O QUE FOI AVALIADO

Após decidir o que avaliar e escolher ou planejar uma tarefa de avaliação com um gabarito, o próximo passo é desenvolver uma forma de informar aos pais sobre o progresso que as crianças estão fazendo (Graham, 2008). Podem ser usadas avaliações alternativas do trabalho em progresso durante ou ao final de uma aula (ver exemplos de gabaritos para cada grupo de séries no Apêndice). Na maioria das vezes, essas avaliações são facilmente compreendidas, e os pais gostam de ser informados sobre o que seus filhos estão aprendendo e o quanto dominam essas habilidades.

Um exemplo de relatório de progresso dado durante uma aula na ginástica é apresentado na Figura 4.11. O relatório de progresso especifica o que as crianças estão aprendendo. Nesse caso, elas estão aprendendo sobre equilíbrio, incluindo princípios e tipos de equilíbrio. Uma escala que mostra se a criança alcançou ou dominou a habilidade, se está fazendo bom progresso ou se ainda não desenvolveu a habilidade informa os pais sobre o progresso das crianças. Você pode enviar relatórios de progresso como esse para a casa dos pais; os relatórios podem então ser devolvidos e colocados nas pastas montadas para as crianças na educação física.

Além dos relatórios de progresso, você provavelmente precisará atribuir uma nota ou mesmo avaliar como satisfatório ou insatisfatório o desempenho de 400 a 600 crianças pelo menos duas vezes ao ano. Isso vai ser uma tarefa desafiadora, e a nota na verdade fornece aos pais pouca informação sobre o progresso das crianças na educação física. Desenvolver um relatório de progresso, enviado para casa junto com o boletim regular da criança, uma ou mais vezes ao ano, talvez seja o melhor sistema (além disso, veja também o modelo de boletim apresentado no Apêndice). Na ginástica, esse relatório de progresso pode incluir um *checklist* das habilidades que a criança aprendeu durante o ano. Um relatório de progresso pode incluir as notas das apresentações de sequências ou séries ao final de uma aula de ginástica. Esse tipo de relatório de progresso diz aos pais muito mais sobre o que seus filhos estão aprendendo na educação física do que um simples boletim. Independentemente do tipo de relatório, é importante que a avaliação do aluno seja congruente com os objetivos do programa.

RESUMO

Este capítulo apresenta vários exemplos de formas para avaliar as crianças nas áreas psicomotora, cognitiva e afetiva, sendo que algumas serão mais atraentes do que outras para você. Alguns métodos de avaliação podem ser usados com frequência, outros podem nunca ser usados. Como professor, você escolherá as ferramentas de avaliação que funcionam para você, de acordo com o tempo disponível e o tamanho de suas turmas. Você precisa estar atento à questão da avaliação.

Um programa de avaliação bem pensado tem duas vantagens. A primeira é que ele demonstra o progresso que as crianças estão fazendo no desenvolvimento de habilidades, conhecimento e disposições. A segunda é que a avaliação permite que você compartilhe com os pais, o conselho e os administradores da escola algumas informações relativamente objetivas sobre o que as crianças estão aprendendo na educação física. Nessa era de prestação de contas, um programa de avaliação oferece um caminho para demonstrar o valor do programa para as crianças.

O QUE ESTAMOS FAZENDO NA GINÁSTICA

Nome: _____ _____ Data: _____

Esta semana aprendemos sobre habilidades de equilíbrio na educação física. Aprendemos alguns princípios para se equilibrar bem e sobre diferentes tipos de equilíbrio.

Os princípios do equilíbrio devem incluir o seguinte:

- Base de apoio ampla
- Centro de gravidade baixo
- Imobilidade – manter por 3 segundos
- Corpo firme
- Uso dos olhos para focar

Os tipos de equilíbrio incluem:

- Quantas partes do corpo tocam o solo ou o equipamento
- Forma – flexionada, reta, torcida
- Nível – alto, médio, baixo
- Simetria e assimetria, igual e diferente
- Posição ereta ou invertida, cabeça mais alta ou mais baixa que os quadris

Permita que seu filho tenha a oportunidade de praticar habilidades de equilíbrio em casa. Empurre alguns móveis para abrir espaço em uma área acarpetada em sua casa. Ou peça a seu filho para mostrar a você os equilíbrios na grama ou em uma superfície acolchoada, como em um colchão para acampamento ou tapete de yoga.

Permita que seu filho tente tipos diferentes de equilíbrio a partir daqueles listados anteriormente. Peça que ele lhe explique por que alguns equilíbrios são mais firmes que outros. Peça para ver os equilíbrios favoritos dele.

Seu filho...

☐ conseguiu equilibrar o corpo de várias maneiras com uma boa forma.

☐ fez um bom progresso em relação à capacidade de equilibrar o corpo de várias maneiras e algumas vezes com uma boa forma.

☐ ainda não desenvolveu boas habilidades de equilíbrio.

Semana que vem trabalharemos na passagem de uma posição de equilíbrio para outra usando transições suaves. Espero que você possa trabalhar com seu filho. Nosso objetivo é que cada criança desenvolva uma sequência com um equilíbrio--uma transferência de peso-um equilíbrio.

Por favor, converse com seu filho sobre o que poderia significar a elaboração de uma sequência e devolva esta folha para o professor.

Assinatura do responsável: _____

Figura 4.11 Exemplo de um relatório de progresso para os pais.
De P.H. Werner, L.H. Williams, T.J. Hall, 2015, *Ensinando ginástica para crianças*, 3.ed. (Barueri: Manole).

Questões para reflexão

Quais problemas ou condições existem em sua escola que tornariam um desafio avaliar o progresso das crianças em um ambiente de ginástica? Por quê? Qual seria a melhor forma de tratar esses problemas para tornar a avaliação mais realista?

Com base nas normas norte-americanas e nos resultados de desempenho para cada grupo de séries, o que você escolheria avaliar na ginástica?

Usando os exemplos fornecidos neste capítulo e no apêndice deste livro, desenvolva no mínimo dois documentos para avaliação. Que tipo de gabarito você considera mais útil para você? Se você aplicasse essa avaliação para as crianças ou a mandasse para os pais, eles entenderiam?

Além do uso dos testes de habilidade e *checklists*, quais são algumas formas alternativas que você poderia utilizar para avaliar o trabalho das crianças na ginástica? Entre as categorias de projetos, portfólios, tarefas de eventos, diários de alunos e observações, escolha duas e explique como você poderia usar cada uma delas como parte de um programa de avaliação contínua na ginástica.

A partir do exemplo de avaliações informais mostradas neste livro nas áreas psicomotora, cognitiva e afetiva, desenvolva um modelo de avaliação em cada uma das áreas para seu próprio uso. O que você avaliaria em cada uma das áreas? Por quê?

Como você informaria aos pais sobre o progresso das crianças na ginástica? Crie seu próprio exemplo de relatório de progresso.

Parte II

Como ensinar experiências de aprendizagem apropriadas ao desenvolvimento na ginástica

A Parte II deste livro apresenta quatro capítulos que descrevem em detalhes como o ensino de ginástica para crianças pode ser desenvolvido. Os capítulos de 5 a 7 da Parte II são organizados com base em um dos temas de habilidades motoras da ginástica educacional (ver Fig. 3.1): deslocamento, estático ou rotação. Em cada capítulo, o trabalho é subdividido em várias categorias. As categorias de deslocamento no Capítulo 5 incluem deslocamentos com os pés; com os pés, as mãos e os joelhos; saltos e aterrissagens controlados; transferência de peso; voo; e deslocamentos em relação a um parceiro. Características, princípios e tipos de equilíbrio são as categorias do estático no Capítulo 6. O Capítulo 7 trata dos princípios da rotação, do movimento ao redor de três eixos e da rotação do corpo. As variáveis do processo do movimento humano – corpo, espaço, esforço e relacionamentos (ver Tab. 3.8) – suportam todo o trabalho. Nesta terceira edição de *Ensinando ginástica para crianças*, o Capítulo 8 foi acrescentado com o propósito de focar no trabalho de sequências. Os princípios que fazem uma sequência ser boa são discutidos, e são apresentados exemplos de sequências.

As experiências de aprendizagem descritas não se desenvolvem em apenas uma dimensão. Ainda que um tema de habilidade motora seja o foco principal de cada exercício, outros temas são trabalhados para apoiar o desenvolvimento daquele conceito em uma sequência. Os temas de habilidades motoras desenvolvem-se paralelamente e dependem uns dos outros. Isso significa que uma aula nunca vai ser só sobre rolamentos para a frente, estrelas, equilíbrios ou saltos e aterrissagens. Em vez disso, após um período de aquecimento, o foco principal da aula é desenvolvido. As crianças aprendem algo novo e refinam o movimento. Em seguida, elas desenvolvem uma sequência que integra o foco principal da aula com outras habilidades aprendidas anteriormente. Por exemplo, se as crianças estão trabalhando com habilidades de rolamento, ao final da aula elas podem integrar um salto (*jump* ou *hop*), uma aterrissagem e um rolamento que escolherem, terminando em um equilíbrio no nível baixo.

O conceito que fundamenta as aulas é o foco no desenvolvimento de uma habilidade específica e, depois, a combinação dessa habilidade com outras em uma sequência de trabalho lógica. Por exemplo, alunos que estão aprendendo rolamentos podem ligar dois rolamentos diferentes com um equilíbrio. Alunos que estão aprendendo deslocamentos podem fazer a combinação: *jump*, *jump*, *jump* com um giro ou forma, aterrissagem e concluir o movimento com um equilíbrio.

Os Capítulos 5, 6 e 7 apresentam 11 experiências de aprendizagem cada um. Ainda que cada capítulo se concentre em uma das categorias principais do conteúdo, sinta-se livre para subdividir as experiências de aprendizagem em mais de uma aula, conforme descrito no Capítulo 3. Use as ideias para mudar um exercício, enfatizando o currículo integrado, o condicionamento ou outros aspectos do exercício para aprimorar ainda mais sua aula. Cada experiência de aprendizagem pode se sustentar sozinha ou ser dividida em várias sessões, talvez formando uma miniunidade de instrução.

Ao final de cada capítulo sobre os temas de habilidades motoras, apresentamos uma seção intitulada "Outras sugestões de experiências de aprendizagem". Elas são apresentadas como guias para o desenvolvimento de outras aulas de ginástica para crianças. Você pode usar essas ideias para criar várias formas de ensinar o mesmo conteúdo para as crianças ou para começar a elaborar suas próprias ideias para ministrar aulas usando linhas de pensamento diferentes.

O importante na ideia de ligar as ações é o conceito de sequência. Todo trabalho de ginástica deve ter um começo, um meio e um fim. O começo pode ser uma posição de preparo ou uma postura de equilíbrio que sinalize que o ginasta está prestes a começar. O meio consiste na fase de ação na qual todo o trabalho é conectado esteticamente, com ênfase no bom alinhamento e no fluxo suave de uma ação para a outra e com foco nos aspectos importantes do trabalho. A posição final é uma parada clara que sinaliza que o trabalho foi concluído.

Os exemplos de sequências apresentados no Capítulo 8 estão divididos em quatro categorias. São sequências individuais em um colchão, sequências com um parceiro em um colchão, sequências individuais com um equipamento sobre um colchão e sequências com um parceiro e um equipamento sobre o colchão.

Capítulo 5

Experiências de aprendizagem de deslocamento

Este capítulo apresenta 11 experiências de aprendizagem do tema de habilidade motora de deslocamento. Desenvolvemos as experiências de aprendizagem com foco em várias formas de deslocamento. Elas incluem deslocamentos com os pés; com os pés, com as mãos e com os joelhos; saltos e aterrissagens controlados; transferência de peso; voo; e deslocamentos em relação a um parceiro.

O quadro a seguir apresenta uma breve definição do foco de cada experiência de aprendizagem e uma sugestão das turmas em que elas podem ser desenvolvidas. Ao final do capítulo, apresentamos mais sugestões para estimular o desenvolvimento de outras experiências de aprendizagem na ginástica para crianças.

Experiências de aprendizagem deste capítulo

Foco	Nome	Turmas sugeridas
Deslocamento com os pés: andar, correr, *hop* (saltar com impulso em um pé e aterrissar sobre o mesmo pé), *jump* (saltar com impulso nos dois pés e aterrissar também sobre os dois pés)	E lá vamos nós	Iniciais
Salto e aterrissagem controlados	Superfície de aterrissagem	Iniciais
Deslocamento, mudança de velocidade e trajetória	*Transformers* ambulantes	Iniciais
Deslocamento com as mãos, com os pés e joelhos: dos pés para as mãos e para os pés	Salto do coelho	Iniciais
Voo: saltos sobre obstáculo ou chamadas	Prontos para decolar	Iniciais
Transferência de peso: balançar, rolar, deslizar	*Rock and Roll*	Iniciais
Voo: formas no ar, saltos	Voo fantástico	Iniciais
Deslocamento para, sobre, ao longo de e para fora de equipamentos pequenos, usando as mãos e os pés	Atravessando o cruzamento	Intermediárias
Deslocamento usando mãos, pés e joelhos: dos pés para as mãos e para os pés	Relógio	Intermediárias
Transferência de peso: embaixo de equipamento	Quero ver você subir	Intermediárias
Deslocamentos diversos: relacionamento com o parceiro	Eu e minha sombra	Intermediárias

E lá vamos nós

Objetivos

Como resultado da participação nesta experiência de aprendizagem, as crianças vão melhorar sua capacidade de:

• usar os pés para se deslocar, explorando cada uma das cinco ações de locomoção básicas (norma 1);

• combinar ações de locomoção enquanto mudam de direção, trajetória e velocidade com transições suaves entre as ações (norma 1); e

• descrever as diferenças fundamentais entre andar, correr e entre *hop* e *jump* (norma 2).

Turmas sugeridas

Iniciais (1º e 2º anos).

Organização

É necessário um espaço amplo e aberto. As crianças se distribuem em seu espaço pessoal.

Equipamento necessário

Junte vários tipos de equipamentos pequenos – aros, cordas, varetas de madeira ou de papel apoiadas por dois engradados ou caixotes. Um item para cada criança é o ideal.

Descrição

"Para começar, quero que todo mundo se sente como um ginasta [posição carpada]. Isso – pernas unidas, costas retas, cabeça erguida, dedos dos pés estendidos. Esta é nossa posição de ginasta. Agora que estão sentados como ginastas, vejam se conseguem se alongar e tocar os dedos dos pés. Flexionem um pouco os joelhos. Agora, abaixem a cabeça para perto dos joelhos e vamos contar juntos até 10. Bom! Agora, sentem-se eretos e desçam as costas até apoiar os ombros no solo com as pernas no ar [apoiar o quadril com as mãos e deixar os cotovelos flexionados no solo]. Essa posição é chamada vela. Afastem bem as pernas uma ao lado da outra, como se fosse um grande V. Lancem uma perna para a frente e a outra para trás, como uma tesoura. Volte para a abertura em V. Vamos manter cada posição e contar alto até 10. Vocês estão sentindo os músculos das

pernas e das costas alongados? Sentem-se eretos novamente e afastem as pernas no solo, na sua frente. Agora se inclinem para a frente; vejam se conseguem colocar o tórax e a cabeça perto do solo. Ok, voltem para a posição de ginasta – pernas unidas na frente. Apoiem as mãos ao lado do quadril e levantem as pernas e as costas [corpo firme], como eu estou fazendo. Bom! Vejam se conseguem virar para ficar de frente [posição de flexão]. Agora deixem a barriga encostar no solo e, então, levantem as costas como um gato bravo. Tentem de novo: barriga no solo, gato bravo. Bom alongamento! Agora, vamos juntar tudo! Vejam se vocês conseguem ir seguindo o que eu disser. Prontos? [Falar cada comando conforme os alunos forem executando]. Posição de ginasta, tocar os pés, vela, posição de ginasta, levantar com apoio dorsal, virar e levantar com apoio frontal, virar de novo para o apoio dorsal e sentar em posição de ginasta. Vocês sentiram seus músculos alongarem?"

"Estão vendo todos aqueles equipamentos no solo? Quando eu disser 'já', quero que todas as meninas, calmamente, peguem um deles, voltem para seus lugares e sentem-se ao lado do equipamento. Já! Agora os meninos... Já! Vocês fizeram direitinho! Agora, quando eu disser 'já', nós vamos começar a correr devagar por dentro, por fora e em volta de todos os equipamentos espalhados no espaço (I). Locomovam-se por todos os lugares do ginásio, mas tomem cuidado para não trombar com os colegas ou esbarrar nos equipamentos. Isso não é uma corrida. Eu quero ver os joelhos elevados e os pés leves, assim. [Demonstrar]. Já! Bom! Estou gostando de ver os joelhos elevados e os pés leves!"

"Corram um pouco mais rápido [mover os pés mais rapidamente] (E). Agora mais devagar (E). Eu estou vendo que alguns de vocês estão mudando o caminho para não colidir como as outras pessoas. Muito bem! Agora corram com passos largos (E). Ok, agora com passos curtos e rápidos (E). Vocês conseguem correr para a frente (E)? Para trás (E)? Para os lados (E)? E correr reto [em curva, zigue-zague] (E)? Agora vamos caminhar e fazer as mesmas coisas. Andem rápido – agora devagar. Passos longos! Passos curtos. Para a frente [para trás, para os lados, em linha reta, em curva, zigue-zague]. Bom! Parem onde estão."

"Para andar e correr, precisamos transferir o peso de um pé para o outro. O que acontece quando damos um passo com um pé e aterrissamos com o mesmo pé? [Demonstrar.] Certo, Allan, fazemos um *hop*. Vamos fazer isso, só que dessa vez eu quero ver *hops* bem grandes (E). Não se esqueçam de saltar tanto com o pé direito como com o esquerdo. Já. Quero ver *hops* rápidos, lentos, altos (E). [Variar com *hops* curtos; para a frente, para trás, para os lados; em linha reta, curva, zigue-zague]. Usem os braços para ajudar vocês a saltarem (R)! Parem; vamos descansar um pouco."

"Agora, vamos tentar o *jump* (E). Vocês sabiam que existem três formas de usar nossos pés no *jump*? Podemos saltar com um pé e aterrissar com os dois [demonstrar], saltar com os dois pés e aterrissar com os dois [demonstrar], e saltar com os dois pés e aterrissar com um [demonstrar]. Vejam se vocês conseguem fazer todos esses *jumps* onde estão. Tentem saltar com um pé e aterrissar com dois [saltar com os dois e aterrissar com os dois, saltar com os dois e aterrissar com um; deixar as crianças tentarem cada *jump* algumas vezes]. Usem os três *jumps* quando se deslocarem dessa vez. Já! [Comandar cada *jump* em voz alta; variar a velocidade, a distância dos saltos, a direção e a trajetória.]"

"Lembrem-se, flexionem o corpo e se aloguem para conseguirem executar super*jumps* (R)! Deixem os pés leves e como se fossem molas, como um coelho (R). Aterrissem suavemente com a parte da frente do pé [com as pontas]. Flexionem os joelhos quando aterrissarem para suavizar o impacto (R). Parem."

"Agora vamos experimentar outros movimentos com os pés enquanto nos deslocamos no espaço (E). Escolham um dos deslocamentos que fizemos. Isso significa que vocês podem andar e executar *hops* ou *jumps*. Primeiro, olhem para mim. Vou escolher um *jump* em que salto com os dois pés e aterrisso com os dois. [Demonstrar.] Agora, vou saltar sobre um equipamento. Viram como eu continuo usando esse *jump* para ir para o próximo equipamento? Agora observem: eu posso fazer o *jump* perto, dentro e até sobre um aro. E, então, eu salto para o próximo equipamento. Quando eu disser "já", vocês escolhem sua forma favorita de se mover. Tentem ir a todos os espaços abertos e para vários equipamentos. Já! [Avisar quando parar.]"

"Voltem para seu primeiro equipamento. Vocês lembram qual era? Tudo bem se não lembrarem – só escolham um! Para nossa última tarefa, vamos criar uma sequência (A). Isso significa que vamos unir esses movimentos. Vocês vão trabalhar só no seu espaço e com seu equipamento. Comecem a alguns passos de distância de seu equipamento. Vejam se vocês conseguem usar três deslocamentos diferentes – *hops*, *jumps* e andar – para se mover em direção, por cima e para longe de seu equipamento. Vejam como eu faço. Agora, em vez de usar todos os saltos, vou tentar passos diferentes. Eu posso ir em direção à corda fazendo *hops*, usar um ou os dois pés para pular sobre a corda e me afastar dela com um *jump*. Usei três ações diferen-

tes. Agora vocês vão tentar. Vamos ver se vocês também conseguem usar três ações diferentes. Bom! Tentem de novo, de outro jeito (A)! [Avisar quando parar.] Agora me mostrem a sequência de que mais gostaram (A). Façam três vezes. Muito bem! Eu vejo que estão se esforçando bastante e usando os pés para se moverem em várias direções. Vocês vão entrar, sair, passar por cima, e dar a volta em seu equipamento. [Avisar quando parar.]"

"Quem sabe me dizer o que fazemos com os pés quando andamos e corremos? Certo – de um pé para o outro é andar e correr. *Hop*? Sim, saltar com um pé e aterrissar com o mesmo é um *hop*. *Jump*? Sim, existem três formas de executar um *jump* – saltar com os dois pés e aterrissar com os dois, saltar com os dois pés e aterrissar com um, e saltar com um pé e aterrissar com os dois. Isso é tudo por hoje. Mostrem para mim um dos movimentos que aprenderam enquanto formam a fila devagar e voltam para a sala de aula."

Sugestões de avaliação

• Não se trata de uma corrida. A ênfase deve recair na qualidade dos padrões de locomoção. Pés leves, joelhos elevados, uso dos braços para ajudar nos deslocamentos e postura ereta ou posição corporal (ver Fig. 5.1) são todos importantes. Escolha um ou dois desses aspectos para enfatizar e procure por eles na folha de avaliação.

• Mantenha o foco em transições suaves de uma ação para outra. Encoraje as crianças a passarem suavemente de um *hop* para um *jump* ou para uma passada sem parar e sem executar passos adicionais. Avalie se cada criança faz ou não uma transição suave de uma ação de locomoção para outra.

Que mudanças posso fazer?

• Introduza os conceitos de velocidade, direção, relacionamento das partes do corpo ou trajetória no trabalho de sequência. Por exemplo, executar *jumps* altos com bastante impulso e deixar os dois pés separados na aproximação; executar um *jump* com meio giro no ar sobre o equipamento para aterrissar em um pé; ou dar passos rápidos para se afastar de um obstáculo enquanto corre em zigue-zague para a frente ou para trás.

• Acrescente um rolamento, um equilíbrio ou ambos à sequência. Por exemplo, *hops* em direção ao equipamento, um *jump* sobre ele, aterrissar, rolar e finalizar em posição de equilíbrio.

Figura 5.1 As crianças precisam usar ações de locomoção variadas e de qualidade para se moverem pelo equipamento.

Sugestões para ensinar condicionamento

• No início da experiência de aprendizagem, durante o aquecimento, converse com as crianças sobre a importância do alongamento e de ter um corpo flexível. De modo simples, diga-lhes quais grupos musculares eles vão alongar durante cada exercício.

• Quando as crianças estiverem na parte de locomoção da experiência de aprendizagem, de tempos em tempos peça a elas que parem e reparem o quanto estão se esforçando. O deslocamento aumenta a frequência cardíaca e beneficia o condicionamento cardiorrespiratório. Peça apenas que elas sintam o próprio tórax e o coração batendo. Pergunte se elas notaram que estão respirando mais rápido ou mais forte e que o corpo delas está ficando mais quente.

Sugestões para um currículo integrado

• As crianças podem desenvolver comandos para suas sequências – por exemplo, passo, passo, *hop*, giro, *jump*, *jump*, *jump*.

• Algumas crianças talvez consigam coreografar e anotar as sequências (ver Apêndice) – por exemplo, J2 para 1, J1 para 2, 3 × F; J2 para 1, ¼ G; H1, 4 × L para descrever "*jump* aterrissando com um pé; *jump* aterrissando com os dois pés, três vezes para a frente; *jump* aterrissando com um pé com um quarto de giro sobre a barreira; *hop* aterrissando com o mesmo pé, quatro vezes para o lado".

Sugestões de inclusão

• Crianças em cadeiras de rodas podem se deslocar para a frente, para trás e para os lados; girar; ir mais rápido e mais devagar enquanto os outros executam *hops* e *jumps*, deslizam e assim por diante.

• Crianças que não conseguem andar podem deslizar pelo solo sobre o abdome ou sobre as costas se puderem usar os braços. Outras podem balançar ou rolar de um lado para outro, mais rápido ou mais devagar no eixo longitudinal, em forma de lápis, ou então sentadas.

Superfície de aterrissagem

Objetivos

Como resultado da participação nesta experiência de aprendizagem, as crianças vão melhorar sua capacidade de:

• ficar paradas por alguns momentos após o deslocamento (norma 1);

• controlar a aterrissagem de um salto (norma 1); e

• explicar com suas próprias palavras os princípios mecânicos necessários para uma parada e uma aterrissagem controladas (base de apoio, centro de gravidade, força de reação do solo) (norma 2).

Turmas sugeridas

Iniciais (1º e 2º anos).

Organização

É necessário um espaço amplo e aberto. Espalhe colchões, bancos e caixas pelo espaço, com uma distância adequada entre as peças, por segurança. Coloque colchões ao lado de cada banco ou caixa para amortecimento.

Equipamento necessário

Para essa atividade, você vai precisar de um colchão e de uma caixa, ou um banco, para cada criança ou par de crianças. Um tambor ou tamborim é útil para sinalizar o começo e as paradas.

Descrição

"Hoje, para começar, vamos fazer um joguinho. Quero que vocês corram como bons ginastas (I). Quero que corram com suavidade, na ponta dos pés (R). Quero ver os joelhos elevados (R) e os braços balançando (R). Não é uma corrida para ver quem é mais rápido. Quero ver vocês dando o melhor de si na corrida. [Demonstrar.] Quero que desviem de todos os colchões, dos equipamentos e das outras pessoas. Sem esbarrarem uns nos outros. Quando ouvirem o tambor, vocês devem tentar parar completamente [como estátuas] o mais rápido possível (sem dar mais nenhum passo). Pronto... Já!" [Bater. Repetir várias vezes.]

"Percebi que alguns estão parando com dificuldade. Alguns estão dando mais um ou dois passos. E vi um ou dois caindo. O que vocês acham que podemos fazer para melhorar nossa parada? Sim, podemos correr um pouco mais devagar. Precisamos manter o controle sempre, mas isso não ajuda muito quando queremos parar. O que mais pode nos ajudar? Precisamos nos abaixar um pouco e aumentar nossa base de apoio na direção que estamos nos movendo (R). Isso significa que precisamos flexionar um pouco o quadril e os joelhos quando estivermos parando. Mantenham as costas e a cabeça erguidas. Não se curvem. Afastem os braços do corpo para se equilibrarem. [Demonstrar.] Vamos tentar de novo. Pronto... Já! [Bater. Repetir várias vezes.] Vocês estão se saindo bem melhor. Agora vocês vão tentar parar durante um *skip*, um *hop* ou um

jump (E). Vamos tentar correr, saltar, aterrissar, estátua (E). Bom, vocês estão pegando o jeito. Precisamos flexionar e afastar os pés [abaixar e equilibrar-se] conforme paramos o movimento."

"Agora vamos tentar uma coisa bem difícil. Cada um de vocês vai ficar perto de uma caixa ou de um banco. Vamos subir no equipamento e executar um grande *jump* para baixo [demonstrar] (E). Balancem os braços para cima e deem bastante impulso quando saltarem. Mas o mais importante é o modo como aterrissamos. De novo, temos de flexionar [agachar] e aumentar a base de apoio [afastar os pés] (R). Quero ver os pés de vocês bem separados – na largura do ombro (R). Pisem no solo com a ponta dos pés (R). Flexionem o quadril e os joelhos (R). Mantenham as costas e a cabeça erguidas (R). Afastem os braços para ter mais equilíbrio (R). [Acrescentar cada um desses fatores, um de cada vez, ao foco da tarefa, conforme as crianças começarem a saltar das caixas e dos bancos.] Saltem várias vezes da caixa. Parem e fiquem onde estão. Subam na caixa, saltem, aterrissem – não se mexam. Tentem de novo e de novo. Vou passar para ver quem consegue aterrissar sem mexer os pés (A). [Fazer um *checklist* para determinar se cada criança está aterrissando com os pés separados, flexionando o corpo e se agachando para fazer uma aterrissagem suave, mantendo as costas e a cabeça erguidas, usando os braços para ajudar e parando completamente.]"

"Agora, vamos correr para outras caixas, subir nelas, descer com um *jump*, parar completamente e então continuar [demonstrar] (E). Fiquem totalmente parados [como estátuas] antes de continuar. Não batam com tudo no solo nem deem passos adicionais na aterrissagem. Lembrem-se de aterrissar com os pés afastados, agachar, erguer a cabeça, usar os braços (R). [Usar o mesmo *checklist* para determinar se as crianças conseguem aterrissar a partir de um salto em movimento (A).]"

"Ok, parem. Venham todos para cá e sentem-se na minha frente. Bom. Gostei de como fizeram isso rápido. Agora fiquem todos sentados e prontos para responderem algumas perguntas. Quem sabe me dizer quais foram as partes mais importantes de nossa aula de hoje? Sim, parar com controle depois de se mover e aterrissar com controle depois de saltar. Vou mostrar para vocês um *jump* com aterrissagem a partir de uma caixa. [Saltar, aterrissar, perder o equilíbrio e cair no solo.] Isso foi meio engraçado, mas foi uma boa aterrissagem? [Crianças: Não!] Quem sabe me dizer o que eu precisaria fazer para aterrissar melhor? [Deixar várias crianças falarem.] Sim, inclinar, flexionar, agachar, pés afastados, manter as costas e a cabeça erguidas, ficar como estátua. Vocês realmente aprenderam bastante sobre parar e aterrissar com controle hoje. Quando eu disser 'já', cada um de vocês vai se levantar, voltar para a caixa ou o banco, executar um último *jump* com a melhor aterrissagem que conseguir e depois formar uma fila na porta. Já!"

Sugestões de avaliação

• As crianças têm a tendência de tentar parar inclinando o corpo para a frente, porque essa geralmente é a direção na qual estão se movendo. Mas a desaceleração melhora se agachamos e abaixamos um pouco o quadril. Observe as crianças e avalie se elas inclinam o corpo para a frente quando param o movimento ou se agacham e abaixam o quadril e desaceleram do modo adequado.

• As crianças tendem a fazer o *jump* para distância, não para cima. Isso gera uma quantidade de movimento para a frente, que é difícil de controlar quando se executa o *jump* de altura. Conseguir subir verticalmente no *jump* (empurrar as pernas para cima, levantar os braços para o céu) ajuda as crianças a descer e a cravar a aterrissagem. Avalie se elas levantam as pernas e balançam os braços para cima para conseguir subir verticalmente no *jump*.

• Ainda que uma parada de 5 a 10 segundos acabe com a fluência da ginástica, você precisa manter a parada ou a aterrissagem por tempo suficiente para estabelecer o controle antes de ligar outras ações. Busque *jumps* controlados e paradas controladas (de 1 a 3 segundos). A criança não pode atingir o solo sem controle. Elabore um *checklist* simples e observe se as crianças controlam a aterrissagem de um *jump*. As crianças mantêm a posição com firmeza por 3 segundos? Elas param e aterrissam sobre os pés?

• Encoraje as crianças a se esforçarem para não fazer barulho com os pés quando estiverem paradas, quando saltarem ou agacharem. Pés leves que cedem na aterrissagem são importantes, assim como flexionar o corpo e afastar os pés na direção do movimento. O equilíbrio também é um elemento importante para entender o conceito de uma boa aterrissagem (Fig. 5.2). Avalie boas aterrissagens observando cada um desses fatores.

Que mudanças posso fazer?

• Para as crianças que já estiverem prontas, inclua uma mudança de foco no *jump*. Faça uma forma no ar – estendida, curvada ou torcida. Faça um giro no ar – um quarto de giro, meio giro ou um giro completo. Como o voo ocorre apenas por uma fração de segundo, as crianças devem aprender a entrar e sair da forma ou a girar de modo rápido e eficiente. A ênfase dessa aula deve continuar sendo a qualidade das aterrissagens.

• Insira o *jump* com aterrissagem em uma sequência. Aproximação do equipamento (banco ou caixa) com uma ação de deslocamento, *jump* sobre o equipamento, *jump* para fora, aterrissagem, descida para um rolamento de sua escolha e conclusão com um equilíbrio (corrida, *jump*, *jump*, agachamento, rolamento, equilíbrio).

Sugestões para ensinar condicionamento

• Deslocar-se com ações diferentes e o *jump* sobre e para fora do equipamento são ações que ajudam a desenvolver resistência cardiorrespiratória. Auxilie as crianças a perceber que estão trabalhando duro e fortalecendo o coração por meio de alguns sinais – respiração forte (acelerada e ofegante), corpo quente, coração batendo mais rápido (peça às crianças que coloquem a mão sobre o tórax para sentir as batidas).

Figura 5.2 Aterrissar e parar após um salto, flexionando os joelhos, os pés e afastando os braços.

Jumps de altura e aterrissagens ajudam a desenvolver força nas pernas, especialmente nos quadríceps.

Sugestões para um currículo integrado

• Use sinais para fazer as paradas. Prepare sinais de pare e siga (vermelho e verde) ou faça um gesto como erguer a mão ou colocar as duas mãos na cabeça. Os sinais ajudam as crianças a prestar atenção e a usar outro sentido (visão × audição) ao interpretarem as orientações.

• Faça experimentos simples para ajudar as crianças a entender o processo de estabilidade ou equilíbrio. Peça que elas fiquem paradas com as pernas unidas e, depois, afastadas. Em qual posição elas conseguem ser empurradas mais facilmente? Traga modelos e formas geométricas diferentes. Fale sobre quais modelos são mais estáveis. Uma base larga com um centro de gravidade baixo proporciona mais estabilidade (flexionar, afastar).

Transformers ambulantes

Objetivos

Como resultado da participação nesta experiência de aprendizagem, as crianças vão melhorar sua capacidade de:
• deslocar-se com vários padrões de locomoção mudando a trajetória (norma 1);
• exibir contrastes claros entre movimentos rápidos e lentos quando em deslocamento (norma 1);
• combinar uma sequência de deslocamentos no solo (norma 1);
• executar paradas momentâneas em formas variadas sobre diversas partes do corpo e em alturas diferentes (norma 1);
• saltar e aterrissar utilizando uma variedade de saídas e aterrissagens em relação a equipamentos pequenos (norma 1);
• saltar e aterrissar utilizando padrões variados (com um pé só, saltando com um pé e aterrissando com o outro; com os dois pés, saltando com um e aterrissando com os dois, saltando com os dois e aterrissando com um) (norma 1);
• criar e executar uma sequência simples com deslocamento e equilíbrio e incorporar mudanças na forma e na velocidade ou na trajetória (normas 1 e 2);
• identificar os elementos críticos das habilidades locomotoras (norma 2); e

• trabalhar em grupo ou com um parceiro compartilhando os equipamentos e o espaço (norma 5).

Turmas sugeridas

Iniciais (2º e 3º anos).

Organização

É necessário um espaço aberto e amplo. As crianças se distribuem, cada uma em seu espaço pessoal, com cordas de pular, esticadas ou dispostas em formatos aleatórios, espalhadas pelo solo.

Equipamento necessário

Você vai precisar de várias cordas, cerca de uma por criança, para evitar colisões.

Descrição

"Vocês estão vendo que hoje há várias cordas espalhadas no solo. Vamos começar longe delas e depois correr em volta delas. Quando eu disser 'já', quero que vocês corram como ginastas, passando em volta das cordas. Quero que corram com suavidade, na ponta dos pés (I). Lembrem-se de elevar os joelhos e balançar os braços. Quando eu disser 'estátua', vocês devem parar completamente ao lado da corda que estiver mais perto. Olhem para onde estão indo para não colidir com ninguém. Já! Passem por todos os lugares do nosso espaço (R). Estou vendo que muitos de vocês estão correndo na mesma velocidade. Vejam se conseguem mudar isso indo um pouco mais devagar, depois acelerando e indo devagar de novo (E). Vejam quantas trajetórias diferentes vocês conseguem fazer: tentem ir em curva e em zigue-zague enquanto se movem entre as cordas e em volta delas (A). Ótimo! Estou gostando de ver como estão com os pés leves e os joelhos elevados. Estátua!"

"Agora vamos trabalhar passando sobre as cordas. A que vocês precisam ficar atentos quando chegarem perto de uma corda? Isso mesmo, às outras pessoas. Então, se alguém mais estiver chegando para passar por cima de uma corda, vocês devem ir para um espaço vazio. Quando eu disser 'já', quero que continuem correndo como ginastas; mas quando chegarem a uma corda, em vez de darem a volta, vocês vão saltar por cima dela com um *hop* (E). Quem lembra como é um *hop*? Isso, Bethany, é um salto que sai com um pé e aterrissa com o mesmo pé. Quando eu disser 'estátua', lembrem-se de parar completamente ao lado de uma corda. Já! Estou vendo bons *hops* com aterrissagem suave. Muitos de vocês estão saltando apenas com o pé favorito. Não se esqueçam de alternar o pé (E). Lembrem-se de mudar de velocidade (E). Vejam se conseguem mudar a trajetória para chegar a outra corda (E). Estátua!"

"Agora vamos tentar executar o galope. Continuem a saltar por cima da corda com um *hop* quando chegarem nela. Mas antes de começarmos, quem sabe me dizer como é o galope? Isso mesmo, Charlie, passo, junto, passo, junto. Você gostaria de mostrar para nós? Bom trabalho, lembrando de deixar o pé que lidera a ação sempre na frente. Quando eu disser 'já', galopem e quando chegarem até uma corda saltem por cima dela com um *hop* (E). Já! Lembrem-se de olhar para a frente durante o galope (R). Lembrem-se de alternar o pé que lidera a ação na hora de saltar em cada vez (E). Vejam se conseguem trocar com delicadeza o pé que vai na frente (R). Tentem usar o pé da frente para saltar por cima da corda, para fazer um movimento suave do galope para o *hop*. Esforcem-se para deixar os movimentos fluidos (R). Vejam se também conseguem mudar de velocidade enquanto se deslocam (E). Estátua!"

"Agora vamos galopar e executar um *jump*. Quem lembra como é um bom *jump*? Certo; quando saltam, vocês saem do solo com os dois pés e aterrissam com os dois pés? É para eu escutar seus pés aterrissando? Não. Lembrem-se de aterrissar suavemente nas pontas dos pés, flexionando quadris, joelhos e tornozelos. Quando eu disser 'já', movam-se galopando e quando chegarem a uma corda saltem por cima dela com um *jump* (E). Já! Como vocês conseguem passar suavemente do galope para o *jump* (R)? Lembrem-se de alternar o pé que lidera a ação quando galoparem (E). Vejam se vocês conseguem galopar em zigue-zague (E). Vocês conseguem mudar de velocidade (E)? Estátua!

"Vamos galopar e executar um *jump* de novo, mas antes disso eu quero que vocês mudem a posição da corda que estiver perto de vocês. Podem fazer o formato de uma letra do alfabeto ou de uma letra de seu nome, o formato de um coração ou de um quadrado – o formato que quiserem. Agora, quando chegarem até uma corda vocês podem decidir se vão saltar por cima, para dentro ou para fora dela. Desta vez, quero que vocês trabalhem para deixar os movimentos bem suaves quando juntarem o galope, o *jump* e as aterrissagens. Quero ver galopes que passam delicadamente para o *jump*, então para uma aterrissagem suave e de volta para o galope (R). Já! Estátua!"

"Vamos juntar outro salto agora, o *leap*. Quando eu disser 'já', quero que vocês corram como ginastas, desloquem-se pelo espaço aberto e mudem de velocidade e de trajetória. Quando chegarem a uma corda, saltem sobre ela (E). Quando saltarem, lembrem-se de sair do solo com um pé e aterrissar com o outro. Finjam que estão pulando uma grande poça de lama. Vai ficar assim [demonstrar]: correr, correr, correr, *leap*. Agora tentem vocês: correr, correr, correr, *leap*! Mais uma vez: correr, correr, correr, *leap*! Vocês entenderam! Então quando eu disser 'já', vocês vão correr como ginastas, mudando de velocidade e de trajetória. Quando chegarem perto do equipamento, saltem sobre ele com um *leap* (E). Já! Bom trabalho, Grace. Foi um movimento bem suave e controlado da corrida para o salto e de volta para a corrida. Todos se concentrem nisso (R). Vocês podem fingir que as cordas são poças e decidir se querem saltar sobre elas ou aterrissar com o pé da frente bem no meio do espaço criado pela corda (E). Vocês decidem. Estátua."

"Agora vocês vão praticar o *skip* enquanto se movimentam pelo espaço (E). Lembrem-se que para executar o *skip* é preciso dar um passo e um pulo com um pé só. Chris, você quer mostrar como é o *skip* com movimentos bem suaves do passo para o salto? Muito bom! Vejam como o Chris eleva os joelhos e leva o braço contrário para a frente. Quando vocês chegarem à corda, saltem sobre ela saindo com um pé e aterrissando com os dois (E). Quem se lembra do que é preciso fazer para deixar a aterrissagem suave? Isso, Stephanie, flexionem os joelhos e aterrissem nas pontas dos pés (R)! Quando me ouvirem dizer 'já', comecem a executar o *skip* e passem pelas cordas, saltando com um pé e aterrissando com os dois (E). Já! Muito bom, Manny, você está com os pés leves e fez um *skip* digno de um ginasta (R). Você também, Carol. Estátua!"

"Vocês estão fazendo um ótimo trabalho. Agora, quero que vocês me mostrem seu modo favorito de locomover-se ao redor e sobre as cordas (A). Já! Estou vendo que vários de vocês gostam do galope e do *jump*. Bom salto, Michel. Estátua!"

"Cada um faz seu deslocamento favorito de novo. Mas, agora, depois de passar pela corda e aterrissar, vocês vão fazer um deslocamento diferente e vão para outra corda, passando por ela de um jeito diferente (E). Então, depois de cada aterrissagem, executem uma forma diferente de deslocamento. Lembrem-se de deixar os movimentos fluírem suavemente de um para o outro (R). Já! Bom, estou vendo que vocês estão galopando e executando *skips*, *hops* e *jumps* saltando com um pé e aterrissando com os dois. Tess, bom galope em curva. Lembrem-se também de mudar a velocidade (E)."

"Daqui a pouco vocês vão criar uma sequência de deslocamento. Vocês vão começar e terminar a sequência com uma forma. Essas duas formas devem ser diferentes. Antes de continuarmos com a sequência, vamos praticar algumas formas bem legais. Lembrem-se de manter a forma por três segundos, ou três hipopótamos. Contem mentalmente, um hipopótamo, dois hipopótamos, três hipopótamos. Vamos começar com uma forma estreita (I). Pensem em alguma coisa para fazer com cada parte do seu corpo, até com os dedos das mãos e dos pés. Agora me mostrem uma forma estreita diferente com uma base de apoio diferente (E). Estou vendo várias formas sobre os dois pés. Vejam se vocês conseguem mudar a base de apoio para um pé só, talvez um pé e uma mão ou um joelho e um cotovelo (E). Que tal uma forma curva (E)? Deixem as partes de seu corpo bem curvadas e arredondadas. Que tal uma forma curva no nível baixo (E)? Mantenham a posição enquanto contam três hipopótamos mentalmente. Bom trabalho. Mostrem uma forma torcida (E). Quantas partes do corpo vocês conseguem torcer (A)? Torçam bastante e lembrem-se de ficarem bem parados. Façam uma forma ampla no nível baixo (E). Que tal uma forma ampla no nível médio (E)? Muito bom!"

"Agora vocês estão prontos para começar a trabalhar em sua sequência (A). Quem aqui já viu um robô *transformer*? O que um *transformer* faz? Sim, ele começa como uma coisa e então muda ou se transforma em outra coisa. A forma inicial do *transformer* é diferente da forma final, não é? Quem se lembra como a sequência vai começar? Sim, Rachel, com uma forma parada. Em seguida, vocês vão sair dessa forma para se deslocarem até a corda. Quando chegarem à corda, vão se deslocar sobre ela e passar para um deslocamento diferente e, finalmente, para a forma final. Lembrem-se: a forma final tem que ser diferente da forma inicial. Então, quando eu disser 'já', peguem uma corda, levem para onde estão trabalhando e a coloquem no solo no formato que quiserem para pular. Então, comecem a trabalhar na sua sequência. Comecem com uma forma inicial, depois deslocamento, salto, outro deslocamento e forma final. Lembrem-se: forma, deslocamento, salto, deslocamento, forma. Já!"

"Vocês podem deixar sua sequência mais interessante se mudarem a velocidade ou a trajetória (R). Pratiquem a mesma sequência várias vezes para que os movimentos fluam suavemente de uma ação para a outra e mantenham os músculos firmes para que as formas fiquem definidas (R). As sequências de vocês estão muito boas. Pratiquem mais uma vez e depois venham se sentar na minha frente."

"É hora de compartilhar sua sequência de deslocamento. Quando eu disser 'já', quero que vocês rapidamente se sentem ao lado de alguém com quem querem trabalhar hoje. Três, dois, um. Já! Bom trabalho, vocês acharam um parceiro rapidinho. Agora vocês vão fazer a sequência para o seu parceiro. Todos terão sua oportunidade de demonstrar a sequência para o parceiro. Mas, primeiro, decidam quem será o *transformer* azul e quem será o *transformer* vermelho. Quando eu disser 'já', quero que todos os *transformers* azuis se posicionem em seu espaço e fiquem parados no ponto em que vão começar a sequência. Já! Agora todos os *transformers* vermelhos vão ficar atrás de seus parceiros para assistirem à sequência deles. Os *transformers* azuis vão mostrar a sequência primeiro (A). *Transformers* vermelhos, quero que vocês observem a sequência de seu parceiro com cuidado e depois copiem. Os *transformers* azuis vão orientar se vocês precisarem de ajuda. Vocês podem até pedir a eles que repitam a sequência."

"Ok, *transformers* vermelhos, agora é sua vez de chamar os *transformers* azuis para o seu espaço e ensinar a eles a sua sequência (A). *Transformers* azuis, observem com atenção para que vocês consigam copiar exatamente a sequência dos *transformers* vermelhos."

Sugestões de avaliação

• As crianças devem ser capazes de identificar os elementos essenciais (comandos) das habilidades locomotoras. Por exemplo, quando você lhes perguntar, elas devem saber identificar as etapas do *skip*: passo, *hop*, passo, *hop*; balanço do braço; joelhos elevados.

• A ênfase deve estar na qualidade do desempenho das habilidades motoras. Escolha uma ou duas para avaliar usando um gabarito.

• Incentive os alunos a observar e avaliar as sequências de seus parceiros ou colegas de classe usando uma avaliação por colegas (ver Fig. 5.3). Um aluno pode ser o técnico ou juiz (avaliador) e o outro, o ginasta (o que executa). Elabore uma avaliação entre eles que atenda aos critérios de desempenho desejados, como os seguintes:

  • Os deslocamentos das crianças parecem ginástica? As crianças devem ser encorajadas a trabalhar para melhorar a qualidade de seus deslocamentos. Corridas, disputas de quem é mais rápido, ou movimentos fora de controle não devem ser permitidos.

- Filme as sequências e peça que as crianças identifiquem o que foi realmente bom na sequência e quais partes talvez precisem de mais trabalho. As crianças também podem avaliar a apresentação filmada usando checklists para identificar componentes ou qualidades específicas da sequência.

Que mudanças posso fazer?

- Quando compartilhar uma sequência com um parceiro, trabalhe para sincronizar os movimentos, de modo que as crianças se movam simultaneamente, exatamente no mesmo ritmo e ao mesmo tempo.
- Quando elas se deslocarem sobre a corda, peça que elas executem o *jump*, o *hop*, ou o *leap* enfatizando a distância e a altura com os dois pés.
- Use equipamentos maiores como caixas, bancos ou traves para elas passarem por cima; peça que subam no equipamento e façam uma forma em cima dele, e então desçam.
- Introduza o conceito de relacionamento. Use vários equipamentos pequenos e grandes para elas atravessarem, passarem por cima, por baixo, ao lado, para dentro, para fora, pela frente.
- Explore formas diferentes de deslocamento; desloque de outras formas que não sejam apenas passadas com os pés.

- Acrescente um rolamento.
- Mude a direção durante o deslocamento.
- Enfatize a altura do salto e depois a distância. Salte sobre as cordas enfatizando a altura. Depois enfatize a distância esticando a corda e saltando de uma ponta até a outra. Veja quantos saltos são necessários para chegar ao final da corda.
- Acrescente um aro como ponto de partida para a forma inicial e outro para a forma final.

Sugestões para ensinar condicionamento

- O deslocamento usando passadas oferece a oportunidade de desenvolver o condicionamento cardiorrespiratório. As crianças se beneficiam de ciclos curtos de atividades físicas moderadas a fortes.
- *Hops* e *jumps* com aterrissagem aumenta a força muscular e a resistência.
- Equilibrar-se e manter as formas em várias posições exige força e flexibilidade.

Sugestões para um currículo integrado

- Faça os alunos desenharem um mapa com o movimento de suas sequências. O mapa deve mostrar o local do equilíbrio inicial e as diversas trajetórias (reta, em curva, zigue-zague) usadas para chegar ao destino da forma final. O mapa de movimento também deve identificar a localização da corda que eles vão saltar.

AVALIAÇÃO DA SEQUÊNCIA DE DESLOCAMENTO POR UM COLEGA

Nome do ginasta: _____

Nome do técnico: _____

+ vejo

– não vejo

_____ Duas formas diferentes

_____ Um deslocamento *sobre* o equipamento

_____ Dois deslocamentos diferentes

_____ Movimentos suaves de uma ação para outra

Figura 5.3 Exemplo de avaliação por colegas para uma sequência de deslocamento.
De P.H. Werner, L.H. Williams, T.J. Hall, 2015, *Ensinando ginástica para crianças*, 3.ed. (Barueri: Manole).

• Prepare cartões com as ações de locomoção, como *jump*, *skip*, *hop*. As crianças podem usar os cartões para criar uma sequência ou colocá-los em ordem para descrever a sequência que foi criada.

Sugestões de inclusão

• Crianças em cadeiras de rodas podem se deslocar para a frente e para trás em velocidades e trajetórias diferentes, enquanto as outras crianças praticam o galope, o *skip* ou o *hop*.

• Permita que as crianças se movam pelo solo, desloquem-se sobre o equipamento e em volta dele, explorando todas as formas que conseguirem executar. As crianças podem se mover com os braços ou deslizar de lado, de costas ou de bruços.

• Ao trabalhar com um parceiro, os alunos podem ser colocados para trabalhar com alguém que tenha o mesmo nível de habilidade ou não. Ao trabalhar em parceria com cooperação e responsabilidade, eles aprendem a reconhecer e a aceitar as habilidades e capacidades dos outros.

Salto do coelho

Objetivos

Como resultado da participação nesta experiência de aprendizagem, as crianças vão melhorar sua capacidade de:

• usar ações de locomoção com transferência de peso usando as mãos, os pés e os joelhos nas mais diversas condições, tanto no solo como no equipamento (norma 1);

• usar ações de transferência de peso com as mãos, os pés e os joelhos como o principal meio de ligar outros deslocamentos e equilíbrio (norma 1); e

• identificar ações de transferência de peso com as mãos, os pés e os joelhos como um tipo de deslocamento (norma 2).

Turmas sugeridas

Iniciais (2º e 3º anos).

Organização

É necessário um espaço aberto e amplo. Espalhe vários equipamentos pequenos (como bambolês, varetas e cordas) e equipamentos grandes (como bancos e caixas) com uma distância segura entre as peças.

Equipamento necessário

Será necessário um equipamento pequeno como um bambolê, uma vareta ou uma corda para cada criança. Uma caixa ou um banco será necessário para cada duas crianças. Coloque colchões ou tapetes ao lado das caixas e bancos para amortecimento.

Descrição

"Estão vendo todas essas coisas no solo? Hoje vamos começar longe delas. Quando estivermos nos locomovendo em volta dos equipamentos, não vamos tocar em nenhum deles. Vamos começar com a corrida. Lembrem-se: joelhos elevados, pés leves. Já! [Sinalizar a parada.] Usem uma trajetória reta agora [depois em zigue-zague e em curva]. Vamos mudar de direção. Tentem para a frente. Ok. Agora para o lado. Muito bom! Quando eu disser 'já', corram para trás. Primeiro vão para um espaço livre, longe dos outros. Já! [Sinalizar para pararem.] Agora vamos praticar o *skip*. Quero ver os joelhos elevados e os braços balançando. [Sinalizar a parada.] Vamos mudar a trajetória e a direção. [Dar os comandos.] Agora deslizem – vão para um lado [Parar.] Agora, para o outro. Deixem os pés leves; deslizem pelo solo."

"Parem. Sentem-se cada um em seu espaço. Até agora usamos nossos pés para nos deslocarmos pela sala. Mas também existem outras formas de nos movermos. Hoje vamos usar nossas mãos e nossos pés para nos ajudar a chegar a algum lugar (I). Vamos ver quantas formas existem de se fazer isso. Quem consegue andar pelo solo usando as duas mãos e um pé? Tentem com as costas voltadas para cima, e depois com a barriga para cima. Bom! Agora que tal usarem os dois pés e uma mão (E)? Tentem com os dois pés e as duas mãos (E). Vão devagar; isso não é uma corrida (R)! [Tentar mudar a direção – para a frente, para trás, para os lados – e a trajetória – em linha reta, em curva, em zigue-zague (E).] Que tal com as mãos e os joelhos (E)? Estou vendo duas mãos e dois joelhos. Duas mãos e um joelho. Dois joelhos e uma mão. Mudem a direção e a trajetória. Excelente."

"Agora, fiquem de barriga para cima, olhando para o teto (E). Mostrem-me formas diferentes de andar com as mãos e os pés. Estou vendo duas mãos e um pé... dois pés e uma mão... duas mãos e dois pés. Descansem um pouco! Com certeza, existem vários jeitos de se mover usando mãos, pés e joelhos."

"Achem um equipamento pequeno e sentem-se ao lado dele – um bambolê, uma vareta ou uma corda. Já! Vamos explorar jeitos diferentes de nos movermos para dentro, para fora, por cima e em volta do equipamento usando as mãos e os pés (E). Primeiro, vamos alternar, ou mudar da mão para o pé. Mão, pé, mão, pé [Demonstrar.] É como andar. Usem esse movimento alternado para entrar, sair, passar por cima ou dar a volta no equipamento várias vezes. Parem e descansem. Em seguida, vamos tentar com dois (E). Movam a mão e o pé de um lado, e depois do outro lado [demonstrar a alternância dos lados] para se deslocarem pelo equipamento. Parem."

"Agora vamos tentar com dois de um jeito diferente (E). Vamos usar as duas mãos e os dois pés [barriga para baixo; demonstrar]. Chamamos isso de salto do coelho. É assim, as duas mãos e depois os dois pés. Usem o salto do coelho para entrar, sair, passar por cima e por fora do seu equipamento. Vocês podem ir para a frente e para trás. Bom! Agora torçam o corpo e coloquem as mãos para baixo e os pés para a direita; agora mãos para baixo e os pés para a esquerda (E). Ok, parem e sentem-se."

"Vamos começar usando os equipamentos grandes agora – as caixas e os bancos (E). Quero que usem uma ação de deslocamento com os pés. Pode ser um *hop*, um *skip* ou um *jump* no solo. [Demonstrar e explicar para as crianças.] Quando chegarem até uma caixa ou um banco, usem as mãos e os pés para subir neles, sair, passar ao lado e ir de um lado para o outro em volta do seu equipamento. Então, executando *hops*, *skips* ou *jumps*, vocês devem saltar até outra caixa ou banco. Entenderam? Ok, já. [Conforme eles forem praticando, dar os comandos.] Usem as mãos e os pés de jeitos diferentes. Lembrem-se: vocês podem usar as duas mãos e um pé, alternar, usar os dois ou o salto do coelho. Parem. Vocês acham que alguma dessas formas funciona melhor que as outras? Por enquanto, vamos fazer só o salto do coelho para subir nas caixas e nos bancos. Coloquem as duas mãos sobre a caixa ou o banco. Deixem os dedos afastados e os braços retos (R). Isso é importante. Os ombros têm de estar alinhados com as mãos (R). Chutem os dois pés para cima (R). Desçam suavemente em cima da caixa ou do banco com os dois pés (R). Pulem uma vez cada um, alternando, usando as mãos e os pés, passando por cima da caixa ou do banco, ao longo dele e de um lado para o outro."

"Para terminar essa aula, vamos montar uma sequência (A). Vamos juntar ações diferentes. Primeiro, um deslocamento no solo usando só os pés. Pode ser *hop*, *jump* ou *skip*. Vocês podem mudar de direção e trajetória enquanto se movem. Quando chegarem a uma caixa ou banco, façam o salto do coelho por cima e ao longo dele, de um lado para o outro. Vão para o solo e com cuidado desçam o corpo até um colchão ou tapete e façam o rolamento que quiserem, e então fiquem em pé de novo. Alguma pergunta? Já."

"Parem. Venham todos aqui. Quem sabe me dizer algumas formas de usar as mãos, os pés e os joelhos que usamos para nos mover ou para transferir nosso peso conforme andamos pela sala hoje? Isso, Tomiko, com as duas mãos e um pé. Sim, Matt, duas mãos e dois pés. Com certeza existem muitas formas de usarmos partes diferentes do corpo para nos movermos pelo solo e sobre o equipamento. Vocês estão ficando muito bons em se deslocar usando movimentos diferentes. Por hoje é isso. Vejo vocês depois."

Sugestões de avaliação

• Os braços devem ser fortes o bastante para suportar o peso do corpo da criança; eles devem estar alinhados. Tudo deve estar alinhado em um único eixo: ombros, cotovelos e punhos. Use um *checklist* para verificar esses fatores em cada criança.

• O peso deve ser transferido dos pés para as mãos e de volta para os pés (Fig. 5.4). As crianças não podem vacilar ou bater as pernas, as costas, a lateral ou qualquer outra parte do corpo na aterrissagem. Observe isso em cada aluno.

• As crianças devem fazer boas transições (ações de ligação) quando passarem do solo para o equipamento. Elas precisam manter a quantidade de movimento. Uma ação deve levar à outra. Observe-as e verifique qualquer quebra na fluência de ação, interferências ou movimento desnecessário. Verifique esses fatores em cada criança durante o trabalho em sequência.

Que mudanças posso fazer?

• Inclua equipamentos pequenos na sequência. Desloque-se com as mãos e com os pés sobre, para fora, por cima ou ao longo de um equipamento pequeno para chegar ao equipamento maior. Desloque-se com as mãos e com os pés sobre, por cima, ao redor, ao longo e para fora da caixa ou do banco. Role. Vá para outro equipamento e continue.

- Acrescente um equilíbrio (p. ex., deslocamento, salto do coelho, rolamento e equilíbrio).
- Fique em um lugar só. Coloque um equipamento pequeno perto de uma caixa ou de um banco. Elabore uma sequência que possa ser repetida usando os pés, as mãos e a transferência de peso para os pés em apenas um lugar, em vez de uma sequência de movimentos pelo ginásio.

Sugestões para ensinar condicionamento

- Apoiar o peso sobre as mãos exige força nos músculos do braço.
- Deslocar-se pela sala enquanto se transfere o peso usando as mãos, os pés e os joelhos com e sem equipamento desenvolve a resistência cardiorrespiratória.

Sugestões para um currículo integrado

- Questione as crianças sobre o deslocamento. O que é deslocamento? Que partes do corpo podem ser usadas para se deslocar? Qual é a semelhança entre usar as mãos e os pés e usar apenas os pés? (Ambos os movimentos são como deslocamentos.) Qual é a semelhança entre usar as mãos e os pés e a transferência de peso? (Quando colocados próximos um ao outro, as mãos e os pés são adjacentes.) A transferência de peso e os deslocamentos formam uma categoria, tipo ou conjunto de ações que ajudam nossos corpos a se deslocar de um lugar para o outro.
- Incentive as crianças a observar como insetos e animais se movimentam. Minhocas, lagartas, lesmas, aranhas, ursos, cavalos e macacos usam seus corpos de modos diferentes. Compare esses movimentos com os movimentos de humanos.

Sugestões de inclusão

- Dependendo do nível de habilidade individual, das restrições físicas ou de ambos, deixe que as crianças se movam pelo solo, para cima, para fora, ou ao longo do equipamento de qualquer modo que elas sejam capazes. Por exemplo, as crianças podem deslizar sobre a barriga ou sobre as costas se empurrando ou se puxando com os braços ou com as pernas.
- Uma criança na cadeira de rodas pode subir e descer um plano inclinado (cunha) ou mover a cadeira ao longo de uma linha.

Figura 5.4 As crianças devem usar as mãos e os pés para se deslocar sobre os equipamentos maiores.

Prontos para decolar

Objetivos

Como resultado da participação nesta experiência de aprendizagem, as crianças vão melhorar sua capacidade de:

- desenvolver um meio poderoso e explosivo de impulsionar o corpo para a fase aérea com saída de um ou dois pés (norma 1);
- tentar executar várias formas estendidas, curvadas ou torcidas no ar durante o voo (norma 1); e
- identificar ações de força e impulso dos braços e pernas na vertical como requisito necessárias para ganhar altura (norma 2).

Turmas sugeridas

Iniciais (2º e 3º anos).

Organização

É necessário um espaço aberto e amplo. As crianças devem se espalhar, aproximando-se de uma caixa, banco ou minitrampolim.

Equipamento necessário

Use os colchões disponíveis. As crianças precisam de um lugar de onde saltar; um plinto de 30-38 cm, engradados, um banco, pilhas de jornal dentro de uma caixa de papelão ou um minitrampolim são todos aceitáveis. Bambolês ou cordas são úteis.

Descrição

"Hoje nós vamos pular bem alto e, enquanto estivermos no ar, vamos fazer formas. Vamos começar correndo pelo solo – não muito rápido. Elevem os joelhos e corram pulando levemente nas pontas dos pés. Corram para os espaços livres; cuidado para não baterem uns nos outros! Parem! Olhem para mim rápido! Dessa vez, quando correrem na direção de alguém, olhem para essa pessoa. Olhem para ela assim. [Demonstrar.] Quando você estiver se aproximando, mude de direção e se afaste desacelerando devagar. [Desacelerar.] Vá rapidamente na

direção de alguém, mas se afaste devagar. Pense nas velocidades que está usando. Já. [Deixar eles repetirem várias vezes.] Parem!"

"Agora vamos trabalhar um tipo específico de salto (I). Trata-se da chamada, e é assim. [Demonstrar.] Vocês já viram alguém fazendo isso? Quando? Sim, Jenna, mergulhadores e ginastas pulam assim para irem bem alto no ar. Como vocês estão vendo, há vários bambolês espalhados pelo solo. Eu quero que vocês corram até um bambolê, assim. [Demonstrar.] Deem um último passo fora do bambolê e aterrissem com os dois pés dentro dele. Aterrissem suavemente e abaixem até ficarem agachados. Depois continuem e repitam esse salto várias vezes. Pratiquem isso. Já. Bom. Vocês estão aterrissando direitinho e com suavidade, equilibrando-se nos dois pés. Parem. Agora, dessa vez, quando estiverem agachados, quero que usem os braços e as pernas para explodir, ou seja, atingir o ponto mais alto possível no ar, e de novo aterrissar com os dois pés dentro do bambolê (R). Então, vocês vão correr, aterrissar, agachar, explodir e aterrissar de novo (R). Tentem isso. Já! [Enquanto as crianças praticam, conversar com elas explicando a sequência.] Ponham força nas pernas. Balancem seus braços para cima. Olhem para o teto como se fossem alcançar o céu! [Repetir várias vezes.] Eu quero ver belos saltos e aterrissagens equilibradas com os dois pés. [Sinalizar para pararem.]"

"Vamos correr de novo na direção uns dos outros. Quando estiverem chegando perto de alguém, usem a chamada e cumprimentem o colega no ar com um *high five* duplo (com as duas mãos espalmadas) (E). Empurrem as pernas com força e levantem os braços para o alto (R). Aterrissem e depois sigam na direção de outro colega. Alguma pergunta? Já! [Os alunos correm, aproximam-se, cumprimentam-se, aterrissam, afastam-se. Parar.]"

"Agora pensem no que podem fazer com seu corpo enquanto ele estiver no ar. Que formas ele pode fazer? Aberta? Estreita? Estendida? Curvada? Torcida? Simétrica ou assimétrica? O que seus braços e pernas estão fazendo enquanto você está no ar? [Mostrar figuras como exemplos.] Usando os bambolês de novo, vocês vão correr, se aproximar, saltar, subir, fazer uma forma e aterrissar (E). Quem quer mostrar isso para nós? Ok, Rina. Olhem como ela corre, se aproxima do bambolê, pula para dentro dele, faz uma forma, aterrissa e continua. Vamos ver vocês praticando isso. Já! [Enquanto eles estiverem praticando, dar comandos.] Tentem várias formas. Façam a forma quando estiver bem alto no ar. Flexionem os joelhos rápido para aterrissar sob controle. Parem."

"Agora, vamos fazer nosso salto em um equipamento (E). Lembrem-se de usar os braços e as pernas para ajudar vocês a pular bem alto (R). Vocês vão correr até o equipamento, pular em cima dele, pular para fora [ou fazer um movimento de repulsão], fazer uma forma e aterrissar. [Demonstrar ou pedir para um aluno demonstrar.] Saltem em cima e para fora do banco em um movimento contínuo; isso é chamado de repulsão. Usem o impulso da aterrissagem no banco para empurrar vocês para cima e para fora do banco. Pulem como se quisessem alcançar o teto. Já! [Conforme as crianças praticam, passar a eles alguns lembretes.] Vejam se vocês conseguem fazer as mesmas formas no ar que fizeram quando pularam do solo, só que agora pulando do banco. Continuem se movendo, ou se deslocando pelo solo, passando por todos os bancos ou caixas e tentando fazer várias formas diferentes no ar. [Sinalizar para pararem.]"

"Para a última atividade de hoje, quero que cada um de vocês vá para uma caixa ou um banco. Façam a mesma sequência [correr, aproximar-se, saltar sobre, pular para fora, fazer a forma, aterrissar]. Só que dessa vez, eu quero que você escolha uma forma para fazer no ar (A). Pode ser a forma que você faz melhor ou sua forma favorita. Pratique várias vezes. Mostre sua sequência para um colega perto de você. Vai! [Sinalizar para pararem.]"

"Venham para cá rápido. Quem pode me dizer o nome do salto que estamos trabalhando hoje? Isso mesmo, chamada. Quais são as partes do corpo que ajudam a gente a subir mais alto? Sim, Zachary, os braços tentam alcançar o céu, e as pernas ajudam a gente a agachar e explodir. Que tipos de formas vocês fizeram durante o voo? Isso, Ryan, estendida, curvada, torcida. Muito bem. Até a próxima vez."

Sugestões de avaliação

• Uma boa sincronia é a chave para bons saltos com formas no ar. As crianças tendem a começar a forma muito cedo, enquanto ainda estão no solo. É essencial dar um bom salto primeiro. O segredo é a força explosiva nas pernas e um impulso forte dos braços para cima (agachar, explodir, alcançar). A forma deve ocorrer no pico da subida e ser feita rapidamente: entrar e sair da forma, preparar para aterrissar. Crie uma folha de anotações para ajudá-lo, como professor, a observar cada um desses fatores em sequência: bom salto; agachamento; explosão; alcance; e depois uma forma boa e bem definida.

• Aterrissagens adequadas também são importantes. As crianças devem sair de suas formas no ar rapidamente para aterrissem sobre os pés. O controle é importante: não se deve permitir que elas aterrissem de qualquer jeito. Acrescente isso à sua folha de anotações ou crie uma folha separada para verificar se as crianças estão saindo da forma e aterrissando suavemente sobre os pés.

• Quando observar as crianças, procure observar a diversidade das formas do corpo. As crianças devem tentar executar formas variadas: estendida, curvada, torcida, ampla, estreita, simétrica e assimétrica (ver Fig. 5.5). Use uma folha de anotações com uma lista de várias formas possíveis e marque aquelas que observar para confirmar que as crianças estão tentando formas diferentes no ar.

Figura 5.5 As crianças devem pular alto e criar formas diferentes com o corpo durante o voo.

Que mudanças posso fazer?

• As crianças podem criar uma sequência similar no solo usando um bambolê ou corda, mas acrescente uma ação de transferência de peso e um equilíbrio. Por exemplo, correr, aproximar-se, saltar, fazer a forma no ar, aterrissar sobre os pés dentro de um bambolê, usar uma ação de transferência de peso para sair do bambolê (estrela, rolamento, balanço) e terminar em um equilíbrio. As crianças devem ficar em seus próprios bambolês ou cordas. Repetir a sequência várias vezes e então escolher seu melhor trabalho e mostrar para um parceiro.

• Repetir a mesma sequência nas caixas, bancos ou minitrampolins, mas acrescentar um equilíbrio no final: correr, aproximar-se, saltar, subir, fazer a forma no ar, aterrissar, finalizar e fazer um equilíbrio. Resolver, aqui, significa fazer uma transição suave de sua escolha, da aterrissagem sobre os dois pés para uma posição de equilíbrio. Os equilíbrios podem ser sobre os pés ou com a transferência de peso para posições de equilíbrio sobre outras partes do corpo.

Sugestões para ensinar condicionamento

A chamada exige músculos fortes e potentes nas pernas para ganhar altura no ar. Saltar para e dos equipamentos exige ainda mais força.

Sugestões para um currículo integrado

• Traga fotos de atletas, bailarinos e ginastas para a aula, a fim de ilustrar o uso das formas do corpo durante o voo. Enfatize as relações e faça a transferência de um esporte para o outro.

• Relacione as formas no ar com posições diferentes de equilíbrio (p. ex., carpada, afastada, agachada). Compare as formas do corpo com formas geométricas da aula de matemática – ampla, estreita, simétrica, assimétrica; estendida, arredondada; alto, baixo, grande, pequeno.

Sugestões de inclusão

Crianças em cadeiras de rodas podem mover suas cadeiras subindo e descendo de rampas para desenvolver a força nos braços. Outras, com mobilidade limitada, podem usar movimentos simples para rolar ou deslizar para mudar a posição do corpo fazendo uma forma em seguida para representar uma forma no ar.

Rock and Roll

Objetivos

Como resultado da participação nesta experiência de aprendizagem, as crianças vão melhorar sua capacidade de:

• usar ações de balançar, rolar e deslizar como meio de deslocamento de uma posição para outra (norma 1);

• identificar uma ação de deslocamento, incluindo transferência de peso, como algo que pode mover o corpo pelo solo, tanto por uma distância bem curta como por uma distância maior (norma 2); e

• usar ações de transferência de peso para se aproximar, montar, deslocar-se sobre ou sair de um equipamento (norma 1).

Turmas sugeridas

Iniciais (3º e 4º anos).

Organização

É necessário um espaço aberto e amplo com colchões, bancos e caixas espalhados a uma distância segura uns dos outros. Coloque colchonetes ao lado de cada banco ou caixa.

Equipamento necessário

Para esta atividade serão necessários um colchão e um banco ou uma caixa para cada aluno.

Descrição

"Vamos começar hoje com todos em um colchão ou no solo, sentados como ginastas ou em posição carpada. Flexionem o corpo para a frente e tentem alcançar os dedos dos pés. Segurem e contem até 10 [ou 15]. Ok, sentem-se eretos e coloquem as mãos no solo. Puxem o corpo para cima, com o apoio dorsal, a barriga e o quadril estendidos. O corpo de vocês deve ficar longo e reto. Vejam se conseguem levantar um braço e virar o corpo para uma posição de flexão [apoio frontal]. Bom! Vamos começar com a posição de costas e fazer tudo de novo, só que dessa vez vocês vão pular trazendo os pés na direção das mãos ficando agachados. Então, inclinem o corpo para a frente e encostem a testa no solo. [Demonstrar a posição de parada de três apoios.] Depois, vocês podem apoiar os joelhos nos cotovelos, e se quiserem tentar, podem ir levantando as pernas devagar até uma parada de cabeça. [Demonstrar.] Pratiquem isso algumas vezes. [Sinalizar para começarem e pararem.] Dessa vez, quando suas pernas estiverem para baixo de novo, levem o queixo para perto do tórax e façam um rolamento; terminem sentados em posição carpada. Encaixem o queixo. Vamos fazer essa sequência cinco vezes: sentem-se e alcancem os pés, agora em posição de apoio. Virem para a posição de apoio frontal. Agora, pulem para a posição agachada com sua testa no solo na posição de tripé. Subam para uma parada de cabeça e desçam de novo. Façam um grupado e rolem. Alguma pergunta? [Repetir várias vezes.]"

"Ok. Todo mundo em pé. Vamos correr um pouco entre os colchões, com os joelhos elevados, aterrissagens suaves e, quando chegarem a um colchão, deem um belo salto para cima (I). Façam uma forma no ar, aterrissem e façam um rolamento de sua escolha; então voltem a ficar de pé. Continuem fazendo isso – correr, saltar, forma, aterrissar, rolar. Façam formas diferentes cada vez que estiverem no ar e usem rolamentos diferentes. [Sinalizar para pararem.]"

"Agora, vamos acrescentar as caixas e os bancos (E). Quem quer demonstrar? Ok, Brian e Marta. Comecem com uma boa corrida no solo. Saltem sobre o equipamento. Saltem alto para fora do equipamento, fazendo uma forma no ar. Levem os braços para cima. Aterrissem suavemente – agachem! Rolem no colchão, voltem a ficar de pé e continuem. Muito bem, vocês dois! Todo mundo tente subir nos equipamentos e procurem os espaços abertos, assim vocês não precisam ficar esperando. [Sinalizar para começarem e pararem.]"

"Todo mundo sentado ao lado de um colchão perto de um equipamento. Lembram-se da sequência que fizemos hoje para aquecer? Ginasta sentado, apoio dorsal, apoio frontal, tripé, subida, grupado e rolamento? Lembram? Muito bem! Quando fizeram essa sequência, o corpo de vocês terminou no mesmo lugar em que começou a sequência? Não. Ele se moveu um pouco para a frente, não foi? Quando nos apoiamos primeiro em uma parte do corpo e depois em outra, essa ação é chamada de transferência de peso. A transferência de peso ocorre quando fazemos um balanço, um rolamento ou uma ação de deslizamento. Vamos ver isso."

"Todo mundo com os joelhos e as mãos no solo (E). Levem o quadril para cima dos joelhos. Comecem a descer, movendo-se para um lado ou para o outro, para a direita ou para a esquerda. Sintam o peso sobre sua coxa e depois sobre o quadril, sobre as costas, e levantem o quadril em posição de vela (R). (Ver "E lá vamos nós", neste capítulo, e "Vela", no Capítulo 6, para uma descrição completa da posição de vela.) Arredondem o corpo. Façam a transferência de peso suavemente. Observem como eu faço [Demonstrar.] Usem esse balanço suave para transferir seu peso do equilíbrio ajoelhado para o equilíbrio em vela. Pratiquem algumas vezes."

"A partir da posição em vela, façam um rolamento para trás e passem para um equilíbrio sobre os joelhos e os pés (E). [Demonstrar e dar às crianças tempo para praticar.] Vocês conseguem fazer isso sem colocar suas mãos no solo no começo (R)? Deixem o corpo arredondado. As transferências de peso devem ser suaves. Ok. Parem."

"Vamos tentar a posição de lápis com a barriga para baixo (E). Puxem o corpo para a frente, deslizando até uma posição de flexão ou apoio frontal. Deslizar também é uma forma de transferência de peso. Tentem isso algumas vezes. Puxem o corpo para a frente! Bom. [Sinalizar para pararem.] Quero que vocês tentem algo agora (E). Escolham uma posição e pensem em como vocês poderiam usar um movimento de deslizar, um balanço ou rolamento para ajudar vocês a sair dessa posição suavemente e passar para uma nova posição. Usem superfícies e partes do corpo diferentes e transfiram seu peso em direções diferentes. Pratiquem em quantas formas puderem. Muito bom. Estou vendo a Li sentada com as pernas afastadas lateralmente, virando sobre uma das coxas e passando para uma posição de flexão com as pernas afastadas lateralmente. O Sonny está fazendo uma vela balançando para uma posição sobre os dois joelhos. Continuem. Tentem de vários jeitos diferentes (E)!"

"Ok. Finalmente, vamos poder usar essas ações de transferência de peso para nos ajudar a nos deslocar e a subir e sair dos equipamentos (E). Por exemplo, podemos usar um rolamento para chegar a uma caixa ou um banco. Se formos habilidosos, podemos até mesmo usar um rolamento para montar ou subir na caixa ou no banco. O segredo é tentar descobrir o quão longe precisamos estar do banco quando começarmos (R). Vocês precisam que seus glúteos encostem no banco e precisam terminar o rolamento sentado em V sobre o banco. [Demonstrar.] A partir da posição em V no banco, vocês podem rolar metade do corpo até ficar sobre a barriga. A partir daí vocês podem colocar suas mãos no solo, deslizar sua barriga e coxas para fora do banco, transferir seu peso com um rolamento e terminar no solo. Comecem experimentando três formas de usar o deslizamento, balanço ou rolamento para se aproximar, montar, deslocar-se sobre o equipamento e sair dele. Se precisarem, usem o colchão no banco, para amortecer. Se quiserem tentar algo novo ou se não estiverem muito seguros, peçam ajuda para mim ou para um colega para fazer o movimento com segurança. [Introduzir a ideia da assistência logo cedo na ginástica. É uma forma de ajudar quem está tentando uma habilidade nova ou difícil. Ensinar às crianças como prestar assistência em várias habilidades, para que elas possam ajudar umas às outras.] Vamos terminar a aula fazendo uma sequência curta: posição de equilíbrio, transferência de peso e um equilíbrio novo (A). Vocês podem escolher:

- Equilíbrio fora do equipamento, transferência de peso para chegar, equilíbrio no equipamento.
- Equilíbrio no equipamento, transferência de peso para sair, equilíbrio fora do equipamento.
- Equilíbrio no equipamento, transferência de peso no equipamento, equilíbrio no equipamento."

"Trabalhem bastante fazendo sua sequência. Pratiquem várias vezes até que consigam se lembrar exatamente dela. A ideia é eliminar todas as falhas e interferências. Não pode haver movimentos extras das mãos, troca de peso ou passos adicionais. Depois de praticar, mostrem sua sequência para um colega. Observem a sequência de seu colega e depois digam a ele do que mais gostaram. Vejam se o balanço, rolamento ou deslizamento foi rápido ou devagar. Ele fez uma transição suave de um equilíbrio para o outro? A transferência de peso no equipamento ou fora dele foi suave? Depois disso, guardem o equipamento e formem a fila na porta."

Sugestões de avaliação

- Para mover o corpo em distâncias curtas ou para mudar de posição, o peso deve ser transferido de uma parte do corpo para a outra adjacente (ver Fig. 5.6). Observe cada criança para verificar se o peso está sendo transferido para partes adjacentes do corpo.
- Ao executar ações de balanço ou rolamento, as crianças devem concentrar sua atenção em deixar as partes do corpo suaves e arredondadas. Verifique se as ações de balanço e o rolamento são suaves e arredondadas ou planas e desengonçadas.
- Ações de transferência de peso de um equilíbrio para o outro devem ser completadas com transições suaves. Veja se cada criança eliminou passos desnecessários, gestos extras de braços e pernas (interferências), pausas e interrupções na sequência.

Que mudanças posso fazer?

- Crie uma sequência de transferência de peso inteiramente no solo (p. ex., equilíbrio, transferência de peso, equilíbrio, transferência de peso, equilíbrio).
- Use a transferência de peso como deslocamento para fazer uma sequência mais longa e completa (p. ex., equilíbrio, deslocamento para chegar ao equipamento,

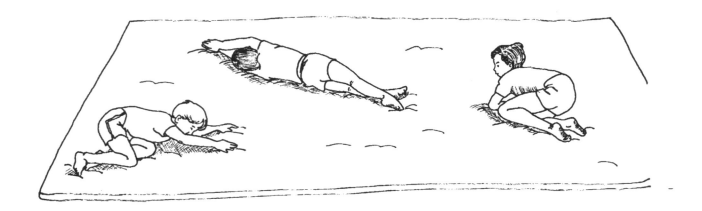

Figura 5.6 Balançar, rolar, torcer e outras ações de transferência de peso são meios de mover o corpo para novas posições.

montar, equilíbrio, deslocamento, equilíbrio, sair, equilíbrio).

• Crie uma sequência de transferência de peso simples executada com um parceiro, com ou sem equipamento.

• Crianças mais hábeis podem tentar uma parada de mão com uma ação de balanço, baixa, sobre o tórax, barriga e coxas até uma posição de apoio frontal (mata-borrão). Usando o mesmo mata-borrão, elas podem sair de costas até a posição de vela. O segredo é o momento e o arqueamento das costas para se conseguir uma boa superfície arredondada (côncava) sobre a qual balançar.

Sugestões para ensinar condicionamento

Balanço, rolamento e deslizamento são formas de transferência de peso. O corpo precisa de músculos fortes para executar esses movimentos de forma controlada.

Sugestões para um currículo integrado

• Mostre às crianças o funcionamento interno de um relógio ou de uma máquina simples. Enfatize como as engrenagens se encaixam e os pistóes deslizam. O movimento é suave. A transferência de peso de uma parte para outra parte adjacente ajuda a máquina a funcionar. Da mesma forma, a transferência de peso ajuda o corpo a se mover de uma posição para outra.

• Cite danças da moda, como o *break*, o *moon walk* de Michael Jackson, ou a onda, como exemplos de formas de transferência de peso. Exceto pelo giro de cabeça, que é muito perigoso para as crianças tentarem, o *break* é um ótimo exemplo de transferência de peso suave e contínua de uma parte para outra do corpo.

Sugestões de inclusão

Independentemente da habilidade, todas as crianças precisam usar ações diversas de transferência de peso. Rolar, deslizar para subir ou descer de uma cadeira e mudar o peso de um lado para o outro são alguns exemplos de como todas as pessoas usam a transferência de peso no dia a dia. Crianças com necessidades especiais podem realizar ações de transferência de peso no solo, em suas cadeiras, usando muletas, empurrando ou puxando apenas com seus braços ou pernas ou usando outras variações desde que apropriado.

Voo fantástico

Objetivos

Como resultado da participação nesta experiência de aprendizagem, as crianças vão melhorar sua capacidade de:

• saltar sobre e para fora de determinados equipamentos (norma 1);

• mostrar várias formas no ar e aterrissar com segurança (norma 1);

• experimentar o voo no ar ganhando altura e usando uma boa forma (norma 1); e

• executar uma sequência contínua de movimentos que inclua um salto, um rolamento e um equilíbrio (norma 1).

Turmas sugeridas

Iniciais (2º e 3º anos).

Organização

Espalhe bancos e caixas ao redor de um espaço amplo e aberto. Coloque colchóes ao redor dos equipamentos por segurança.

Equipamento necessário

É preciso um bambolê para cada aluno, para o aquecimento, um colchão e uma caixa, um banco ou um plinto para cada dois ou três alunos.

Descrição

"Todo mundo começando a se mexer! Comecem correndo devagar em volta dos colchóes. Cuidado para não baterem um no outro. Agora mais rápido. Ok, quando me ouvirem bater palmas, mudem de velocidade, corram devagar, mais ou menos ou rápido enquanto dão a volta no ginásio. [Bater palmas... palmas... palmas.] Agora, todo mundo em velocidade média, e quando chegarem perto de alguém pulem e cumprimentem a pessoa com um *high five* duplo. Continuem em frente; achem outro colega e o cumprimentem. Usem seus braços e pernas para pular o mais alto que puderem. Parem."

"Achem um bambolê no solo, peguem e usem para alongar o corpo de formas diferentes. Gostei do jeito que a Ashley e o Davey estão entrando e saindo do bambolê para alongar o corpo. Alonguem bastante os músculos e sintam como é legal. É isso aí, Kelly, você também pode sentar ou deitar no solo para alongar com o bambolê."

"Hoje, a parte principal da aula é trabalhar com voos e saltos. Cada um de vocês vai se deslocar pela sala, e quando chegarem a um banco ou uma caixa, pulem para subir nele e para descer (I). Usem uma chamada para subir no banco. [Demonstrar.] Balancem os braços para cima para subir o mais alto que puderem quando saltarem para fora do banco (R); aterrissem e continuem correndo. Alguma pergunta? Ok, já! [Dar lembretes durante a prática.] Mantenham o corpo estendido. Bom salto. Tentem ir mais alto. Vocês conseguem atingir a altura de seu corpo no salto? Muito bem. E parem."

"Agora, quando saltarem para fora do banco, façam uma forma definida no ar e aterrissem com os dois pés (E). Tentem fazer quantas formas conseguirem. Já. Bom! Estou vendo um grupado com os joelhos no tórax. A Nicki está fazendo a forma de uma estrela com braços e pernas alongados. O Jeremy está fazendo um carpado com as pernas alongadas para a frente. Muito bom, estou vendo uma forma com as pernas afastadas lateralmente, formas simétricas, assimétricas. Parem."

"Vamos trabalhar para melhorar as aterrissagens (R). Abaixem quando aterrissarem, flexionando o quadril, os joelhos e tornozelos. Isso vai ajudar vocês a manter a aterrissagem suave e equilibrada. [Demonstrar.] Já. [Dar lembretes enquanto as crianças praticam.] Não deixem as mãos encostarem no solo na aterrissagem. Desçam nas pontas dos pés, não nos calcanhares. Muito melhor. Abaixem! [Escolher vários exemplos de bons saltos e aterrissagens.] Parem. Dessa vez, façam um rolamento quando aterrissarem de cada salto (E). Rolem na direção em que a aterrissagem te levar. [Sinalizar para começarem e pararem.]"

"Agora, vamos aprender diferentes formas de saltar para cima e para fora dos equipamentos (E). [A altura ideal do equipamento é mais ou menos na cintura das crianças. Usando a chamada, as crianças devem ser capazes de aterrissar no equipamento com os pés juntos entre as mãos e depois saltar para fora.] Para saltar, as mãos chegam ao equipamento antes das pernas. [Estar preparado para apoiar os ombros das crianças, ou ensiná-las a dar assistência umas às outras. Demonstrar.] Então, vocês correm, saltam no equipamento, aterrissam, saltam para fora e agacham."

"Alguns segredos para um bom salto são conseguir uma boa altura no primeiro salto e colocar seu peso sobre as mãos. Deixem os braços retos, o quadril alto e a cabeça alta (R). Pensem nisso quando estiverem praticando. Já! Agora tentem saltar sem colocar os pés no plinto. Passem os pés no meio das mãos sem encostar no equipamento [salto agachado] (E). Ótimo. Depois de pular o plinto, virem e se dirijam para o banco (E). Pulem sobre o banco e façam uma forma. Então pulem para fora, façam uma forma no ar, aterrissem e rolem. Quando acabarem, já vai ser sua vez de saltar de novo. Tentem saltar com os pés longe das mãos, em uma posição afastada [salto afastado] (E). De novo, aterrissem sobre o plinto primeiro, e quando se sentirem confiantes, tentem saltar com as pernas afastadas por cima do plinto. [Demonstrar. Estar preparado para dar assistência às crianças ou para ensiná-las a dar assistência umas às outras.]"

"Para terminar, vamos pegar esses saltos e juntá-los com outras ações que já conhecemos. Nossa sequência de movimentos hoje vai ser salto, rolamento, equilíbrio (A). Vocês vão decidir quais movimentos querem usar na sequência e então vão praticá-la várias vezes. Parem. Escolham um colega e mostrem sua sequência para ele."

"Parem. Todo mundo aqui perto. Quem sabe me dizer o nome de dois saltos que aprendemos hoje? O que é importante fazer para tentar saltar direito? Isso mesmo, uma boa chamada com os braços retos, os ombros alinhados com as mãos e uma boa aterrissagem. O que vocês mais gostaram nas sequências que viram? Muito bem, Matt – saltos legais, formas no ar. Isso, Marta, transições suaves. Legal, Tânia, rolamentos diferentes, variedade e firmeza nos equilíbrios finais. Vocês todos trabalharam bastante hoje. É isso aí!"

Sugestões de avaliação

• Um impulso forte e explosivo das pernas e o movimento para cima dos braços são a chave para saltos no ar. Verifique se as crianças pulam alto e tentam alcançar o teto com os braços.

• Durante os voos no ar, as crianças devem mostrar formas claras, firmes, que começam e terminam no momento adequado antes de aterrissar. Observe o bom alinhamento dos braços e das pernas e uma boa extensão dos dedos das mãos e dos pés.

• Saltar bem exige uma boa saída com os dois pés. Observe isso em cada aluno, bem como um bom posicionamento das mãos no plinto. Além disso, as crianças devem manter os braços retos, os ombros alinhados com as mãos e o quadril alto (ver Fig. 5.7). Com a maior parte do peso sobre os braços, as pernas ficam livres para fazer o trabalho delas.

Que mudanças posso fazer?

• Tente outros tipos de salto: com as duas pernas para o mesmo lado (salto lateral); com uma perna no meio e a outra para o lado (salto do lobo); salto com um quarto ou meio giro mudando de direção.

• Na ausência de plintos, faça o deslocamento em um banco ou em uma caixa pequena. Pule em cima da caixa para pegar impulso e subir. Faça uma forma no ar, aterrissagem, rolamento e equilíbrio.

Sugestões para ensinar condicionamento

• Alcançar uma boa altura em um salto saindo do solo ou de um banco exige força explosiva nas pernas. Tornar-se um bom saltador em vários tipos de equipamento requer braços muito fortes para suportar e impulsionar o corpo para cima.

• Criar formas durante o voo exige boa flexibilidade do corpo.

Sugestões para um currículo integrado

• Saltar sobre objetos é importante para as crianças se moverem com versatilidade. Os saltos podem ser usados para pular por cima de cercas, árvores caídas ou por cima de outras crianças, como na brincadeira de pula-sela. Peça às crianças que escrevam um parágrafo ou uma história curta na qual elas usam algum tipo de salto para passar por cima de um objeto ou de uma pessoa. A história pode ser sobre um jogo ou uma atividade real ou uma situação inventada, como ser perseguido por um urso em uma floresta.

• Saltar e pular são ações usadas em vários esportes, incluindo salto com vara, salto em altura, corrida de obstáculos, futebol americano (saltar sobre um zagueiro), basquete (saltar para um rebote) e vôlei (saltar para uma cortada). Que formas o corpo cria quando está no ar? Uma posição estendida, curvada, carpada, torcida? Compare as formas do corpo com as formas na matemática.

Atravessando o cruzamento

Objetivos

Como resultado da participação nesta experiência de aprendizagem, as crianças vão melhorar sua capacidade de:

• executar deslocamentos com os pés e as mãos para transferir o peso do corpo para cima, por cima, ao longo e para fora de equipamentos pequenos (norma 1);

• identificar segmentos de linha, intersecções de linha e quadrantes adjacentes (norma 2); e

• desenvolver e executar uma sequência de movimentos que inclua deslocamentos com os pés e as mãos em relação a equipamentos pequenos (normas 1 e 2).

Turmas sugeridas

Intermediárias (4º e 5º anos).

Organização

É necessário um espaço amplo e aberto. Espalhe os equipamentos para permitir que as crianças circulem livremente entre eles.

Equipamento necessário

Este exercício exige duas cordas e um colchão para cada duas crianças, além de vários outros equipamentos pequenos, como bambolês e varetas.

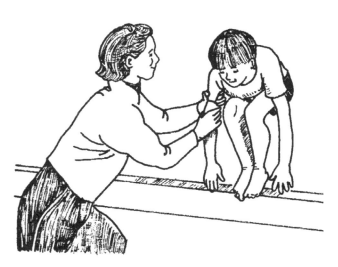

Figura 5.7 As crianças devem saltar sobre o equipamento e para fora dele pulando alto com os dois pés e mantendo o quadril elevado enquanto os ombros, as mãos e os braços se mantêm alinhados.

Descrição

"Quando vocês entraram hoje, viram que eu coloquei duas cordas juntas no solo para cada dupla. Cada par de cordas está no formato de uma cruz, com uma linha vertical e uma horizontal. Tomem cuidado para não tocar nas cordas – queremos que elas fiquem exatamente onde estão. Quando eu disser 'já', quero que cada um escolha um colega, vá até as cordas e fique em pé em um espaço aberto [quadrante] entre uma linha horizontal e uma linha vertical. Quando todo mundo estiver no lugar, fiquem parados, olhem para mim e esperem minhas instruções. Já! Muito bem, vocês foram rápidos. Nas cordas em que estiverem, quero que vocês pulem com um pé ou com os dois, indo de um espaço aberto [quadrante] para o outro (I). Vocês podem pular de um lado para o outro ou na diagonal. [Demonstrar o movimento para os lados e na diagonal em quadrantes diferentes.] Já. Continuem – para o lado; diagonal, lado, diagonal, lado. Com um pé só, com os dois. Que tipo de padrão vocês podem fazer? Parem. Desta vez, continuem movendo os pés da mesma forma, pulando com os dois pés ou com um só, mas passem de um espaço aberto [quadrante] para outro nas suas cordas, enquanto mudam de direção (E). Pulem às vezes para a frente, às vezes para trás e também para os lados. Continuem. Tentem formas diferentes. Criem uma ordem que possam repetir. Mostrem essa ordem para seu colega. Um de cada vez. Parem."

"A próxima tarefa é deslocar-se de suas cordas para outras duas cordas com seu colega. (E). Quando estiverem se deslocando entre os pares de corda, vocês podem executar *skips*, deslizes ou galopes. Quando chegarem a um novo par, quero que façam um *hop* ou um *jump* para entrar em cada espaço aberto [quadrante]. Depois, vão para outro, e outro. [Demonstrar.] O que vamos fazer dessa vez? Isso, Susan. Vamos praticar *skips*, deslizes ou galopes entre as cordas com nosso parceiro. Vamos executar *jumps* ou *hops* dentro de cada um dos espaços nas cordas e, então, seguir em frente. Pronto, já. Muito bem! Marvin e Steve estão executando o *skip* entre as cordas e pulando para trás em cada quadrante nas cordas. Ótimo! A Matilda e a colega estão galopando de uma corda para outra e *hop* só entre os espaços. Parem."

"Venham todos aqui nesse par de cordas. Sentem-se. Agora vamos usar os pés e as mãos para ir de um espaço [quadrante] para o outro (E). De novo, você e seu colega, um de cada vez. Vocês vão ter várias opções. Arrumei as

cordas desse jeito por uma razão. Vocês estão aprendendo em matemática que, quando duas linhas se cruzam, o ponto onde elas se encontram é chamado de quê? Isso, Kalila. Esse ponto é chamado de intersecção. Quando duas linhas se cruzam e formam ângulos retos, como descrevemos a relação entre as linhas? Isso, Gertrude, as linhas são perpendiculares. Está certo. Foi assim que eu arrumei as cordas hoje. Quando duas cordas se cruzam, temos uma intersecção, que cria quatro espaços abertos. Vejam, como aqui – um, dois, três, quatro. [Demonstrar.] Agora vamos ficar em pé em um espaço de frente para um dos segmentos da corda. A partir dessa posição, vamos colocar as duas mãos para baixo, ao mesmo tempo, em cima da corda e jogar as pernas para cima sob controle [alongar, tombar, dar o impulso; ver o exercício "Relógio", p. 104]. Depois, descemos os pés suavemente de volta para o solo [demonstrar] (R). Você termina no mesmo espaço que começou, em pé. Não quero ver ninguém batendo no solo. Vocês podem aterrissar com um ou com os dois pés. Comecem em pé e terminem em pé. Todo mundo pronto para tentar? Lembrem-se de que é um de cada vez no colchão. Voltem para suas cordas. Comecem. Muito bem. Lembrem-se de colocar as duas mãos no solo ao mesmo tempo. Aterrissem suavemente. Isso foi ótimo, Mark. Eu nem ouvi seus pés quando desceu! [Permitir que cada dupla pratique várias vezes.] Parem. Sentem-se."

"Agora, vamos usar as cordas para tentar algo diferente (E). Olhem para mim. Vou começar em um espaço aberto, de frente para um dos segmentos de corda. Desta vez vocês vão colocar uma mão para baixo no espaço em que seus pés começaram. Coloquem a outra mão para baixo em outro espaço adjacente. O que significa adjacente? Isso, significa 'próximo'. Observem. Chutem os pés para cima no ar e desçam no espaço próximo (Fig. 5.8). Aterrissem sobre um pé e depois desçam o outro. [Demonstrar.] Certo. Como uma estrela. Todo mundo entendeu? Muito bem. Comecem. Lembrem-se de revezar, uma vez você, outra vez seu colega. [Permitir que eles pratiquem várias vezes.] Parem. Agora, eu quero que vocês coloquem as duas mãos no solo, juntas ou uma de cada vez, e vão de um espaço aberto para o outro na diagonal [Demonstrar.] (E). Tentem manter as pernas bem estendidas, o máximo que puderem (R). Mantenham os braços firmes e retos e tentem deixar os ombros alinhados com as mãos (R). Quem for descer um pé de cada vez, tente fazer isso devagar – mão, mão, pé, pé – como uma estrela (R). Quem for descer

Figura 5.8 Deslocando-se de um espaço para o outro usando ações de locomoção que transferem o peso dos pés para as mãos e de volta para os pés.

os dois pés juntos, deixe as pernas unidas, carpe, e desça os pés de uma vez juntos, como um rodante (R). De novo, uma vez cada um, você e seu parceiro. Comecem. [Permitir que eles tentem várias vezes.] Parem."

"Isso foi muito bom! Agora vocês podem continuar usando as cordas, ou podem trocá-las por um bambolê ou uma vareta. Vamos trabalhar agora fazendo uma sequência. Vocês vão trabalhar com seu parceiro, mas cada um vai criar sua própria sequência. Quando for sua vez de olhar, você pode ajudar o parceiro com sugestões de como ele pode melhorar sua forma. Vamos começar usando nosso equipamento. Como vínhamos fazendo, quero que vocês comecem transferindo seu peso dos pés para as mãos e para os pés. Só que, dessa vez, eu quero que vocês tentem usar o equipamento para se deslocar para dentro, para fora, ao longo e por cima dele [Demonstrar.] (E). Tenham certeza de deixar os glúteos e as pernas firmes quando aterrissarem suavemente e com controle sobre os pés (R). Afastem os dedos e coloquem a palma toda no solo quando apoiarem o peso nas mãos (R). Mantenham os braços retos – ombros alinhados com os punhos (R). Já. [Permitir que eles pratiquem várias vezes.] Parem. Dessa vez, façam a mesma atividade, mas mudem a velocidade dos movimentos (E). Por exemplo, façam vários saltos do coelho, rápido e depois devagar, para se deslocarem para dentro, para fora, por cima ou ao longo de seu equipamento. Ou, vocês podem fazer uma estrela devagar por cima do equipamento e voltar fazendo um rodante rápido. Pensem em seu próprio jeito de resolver o problema. Para mim tem que ficar claro quais são os movimentos rápidos e quais são os lentos. Já. [Deixar cada parceiro praticar várias vezes.] Parem. [Apontar exemplos de vários alunos e depois deixar que eles continuem trabalhando.] Comecem de novo. [Deixar que eles pratiquem várias vezes.] Parem."

"Vamos usar essa ideia de transferência de peso dos pés para as mãos e de volta para os pés enquanto nos movemos para equipamentos diferentes (E). Dessa vez, vocês vão trabalhar sozinhos. Mas quando estiverem indo para outro equipamento, prestem atenção onde estão as outras pessoas. Não quero ver mais que duas pessoas em cada equipamento ao mesmo tempo (sem filas grandes para esperar sua vez). Usem os movimentos de *skips*, deslizes e galopes para se deslocar de um equipamento para o outro. Quando chegarem ao novo equipamento, usem os movimentos pés-mãos-pés para entrar, sair, passar por cima ou pela extensão do equipamento. [Demonstrar.] Tentem formas novas e desafiadoras. Já. Lembrem-se de se deslocar com os pés entre os equipamentos. Usem as mãos e os pés para se deslocar para dentro, para fora, por cima ou ao longo deles. Tentem formas novas e diferentes. Parem. Venham aqui e se sentem."

"Ok. Vamos terminar nossa aula desenvolvendo uma sequência (A). Vocês vão criar uma sequência de movimentos usando as habilidades que acabaram de praticar. Cada um vai escolher um equipamento e ficar perto dele. Comecem com um equilíbrio longe do equipamento. Usem uma ação de deslocamento com os pés para se aproximar do equipamento. Usando o movimento pés-mãos-pés desloquem-se para dentro, para fora, por cima ou ao longo do equipamento. Terminem com um equilíbrio. Pensem também em mudar sua velocidade durante a sequência. Por exemplo, posso fazer um equilíbrio no nível baixo para começar. Depois de ficar parado para mostrar que tenho controle, posso me mover devagar, ficando em pé, depois posso executar um *skip* rapidamente para chegar ao meu equipamento. Posso terminar minha sequência com uma estrela para dentro e para fora do meu bambolê ou em um equilíbrio com as duas mãos e um pé no solo. Minha perna livre pode estar estendida, apontando para o céu. [Demonstrar.] Tentem vários jeitos de fazer isso. Já. [Deixar que eles pratiquem várias vezes.] Para terminar a aula, quero que escolham a sequência de que mais gostaram. Pratiquem várias vezes. Já. [Deixar que pratiquem várias vezes.] Parem. Agora é hora do *show*! Quero que essa metade da sala faça sua sequência duas vezes. Se for sua vez de assistir, escolha alguém e observe o equilíbrio inicial dessa pessoa, a aproximação, a transferência de peso pés-mãos-pés e o equilíbrio final. Quando ela tiver acabado, diga-lhe do que gostou na sequência. Depois vai ser a vez da outra metade da sala apresentar a sequência enquanto a primeira observa."

Sugestões de avaliação

• Ao transferir o peso para as mãos, as crianças devem manter os braços afastados na largura dos ombros. Os braços também têm que estar retos, com os cotovelos travados (ombros acima das mãos). Observe para ver se os braços das crianças parecem os raios de uma roda e se eles estão retos, com os cotovelos travados.

• Depois de transferir o peso para as mãos, as crianças devem voltar suavemente para os pés, sob controle. Observe para ver se as crianças estão aterrissando suavemente ou se elas estão batendo no solo de uma vez.

• As crianças devem mostrar formas variadas de transferir o peso dos pés para as mãos e de volta para os pés conforme se relacionam com o equipamento (mão, mão; as duas mãos juntas; pé, pé; os dois pés juntos). Observe se as crianças mostram formas diferentes de transferir o peso das mãos de volta para os pés. Elas também conseguem começar o movimento dos dois lados – direito e esquerdo?

• Elas também precisam demonstrar velocidades diferentes na transferência de peso dos pés para as mãos e de volta para os pés – rápido, devagar. Elas conseguem executar essas ações de transferência de peso lentamente, sob controle e com mais velocidade?

Que mudanças posso fazer?

• Acrescente bancos, caixas ou uma combinação deles para tornar a transferência de peso mais desafiadora. Use uma transferência de peso pés-mãos-pés para se mover sobre, ao longo, em cima ou para fora do equipamento.

• Faça a sequência final para dois trechos de música diferentes – um rápido e ritmado, outro lento e fluido – para demonstrar a mesma sequência com mudanças na velocidade.

Sugestões para ensinar condicionamento

Transferir o peso dos pés para as mãos e de volta para os pés exige o desenvolvimento de força nos braços e na cintura escapular. Chutar os pés para o ar exige que as crianças suportem todo o peso do corpo nos braços. Como os braços podem se cansar rapidamente no início, observe se as crianças estão fadigadas e permita que elas descansem por períodos curtos para que possam se recuperar.

Sugestões para um currículo integrado

Relacione o uso das cordas durante essa aula com conceitos matemáticos que as crianças estejam aprendendo em sala de aula. Esses conceitos podem incluir segmentos de linha, intersecção de linhas, linhas perpendiculares, propriedades de ângulos diagonais e adjacentes e os princípios de reflexão, rotação e translação na geometria. Nesse caso, as crianças podem começar com uma forma de equilíbrio em um dos quadrantes, transferir o peso dos pés para as mãos, e de novo para os pés em um novo quadrante e terminar em um equilíbrio que seja igual ao primeiro (translação) ou o reflexo do primeiro (reflexão).

Sugestões de inclusão

Como esta aula é sobre o desenvolvimento de força nos braços e nos ombros, pense sobre as habilidades de desenvolvimento das crianças. Crianças em cadeiras de rodas podem se mover de um quadrante para outro com a cadeira. Crianças que usam muletas podem apoiar o peso nas muletas e depois transferir o peso para outro quadrante, conforme se movem de um lugar para outro. Crianças incapazes de andar podem usar os braços para empurrar ou puxar (deslizar) o próprio corpo ao longo do solo de um quadrante para outro.

Relógio

Objetivos

Como resultado da participação nesta experiência de aprendizagem, as crianças vão melhorar sua capacidade de:

• executar deslocamentos para transferir o peso do corpo dos pés para as mãos e de volta para os pés de várias formas (norma 1);

- desenvolver força nos braços e na cintura escapular (norma 4); e

- trabalhar em cooperação com um parceiro em tarefas individuais e no desenvolvimento de uma sequência (norma 5).

Turmas sugeridas

Intermediárias (5º e 6º anos).

Organização

Um espaço amplo e aberto, como o piso de um ginásio, um palco ou uma lona estendida em um gramado, é essencial. Colchões podem ser posicionados em fileiras, colunas ou espalhados aleatoriamente com espaço adequado entre eles.

Equipamento necessário

Um bambolê, um pedaço de giz e um colchão (de 1,2 por 1,8 m) para cada duas crianças. Uma música de fundo também pode ser usada para criar um ambiente de trabalho artístico.

Descrição

"Vamos começar hoje com deslocamentos no solo. Fiquem longe dos colchões. Isso, alguns estão correndo, outros estão praticando *jumps*, *hops* ou *skips*. Lembrem-se: mantenham boa postura, como um ginasta. Não é uma corrida; joelhos elevados, pés leves. Usem os braços para levantar e manter a postura do tronco até a cabeça. Muito bom! Também estou vendo que vocês se lembraram de ir para trás e para o lado, deem passos longos e passos curtos; às vezes mais rápido, às vezes mais devagar. Parem!"

"Ok. Desta vez, quando se deslocarem, aproximem-se de um colchão. Quando chegarem perto de um, abaixem-se e coloquem as mãos sobre o colchão. Transfiram o peso, mudando dos pés para as mãos, então para os pés e para as mãos de novo até atravessar o colchão. Então saiam do colchão e sigam para outro, usando os pés e as mãos de jeitos diferentes para continuar se movimentando. Alguma pergunta? Já!"

[Após algum tempo de prática.] "Cada vez que vocês chegarem a um colchão novo, lembrem-se de fazer coisas diferentes com o corpo e com os pés quando estiverem apoiados nas mãos. Fiquem grupados e façam o salto do coelho. [Demonstrar.] Alonguem o corpo e façam o coice de mula. Aterrissem com um pé, com o outro, com os dois. Desçam os pés no lugar em que começaram. Levem os pés para a esquerda ou para a direita, torcendo o corpo. Lembrem-se: vocês estão se deslocando pelo colchão, então a posição das mãos e dos pés devem levar para algum lugar. Também quero ver vocês aterrissando devagar sobre os pés – nada de bater no solo! Tentem mais uma vez. [Sinalizar para começarem e pararem.] Venham até aqui."

"Bom aquecimento! Agora já estamos prontos para a parte principal da aula: apoiar nosso peso nas mãos usando um relógio (I). Todo mundo vai ter um colega para ajudar. No colchão de vocês, usem um pedaço de giz ou um bambolê para desenhar o mostrador de um relógio. Desenhem os números de 1 a 12 no colchão. Aí vocês vão estar prontos para começar. Vou explicar o que vocês vão fazer, assim que tiver um voluntário para me ajudar a demonstrar. [Escolher um aluno.]"

"Você e seu parceiro vão se revezar. Um vai trabalhar e o outro observar. O observador vai dizer as horas e as posições em que o outro vai começar e terminar. [Anotar o progresso em um mural, se desejar.] O observador também vai passar para o colega algumas orientações para ajudá-lo a fazer o exercício melhor."

"Comecem cada movimento com um alongamento fino [lápis], em pé sobre um número ao lado do relógio (R). Todos vão começar no número 6. [O aluno demonstra os movimentos a seguir.] Os braços devem estar bem estendidos, alongados acima de sua cabeça; a partir daqui, inclinem-se ou tombem para a frente (R). Isso vai jogar o seu centro de gravidade para fora da sua base de apoio e vocês começarão a perder o equilíbrio. Então, deem um passo curto ou um impulso para a frente; curvem-se para a frente e coloquem as mãos no solo, no centro do relógio (R) (ver Fig. 5.9). A perna de trás vai para cima reta e firme e depois aterrissa suavemente sobre o mesmo lugar, nesse caso no número 6 de novo (R). Então, a sequência fica: alongar, tombar, impulsionar, chutar para cima. Vamos ver a Jenny fazer tudo isso. Ela começa no número 6, alonga, tomba, pega impulso e chuta para cima. Reparem que ela chutou com só um pouco de força. Repitam a sequência até vocês conseguirem controlar o chute. Se chutarem bem alto e controlarem a posição por bastante tempo, o que vocês acham que estarão fazendo? Isso, Zachary, uma parada de mão!"

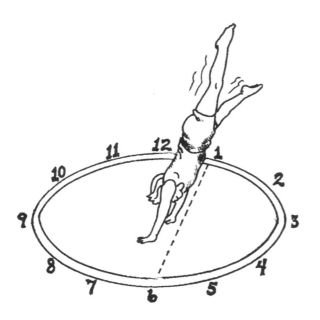

Figura 5.9 Apoiando o peso nas mãos ao usar o mostrador do relógio.

"O observador tem de prestar atenção em dois detalhes (R): os braços do seu parceiro estão sempre retos e, quando ele dá o impulso, o joelho está exatamente na mesma direção do pé da frente? A Jenny vai tentar mais uma vez, agora todos prestem atenção para ver se os braços dela estão retos e onde está o joelho dela quando ela dá o impulso. Se o parceiro precisar de ajuda, o observador pode dizer a ele qual dessas coisas o parceiro precisa trabalhar. Lembrem-se: enquanto for o observador, você também vai falar os números para ele começar e terminar. Depois de duas tentativas em cada número, troquem de posição. Ok? Alguma pergunta? Não, então vamos lá. Arrumem um parceiro, vão para um colchão e comecem. [Enquanto eles praticam.] "Lembrem-se que, fazendo o Relógio, vocês estão desenvolvendo a força dos braços e o controle do corpo, e executando deslocamentos para transferir o peso dos pés, para as mãos, para os pés. O observador precisa verificar se os braços do parceiro estão retos e se o joelho dele está alinhado com o pé."

"Façam assim (E):
- Comecem no 6, apoiem o peso nas mãos, voltem para o 6. Comecem no 6, voltem para o 5 ou vão para o 7.
- Comecem no 6, voltem para o 4 ou sigam até o 8, aumentando o ângulo de rotação.
- Comecem no 6, voltem para o 6 mudando a perna da aterrissagem (faça uma tesoura no ar). Desçam com os dois pés.
- O parceiro fala a posição: do 6 para o 8, do 8 para o 5, do 4 para o 7.
- Mudem a posição das mãos no centro do relógio para permitir maior rotação: do 6 para o 10, do 6 para o 2, do 6 para o 11, do 6 para o 1, do 6 para o 12.
- Para aqueles que conseguirem fazer giros, diminuam o raio do mostrador. Deixem os pés próximos das mãos."

"Parem. Venham todos para cá e sentem-se. Hoje nós trabalhamos bastante usando várias formas de transferir o peso do corpo dos pés para as mãos e de novo para os pés com vários deslocamentos. Isso ajuda a desenvolver o controle e a força dos braços. Conforme formos melhorando, seremos capazes de usar essas ações para criar sequências sozinhos ou com um parceiro. Vamos trabalhar isso em outras aulas mais para a frente. Por hoje é só."

Sugestões de avaliação

- Durante a segunda parte do aquecimento, as crianças devem usar os colchões e os espaços no solo de modo intercambiável. Elas devem ir para os espaços abertos e trabalhar em turnos, em vez de formar longas filas. Pare a aula de vez em quando para ver se elas estão usando bem o espaço. As crianças estão se espalhando em vez de ficar amontoadas?
- Enfatize a boa mecânica e o controle durante a prática. Concentre o esforço das crianças em braços retos, joelho alinhado com o pé e corpo firme. Um trabalho cuidadoso agora renderá frutos em sequências mais sofisticadas adiante.

Que mudanças posso fazer?

- Para desenvolver força nos braços, uma variação interessante do exercício do Relógio é colocar os pés no centro e mover as mãos ao redor do relógio em posição de flexão.
- Uma vez que as crianças tenham adquirido controle em apoiar o próprio peso nas mãos, encoraje-as a usar essas ações de transferência de peso dos pés para as mãos e de novo para os pés em uma sequência. Os dois exemplos a seguir incluem um parceiro. Durante essas duas sequências com parceiros, coloque uma música de fundo para tocar. As crianças gostam de coreografar o trabalho de acordo com a música.
- Acrescente uma sequência com um parceiro:
  - *Liderar, seguir.* Um parceiro monta uma sequência curta, que o outro copia ou repete. Por exemplo,

jump ou *hop*, três vezes, para chegar ao colchão (considerando a direção, os turnos e o tempo), alongar, tombar, impulsionar, voltar com um pé ou com os dois, abaixar para um rolamento que escolher e terminar em um equilíbrio que preferir.

- *Parceiros se movendo simultaneamente.* Executar uma sequência parecida com a anterior (liderar, seguir), com ênfase no relacionamento com o parceiro. O parceiro vai executar os movimentos correspondentes lado a lado, ou espelhar os movimentos do outro frente a frente.

Sugestões para ensinar condicionamento

Essa aula exige que as crianças desenvolvam bastante força no braço e na cintura escapular. Esse pode ser o foco do seu trabalho durante algum tempo, uma vez que não se desenvolve força nos braços e nos ombros em apenas uma aula. Como professor, lembre-se de que os braços e os ombros dos alunos vão ficar cansados. Conforme eles forem se cansando, passe para o trabalho em sequência e volte para esse exercício em várias aulas.

Sugestões para um currículo integrado

O trabalho em parceria pode começar com os alunos falando os números para a posição no relógio. Comece enfatizando o papel dos parceiros em dar um *feedback* sobre o desempenho do outro. Faça-os passar ao colega o que observaram em relação à posição dos braços e pernas, aterrissagens suaves e posição das mãos, se necessário. Isso lhes proporciona responsabilidade por ajudar com orientações, melhorar suas habilidades de comunicação, ficar mais cientes de orientações importantes para um bom desempenho e aumenta a percepção estética deles. Ao fazer com que eles usem *checklists* e ofereçam sugestões, você os ajuda a desenvolver suas habilidades de fala e escrita.

Sugestões de inclusão

Esta aula é focada no desenvolvimento de força e resistência nos braços. As crianças podem participar de várias formas, dependendo de suas habilidades individuais. Por exemplo, crianças que usam muletas podem usar os braços com a muleta para apoiar o peso do corpo momentaneamente, enquanto balançam em direção a vá-

rios números no relógio. Se elas estiverem em cadeiras de rodas, podem usar os braços para subir e descer rampas. Crianças incapazes de andar podem usar os braços para deslizar ou para empurrar o próprio corpo para a frente, para trás ou ao redor do círculo (mostrador do relógio) no solo.

Quero ver você subir

Objetivos

Como resultado da participação nesta experiência de aprendizagem, as crianças vão melhorar sua capacidade de:

- demonstrar o uso apropriado da tomada dorsal, da palmar e da mista (norma 1); e
- realizar uma sequência de movimentos que envolva uma ação de subida, um rolamento e um equilíbrio, começando sob um equipamento maior (norma 1).

Turmas sugeridas

Intermediária (6º ano).

Organização

É necessário um espaço amplo e aberto, com colchões posicionados embaixo de cada equipamento para segurança. Acrescente outros colchões para as crianças poderem criar sequências longe do equipamento.

Equipamento necessário

Esta experiência de aprendizagem exige um ou mais dos seguintes equipamentos: traves de equilíbrio, barras fixas ou barras paralelas. Nesta aula, os alunos vão trabalhar embaixo do equipamento, portanto até quatro crianças podem usar um equipamento ao mesmo tempo. O ideal seria dispor de, pelo menos, três equipamentos, mas você pode adaptar isso à situação que tiver na escola. Além de colocar colchões embaixo do equipamento, coloque pelo menos dois colchões além dos posicionados abaixo dos equipamentos, na direção das entradas e saídas dele, para proporcionar espaço para uma sequência, aumentar a segurança e oferecer mais oportunidades para a prática.

Descrição

"Como vocês podem ver, hoje nós vamos usar um equipamento grande. Vai ser uma aula desafiadora! Mas antes de começarmos a trabalhar no equipamento, precisamos nos aquecer apropriadamente. Encontrem espaço em um colchão e deitem-se. Alonguem-se o máximo que puderem. Estendam bastante. Imaginem que duas pessoas puxam, simultaneamente, os seus pés e os seus braços em direções opostas. Agora afastem os braços e as pernas o máximo que conseguirem; imaginem uma pessoa puxando cada braço e cada perna para um lado ao mesmo tempo. Agora, grupem o corpo como se vocês fossem uma bola. Relaxem alongando de novo. Repitam essa sequência três vezes bem devagar: estender, alargar, encolher."

[Quando eles terminarem.] "Agora, vamos começar sentando com as pernas estendidas e alcançando os pés com as mãos. Mantenham essa posição e contem de 10 a 15 segundos. Sintam o alongamento nas costas e nos músculos isquiotibiais. Agora balancem de volta até a posição de vela e alonguem as pernas em tesoura ampla. Desçam para a posição sentada com as pernas afastadas lateralmente, coloquem uma mão atrás das costas e levantem o corpo no ar, alongando o braço que está livre para cima. O peso do seu corpo deve estar apoiado na mão atrás de suas costas e nos seus pés. Relaxem. Agora juntem essas três ações e repitam três vezes e devagar: sentado com as pernas para a frente, vela, pernas afastadas lateralmente. Tentem sozinhos. [Sinalizar para pararem.]"

"Quando eu disser 'já', vocês vão para as traves, para as barras paralelas ou para as horizontais. Não quero mais de quatro de vocês em cada equipamento. Se preciso, vocês podem se revezar com um parceiro. Já. [Quando posicionados] Onde vocês estiverem, sentem-se exatamente embaixo do equipamento, para que a trave ou a barra fique em cima da cabeça de vocês (I). Ajustem a trave ou a barra em uma altura que consigam alcançá-la e segurá-la com os dois braços, para que vocês se alonguem confortavelmente. Sentem-se cada um para um lado, para que fiquem de frente para o lado oposto da pessoa ao seu lado. Isso vai permitir que vocês se movam em direções opostas sem atrapalhar o trabalho do colega."

"Primeiro, vamos aprender as posições da tomada com as mãos. Todos precisam conseguir fazer isso ao mesmo tempo. Levantem os braços e segurem a trave ou barra com as duas palmas de frente para vocês [Polegares para fora.] (R). Isso é chamado de tomada palmar. Levantem os braços e segurem a barra ou a trave com as palmas de costas para vocês [Polegares para dentro.] (R). Essa é chamada tomada dorsal. Ergam os braços e segurem a trave ou barra com uma palma voltada para vocês e outra de costas para vocês (R). Essa é a tomada mista [Demonstrar.] (ver Fig. 5.10) (R). Prontos? Mostrem para mim uma tomada... mista... por cima... por baixo. Certo! Vocês pegaram o jeito!"

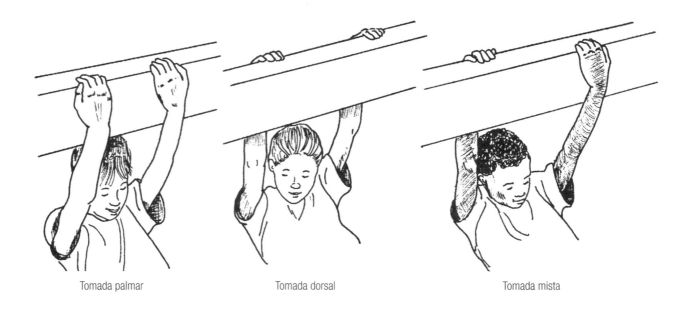

Tomada palmar   Tomada dorsal   Tomada mista

Figura 5.10 As barras podem ser agarradas com as mãos de três maneiras distintas.

"Agora vamos por as tomadas em prática (E). Vou mostrar. Sentados exatamente embaixo do equipamento, vocês vão usar uma tomada mista. Puxem e depois empurrem seu corpo virando-o enquanto fazem um quarto de giro e subam nos dois joelhos [Demonstrar.] (R). Os braços cruzarão conforme vocês subirem para ficar de joelhos (R). A sequência é puxar, virar, joelhos. Vocês só conseguem ir para um lado desse jeito; vejam se percebem. Façam em turnos se for preciso. Além disso, tentem a pegada mista ao contrário e levantem sobre os joelhos para o outro lado (E). [Após praticarem várias vezes.] Tentem o mesmo movimento, mas façam um meio giro quando forem ficar de joelhos (E). Tentem na direção oposta também (E)."

"Em seguida, quero que vocês usem a tomada mista com um quarto ou meio giro e se levantem sobre um joelho e um pé (E). Agora usem a pegada por baixo e tentem se puxar e subir até ficar em pé de costas para a trave ou para a barra (E). Isso é o que chamamos de onda. Puxem, façam a onda, em pé. Conforme os braços vão para cima e para trás, o tórax deve levar o corpo para uma posição ereta, em pé. [Demonstrar. Deixar que eles pratiquem várias vezes.]"

"Todos esses movimentos para subir são os mesmos que vocês executam quando concluem a posição da vela. Eles deixam vocês em uma posição na qual precisam decidir o que virá em seguida. Levantar com os dois joelhos permite que vocês balancem o corpo para voltar para a posição de vela. Levantar com um joelho e um pé vai oferecer uma saída fácil para uma estrela. Levantar com os dois pés permite o movimento para deslocamento com os pés. Com qualquer uma dessas ações, vocês podem tanto se afastar da barra ou da trave como se aproximar delas para ações contínuas e sequências. Vamos tentar algumas dessas combinações, começando com a subida nos dois joelhos, então balançando de volta para uma vela (E). Vão praticando enquanto eu dou uma volta pela sala e ajudo vocês. [Continuar com outras combinações.]"

"Vamos terminar a aula fazendo uma sequência curta (A). Façam a subida que quiserem. Passem para a posição de vela, rolamento, estrela ou deslocamento com os pés – para longe ou de volta para a barra ou trave. Terminem em uma posição de equilíbrio no solo, na barra ou na trave. Pratiquem sua sequência várias vezes até que consigam executá-la com suavidade. Mostrem a sequência para um colega."

"Parem. Venham todos aqui. Quem sabe me dizer o nome das três posições das mãos no equipamento que aprendemos hoje? Quando vocês começaram essas posições, onde vocês estavam? Isso, Bill, sentados embaixo da barra ou da trave com as pernas estendidas para a frente. Quando saíram da posição de ginasta, o que vocês fizeram? Isso mesmo, Li, vocês transferiram o peso do corpo para os dois pés, um joelho e um pé, ou para os dois joelhos. Esse movimento criou uma transição suave para vocês conseguirem continuar e unir uma ação à outra para criar uma sequência. Isso é difícil e vocês estão fazendo muito bem."

Sugestões de avaliação

• As crianças estão usando a tomada apropriada (como na Fig. 5.10)?

• As crianças estão com um bom alinhamento do corpo? Os movimentos de subida devem trazer o corpo para posições eretas (Fig. 5.11). O corpo deve estar firme. Em uma subida usando os dois joelhos, o quadril deve estar posicionado acima dos joelhos, por exemplo, e não flácido. Observe se em uma subida sobre um pé e um joelho, o quadril está posicionado sobre a perna ajoelhada, com o joelho da frente alinhado com o pé. Uma subida usando a onda deve começar da posição sentada e alongada com o corpo ereto e diretamente embaixo da barra ou trave, terminando com o corpo sobre os pés.

• As ações na sequência são ligadas suavemente, com uma ação levando à outra? O fato de utilizar a boa mecânica corporal ajuda na fluência em todas as ações. A puxada nas ações de subida leva o centro de gravidade para uma nova base de apoio (joelhos e pés). A subida pode levar à posição de vela, a uma ação de deslocamento com os pés ou a um giro. Da mesma forma que o pêndulo de um relógio, a ação de subida no final de um balanço é usada para estabelecer a quantidade de movimento para a ação descendente a seguir. Um movimento direciona para a próxima transição suave.

Que mudanças posso fazer?

• Acrescente outra tarefa à sequência, como uma posição de apoio em cima da trave, um afastamento lateral sobre a trave ou uma rotação ao redor dela.

Figura 5.11 As crianças também podem se erguer para sair das barras ou das traves de várias formas.

- Combine trabalhos em cima e ao redor da trave com trabalhos embaixo da trave para criar sequências de movimento.
- Acrescente equipamentos como bancos ou caixas para o deslocamento para longe da trave e em direção a outros equipamentos.

Sugestões para ensinar condicionamento

- Como o trabalho nesta aula é feito principalmente embaixo das barras ou da trave, as crianças estão desenvolvendo força nos braços ao usar as diversas tomadas para empurrar ou puxar o corpo para outras posições em relação ao equipamento.
- As crianças podem usar tomadas diferentes para puxar e suspender o corpo no ar. Organize uma competição para ver se elas conseguem ficar suspensas por 10, 20 ou 30 segundos.
- Oriente as crianças a manter os calcanhares no solo quando estiverem na posição sentada e estendida embaixo do equipamento; e a subir para a posição em que ficam suspensas embaixo do equipamento com o corpo reto e estendido. Então, peça a elas que puxem o corpo e façam um *chin-up* modificado, enquanto mantêm o corpo reto como uma tábua – braços flexionados, corpo reto, calcanhares na frente encostados no solo.

Sugestões para um currículo integrado

- Toda série tem começo, meio e fim – a entrada, algumas ações e a saída. As crianças fazem uma subida, uma ação e um equilíbrio. Compare uma série ou sequência a uma oração. Uma oração tem começo, meio e fim – um sujeito, um predicado e uma pontuação ou ponto final.
- Use vídeos gravados em aulas anteriores ou de ginastas olímpicos. Mostre às crianças algumas séries de ginástica na trave ou na barra. Relacione as sequências no vídeo com as séries das crianças. Como uma tarefa de linguagem, peça às crianças que anotem suas próprias sequências usando palavras-chave, *checklists* ou diagramas.
- Enfatize o conceito de ciência no uso da mecânica corporal para ajudar na fluência de todas as ações. A puxada nas ações de subida erguem o centro de gravidade para uma outra base de apoio (joelhos e pés). A subida pode levar à posição de vela, a uma ação de deslocamento com os pés ou a um giro. Da mesma forma que o pêndulo de um relógio, a ação de subida no final de um balanço é usada para estabelecer a quantidade de movimento para a ação descendente a seguir. Um movimento direciona em transição suave para o próximo.

Sugestões de inclusão

Crianças que são capazes de utilizar, pelo menos, os braços conseguem se suspender embaixo da trave ou das barras por algum tempo. Elas também podem fazer viradas ou torcidas verticais (um quarto ou meio) usando as mesmas tomadas que as outras crianças para reposicionar seus corpos embaixo do equipamento. Essas crianças também podem suportar o peso do próprio corpo usando tomadas dorsal ou palmar enquanto criam formas diferentes (ampla, estreita; simétrica, assimétrica; estendida, grupada).

Eu e minha sombra

Objetivos

Como resultado da participação nesta experiência de aprendizagem, as crianças vão melhorar sua capacidade de:
- explorar os relacionamentos de encontro e separação, liderar e seguir, espelhar e corresponder (normas 1 e 2);
- trabalhar responsabilidade em relação a outra pessoa, fazendo as adaptações necessárias (norma 5); e
- desenvolver e executar uma sequência contínua de deslocamento, equilíbrio, deslocamento com um parceiro (normas 1, 2 e 5).

Turmas sugeridas

Intermediária (6º ano).

Organização

É necessário um espaço amplo e aberto, com colchões espalhados para que as crianças possam se deslocar entre eles.

Equipamento necessário

Um colchão para cada duas crianças é o ideal. Você também vai precisar de uma ficha pautada de aproximadamente 12,5 × 7,5 cm e de um lápis para cada aluno.

Descrição

"Hoje vocês vão trabalhar com um parceiro. Vou contar até cinco para vocês se sentarem ao lado de alguém. Um, dois, três, quatro, cinco. Vamos trabalhar bastante os diferentes relacionamentos que vocês podem estabelecer com o parceiro (I). Vamos começar brincando de siga o líder para aquecer. Qual parceiro vai liderar? Qual vai seguir? Vocês escolhem. O líder pode escolher corrida, *jump*, *hop*, *skip* ou qualquer outra coisa no solo. O seguidor deve fazer tudo o que o líder fizer. Quando chegarem a um colchão, escolham um rolamento, estrela ou alguma outra ação. Já."

[Durante o aquecimento] "Lembrem-se de mudar a trajetória e as direções (E). Comecem devagar para que o seu parceiro consiga lembrar o que você fez. Um bom lí-der observa com o canto do olho para ver se seus seguidores estão conseguindo acompanhar (R). Se estiverem prontos, podem acelerar; ir mais devagar; tentar giros, piruetas e saltos com uma forma no ar; ou o que quiserem (E). Continuem trabalhando. Muito bom! Estou vendo saltos com um quarto e meio giros, saltos, rolamento no eixo longitudinal, em forma de lápis, até um rolamento sobre os ombros levantando com apoio em um joelho e um pé. Parem. Agora o seguidor vai ser o líder. Trabalhem bastante para acompanhar o parceiro. Fiquem perto dele e antecipem as mudanças no deslocamento dele. Por exemplo, tentem o *skip* para a frente e então deslizem para o lado. Isso, Felipe! Você estava bem atento dessa vez. Parem; agora a dupla vai até um colchão."

"Agora, vocês vão trabalhar espelhando os movimentos do parceiro enquanto os dois se movem (E). Espelhar significa que você copia alguém exatamente, como se fosse um reflexo (em um espelho). [Explicar que a direita vira esquerda.] Agora, decidam quem vai ser o líder e quem vai ser o espelho. [Quando pronto.] Ok, vocês vão começar parados, um de frente para o outro. O líder vai mudando devagar a posição do braço e da perna para criar formas diferentes (E). Façam algumas formas simétricas e algumas assimétricas (E). Algumas no nível alto, outras no baixo (E). Trabalhem para conseguirem mudar de forma, em perfeita sintonia, de modo que eu não consiga saber quem está liderando e quem está seguindo (R). Já. [Após um tempo de prática.] Tentem alguns deslocamentos enquanto se espelham (E). Façam *hops* e *jumps*. Enquanto estiverem espelhando um ao outro, movam-se para se encontrar e para se separar (E). Não se esqueçam de trocar de papel. Parem."

"Vamos trabalhar agora correspondendo o movimento de nosso parceiro (E). Corresponder significa que você vai fazer exatamente a mesma coisa que seu parceiro. É o oposto de espelhar; o lado direito é o lado direito. Vamos tentar isso trabalhando em uma sequência que eu vou passar para vocês com um número específico de ações. Primeiro, vamos ver se conseguimos fazer as quatro ações juntos. Eu lidero. As ações são *hop* para a esquerda, *hop* para a esquerda de novo, *jump* para a frente, meio giro no sentido horário. Prontos? Façam comigo: *hop*, *hop*, *jump*, giro. De novo! *Hop*, *hop*, *jump*, giro. Todo mundo junto. Mais uma vez. *Hop*, *hop*, *jump*, giro. Muito bom. Vocês estão pegando a ideia. Agora, com um parceiro em um colchão, criem sua própria sequência com oito ações (E). Vocês podem escolher ficar um na frente do outro ou lado a lado. Vocês podem escolher qualquer combinação de ações de locomoção ou até fazer um rolamento ou estrela. Tentem algumas ações por uns dois minutos para escolher as oito que vocês vão querer na sequência. [Durante a prática.] Agora trabalhem a questão da sincronia. Tenham certeza de estar fazendo os movimentos juntos. Vocês têm que parecer que são a sombra um do outro. Bom trabalho! [Sinalizar para pararem.]"

"Para o nosso último desafio hoje, vocês vão criar uma sequência, colocando outras opções (A). A sequência vai ser um deslocamento com oito ações, um equilíbrio e outro deslocamento com oito ações com seu parceiro. Suas novas opções podem incluir se encontrar e se separar, espelhar e corresponder. Por exemplo, os parceiros podem começar longe um do outro, fora do colchão. Vocês podem usar as primeiras oito ações para executar *hop, hop, jump* com um quarto de giro no sentido horário, deslizar, deslizar, deslizar, *jump* com um quarto de giro no sentido anti-horário e salto afastado. Durante essas oito ações vocês podem estar se aproximando para chegar ao colchão; vocês vão se encontrar. [Demonstrar.] Em seguida, vocês podem escolher um equilíbrio simétrico ou assimétrico. [Demonstrar.] Por fim, vocês podem usar outras oito ações para se afastar, então vocês estarão se separando. Durante toda a sequência, vocês vão escolher espelhar, direita para esquerda, ou corresponder, direita para direita, os movimentos de seu parceiro."

"A chave é escolher deslocamentos e um equilíbrio que você consiga fazer com seu parceiro, pois vocês terão de tomar um monte de decisões. Isso vai desafiá-los a trabalhar duro. Lembrem-se: deslocamento, equilíbrio, deslocamento. Quando vocês decidirem as ações e a ordem da sequência, pratiquem várias vezes até estarem prontos para apresentar para os outros colegas."

[Após várias repetições.] "Hoje nós vamos terminar fingindo que estamos nas Olimpíadas. Você e seu parceiro vão apresentar a sequência para outra dupla que ainda não viu a série. Vocês vão julgar a sequência dos seus colegas e eles vão julgar a de vocês. Eu vou entregar uma ficha e vocês têm que julgar a sequência a que assistirem dentro de uma escala de seis pontos. Os juízes atribuirão dois pontos pela escolha dos deslocamentos. Vocês têm de mostrar variedade: deslocamento com os pés e um rolamento ou estrela, por exemplo. Dois pontos vão ser pela escolha da posição de equilíbrio. Dois pontos vão ser pela qualidade com que cada pessoa espelha ou corresponde o movimento do parceiro. Além disso, vocês têm de escrever na ficha uma frase a respeito do que gostou na sequência que julgou."

Sugestões de avaliação

• A sincronia das ações do parceiro é importante (ver Fig. 5.12). Mover-se junto com alguém enquanto espelha ou corresponde os movimentos é difícil. Verifique se as duplas estão contando silenciosamente, se estão piscando um para o outro para sinalizar o começo, para mudar de direção, para começar um equilíbrio.

• As crianças devem executar tarefas desafiadoras. Elas estão trabalhando em um nível apropriado de dificuldade?

• As crianças estão demonstrando qualidade na execução das ações, incluindo boas extensões dos braços e das pernas, olhar focado e boa consciência corporal?

Que mudanças posso fazer?

• Use equipamentos simples, como cordas, bambolês ou varetas para desenvolver as sequências em duplas.

• Use um equipamento para desenvolver sequências em duplas mais complexas (ver Fig. 5.13). Eles podem se mover para o equipamento, equilibrar-se nele e deslocar-se para longe dele. Use outras opções para a sequência final, como começar longe do colchão, mas mover-se para os lados para se encontrar no colchão, ou começar lado a lado movendo-se juntos para chegar ao colchão.

Figura 5.12 As crianças devem criar uma sequência de deslocamento na qual espelhem os movimentos do parceiro ou correspondam a eles.

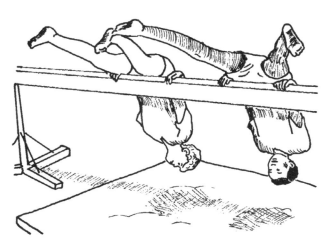

Figura 5.13 Para mudar essa experiência de aprendizagem, as crianças podem criar uma sequência de deslocamento no equipamento que espelhe ou corresponda aos movimentos de um parceiro.

Sugestões para um currículo integrado

• Nessa idade, os alunos estão aprendendo sobre organizadores gráficos, como sequenciamento e o uso de diagramas de Venn. Conforme as crianças criam suas sequências, elas podem diagramar cada uma das partes em ordem.

• As crianças também estão aprendendo comparação e contraste como habilidades de linguagem. O uso das ideias de espelho e correspondência nessa aula vai ajudá-las a desenvolver essas habilidades.

• Observar uma série do parceiro, usando um *check-list* e anotando respostas, ajuda os alunos a desenvolverem habilidades de análise e capacidade de tomar notas.

• Na matemática, os alunos estão aprendendo sobre reflexão, rotação e translação. Esses termos são similares aos princípios de espelhar e corresponder e podem ser usados durante as partes de deslocamento e equilíbrio da sequência para a criação de deslocamentos que mostrem a translação da posição do corpo e de formas do corpo que mostrem reflexões e rotações.

Sugestões de inclusão

Quando os alunos trabalham com parceiros, podemos pedir que eles trabalhem com alguém que tenha um nível de habilidades similar ou diferente. Ao trabalhar espelhando e correspondendo os deslocamentos e equilíbrios, eles podem adaptar as respostas de acordo com o que cada pessoa é capaz de fazer. Trabalhando cooperativa e responsavelmente com o outro, eles estão aprendendo a aceitar as habilidades e capacidades dos outros (norma 5).

OUTRAS SUGESTÕES DE EXPERIÊNCIAS DE APRENDIZAGEM

Deslocamento com passada

Meia-volta

• Em um espaço aberto, peça que os alunos corram uns entre os outros enquanto mudam de direção e trajetória, mudando o lado para onde olham quando se deslocam – *skip* para trás, deslize para o lado e assim por diante. Oriente-os a correr e a saltar no ar saindo do solo com um ou os dois pés. Diga que façam um quarto, meio ou três quartos de giro no ar e aterrissem sob controle. (Ajude as crianças a usar as paredes do ginásio para identificar o grau do giro.) As crianças devem correr, saltar e mudar de direção e, então, devem deslocar-se para essa nova direção. Correr, saltar mudando de direção, aterrissar com controle, rolar e finalizar com um equilíbrio.

• Elas podem correr e fazer um *jump* com giro para aterrissar em uma direção diferente daquela em que começaram e, então, podem fazer outro deslocamento para longe dessa nova direção.

• Fale para os alunos se deslocarem em direção a uma caixa ou um banco a partir de um ângulo. Eles devem se equilibrar sobre o equipamento ou passar por cima dele. Ao sair do equipamento, devem se deslocar para outra direção.

Para que lado você está indo?

• Concentre uma experiência de aprendizagem no deslocamento em trajetórias diferentes. Faça as crianças se deslocarem em uma trajetória reta e direta por uma distância curta (5 metros no máximo) e em um percurso flexível e curvo também por uma distância curta. Tente o deslocamento em percursos geométricos – triângulo, quadrado, círculo, em ângulos (agudo, reto, obtuso). Deslocamento em um percurso (direto, indireto), com salto, giro, rolamento e retorno à posição em pé. Comece a sequência toda novamente com o deslocamento em um percurso diferente.

• Use equipamentos grandes como caixas ou bancos. Sugira deslocamentos em percursos flexíveis e curvos, no solo entre os equipamentos e em percursos diretos e retos, por cima ou ao longo deles. Depois, deslocamentos em percursos diretos, retos no solo entre os equipamentos e percursos curvos e flexíveis, sobre ou ao longo do equipamento.

• Acrescente os conceitos de tempo e planos durante o deslocamento em percursos diferentes no solo. Durante o deslocamento no solo por uma distância curta (não mais que 5 metros), crie uma sequência de deslocamento usando os pés, as mãos e os pés de novo, ou outras partes do corpo. Pratique a sequência mais rápido e, depois, devagar. Pratique a mesma sequência acelerando e desacelerando. Peça aos alunos que criem uma sequência em percurso reto e outra em percurso curvo, com mudanças na velocidade e nos níveis.

• No solo e também com os equipamentos, as crianças devem seguir trajetórias diferentes enquanto usam os deslocamentos que escolherem. Dê comandos para que acelerem e desacelerem conforme apropriado. Trabalhe com mudanças de nível.

• Durante o trabalho com um parceiro, os alunos devem desenvolver uma sequência que possa ser executada simultaneamente e que siga um percurso definido, com mudanças de nível e de velocidade.

Tirando a sorte

Faça um conjunto com três tipos de cartas, parecidas com cartas de jogo. Tamanhos maiores (cartas de 10 × 15 cm ou de 15 × 22 cm) são melhores. Um tipo de carta deve conter ações de deslocamento com passadas – *hop*, *jump*, *skip*, deslize, galope, deslocamento com as duas mãos e um pé ou com os dois pés e uma mão. O segundo tipo deve incluir planos diferentes – alto, médio e baixo. O terceiro deve incluir opções de direções diferentes – para a frente, para trás e para os lados. Você também pode incluir conjuntos de cartas adicionais, como cartas com trajetórias e velocidade. Peça às crianças que puxem uma carta de cada pilha. A combinação que sortearem ao final vai determinar o modo como elas devem se deslocar na direção de um bambolê ou para longe dele, aproximar-se ou afastar-

se de um equipamento maior, como um banco ou uma caixa, e assim por diante.

Jogo de argolas

• Espalhe bambolês pelo espaço no solo (um para cada criança). Peça às crianças que se aproximem de seu bambolê com uma ação de deslocamento com os pés, por exemplo, correndo ou com *hops*, *jumps* ou *skips*. Ao chegar ao bambolê, elas devem pular sobre ou dentro do aro e aterrissar sob controle. Após aterrissar, elas devem acrescentar um equilíbrio no nível alto, médio ou baixo.

• Use o mesmo bambolê e peça que repitam a mesma sequência (deslocamento, salto, aterrissagem, equilíbrio), mas o deslocamento de um bambolê para o outro deve ser diferente a cada rodada.

Rodando e jogando

• Peça às crianças que coloquem dois saquinhos de feijões no solo, alinhados a cerca de 60 cm de distância um do outro (distância dos ombros). Elas devem fazer uma estrela colocando uma mão em cada saquinho, pegando-os e voltando a ficar de pé. Encaixe a estrela dentro da sequência que escolher – por exemplo, estrela, equilíbrio no nível alto, descida e um rolamento de sua escolha, encerrando com um equilíbrio.

• Diga aos alunos para ficarem em pé de frente para um banco, colchão dobrado ou trave de equilíbrio com espaço suficiente para iniciar uma estrela ou rodante. Eles devem começar o movimento colocando as mãos sobre o equipamento – uma depois da outra ou as duas mãos simultaneamente. Então vão girar os pés no ar e aterrissar no solo. Ainda que a princípio possa parecer assustador estar a uma altura de cerca de 30 cm do solo, na verdade o tempo extra para a rotação no ar antes de os pés aterrissarem simplifica a execução da estrela ou rodante. Coloque a estrela ou rodante sobre o equipamento dentro de uma sequência.

• Use um colchão dobrado ou uma pilha de colchões para criar uma superfície larga. Peça às crianças para fazerem uma estrela ou rodante sobre o colchão – firme, sem desviar. Execute uma estrela sobre um banco de 3-4 m apenas. Comece e termine a estrela sobre o banco. Encaixe a estrela ou o rodante sobre o equipamento dentro de uma sequência.

Transferência de peso

Deite e role

• Peça às crianças que se desloquem pela sala sobre partes do corpo que não os pés – joelhos, costas, parte da frente e assim por diante. Por exemplo, elas podem deslizar sobre a barriga, sobre as costas ou com a lateral do corpo, mudando de direção.

• Elas podem sair de um equipamento, como uma caixa ou um banco, usando partes diferentes do corpo para guiar o movimento. Por exemplo, deslizando sobre as mãos, descendo e fazendo um rolamento para a frente.

• Os alunos podem subir no equipamento usando partes diferentes do corpo para guiar o movimento, aproximando-se do equipamento a partir de ângulos diferentes.

• Deslizar ao longo do equipamento com partes diferentes do corpo orientando o movimento.

• Deixe os alunos escolherem um equilíbrio sobre partes específicas do corpo. Pergunte se eles conseguem passar para outro equilíbrio, colocando o peso sobre outras partes do corpo. Então, peça a eles que unam três equilíbrios diferentes ou movimentos de deslocamento, colocando o peso sobre partes diferentes do corpo e que procurem unir a sequência com movimentos suaves.

• Incentive-os a explorar quantas maneiras forem possíveis para subir e descer do banco ou da caixa, usando partes diferentes do corpo para receber o peso. Diga-lhes para se aproximarem do equipamento deslocando-se para a frente e para sair dele deslocando-se para trás. E para se aproximarem do equipamento com uma ação estendida e sair do equipamento com o corpo firmemente enrolado.

• Trabalhe com movimentos no solo que usem partes diferentes do corpo bem próximas e, depois, bem afastadas. Por exemplo, aproximar-se de um equipamento com os pés e as mãos bem próximos e sair do equipamento com os pés e as mãos bem afastados. Os alunos devem encontrar formas diferentes de se mover ao longo do equipamento usando outras partes do corpo juntas e separadas.

• Peça aos alunos que se desloquem pela sala com um ou com os dois pés acima da cabeça. Eles vão se deslocar sobre ou ao longo de uma caixa ou de um banco com um ou ambos os pés mais altos que as demais partes do corpo, e buscar meios de deslizar, de se equilibrar, de rolar, entre outros movimentos. Depois, eles devem juntar três movimentos sobre a caixa ou sobre o banco, com as partes do corpo juntas ou separadas. Em um desses movimentos, eles devem estar com os pés acima da cabeça.

Estica e enrola

• Dê comandos para que os alunos corram e depois parem em uma forma estendida. Para que corram e depois parem em uma forma curvada. Para que façam uma forma curvada e a mantenham por alguns instantes. Então para que passem para uma forma estendida e mantenham a posição. Pergunte se eles conseguem se deslocar pelo solo desse jeito – curvado, estendido, curvado, estendido, e assim por diante.

• As crianças podem se deslocar pelo solo com o corpo em uma posição curvada. Peça a elas que mostrem diferentes posições curvadas enquanto se deslocam pelo solo, transferindo o peso para costas, ombros e lateral do corpo. Oriente-as a se deslocar para trás, para os lados e para a frente enquanto estiverem curvadas. Depois, elas podem correr e então executar um *jump* ou *leap*, criando uma forma curvada durante o voo. E então correr e executar um *jump* ou *leap*, criando uma forma estendida durante o voo.

• Diga às crianças para se aproximarem de um equipamento movendo-se rapidamente, executando movimentos pequenos e curvos, e para saírem dele movendo-se devagar de modo estendido. Depois, elas devem encontrar uma forma curvada ou estendida para subir no equipamento e, então, fazer o oposto para sair do equipamento.

Formas viajantes

Executando deslocamentos com os pés ou ações de transferência de peso com outras partes do corpo, os alunos vão se deslocar pela sala em uma forma simétrica ou assimétrica. Eles devem se deslocar simetricamente usando *jumps*, *hops*, deslizando com um pé na frente, sobre a barriga ou sobre as costas. Dê comandos para que se desloquem simetricamente no nível alto, para que façam um equilíbrio e se desloquem simetricamente no nível baixo. Depois, peça que façam exatamente o oposto: que se desloquem assimetricamente no nível baixo, que se equilibrem e se desloquem simetricamente no nível alto.

Voo

Lagartos saltadores

As crianças vão se deslocar pela sala com os pés afastados – com *jumps* afastados, deslizes, galopes. Então vão correr, correr, correr e fazer um *leap*. No *leap*, elas saem com um pé e aterrissam com o outro, tentando ficar no ar o máximo que puderem. Correr, correr, correr e saltar passando por cima de uma corda, um aro ou uma vareta (15-30 cm acima do chão). O salto deve ser encaixado em uma sequência – corrida, corrida, corrida, *leap*, aterrissagem, rolamento, equilíbrio.

Amarelinha

• As crianças vão praticar as cinco transferências de peso com os pés: de um pé para o mesmo pé (1 para o mesmo), de um pé para o outro (1 para o outro), de um pé para os dois (1 para 2), dos dois pés para um (2 para 1), e dos dois pés para os dois (2 para 2). Depois, vão se deslocar pela sala, colocando os saltos em uma sequência. Oriente-as a juntar dois desses saltos: de um pé para dois e de dois para dois (1 para 2 para 2 para 2) = altura; de um pé para o outro (1 para o outro) = distância. Juntar três saltos e ver o quão longe conseguem chegar: salto com um pé só, passo, salto com os dois. Juntar três saltos e ver o quão alto conseguem alcançar: 1 para o outro, 2 para 2.

• Depois, elas vão pular para cima de uma caixa ou de um banco usando uma das transferências de peso com os pés. Saltar para fora do equipamento também usando uma das transferências de peso com os pés. Elas sempre devem aterrissar sobre os dois pés e flexionar os joelhos para ter controle. Diga-lhes para juntar tudo em uma sequência. Pular para subir, pular para descer, aterrissar. Acrescentar um rolamento e um equilíbrio para terminar a sequência.

Quero ver você pular

• Instrua os alunos a dar pequenos pulos saindo com os dois pés e aterrissando com os dois pés no solo no mesmo lugar (quicando). Eles têm de tentar vários pulos seguidos, concentrando-se na aterrissagem como se tivessem uma mola nos pés. Vão tentar subir e descer usando combinações diferentes dos pés: saindo com os dois pés e descendo com um, saindo com um e aterrissando com o outro, saindo com um e descendo com os dois. Os saltos devem ser consecutivos, concentrados no movimento de *receber* (absorver o impacto e aterrissar suavemente) e *empurrar* (explodir para cima com as pernas e levantar os braços).

• Agora eles devem dar saltos tipo mola para a frente, para trás e para os lados, concentrando-se na inclinação do corpo e no balanço dos braços. Para pular para a frente, o corpo se inclina para a frente com a cabeça erguida e os braços balançam para cima. Para pular para os lados, o corpo se inclina para o lado com a cabeça erguida e os braços balançam para cima e para o lado. Para pular para trás, o corpo se inclina para a frente com a cabeça erguida, mas com ênfase no balanço dos braços para trás e para cima, dando um impulso para trás com as pernas. Para tentar um salto mais longo, eles têm de correr e saltar para aterrissar sobre uma marca no solo. Saltar sobre uma caixa ou um banco e, então, saltar de novo para descer em um movimento contínuo, lembrando sempre de aterrissar com os dois pés. Saltar sobre um equipamento em uma direção e descer em outra direção – para a frente, depois para o lado, e assim por diante. Por fim, eles vão encaixar isso dentro de uma sequência: salto para subir, salto para descer (mudança de direção), aterrissagem, rolamento, equilíbrio.

No céu

• Correndo para saltar e aterrissar sobre os dois pés, as crianças não podem cair nem dar passos adicionais depois de aterrissar. Mostre a elas que se mantiverem os dois pés muito próximos a base de equilíbrio fica menor, então elas vão precisar controlar mais o corpo, tanto no ar como na aterrissagem. Diga-lhes para tentar pular mais para cima que para a frente, mantendo o corpo firme enquanto estiverem no ar e usando seus "amortecedores" na aterrissagem. Elas devem se deslocar sobre os pés em várias direções, e então finalizar com um salto sobre os dois pés para aterrissar de modo equilibrado.

• Encontre um ponto em um equipamento de onde você possa saltar para a frente e para os lados para aterrissar, com os dois pés juntos, de modo equilibrado. Após aterrissar nos dois pés, use uma transição como curvar-se para baixo ou descer em apoio frontal e termine em uma posição equilibrada sobre o ponto determinado.

Voando pelo ar

• As crianças têm de encontrar uma forma de saltar sobre um equipamento (banco, trave ou cavalo), usando as mãos e os braços para chegar e subir no equipamento. Elas devem aterrissar com os dois pés. Um colega deve prestar assistência ao outro como medida de segurança. Então, elas vão saltar para descer, aterrissar no solo com os dois pés e terminar a sequência deslocando-se para longe do equipamento.

• Peça a elas que saltem para subir em um equipamento usando as mãos e os braços. Elas vão se abaixar em cima do equipamento e deslizar para fora fazendo um rolamento. Terminar com um equilíbrio.

• Aproximando-se de um equipamento como uma caixa ou um banco, as crianças vão saltar para subir e depois para descer com uma ação explosiva. Enquanto estiverem no ar durante a fase de voo, elas devem criar formas diferentes – ampla, estreita; simétrica, assimétrica; angular ou curvada.

• Oriente-as a trabalhar em duplas ou em trios para fazer saltos como os apresentados na Figura 5.14.

Figura 5.14 Trabalho em duplas ou em trios para criar tipos diferentes de saltos.

Capítulo 6

Experiências de aprendizagem de equilíbrio estático

Este capítulo apresenta 11 experiências de aprendizagem do tema de habilidade motora de equilíbrio estático. Desenvolvemos as experiências de aprendizagem para as três categorias de estáticos, que incluem as características, os princípios e os tipos de equilíbrio.

O quadro a seguir apresenta uma breve definição do foco de cada experiência de aprendizagem e uma sugestão das turmas em que elas podem ser desenvolvidas. Ao final do capítulo, apresentamos outras sugestões para estimular o desenvolvimento de outras experiências de aprendizagem na ginástica para crianças.

Experiências de aprendizagem deste capítulo

Foco	Nome	Turmas sugeridas
Características do equilíbrio: imobilidade, controle, rigidez	Círculos e pontos	Iniciais
Princípios do equilíbrio: base de apoio, centro de gravidade	Empurrar e puxar	Iniciais
Tipos de equilíbrio: simétrico e assimétrico	Igual e diferente	Iniciais
Tipos de equilíbrio: invertido	Vela	Iniciais
Tipos de equilíbrio: executar um equilíbrio no solo e, depois, o mesmo equilíbrio no equipamento	Imitação	Iniciais
Tipos de equilíbrio: dimensões (pequeno, grande, amplo, estreito)	Dimensões	Intermediárias
Tipos de equilíbrio: equilíbrio com o peso apoiado completa ou parcialmente no equipamento	Estátuas	Intermediárias
Tipos de equilíbrio: invertido	Glúteos para cima	Intermediárias
Tipos de equilíbrio: criar uma sequência com um parceiro usando um equipamento	Gêmeos	Intermediárias
Tipos de equilíbrio: vários tipos em relação a um equipamento	Olha só o que eu consigo fazer	Intermediárias
Princípios e tipos de equilíbrio: contrabalanço e contrapeso, relacionamento com o parceiro	Conte comigo	Intermediárias

Círculos e pontos

Objetivos

Como resultado da participação nesta experiência de aprendizagem, as crianças vão melhorar sua capacidade de:
- equilibrar-se sobre várias partes do corpo, grandes e pequenas, usando características de boa forma (norma 1);
- nomear vários equilíbrios de ginástica clássicos e criar soluções para problemas de equilíbrio (norma 2); e
- desenvolver uma sequência de equilíbrio simples: equilíbrio, transferência de peso, equilíbrio (norma 1).

Turmas sugeridas

Iniciais (1º ao 3º anos).

Organização

É necessário um espaço amplo e aberto, com colchões espalhados. As crianças devem se distribuir em seu espaço pessoal usando os colchões.

Equipamento necessário

Você precisará de um colchão para cada duas crianças.

Descrição

"Hoje vamos começar com uma corrida simples. Elevem os joelhos. Movam-se em silêncio, com os pés leves. Quando eu disser 'estátua', façam uma forma aberta. Estátua! De novo. Quando eu disser 'estátua', façam uma forma estreita. Estátua. [Repetir várias vezes, usando várias formas.] Agora, desloquem-se usando os pés bem, bem rápido, e depois bem, bem devagar. Quando chegarem a um colchão, saltem por cima dele com os dois pés. Tentem saltos longos. Bom – agora, curtos e rápidos. Agora, desloquem-se saltitando entre os colchões. Elevem os joelhos e empurrem os dedos dos pés contra o solo. Parem. Desta vez, quando chegarem a um colchão, abaixem-se devagar em uma forma longa e estreita, como um lápis. [Demonstrar, deitando com seus braços acima da cabeça.] Rolem pelo colchão. Levantem e façam *skips* até chegar ao próximo colchão. Prontos? Vão. [Repetir várias vezes.] Agora que estamos aquecidos, quero que encon-

trem um parceiro e sentem-se dois em cada colchão, de frente para mim. Vocês não vão trabalhar com o parceiro, mas vão trabalhar ao lado dele no mesmo colchão. Vocês precisam cooperar e combinar a ordem em que vão trabalhar. Eu vou observar se vocês escolheram bem o parceiro. Se não, eu posso pedir para vocês trocarem de parceiro, para que consigam trabalhar forte no equilíbrio. Vamos todos sentar em nossa posição de ginasta (I). Isso mesmo – pernas unidas, ponta de pé, corpo reto, braços ao lado (R). Também podemos chamar isso de posição sentada carpada. Vamos fazer rapidamente algumas outras posições (E). [Rever as posições grupada, apoio frontal, apoio dorsal, vela, posição em afastamento lateral e apoio frontal em afastamento lateral (E).] Agora eu vou dizer o nome das posições e vocês vão mudando de uma para a outra (E). Prontos? Apoio frontal... grupada... apoio dorsal... sentada carpada... vela... grupada."

"Hoje vamos trabalhar com equilíbrio em várias posições. Algumas posições têm nomes, outras não. Nós vamos usar partes diferentes do corpo para nos equilibrarmos. Vocês sabem me dizer o nome de algumas partes do corpo que já usamos? [Pés, mãos, quadril, ombros.]"

"As menores partes do corpo que usamos para nos equilibrar – vamos chamá-las de *pontos*. As superfícies maiores serão os *círculos*. Vocês conseguem dar o nome de alguns pontos? [Mãos, pés, cotovelos, joelhos, cabeça.] Conseguem dizer o nome de alguns círculos? [Quadril, ombros, barriga, coxas, antebraço, região tibial.] Nos colchões, vamos ver se vocês conseguem se equilibrar em alguns desses círculos e pontos (E). Vou começar com vocês. Que tal sobre o antebraço direito e a coxa direita [perna livre para cima, afastada] (E)? Que tal sobre o quadril e as duas mãos [pernas em posição carpada ou afastada] (E)? E sobre a barriga [costas arqueadas, braços para fora] (E)? Agora, equilibrem-se sobre um joelho e a mão oposta, a mão do outro lado (E)."

"Agora vou dar a vocês algumas opções (E). Decidam como fazer. Equilibrem-se em um círculo e dois pontos (E). Em quatro pontos (E). Três pontos (E). Dois pontos (E). Um círculo e um ponto (E). Vocês conseguem fazer um equilíbrio amplo [e depois estreito] usando círculos (E)? Pontos (E)? Vocês conseguem fazer um equilíbrio em que a cabeça fique mais baixa que o quadril (E)?"

"Agora vem a parte divertida. Vamos ver como colocar dois equilíbrios juntos em uma sequência (E). Uma sequência tem um começo e um fim, com uma ação no meio. Não se esqueçam de manter seu equilíbrio inicial até que consigam contar até três. O equilíbrio inicial é um sinal que diz: "Olhe para mim, estou pronto para começar". Quero que vocês me mostrem imobilidade – que têm controle (R). Então passem para o segundo equilíbrio. Mantenham a posição e contem até três. Isso diz: 'Acabei'. Escolham um equilíbrio; saiam suavemente dele e passem para outro. [p. ex., vela com as pernas afastadas lateralmente, rolamento, balançando para uma posição sentada em V com apoio das mãos.] Vocês não precisam se mexer muito para passar para um equilíbrio novo (R). Vocês podem usar um rolamento, balanço, deslizar, ou dar um passo com as mãos ou os pés para se mover suavemente para seu segundo equilíbrio."

"Vamos ver vocês tentarem equilíbrios diferentes sobre círculos e pontos e suavemente ligarem-nos com seu segundo equilíbrio (E). Façam sua sequência favorita [equilíbrio, transferência, equilíbrio] e pratiquem várias vezes até que fique realmente boa (A). [caso seja apropriado, encoraje os alunos a criar duas sequências. Em uma, eles fazem a transferência rapidamente: equilíbrio, ação rápida, outro equilíbrio. Na outra, fazem a transferência bem devagar: equilíbrio, movimento lento saindo desse equilíbrio para entrar no segundo.] Lembrem-se de manter o equilíbrio contando até três para mostrar controle, com um bom início e fim (R). Então encontrem um parceiro e mostrem a ele sua sequência [depois de praticarem várias vezes]."

"Parem. Venham todos aqui e sentem-se. Rápido. Quem sabe me dizer o nome de um dos equilíbrios que fizemos hoje? Certo, Molly, apoio frontal. Isso, Rinji, agachado. Bom, Billy, sentado em V. Nós também inventamos alguns que não tinham nomes, não foi? O que precisamos para nos equilibrar bem? Sim, Kaitlin, manter o corpo firme. Bom, José, imobilidade, contar até três para mostrar controle. Vocês já estão se tornando bom ginastas."

Sugestões de avaliação

• As crianças estão cientes da importância da forma? Ainda que os níveis de habilidade variem e as crianças tentem equilíbrios mais fáceis ou mais difíceis (ver Fig. 6.1), independentemente dos equilíbrios que elas escolham, elas devem executá-los bem. Busque boas bases, alinhamento, apoio, linhas, corpo firme e controle (manter por 3 segundos).

Figura 6.1 Posições de equilíbrio básicas.

Quando apropriado, concentre-se em bons movimentos de transição durante a ligação de um equilíbrio ao outro. As crianças devem trabalhar para eliminar passos extras, interferências e movimentos desnecessários. Frequentemente um passo curto, um giro, uma torção, ou um movimento de uma parte do corpo para outra adjacente é a melhor forma de se conseguir uma transferência de peso suave. Verifique se as crianças fazem boas transições em sua sequência.

Que mudanças posso fazer?

• Crie um símbolo visual para partes diferentes do corpo (mão, pé, forma oval grande para o quadril, círculo para a cabeça; veja *Jogos de equilíbrio,* no Apêndice). Crie uma série de quadros ou pôsteres para equilíbrios diferentes. Façam um jogo no qual você segura um cartaz e depois outro, fazendo as crianças resolverem a charada visual uma após a outra.

• Alunos mais avançados podem tentar sequências mais longas. Por exemplo, eles podem juntar três equilíbrios com duas transições: equilíbrio, movimento, equilíbrio, movimento, equilíbrio.

Sugestões para ensinar condicionamento

Equilibrar-se enquanto mantém imobilidade e controle desenvolve força muscular e resistência. Por exemplo, uma posição sentada em V desenvolve resistência e força abdominal. Um apoio frontal desenvolve os músculos do braço, do pescoço, das costas, dos glúteos e das pernas.

Sugestões para um currículo integrado

• Nomeie as partes do corpo nas quais as crianças se equilibram. Você pode usar os termos comuns, como mão, pé, barriga, glúteos e coxas, ou pode usar termos mais corretos do ponto de vista da anatomia, como abdome, nádegas, glúteo máximo e quadríceps.

• Antes da aula, prepare um exercício com a seguinte frase: "Em um equilíbrio eu me equilibrei sobre meu/minha _____, _____ e _____. Em outro, eu me equilibrei sobre meu/minha_____."
 Dê às crianças uma lista de palavras para que elas escolham e completem suas frases.

• Peça às crianças que desenhem seus equilíbrios favoritos. Elas podem desenhar homens-palito ou corpos normais. Ajude-as a prestar atenção aos círculos, pontos e ao máximo de detalhes que elas possam incluir, como cotovelos, joelhos, abdome e assim por diante.

• Peça às crianças que desenhem ou escrevam suas sequências usando os símbolos visuais apresentados no apêndice, na parte *Escreva sua sequência usando a notação de ginástica.* Elas podem usar homens-palito para desenhar seus equilíbrios ou podem usar símbolos mais abstratos para mostrar círculos e pontos. Por exemplo, um círculo grande pode representar uma área maior, um círculo pequeno pode ser um ponto específico e um triângulo pode ser um joelho. Uma forma oval pode ser o abdome. Uma seta com uma linha reta pode significar um deslize para um novo equilíbrio. Uma seta com uma linha curva pode significar um rolamento para um novo equilíbrio. Essa atividade oferece às crianças a oportunidade de trabalhar com suas habilidades de escrita.

• Peça às crianças que nomeiem posições de equilíbrio clássicas da ginástica, aumentando o vocabulário de movimento delas. Mostre a elas imagens de ginastas olímpicos.

• Ajude as crianças a analisar seus próprios equilíbrios. Quais são os mais estáveis? Quais são os menos estáveis? Por quê? Fale sobre o que faz um equilíbrio ser bom.

Sugestões de inclusão

• Todas as crianças podem se equilibrar em uma posição estática independentemente de suas capacidades ou restrições. Desafie cada uma dentro do nível de sua própria habilidade. Deixe as crianças serem criativas. Por exemplo, uma criança que usa muletas pode fazer um apoio frontal ou dorsal colocando as muletas para a frente ou para trás e usando os pés como uma terceira base de apoio. Outra, em uma cadeira de rodas, pode sentar, colocar um antebraço de um lado da cadeira e estender o braço ou perna livre (ou os dois) para cima, para fora, ou para o lado.

• Da mesma forma que as sequências nesta aula, as crianças com necessidades especiais podem desenvolver suas próprias sequências usando cadeiras de rodas, muletas e outros equipamentos de assistência.

Empurrar e puxar

Objetivos

Como resultado da participação nesta experiência de aprendizagem, as crianças vão melhorar sua capacidade de:
- variar a quantidade de partes do corpo que elas usam como base de apoio para se equilibrar em boa forma (norma 1);
- identificar fatores que tornam alguns equilíbrios mais estáveis que outros (norma 2);
- trabalhar cooperativamente com um parceiro para determinar posições de equilíbrio estáveis (normas 2 e 5); e
- desenvolver uma sequência de equilíbrio simples: equilíbrio, transferência de peso, equilíbrio (norma 1).

Turmas sugeridas

Iniciais (2º e 3º anos).

Organização

É necessário um espaço amplo e aberto, com colchões espalhados. As crianças devem se distribuir em seu espaço pessoal usando os colchões.

Equipamento necessário

Esta experiência de aprendizagem exige um colchão para cada duas crianças ou um quadrado de carpete para cada criança e uma ficha e um lápis para cada uma.

Descrição

"Hoje vamos trabalhar escolhendo boas posições de equilíbrio. Vamos começar com um aquecimento. Quero ver todos praticando *skips* pelo solo (I). Fiquem fora dos colchões. Mostrem seu melhor salto (R): joelhos elevados; pés leves e quicando; e subindo na ponta dos pés. Quero ver braços balançando também. Muito bom! Mudem a velocidade – vão devagar; agora mais rápido (E). Ok, mudem de direção – para a frente, para os lados, para trás (E). Continuem saltitando enquanto viram ou giram (E). Parem. Olhem para mim. Desta vez, façam *skips* e, quando chegarem a um colchão, saltem e aterrissem sobre os dois pés. Abaixem o corpo no colchão e rolem. Ter-

minem o rolamento em pé (E). Ok? [Sinalizar para começarem.] Continuem – *skip*, *jump*, aterrissar, rolar. Parem."

"Agora que estamos aquecidos, encontrem um parceiro com quem sabem que podem trabalhar e sentem-se ao lado de um colchão. Hoje vamos aprender porque alguns equilíbrios são mais fortes ou mais estáveis que outros. Você e seu parceiro vão se revezar na hora de se equilibrar e de ajudar. Quando for sua vez de se equilibrar, faça o melhor que puder. Quando você for o assistente, vai ajudar questionando e empurrando gentilmente seu parceiro de um ponto para o outro. Vou mostrar o que quero dizer quando começarmos. Agora, decidam quem vai se equilibrar primeiro. Quem for se equilibrar deve escolher duas partes do corpo para fazer isso (I). Estou vendo vários de vocês escolherem os dois pés. Essa é uma boa forma de começar. Vamos ver aqui. A Ashley está em pé com os dois pés juntos. O que acontece se eu ficar de frente para ela e empurrá-la devagarinho nos ombros [demonstrar]? Sim, ela vai cair. Ok, e se você ficar em pé com os pés afastados (R)? [Fazer um aluno demonstrar.] Se eu empurrar devagar pelo lado, você estará firme; não vai cair. Mas, se eu empurrar você pela frente ou pelas costas, você vai perder o equilíbrio fácil. Então, como podemos fazer um equilíbrio em pé mais estável, para não cair (R)? Veja se você e seu parceiro conseguem descobrir. Um parceiro pode empurrar devagar. Vou dar uma dica. Vocês têm que deixar o corpo ou os pés em uma posição diferente da que fizemos agora. Tentem agora, você e seu parceiro, um de cada vez. [Parar.] Converse com seu parceiro sobre como mudar os equilíbrios para eles ficarem o mais estável possível."

"Vi alguns de vocês conseguindo um bom equilíbrio flexionando-se para o corpo ficar mais baixo, afastando os pés e tornando a base mais larga [Demonstrar.]. Essas ideias ajudam a deixar os equilíbrios fortes. Mas os ginastas raramente ficam em pé parados, exceto quando terminam uma série. Então, vamos tentar alguns equilíbrios sobre outras duas partes do corpo além dos pés (E). Que tal sobre uma mão e um pé? O quadril e uma mão? Pensem em outro equilíbrio para me mostrar. De todos esses, qual vocês acham que é o mais estável? Mostre-o para seu parceiro agora e diga a ele porque você acha que esse é o mais estável. Depois veja o equilíbrio dele e escute quando ele diz por que acha que aquele é um equilíbrio forte. [Após algum tempo.] Que respostas vocês discutiram?"

"Isso, Li, deixar o corpo mais baixo. Ok, Kelly, uma base larga e pés ou partes do corpo afastados podem ajudar a tornar seu equilíbrio forte e estável (R). Agora, vamos tentar os mesmos tipos de equilíbrio, mas usem duas [três, quatro ou mais] bases de apoio (E). Troque a vez com seu parceiro. Veja qual forma de equilíbrio é a mais estável e forte, pedindo para seu parceiro empurrá-lo devagar quando você tiver feito um equilíbrio e estiver pronto (R). Quais são os equilíbrios mais estáveis? Por quê? Lembrem-se, escolham bons equilíbrios de ginástica. Quero ver bons equilíbrios – pensem no que cada parte de seu corpo está fazendo. [Durante a prática.] Lembrem-se, quanto mais bases de apoio vocês tiverem, mais estável será seu equilíbrio (R). Quando seu corpo está baixo e sua base é larga, você tem um equilíbrio melhor (R). Quero ver músculos fortes e bons (R). Enrijeçam seus músculos – não deixem o corpo oscilante e solto (R). Os olhos fixos em um ponto ajudam a manter o equilíbrio durante a contagem até três (R). Ok, parem."

"Alguns ginastas usam um equilíbrio para levá-los até o movimento seguinte. Eles podem se alongar, flexionar ou inclinar em uma direção ou outra até sentir o corpo tombar ou cair. Então eles dão um passo, torcem o corpo, giram ou rolam para retomar o equilíbrio. Um bom ginasta está sempre sob controle. Vamos todos tentar isso. Escolham um equilíbrio. Mantenham. Agora inclinem-se ou tombem. Percam o equilíbrio, mas movam-se para um equilíbrio novo (E). Continuem em frente e tentem formas diferentes de se equilibrar (E). Escolham um de que gostem e pratiquem várias vezes (A). Equilíbrio, transferência, equilíbrio. E depois observem seus parceiros. Digam-lhe porque escolheu bons equilíbrios a partir do que sabem agora sobre boas posições de equilíbrio."

"Ok. Todos aqui. Darei a cada um uma ficha e um lápis. Antes de saírem da aula, hoje, quero que vocês escrevam uma ou mais ideias que os ajudam a se equilibrarem bem (ver Cap. 4, Fig. 4.9). Deixem suas fichas e lápis na caixa perto da porta quando fizerem fila para sair."

Sugestões de avaliação

• As crianças podem ficar tentadas a ver quem é mais forte e empurrar umas às outras para se desequilibrar. O propósito do assistente é empurrar *gentilmente*, oferecer resistência e, ainda assim, permitir ao executante conseguir realizar o equilíbrio. O objetivo é que as crianças descubram os princípios do bom equilíbrio. Prepare uma folha com figuras de crianças equilibradas em posições diferentes – algumas estáveis e outras instáveis. Peça aos alunos que sinalizem aquelas que forem estáveis. Peça que escrevam em uma folha de papel orientações de bons princípios de equilíbrio – base de apoio larga, centro de gravidade baixo, centro sobre a base, bom alinhamento, corpo rígido, controle (3 segundos), olhar focado.

• Para encerrar a aula, demonstre às crianças uma posição de equilíbrio; peça que elas digam a você ou escrevam porque acham que sua posição é ou não um bom equilíbrio.

• As crianças devem desafiar a si mesmas como ginastas. Ficar em pé, ajoelhar-se ou deitar reto podem ser posições estáveis, mas não são equilíbrios esteticamente agradáveis ou desafiadores, que ginastas escolheriam. Mantenha as crianças focadas em um trabalho de alta qualidade (ver Fig. 6.2). Avalie se as crianças estão desafiando a si mes-

Figura 6.2 Os equilíbrios das crianças devem incorporar princípios do movimento de qualidade.

mas dentro de seu próprio nível de habilidade. Caso elas não estejam, desafie-as a se equilibrarem em uma posição mais difícil. Ofereça algumas sugestões.

Que mudanças posso fazer?

• Acrescente níveis diferentes. Escolha equilíbrios feitos sobre uma a quatro bases, altos, médios ou baixos.

• Acrescente o fator das extensões – ampla ou estreita, e bases diferentes.

• Acrescente formas diferentes do corpo, usando várias bases.

Sugestões para um currículo integrado

• Traga objetos como um lápis, uma pirâmide, um vaso alto, uma tigela larga. Fale sobre a estabilidade desses objetos. "Um lápis é mais estável quando está em pé ou quando está deitado? Por quê? O que é mais estável, o vaso alto ou a tigela larga? Por quê?"

• Examine as posições que vários atletas assumem quando estão se preparando para começar a praticar seus esportes: um corredor, os jogadores de futebol americano, um jogador de basebol, um nadador. "Quais posições são mais estáveis? Por quê? Por que você acha que os atletas usam essas posições preparatórias?"

Sugestões de inclusão

• Crianças que usam muletas podem criar posições parecidas com aquelas apresentadas na seção *Descrição*. As muletas funcionam como uma extensão dos braços e pernas. Posicionando-as para o lado, para a frente ou para trás, as crianças podem estender ou alargar a base de apoio e ficar mais estáveis.

• Crianças em cadeiras de rodas podem ser apresentadas a cadeiras próprias para a prática de esporte. Cadeiras para corrida tendem a ser longas e estreitas para produzir velocidade para a frente, da mesma forma que um corredor de velocidade ao sair dos blocos de partida nas raias. Elas são estáveis de frente para trás, mas menos estáveis de um lado para outro. Cadeiras para jogos como tênis ou basquete são largas, proporcionando estabilidade lateral e permitindo paradas, reinício do movimento e mudanças rápidas de direção. Muitas cadeiras também têm inclinação lateral nas rodas, que oferece estabilidade, além de tornar a manipulação das rodas com as mãos e braços mais fácil.

Igual e diferente

Objetivos

Como resultado da participação nesta experiência de aprendizagem, as crianças vão melhorar sua capacidade de:

• equilibrar-se em várias formas simétricas e assimétricas (norma 1); e

• desenvolver uma sequência simples que inclua um equilíbrio, um deslocamento e um equilíbrio (norma 1).

Turmas sugeridas

Iniciais (2º e 3º anos).

Organização

É necessário um espaço amplo e aberto. As crianças devem se distribuir, usando colchões.

Equipamento necessário

Tenha um colchão para cada duas crianças, se possível. Caso contrário, quadrados de carpete ou mesmo um paraquedas grande podem ser usados para os equilíbrios.

Descrição

"A aula de hoje é sobre como usar nosso corpo simétrica ou assimetricamente. Essas são palavras grandes, não? Vocês sabem o que significa *simetria*? Significa que os dois lados do corpo parecem iguais ou estão fazendo a mesma coisa. Veja se você consegue se mover fazendo seu corpo trabalhar simetricamente (I). Isso, pular com os dois pés é simétrico. Tentem pulos curtos e rápidos; agora longos e potentes (E). E que tal pular com os pés juntos e aterrissar com eles afastados (E)? Vocês conseguem pensar em outros jeitos de se mover simetricamente (E)? Isso mesmo, Zachary, com o salto do coelho! Dois pés, duas mãos para a frente e para trás. Estou vendo algumas crianças fazendo rolamentos para a frente e para trás. Muito bem! E o movimento *assimétrico* (E)? Isso significa que os dois lados são diferentes. Isso, o *hop* é assimétrico (E). Um pé está no solo e o outro, para cima. Correr é alternar os pés; *skip* também (E). Tentem várias outras formas (E). Façam rápido e depois devagar. Tentem ir para a frente, para trás, para os lados. Movam-se em trajetórias retas e curvas, também."

"Agora que estamos aquecidos, vamos sentar como ginastas no colchão (I). Os braços na lateral do corpo. Estamos simétricos ou assimétricos? Sim, simétricos. Agora afastem seus braços para o lado paralelos ao solo (E). Eles ainda estão simétricos [iguais]? Tentem sentar em V (E). Isso é simétrico ou assimétrico? Sim, sentar em V ainda é simétrico. Como podemos mudar isso (E)? Isso, Latasha, você pode flexionar ou estender um braço ou uma perna em uma posição diferente para deixar seu corpo assimétrico. Agora faça a mesma experiência a partir de um apoio frontal, apoio dorsal e ponte (E). Comecem simétricos. Movam um ou os dois braços ou pernas para deixar o corpo assimétrico (E). Vou dar uma volta e ver como vocês mudam de forma."

"Tentem outras formas de equilíbrio com bases diferentes (E). Quero ver vocês começarem simétricos e mudarem para assimétrico (E). Vocês também podem começar assimétricos e mudar para simétrico (E). Mostrem como vocês fariam isso. Quero ver uma forma assimétrica clara passando suavemente para uma forma simétrica. Bom trabalho, Bill! Você também, Marta."

"Agora vamos colocar isso em uma sequência (A). Escolham um equilíbrio simétrico. Mantenham. Acrescentem uma ação de deslocamento, locomoção ou rolamento. Terminem em uma forma assimétrica. Tentem de várias formas e, então, escolham sua combinação favorita. Pratiquem agora até ficar o melhor possível."

"Para encerrar, vamos fazer a sequência exatamente contrária (A). Comecem com um equilíbrio assimétrico e mudem para um equilíbrio simétrico, usando uma boa ação de transferência de peso ou locomoção. Quando estiverem trabalhando na sequência, pensem sobre como usam seu tempo (E). Vocês conseguem mudar rápido o equilíbrio? Devagar? De que jeito gostam mais? Seja lá o que escolherem, pratiquem várias vezes. Mostrem sua sequência para um parceiro."

"Parem. Todo mundo para cá. Sentem-se. Quem pode me dizer o que significa a palavra *simétrico*? Isso, igual dos dois lados. Quais foram alguns exemplos de equilíbrio simétrico? Sim, sentar em V pode ser um. O que significa a palavra *assimétrico*? Isso, diferente dos dois lados. Quais foram alguns exemplos de equilíbrios assimétricos? Isso, equilibrar-se em uma perna só. Bom trabalho hoje! Formem fila na porta usando um deslocamento simétrico."

Sugestões de avaliação

• Imobilidade é essencial no equilíbrio. Avalie se as crianças conseguem manter o equilíbrio por três segundos para demonstrar controle.

• Exemplos de equilíbrios simétricos e assimétricos são mostrados na Figura 6.3. Diga em voz alta "igual" (simétrico) ou "diferente" (assimétrico) e peça que as crianças se equilibrem de acordo. Avalie se os equilíbrios delas são adequados. Crie uma planilha com equilíbrios simétricos e assimétricos. Peça às crianças que identifiquem os equilíbrios simétricos e marquem com um (X) os assimétricos.

• As mudanças nos equilíbrios e dos equilíbrios para o deslocamento (usando ações de locomoção ou transfe-

Figura 6.3 Exemplos de equilíbrios simétricos e assimétricos.

rência de peso) são lógicas e suaves? As crianças estão evitando passos extras, interferências e indecisão? Os movimentos delas devem ser intencionais e propositais.

Que mudanças posso fazer?

• Mantenha a sequência igual (equilíbrio, deslocamento, equilíbrio), mas acrescente um segundo foco a cada equilíbrio. Por exemplo, o equilíbrio 1 começa simétrico, mas durante a mudança de posição de um braço ou de uma perna, ele se torna assimétrico. O equilíbrio 2 começa assimétrico e muda para simétrico.

• Alongue a sequência. Use três equilíbrios e dois deslocamentos: equilíbrio, deslocamento, equilíbrio, deslocamento, equilíbrio. Peça dois equilíbrios simétricos e um assimétrico, ou vice-versa. Uma ação de deslocamento deve ser simétrica e a outra, assimétrica. As ações de deslocamento podem ser com movimentos dos pés, das mãos e pés, balanços, rolamentos e deslizes.

Sugestões para ensinar condicionamento

Equilibrar-se em posições simétricas e assimétricas com boa forma e imobilidade exige o desenvolvimento de músculos fortes em todas as partes do corpo. Manter os equilíbrios por um certo tempo também ajuda a desenvolver a resistência muscular.

Sugestões para um currículo integrado

• Desenvolva a consciência de desenhos geométricos. Crie linhas com os braços, pernas e tronco que sejam paralelas ou perpendiculares ao solo. Flexione os braços, pernas ou quadril em ângulos retos, agudos ou obtusos. Faça formas curvas com o corpo – suaves e arredondadas.

• Relacione as formas simétricas e assimétricas do corpo que as crianças fazem com os conceitos que elas estão aprendendo em matemática.

• Compare os conceitos de igual e diferente com a ideia de sinônimos e antônimos.

• Mostre imagens de ginastas, pontes, prédios, máquinas e peças de arte. Peça às crianças que identifiquem linhas, ângulos e formatos das figuras que ilustrem desenhos simétricos e assimétricos.

• Peça às crianças que digam ou escrevam os nomes dos grupos musculares que elas estão usando para ajudá-las a manter os músculos parados quando equilibradas em posições simétricas e assimétricas.

Sugestões de inclusão

• Crianças de todo nível de habilidade podem se mover e se equilibrar de modo simétrico e assimétrico. Elas podem deitar no solo, sentar em uma cadeira e deslocar-se por determinada distância pelo solo, usando seus braços ou pernas de forma simétrica ou assimétrica. Elas também podem deitar ou sentar em um *skate* ou outro tipo de equipamento e mover-se simétrica ou assimetricamente.

• Durante o equilíbrio no solo ou no equipamento, as crianças podem fazer formas simétricas ou assimétricas sentadas, deitadas ou em pé. A ideia é desafiar cada criança a trabalhar dentro de seu nível de capacidade.

Vela

Objetivos

Como resultado da participação nesta experiência de aprendizagem, as crianças vão melhorar sua capacidade de:

• demonstrar a posição de vela com sucesso, estabelecendo uma base estável com bom alinhamento dos quadris e pernas sobre a base (normas 1 e 2);

• escolher várias formas para entrar e sair suavemente da posição de vela (norma 1); e

• desenvolver uma sequência de movimentos que envolva ações de deslocamento e locomoção para subir e descer de um banco ou caixa, a posição de vela e uma ação de conclusão que permita repetir a sequência (norma 1).

Turmas sugeridas

Iniciais (3º e 4º anos).

Organização

É necessário um espaço amplo e aberto com as crianças espalhadas entre os colchões. Esta aula também pode ser ministrada no solo ou no gramado usando quadrados de carpete ou um paraquedas grande. Espalhe os colchões deixando um bom espaço entre eles e coloque uma caixa ou banco ao lado de cada colchão.

Equipamento necessário

Você precisará de um colchão e um banco ou caixa para cada duas crianças.

Descrição

"Hoje vamos começar a trabalhar com alongamento e equilíbrio. Mais tarde vamos fazer uma sequência entrando e saindo de um equilíbrio. Agora quero todo mundo sentado na posição de ginasta (I). Flexionem o corpo para a frente e tentem alcançar os dedos dos pés. Alcancem e mantenham a posição enquanto contam até 15 (R). Deem um impulso para trás e usem o movimento de balanço para ficar sobre os ombros (E). Mantenham o corpo para cima apoiando os braços contra o solo (R). Vocês também podem flexionar os braços na altura do cotovelo e apoiar o quadril com as mãos (R). Apertem o quadril; apertem os glúteos (R)! Apertem a barriga e as pernas também (R). Ponta de pés (R). Muito bom, Jamie. O quadril tem que ficar sobre os ombros e as pernas retas apontando para cima. Ok, balancem para trás (E)."

"Agora, vamos criar uma sequência (E). Vejam como faço. Cada um de vocês vai sentar com as pernas alongadas, na posição carpada, alcançar os dedos dos pés, balançar para trás até fazer a vela, voltar para a frente sentado com as pernas afastadas lateralmente, alcançar devagar a perna esquerda e direita, balançar para trás para a posição de vela, descer de novo para sentar na posição carpada e empurrar o corpo para cima para um apoio dorsal. Eu vou explicando para vocês uma vez e depois vocês vão tentar sozinhos. Prontos? [Passar a sequência.] Comecem."

"Agora vamos ver o que podemos fazer com as pernas quando estivermos na posição de vela (E). Voltem para a posição. Tentem fazer o que eu for falando. Afastem as pernas e façam o movimento de tesoura devagar. Sintam a parte de baixo das costas e a parte de trás de suas coxas alongando. Deixem os pés descerem devagar para trás de sua cabeça. Flexionem uma perna, mas deixem a outra estendida. Desenhem no ar algumas letras do alfabeto com uma perna. Tentem agora com as duas. Parem. Balancem o corpo para sair da vela e sentem-se (E). Ok, descansem um pouco!"

"Bom alongamento! Agora estamos prontos para aprender outras formas de sair de equilíbrios em posição de vela (E). Voltem para ela. Mantenham o equilíbrio firme. Comecem a balançar em direção aos pés. Ok, joguem as pernas sob o cor-

po (R). Flexionem os joelhos para que seus pés cheguem perto do quadril (R). Primeiro, tentem ficar alongados e retos, e depois, baixos e agachados. Vocês conseguem ficar em pé sem colocar as mãos no solo (R)? Essa é uma das formas de concluir a vela: voltar com os dois pés. Pratiquem várias vezes."

"Agora, de volta à posição de vela. Olhem para mim. Vocês vão torcer e girar o corpo na altura do quadril conforme balançam o corpo (R). Vocês vão virar parcialmente para um lado e levantar sobre os dois joelhos (E). Lembrem-se, longo e reto, baixo e pequeno. Sem colocar as mãos no solo (R)! Isso mesmo – corpos altos, quadril sobre os joelhos, e ombros sobre o quadril (R)."

"De novo na posição de vela. Agora vocês vão flexionar uma perna para baixo e sair da vela sobre um joelho e o outro pé (E). Vocês conseguem sair da vela sobre um pé e ficar em pé (E)? [Fazê-los tentar também um rolamento de costas para sair sobre um joelho e um pé ou sobre os dois joelhos (E).] Tentem várias vezes de cada jeito. Escolham dois ou três jeitos favoritos e pratiquem até ficar realmente bom (E)."

"Ok, agora estamos prontos para fazer uma sequência (A). Comecem correndo, com *hops* ou *skips* pelo solo. Quando chegarem a um colchão, saltem alto, aterrissem suavemente, abaixem e balancem o corpo para trás para a posição de vela, e concluam do jeito que escolherem. Então voltem a se deslocar com os pés até outro colchão. Vão em frente e repitam várias vezes (E). [Sinalizar para pararem.] Ok, vamos acrescentar uma caixa ou banco agora (E). Desloquem-se pelo solo usando uma boa corrida e saltem para cima do banco ou caixa. Executem três *jumps* com rapidez e energia e, depois, uma vez com explosão para fora do banco. Aterrissem suavemente sobre os pés. Abaixem-se até o solo agachando ou sentando e, então, balancem o corpo para trás até a posição de vela. Concluam. Afastem-se e comecem de novo. [Demonstrar.] Tentem isso agora. Quero ver sequências suaves. [Apontar alguns alunos, se desejar.] Façam a mesma sequência agora, mas quando estiverem na posição de vela, movam as pernas devagar e suavemente em três formas diferentes (E). Concluam ou saiam da posição de vela prontos para começar a sequência de novo e de novo. Pratiquem com várias posições de perna. Vou dar uma volta e ajudar vocês com algumas orientações. [Deixar que eles pratiquem o suficiente.]"

"Parem. Venham todos até aqui. Sentem-se. Quem pode me dizer três jeitos diferentes de sair, ou concluir, uma vela? Sim, Tonya, com os dois joelhos; muito bem, Ashley, com um joelho e um pé; isso mesmo, William, rolando para trás com um joelho e um pé. Muito bom, vocês lembraram. Existem outros jeitos além desses. Quais são as palavras que usamos para manter uma boa forma? Isso, alongado e reto, baixo e agachado. Vocês realmente aprenderam bastante hoje. Concluir equilíbrios, como a posição de vela, do jeito que fizeram hoje, ajuda a fazer transições suaves conforme nos movemos de uma posição para outra. Por hoje é só isso."

Sugestões de avaliação

• Uma boa quantidade de movimento e sincronia são as chaves para finalizações bem-sucedidas da posição de vela. Para sair da posição de vela, as crianças devem manter o corpo longo para estabelecer a quantidade de movimento e a velocidade. Então, elas precisam encurtar o corpo para girar rápido e levantar da forma que escolherem (Fig. 6.4). Avalie a ação de balanço de cada criança para ver se estão longas e altas, baixas e pequenas.

• As crianças devem aprender a não usar as mãos para ajudá-las a sair de uma ação de balanço. Use um *checklist* para ver quem consegue sair da vela para uma nova posição (dois joelhos, um joelho e um pé, ficando em pé sobre um ou dois pés).

• Enquanto as crianças fazem a posição de vela, observe se o alinhamento é bom, com os pés em ponta, as pernas retas ou flexionadas de formas estéticas e variando as posições das pernas. Os ginastas lutam sempre para ter boas linhas, posições e formas. Verifique se as crianças estão se esforçando nesse sentido.

Que mudanças posso fazer?

• Faça a vela sobre uma caixa, banco ou outro equipamento.

• Trabalhe com um colchão e um banco ou caixa. Crie uma sequência que inclua um deslocamento para o banco, um equilíbrio total ou parcialmente em cima do banco, um rolamento para fora do banco até a posição de vela e uma conclusão saindo da vela para um equilíbrio que escolher.

• Sincronize uma das sequências da aula com um parceiro. As crianças espelham ou correspondem as posições de perna invertidas na posição de vela.

Sugestões para ensinar condicionamento

• Equilibrar-se em posição de vela exige braços e ombros fortes. Além disso, os músculos glúteos e abdominais devem ser fortes para manter a posição vertical.

• Enquanto estão de cabeça para baixo na posição de vela, as crianças podem deixar as pernas nas posições afastada, em tesoura, borboleta, entre outras. Cada uma dessas posições exige flexibilidade.

Sugestões para um currículo integrado

• Para uma base estável em vela, o peso precisa estar sobre os ombros e a parte superior dos braços até os cotovelos. Não deve haver peso sobre o pescoço ou a

Figura 6.4 Exemplos de finalizações da posição de vela.

cabeça. Os ombros e braços são fortes e oferecem uma base firme de apoio.

• O bom alinhamento vertical sobre a base é o que oferece estabilidade. Quadris, joelhos e pés devem estar na vertical acima da base dos cotovelos e dos ombros.

• Para concluir a vela, use o movimento de rotação em um eixo transversal. Para conseguir velocidade e quantidade de movimento, fique alongado. Para girar rápido ao redor do eixo, fique agachado.

• Ensine às crianças a diferença entre os equilíbrios em posição normal e invertida. Um equilíbrio invertido é aquele em que a cabeça fica abaixo dos quadris. Compare os equilíbrios em posição normal e invertida com formas geométricas normais e invertidas, quando usar os conceitos de reflexão e translação na matemática.

Imitação

Objetivos

Como resultado da participação nesta experiência de aprendizagem, as crianças vão melhorar sua capacidade de:

• escolher e executar um equilíbrio no solo e então fazer o mesmo equilíbrio sobre um equipamento (norma 1);

• nomear vários equilíbrios clássicos da ginástica e inventar novas soluções para problemas de equilíbrio (norma 2);

• desenvolver uma sequência de equilíbrio simples – equilíbrio fora de equipamento, transferência de peso, equilíbrio sobre equipamento (norma 1); e

• ajudar um parceiro ou grupo pequeno compartilhando observações sobre a execução de uma habilidade durante a prática (norma 5).

Turmas sugeridas

Iniciais (3º e 4º anos).

Organização

É necessário um espaço amplo e aberto. Cada equipamento grande, como caixa, banco, trave, barra ou cavalo deve ter ao lado um equipamento menor como um aro, obstáculo (vareta apoiada entre dois engradados) ou corda (de 2 a 3 metros de distância).

Equipamento necessário

São necessários equipamentos grandes e pequenos para esta aula. Caixas, bancos, traves, barras, cavalos, mesas, cadeiras e similares devem ser combinados com cordas, bambolês, obstáculos e assim por diante. Utilize colchões, quadrados de carpete ou uma combinação dos dois, por segurança, embaixo e ao lado dos equipamentos maiores.

Descrição

"Vocês já repararam como os ginastas são fortes e flexíveis? Hoje vamos trabalhar nossa força e flexibilidade enquanto nos aquecermos e depois vamos nos concentrar em nossos equilíbrios nos equipamentos e fora deles. Vamos começar com *jumps* (I) – saltos potentes e explosivos. Comecem agachando de leve e balancem os braços para trás (R). Então subam de uma vez! Usem as pernas (R). Joguem os braços para cima [Demonstrar.] (R). Comecem. Parem. Agora, ainda pulando, deem saltos curtos e rápidos (E). Usem a elasticidade/mola dos pés (R). Quicando, quicando, quicando. [Demonstrar.] Comecem. Parem. Combinem os dois tipos de salto (E). Rápido, elástico. Explosivo, potente. Quicar, quicar, quicar, salto repulsão grande. [Demonstrar.] Comecem. [Repetir várias vezes. Sinalizar para pararem.]"

"Ainda espalhados no solo, todos alongam, tombam e tomam impulso [ver a experiência de aprendizagem *Relógio* no Capítulo 5] (I). Lembrem-se, essa sequência de alongar, tombar e impulsionar é para deixar seus braços retos acima do corpo, como um lápis, com os braços acima da cabeça (R). Então, inclinem-se ou tombem para a frente. Conforme perderem o equilíbrio, deem um passo e flexionem o corpo na altura da cintura (impulso), colocando seus braços estendidos para baixo bem na frente do pé de apoio. Joguem o peso nas mãos e chutem com a perna de trás estendida para cima. Voltem devagar até ficarem de pé [Demonstrar.]. Quando estiverem apoiando o peso nas mãos, mantenham a posição o máximo que puderem (A). Contem até três. Ombros em cima das mãos (R). Quadril e pernas em cima das mãos (R). Corpo firme (R). [As crianças podem trabalhar com um parceiro em turnos e dar assistência umas às outras.] Comecem. Parem. Agora, continuem colocando o peso sobre as mãos [Dar um passo, tombar, impulsionar.] enquanto se movem para dentro, para fora, para cima, por cima e ao longo dos equipamentos pequenos e grandes espalhados no solo (E). Quero ver saltos do coelho, estrelas e parada de mãos momentânea. [Sinalizar para começarem e pararem.] Vocês estão trabalhando bastante hoje! Com certeza vão ficar com músculos mais fortes nas pernas e nos braços."

"Agora, vamos trabalhar para deixar nosso corpo mais flexível. Espalhem-se no solo e sentem-se na posição de ginasta (I). Flexionem-se para a frente e toquem os dedos do pé. Segurem por 10 a 15 segundos. [Contar.] Lembrem-se, essa é uma posição carpada. Ainda sentados, afastem as pernas e flexionem o corpo para tocar os dedos do pé direito e depois do esquerdo (E). Flexionem os joelhos e juntem as solas dos pés. Cruzem as mãos e coloquem seus cotovelos sobre os joelhos. Empurrem para baixo e mantenham por 10 a 15 segundos [Borboleta.] (E). Subam para a posição de vela (E). Glúteos firmes. Pernas alongadas, fortes e retas no ar (R). Afastem as pernas e torçam para a direita e para a esquerda (E). Saiam da posição de vela para a posição deitada reta (E). Empurrem o corpo para cima fazendo uma ponte (E). Mantenham braços e pernas fortes! Sintam sua barriga alongar. Repitam toda a sequência três vezes [Demonstrar.] (E). Posição de ginasta, tocar os pés. Afastar, tocar a direita, tocar a esquerda. Vela, torcer para a direita, girar para a esquerda. Ponte. [Sinalizar para começarem e pararem.]"

"Enquanto descansam, sentem-se retos e prestem atenção. Hoje vamos fazer equilíbrios no solo e tentar alguns desses equilíbrios nos equipamentos (I). Vou mostrar alguns que vocês já conhecem pelo nome. Sentado em V. Apoio frontal. Apoio dorsal. *Tip-up* (ver Fig. 6.8). Sentado em posição carpada. Posição afastada. [Demonstrar.] Vamos tentar cada um desses equilíbrios no solo primeiro (E). Comecem. Parem. Agora, vamos fazer os mesmos equilíbrios usando os equipamentos pequenos (E). Façam cada um deles colocando o corpo sobre, dentro, fora ou ao longo dos equipamentos pequenos. Comecem. Parem.

Agora vem o desafio de verdade. Vocês vão tentar fazer os mesmos equilíbrios nos equipamentos maiores (E). Pode ser que vocês tenham que adaptar algumas das posições em cada equipamento. Por exemplo, o apoio frontal no solo ou no banco é igual, mas na trave ou na barra pode ser uma posição vertical. [Demonstrar.] Tentem um equilíbrio no solo e depois o mesmo equilíbrio no equipamento. Comecem. Parem. Repitam o processo em um outro equipamento grande (E). [Sinalizar para começarem e pararem.] [Ver Fig. 6.5.]"

"Vamos tentar agora algumas formas novas de se equilibrar (E). Que tal em um antebraço e um pé? [Demonstrar.] Que tal nas duas mãos e um pé? [Demonstrar.] Vocês podem tentar se equilibrar em outras partes do corpo também. Pensem na forma do corpo enquanto se equilibram. Alongada, enrolada, torcida. Formas largas e estreitas. Formas em níveis alto médio e baixo. Com a barriga para cima ou para baixo. Vamos ver o que podem fazer. Lembrem-se, tentem cada equilíbrio no solo por cima, em cima, dentro, fora ou ao longo do equipamento pequeno. Quero ver formas bem definidas (R). Bases boas e fortes. Mantenham cada equilíbrio por 3 segundos. Tentem o mesmo equilíbrio no equipamento grande ao lado. É assim que vocês vão imitar os próprios movimentos hoje. Talvez vocês precisem adaptar seu equilíbrio no equipamento. Onde vocês vão segurar? Vocês têm de ter certeza de que sua base é estável. Ela não pode tremer ou ficar instável. [Sinalizar para começarem e pararem.] Vão para um outro equipamento pequeno e um maior. Tentem primeiro vários equilíbrios novos nos equipamentos menores, depois tentem os mesmos equilíbrios no equipamento maior. [Sinalizar para começarem e pararem.]"

"Vocês tiveram a chance agora de praticar vários equilíbrios no solo, usando equipamentos pequenos e grandes. Para a nossa última atividade, quero que vocês esco-

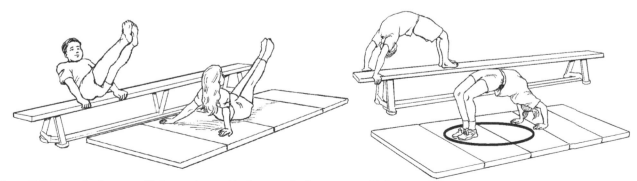

Figura 6.5 Execução de um equilíbrio no solo seguida da execução do mesmo equilíbrio no equipamento.

lham seus três equilíbrios favoritos (E). Vocês têm que fazer o equilíbrio no solo, primeiro, usando o equipamento pequeno, depois usar uma ação de deslocamento ou rotação para chegar no equipamento maior ao lado do pequeno. [Demonstrar.] Equilíbrio no solo, deslocamento, equilíbrio no equipamento. Depois, mudem de lugar e tentem seu segundo equilíbrio no solo perto do equipamento pequeno, desloquem-se ou rolem para o equipamento grande e equilibrem-se do mesmo jeito no equipamento grande. Repitam o processo pela terceira vez – outro equipamento pequeno e grande. Comecem. Ashley, gostei do jeito como você se equilibrou sobre a barriga arqueando as costas dentro do bambolê, fez um rolamento lápis até a caixa e se equilibrou na caixa na mesma posição. Bom trabalho, Jeremy. Bom equilíbrio nos dois antebraços e um joelho (barriga para baixo) sobre o obstáculo. Depois um rolamento oval para chegar ao banco e um movimento bem suave fazendo a transição para o mesmo equilíbrio no banco. Ótimo trabalho! [Deixar eles praticarem bastante.] Parem. Lembrem-se de que eu estou procurando bons ginastas (R). Quero ver bons deslocamentos, bons rolamentos e estrelas. Quero ver boas transições para entrar e sair dos equilíbrios nos equipamentos pequenos e grandes. Sem hesitação. Sem movimentos extras e desnecessários. Vão. Pratiquem mais um pouco. [Sinalizar para pararem.]"

"Para encerrar, quero que vocês escolham um equilíbrio de que gostaram mais ou que acharam o mais original, diferente de todos (A). Pratiquem essa sequência de equilíbrio em um lugar. Por exemplo, posso fazer uma ponte no solo sobre uma corda, abaixar o corpo para uma posição alongada de costas, fazer um rolamento lateral em lápis até o banco, subir e deitar no banco, e levantar o corpo para fazer a ponte em cima do banco [Demonstrar.]. Equilíbrio no equipamento pequeno, deslocamento, mesmo equilíbrio no equipamento maior. Façam várias vezes até ficar o melhor possível. Memorizem sua sequência para poderem fazer do mesmo jeito de novo e de novo. Lembrem-se: vocês não estão mais se movendo de um lugar para outro; vocês estão ficando em um equipamento pequeno e um grande. [Sinalizar para começarem e pararem.] Agora, quando eu disser 'já', quero que formem grupos de três. Seu grupo deve ser formado por pessoas que estejam em equipamentos diferentes. Por exemplo, um grupo pode incluir uma pessoa em um banco, uma em uma trave e a outra em uma cadeira. Já. Sentem os três juntos. A última tarefa de vocês é mostrarem sua sequência para os outros. Quando for sua vez de observar, elogie alguma coisa de que gostou na sequência do colega. Vão. Hora do *show*! Parem. Excelente, pessoal. Vocês são ótimos imitadores! Agora em fila na porta."

Sugestões de avaliação

- As crianças devem se comprometer a executar equilíbrios de alta qualidade. Você deve ver bases fortes, bom alinhamento e forma do corpo. Crie um *checklist* para equilíbrios de alta qualidade. Avalie se as crianças têm uma base forte, boas linhas e se conseguem manter o equilíbrio firme (3 segundos).
- As crianças estão fazendo um equilíbrio no solo, usando o equipamento pequeno e depois o grande?
- Transições suaves e lógicas para entrar e sair dos equilíbrios são importantes – especialmente nos equipamentos maiores. Procure ações de transferência de peso lógicas que sejam bem pensadas e executadas sob controle. Avalie se as crianças fazem transições suaves entre os equilíbrios.
- As ações de deslocamento devem ser como as de ginástica. Não permita que as crianças corram pelo ginásio ou apostem corrida. Espere rolamentos de alta qualidade, estrelas, *skips* e assim por diante. Avalie as crianças em relação à qualidade de suas ações de deslocamento – leves, controladas e com boa mecânica.
- As crianças devem considerar o deslocamento em direções e trajetórias diferentes e em velocidades e intensidades diferentes para demonstrar variedade. Por exemplo, se um deslocamento for *skips* para a frente, o próximo pode ser uma estrela para o lado. Caso seja um salto forte, potente e controlado, o seguinte pode ser uma ação de deslize leve e suave. Avalie as sequências das crianças em relação a mudanças de direção, trajetória, velocidade e outros fatores.

Que mudanças posso fazer?

- Reverta a sequência. Peça o equilíbrio no equipamento grande primeiro, depois a ação de transferência de peso para o solo e termine imitando o equilíbrio realizado no equipamento pequeno.
- Execute a sequência focando no conceito de tempo. Entre e saia dos equilíbrios rápido ou devagar. Ou faça as ações de deslocamento ou rolamento rápido ou devagar.

Demonstre contrastes claros em relação ao tempo. Por exemplo, equilibre-se no solo com o equipamento pequeno, faça a transferência de peso lentamente em direção ao equipamento maior e, então, imite o equilíbrio no equipamento. Ou faça o equilíbrio no equipamento maior, saia rapidamente dele e, então, imite o equilíbrio no solo com o equipamento pequeno.

Sugestões para ensinar condicionamento

Equilibrar-se e manter-se em diferentes posições no solo e depois no equipamento exige força e flexibilidade.

Sugestões para um currículo integrado

• Traga um livro sobre um artista como Monet, Cassatt ou Van Gogh e mostre como um artista pode desenhar ou pintar o mesmo objeto de vários modos – mudando as cores, texturas, tamanho ou outros elementos. Da mesma forma, um ginasta pode fazer o mesmo equilíbrio no solo e depois no equipamento. O ambiente mudou.

• Na matemática, as crianças aprendem translação, rotação e reflexão. Na arte, as crianças exploram os mesmos conceitos por meio da tesselação. A tesselação consiste na recriação de padrões, como em estampas ou mosaicos. Padrões repetidos podem ser conseguidos por meio da translação, rotação ou reflexão. Quando as crianças executam um equilíbrio no solo e depois repetem o equilíbrio em um equipamento, elas estão essencialmente fazendo uma translação.

• Ouçam o trecho de alguma música com um determinado padrão temático – como ABA, ABAC. Músicas simples com duas ou três partes, como músicas de quadrilha ou marchinhas são bons exemplos. Cada vez que o compositor mudar o tema (de A para B) ou voltar para um tema (de volta para A), observe que mesmo que um ou mais elementos tenham mudado, as notas básicas (a melodia) ainda estão lá. Como no exemplo anterior, os artistas podem executar o mesmo equilíbrio em condições diferentes.

• Peça às crianças para nomearem os equilíbrios que elas conseguem fazer. Deixe-as inventarem nomes para os equilíbrios novos que criarem. Elas podem anotar ou desenhar suas próprias sequências.

• Observem séries de ginastas olímpicos. Mostre exemplos nos quais um certo equilíbrio ou movimento é feito em um exercício no solo e depois de novo na série de um equipamento.

• Compare o equilíbrio de um aluno no solo e depois no equipamento com o conceito de translação ou reflexão na matemática.

Sugestões de inclusão

Ainda que as posições de equilíbrio possam ser modificadas para crianças com necessidades especiais, todas as crianças, independentemente da capacidade, podem criar algum equilíbrio no solo, em uma cadeira ou de alguma outra forma e depois modificá-lo, usando um equipamento.

Dimensões

Objetivos

Como resultado da participação nesta experiência de aprendizagem, as crianças vão melhorar sua capacidade de:
• equilibrar-se usando dimensões diferentes do corpo – pequena, grande, larga, estreita (norma 1);
• criar e executar uma sequência de ginástica usando a variedade de formas dimensionais do corpo (norma 1);
• descrever sua sequência de ginástica usando duas ou mais variáveis de dimensão simultaneamente (norma 2); e
• comunicar-se com os outros alunos de modo a descrever o que viram e gostaram em suas sequências (norma 6).

Turmas sugeridas

Intermediárias (4º a 5º anos).

Organização

É necessário um espaço amplo e aberto. As crianças devem se espalhar em uma ou duas em cada colchão. Esta aula também pode ser ministrada no piso de uma quadra ou em um gramado usando quadrados de carpete ou um paraquedas grande. Espalhe os colchões deixando um bom espaço entre eles. Caso você deseje ensinar esta experiência de aprendizagem sobre formas dimensionais usando equipamento, disponibilize uma caixa ou banco por colchão.

Equipamento necessário

Esta experiência de aprendizagem exige um colchão para cada duas crianças. Caso contrário, quadrados de carpete ou um paraquedas grande podem ser usados para os equilíbrios dimensionais e para o desenvolvimento do trabalho de sequência.

Descrição

"Oi, pessoal! Hoje vamos começar nosso aquecimento fazendo um pouco de alongamento e exercícios de fortalecimento. Tudo vai estar relacionado a deixar nossos corpos maiores ou menores, largos ou estreitos. Essas são dimensões de nosso corpo no espaço. Vamos começar nos sentando em V. Mantenham suas pernas retas e bem afastadas lateralmente, amplas. Inclinem-se para trás apoiando-se nas mãos, enquanto também afastam bem os braços. Deixem a barriga firme enquanto mantêm essa posição por 15 segundos. Esse exercício está fortalecendo seus músculos abdominais. Agora rolem sobre a barriga e fiquem na posição de flexão. As mãos devem estar abaixo dos ombros, com os braços retos e as pernas bem unidas. Mantenham o corpo rígido como o tampo de uma mesa. Esse é um exemplo do corpo em uma dimensão estreita. Mantenham essa posição por 15 segundos (ou façam 10 flexões). Esse exercício fortalece os músculos tríceps. Agora vamos para a posição da criança (balasana, na yoga). Sentem-se sobre os joelhos e as pernas, bem grupado, com o queixo perto dos joelhos. Os braços estendidos para trás no solo, em direção aos pés. Sintam a parte de baixo das costas sendo alongada. Agora, fiquem em pé com as pernas e os braços afastados. Essa é uma dimensão bem grande do corpo. A partir dessa posição, encostem a mão direita no pé esquerdo, flexionando o corpo na cintura. Sintam o alongamento nos músculos isquiotibiais (a parte de trás da perna) subindo até a lateral do tronco. Voltem para a posição afastada. Depois, encostem a mão esquerda no pé direito, flexionando o corpo na cintura. Repitam esse exercício 10 vezes. [Acrescentar vários outros exercícios de sua escolha para enfatizar as dimensões grande e pequena, ampla e estreita. Durante cada exercício, mostrar quais grupos musculares estão sendo fortalecidos ou alongados.] Parem. Venham todos aqui e sentem-se de frente para mim."

"Como vocês já podem perceber pelos nossos exercícios de aquecimento, a ênfase da aula de hoje é sobre a execução de equilíbrios usando dimensões diferentes do nosso corpo. (I) Vamos nos concentrar em deixar o corpo grande, pequeno, amplo e estreito. Quem pode me dizer o que a palavra *grande* significa? Isso, Ishan, grande significa fazer nosso corpo ocupar o máximo de espaço possível. E pequeno? Muito bem, Ila, pequeno significa fazer o corpo ocupar o menor espaço possível. E quanto a amplo? Muito bem, Karaivi. Amplo significa expandir para os lados. E quem pode me dizer o que é estreito? Isso, Max. Ficar estreito significa se aproximar do centro e ficar o mais fino possível. Quando eu disser 'já', vocês vão se levantar e encontrar um espaço pessoal em um colchão. [Caso seja necessário, você pode dividir o colchão com um colega e trabalhar em turnos.] Primeiro, vamos tentar algumas formas grandes (E). Então, quando chegarem ao colchão, façam a forma grande que quiserem. Tentem manter suas formas firmes por pelo menos 3 segundos. Quero ver bons equilíbrios, nada flácido (R). Já. Muito bem, Johnny, uma posição de estrela, equilibrado nas mãos e nos pés com a barriga direcionada para o teto. A Celia está equilibrada nas duas mãos e em um pé com a barriga direcionada para o solo. O outro pé está para cima com a perna reta. Muito bom! Agora tentem algumas outras formas de equilíbrio grandes. Tentem em alturas diferentes (E). Vocês conseguem fazer uma forma grande em nível baixo? Em um nível médio? E alto? Vocês conseguem fazer uma forma grande que seja simétrica (E)? Assimétrica? Vamos tentar agora alguns equilíbrios pequenos (E). Tentem o primeiro. Bom, Nashant, gostei de como você se equilibrou sobre as costas, todo grupado, com os braços em volta da região tibial. Isso mesmo, Sachin, sobre a região tibial com os joelhos flexionados e o tronco para trás. Tentem agora outras formas de equilíbrio pequenas. Tentem em níveis diferentes (E). Façam uma forma pequena que seja simétrica. Agora assimétrica (E). Em seguida, vamos tentar algumas formas amplas (E). Excelente, Naomi. Legal como você se equilibrou em um pé e uma mão, toda expandida em forma de estrela. Muito bem, Esther! Gostei de você equilibrada nos dois pés e uma mão, com a barriga para cima e a mão livre ampla para fora. Parem. Quero ter certeza de que vocês sempre tenham em mente os princípios corretos do equilíbrio. Ombros sobre as mãos, mãos ou pés apoiados com firmeza, corpo rígido, olhar focado em um ponto (R). Mantenham os equilíbrios por 3 segundos no mínimo. Não quero ver posições instáveis e vacilantes. Tentem vários outros equilíbrios amplos em níveis diferentes (ou simétricos e assimétricos) (E). Agora vamos fazer formas estreitas (E). Tentem a primeira. A Molly está em forma de lápis totalmente equilibrada na lateral do corpo, muito bem. Bom trabalho, Ricky. Você está bem estreito nessa posição de apoio dorsal. Tentem alguns outros equilíbrios estreitos: baixos, médios, altos, simétricos, assimétricos (E). Parem. Todos para cá e sentem-se de frente para mim."

"O que eu quero fazer agora é começar a unir nossos equilíbrios dimensionais em uma sequência. Vamos começar simplesmente com um equilíbrio e uma transição suave para um segundo equilíbrio. Vou dar um exemplo. [Demonstrar.] Posso começar com um joelho e um pé. Minha perna com o pé de apoio está projetada para a lateral. Meu tronco está ereto (reto, na vertical). Meus braços estão projetados para fora. Então podemos dizer que esse equilíbrio é amplo no nível médio. A partir daqui, posso escolher executar um rolamento para a frente e passar para a posição de vela. Quando executo o rolamento sob controle, posso parar e me equilibrar sobre os ombros com os cotovelos no solo e minhas mãos no quadril. Agora meu tronco e minhas pernas estão retos (na vertical) com ponta de pés. Minha segunda posição de equilíbrio é estreita e em nível alto. Alguém consegue pensar em uma outra forma que me permita sair suavemente do meu primeiro equilíbrio para um equilíbrio final diferente ou igual? Sim, Frank, eu poderia ter rolado para o lado ou para trás. Ou eu poderia ter descido usando minhas mãos para um apoio frontal e passado para um equilíbrio na posição de flexão (longo, estreito no nível baixo). Quando eu disser 'já', quero que voltem para seus espaços e criem suas próprias minissequências (E). Escolham um primeiro equilíbrio. Pode ser grande, pequeno, amplo ou estreito. Então, pensem em um movimento de transição suave para um segundo equilíbrio. Seu movimento de transição pode ser um passo, balanço, rolamento ou deslize. Pensem. O que é lógico? Como eu posso ir daqui para lá sem movimentos extras ou desnecessários? Seu segundo equilíbrio pode ser do mesmo tipo do primeiro (grande para grande, amplo para amplo) ou pode ser diferente (pequeno para grande, amplo para estreito). Vocês escolhem. Quem pode me dizer o que vamos fazer de volta em nosso espaço? Inga? Isso mesmo, Inga. Nós vamos criar um equilíbrio (dimensional), fazer um movimento de transição e executar um segundo equilíbrio. Está claro para todos? Já. [Enquanto as crianças estiverem trabalhando, passar por elas e dar um *feedback* sobre o trabalho que estão fazendo.] Parem. Fiquem onde estão. Prestem atenção. Quando vocês tiverem decidido a sequência e praticado várias vezes para eliminar todos os detalhes e movimentos desnecessários e acharem que seus equilíbrios estão tão bons quanto possí-

vel, tentem uma segunda sequência, completamente diferente (E). Lembrem-se: pequeno para grande, grande para pequeno, amplo para estreito, estreito para amplo, amplo para amplo, mas mudem os níveis, estreito para estreito mas com níveis diferentes. Já. [Dar uma volta na sala e ajudar os alunos, dar *feedback*, assegurar-se de que as crianças continuam trabalhando na tarefa.] Parem. Venham até aqui, de frente para mim. Vocês estão fazendo um bom progresso unindo uma sequência simples (forma, transição, forma). Estou vendo ótimas formas dimensionais (grandes, pequenas, amplas e estreitas) e transições suaves de uma forma para outra."

"O que eu quero que façam agora é elaborar uma sequência mais complexa (A). Ela envolverá a escolha de quatro formas e a ligação entre elas com três movimentos de transição. Vocês vão escolher as formas na sua sequência, mas elas precisam ser contrastantes (ver Fig. 6.6). Por exemplo, vocês podem escolher pequeno em nível baixo, grande em nível baixo, amplo em nível médio e estreito em nível alto. [Demonstrar.] O que mais vocês podem escolher? Isso, Sarah, amplo, amplo, estreito, estreito. Isso, Jason, grande, grande, pequeno, pequeno. Sim, Susan, grande, pequeno, amplo, estreito. O mais difícil vai ser escolher movimentos de transição suaves de um equilíbrio para outro. Vocês podem escolher ações de deslocamento e locomoção, deslizes, balanço e rolamentos. Vocês precisam pensar logicamente. Como eu consigo sair dessa posição para a próxima suavemente, sem gestos ou passos extras, movimentos desajeitados ou desnecessários? Vejam o que conseguem fazer. Voltem para seus espaços e comecem a trabalhar. Já. [Transitar entre o máximo de alunos que puder e observar o trabalho deles. Fazer comentários e sugestões. Oferecer *feedback* sobre o que eles estão fazendo bem e o que eles poderiam melhorar. Após um período de prática, sinalizar para os alunos que eles terão de 1 a 3 minutos para melhorar e finalizar suas sequências.] Parem. O que eu quero, agora, é que cada um de vocês escolha um parceiro que não tenha visto o seu trabalho. Sente-se ao lado dele em um colchão. Mostre sua sequência e veja a dele, um de cada vez. Conversem um com o outro; diga de que você gostou no trabalho dele ou dê uma ideia de como a sequência dele poderia melhorar. [Durante esse tempo, você, como professor, deve percorrer a sala e observar tanto os alunos que estão trabalhando como aqueles que estão observando. Oferecer-lhes *feedback* sobre o desempenho, mas o retorno é provavelmente mais importante para os observadores que estão aprendendo a apoiar e sugerir para seus colegas.] Bom trabalho hoje, pessoal! Vocês estão aprendendo a ser bons ginastas. Tchau, por enquanto."

Figura 6.6 Criação de uma sequência de formas grandes, pequenas, amplas e estreitas.

Sugestões de avaliação

- Peça às crianças que desenhem cada um de seus equilíbrios. Elas podem usar homens-palito ou desenhar figuras bidimensionais. Se houver um manequim ou boneco articulado disponível, peça que elas manipulem o boneco para mostrar suas posições em três dimensões.
- Peça ao parceiro observador que descreva verbalmente cada um dos equilíbrios dimensionais na sequência do parceiro que a executa. Ou peça ao parceiro observador para escrever a descrição de um ou dois equilíbrios dimensionais do parceiro que executa a sequência.
- Peça ao parceiro observador que diga ao outro o que eles gostaram em relação às transições de um equilíbrio dimensional para o outro, ou para descrever como eles acham que essas transições poderiam ser melhoradas.

Que mudanças posso fazer?

• Aumente a complexidade da sequência: dois equilíbrios amplos e dois estreitos com transições suaves, três equilíbrios pequenos e três grandes com transições suaves.

• Dentro de uma sequência, mude dois fatores dimensionais de uma vez. Por exemplo, use uma transição suave para sair de um equilíbrio amplo em nível baixo para um estreito em nível médio.

• Inclua um equipamento como uma caixa ou banco. Equilíbrios amplos e estreitos podem ser realizados total ou parcialmente no equipamento.

• Execute uma sequência de equilíbrio amplo para estreito com um parceiro. Os equilíbrios podem espelhar ou corresponder àqueles do parceiro.

Sugestões para ensinar condicionamento

• Como parte da fase de aquecimento ou relaxamento da aula, execute equilíbrios para fortalecimento dos músculos. Mantenha as posições por 10 a 15 segundos (apoio frontal, apoio dorsal, sentado em V). Fale sobre quais músculos estão estabilizando o corpo e quais estão sendo fortalecidos. Enfatize a boa forma enquanto mantém as posições.

• Aumente a resistência do músculo repetindo vários equilíbrios três a cinco vezes cada.

• Faça alongamentos para aumentar a flexibilidade durante o aquecimento ou relaxamento. Mova braços, pernas e tronco de posições de contração para extensão. Mantenha cada posição por 10 a 15 segundos.

Sugestões para um currículo integrado

• Em um esforço para desenvolver habilidades de linguagem da arte, peça às crianças que descrevam verbalmente cada uma de suas formas de equilíbrio na sequência usando termos dimensionais. Ou peça que descrevam suas formas de equilíbrio por escrito usando termos dimensionais.

• Compare as dimensões da forma do corpo com dimensões matemáticas de forma e tamanho. Combine dois ou mais fatores simultaneamente. Por exemplo, um equilíbrio grande, amplo, em nível alto; um equilíbrio pequeno, estreito, em nível baixo; um triângulo grande com espaço vazio; um retângulo pequeno com espaço preenchido.

Sugestões de inclusão

Esta experiência de aprendizagem é sobre criar dimensões diferentes com o corpo. Todas as crianças com necessidades especiais podem beneficiar-se de experiências passivas e ativas, alongando o corpo para torná-lo amplo ou encolhendo-o para deixá-lo estreito. Elas também podem fazer dimensões grandes e pequenas. Seja no solo, em uma cadeira ou com muletas, as crianças podem desenvolver força e flexibilidade fazendo formas de equilíbrio que mostrem as dimensões grande, pequena, ampla e estreita. Elas também podem fazer movimentos de transição de uma dimensão para outra, sozinhas ou com assistência.

Estátuas

Objetivos

Como resultado da participação nesta experiência de aprendizagem, as crianças vão melhorar sua capacidade de:

• demonstrar várias formas de se equilibrar com o peso do corpo completo ou parcialmente sobre o equipamento (norma 1);

• desenvolver uma sequência simples de movimentos para entrar e sair de um equilíbrio sobre o equipamento (norma 1); e

• trabalhar com um parceiro oferecendo assistência nos equilíbrios e sugerindo formas de melhorar a sequência (norma 5).

Turmas sugeridas

Intermediárias (4º e 5º anos).

Organização

É necessário um espaço amplo e aberto. As crianças devem se espalhar, duas ou três em cada caixa, banco, cavalo, mesa, cadeira ou outro equipamento grande.

Equipamento necessário

Ainda que seja bom ter equipamentos tradicionais de ginástica, você pode substituí-los ou complementá-los com caixas, bancos, mesas, cadeiras e objetos similares. Equipamentos externos de *playground* também são úteis.

Descrição

"Vamos trabalhar com equilíbrio em equipamentos hoje, mas antes disso vamos aquecer. Sentem-se em posição de ginasta (I). Torçam o tronco para um lado e coloquem as duas mãos no solo. Girem e passem para a posição de flexão (E). Gato bravo [costas curvadas para cima] (E). Gato feliz [barriga curvada em direção ao solo] (E). Voltem para a posição de ginasta. Torçam o tronco para o lado contrário e repitam (E). [Demonstrar.]"

"Levantem e corram (E). Eu quero ver corridas boas, controladas (R). Quando chegarem a um colchão, executem o rolamento de sua escolha para ir para a posição de ginasta (E). Repitam essa sequência no colchão seguinte. Voltem a ficar de pé e a correr. Repitam essa sequência várias vezes conforme transferem de um colchão para outro."

"Desta vez, corram e saltem em *hop* e *jump* (E). Quando chegarem a um equipamento, saltem sobre ele, para fora ou ao longo dele de várias formas (E). Sigam para outro equipamento e repitam. [Sinalizar para pararem.]"

"Escolham um parceiro e sigam para um equipamento (I). Sentem-se. Vamos trabalhar com equilíbrio hoje (I). Vamos começar no solo [colchão]. Escolham várias formas de se equilibrar. Pensem em várias partes do corpo que podem usar para se equilibrar (E). Pensem em formas amplas, estreitas; altas, baixas; simétricas, assimétricas. Desafiem-se a ser bons ginastas. Qualquer um pode deitar no solo ou ficar de quatro. Mas como um ginasta faria um equilíbrio (R)? [Bom alinhamento, ângulos definidos, extensões e olhar focado.] Ajudem seus parceiros com os equilíbrios oferecendo sugestões para que eles melhorem ainda mais. Escolham seus três equilíbrios favoritos (E). Mantenham cada um por 3 segundos antes de passar para o próximo. [Sinalizar para pararem.]"

"Agora, levaremos esses equilíbrios para o equipamento (E). Podemos usar o corpo para nos equilibrarmos parcial ou totalmente no equipamento. [Demonstrar.] Alguns exemplos. Duas partes em cima, duas partes fora. Uma parte em cima, duas partes fora. O peso todo no equipamento em uma posição sentada em V. O peso todo no equipamento com duas mãos e um joelho apoiando seu peso. [Ver Fig. 6.7.] Agora é a vez de vocês. Troquem com seus parceiros. Quando não estiverem fazendo um equilíbrio, ajudem seus parceiros, encorajando-os ou dando sugestões. Já."

"Estou vendo que a maioria de vocês está usando partes do corpo que normalmente utilizariam para apoiar o peso do corpo em cima e fora do equipamento. Tentem usar algumas partes diferentes do corpo (E). Que tal usar os ombros, os braços, os antebraços, as coxas, a região tibial ou a barriga? Vejam o que conseguem fazer. Trabalhem duro. Deixem seus equilíbrios com cara de ginástica (R). Mantenham os equilíbrios por 3 segundos. Mostrem bom alinhamento e extensões. Escolham um ponto para focar o olhar. Já. Bom trabalho, Sara, eu gosto de como está se equilibrando com seu antebraço no equipamento e seus pés em posição de tesoura no solo. Sua lateral voltada para o teto. Muito bem, Virginia. Gostei de seu equilíbrio com as panturrilhas [gastrocnêmio] no equipamento e seus co-

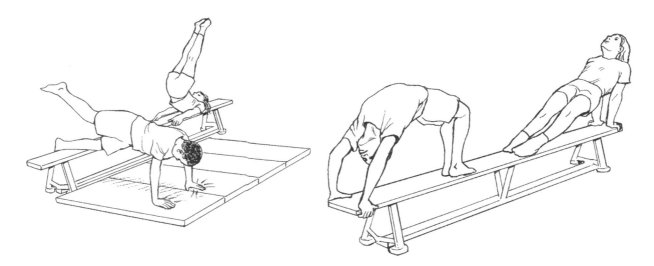

Figura 6.7 Equilíbrio parcial ou total no equipamento, mantendo uma boa forma.

tovelos e antebraços no solo. A barriga voltada para o teto. Mike, glúteos firmes. Tensione os músculos da barriga e os glúteos. Assim, muito melhor. [Sinalizar para pararem.]"

"Para encerrar esta aula, quero que vocês escolham seu equilíbrio favorito no equipamento. Seu corpo pode estar apoiado parcial ou totalmente no equipamento. A tarefa é encontrar uma forma de entrar e sair desse equilíbrio suavemente (A). Vocês têm duas escolhas (R). Começar longe do equipamento. Usar um rolamento, deslize, ação de roda ou outro movimento de transferência de peso para chegar ao lugar certo (sem ajustes ou passos extras) e entrar suavemente no seu equilíbrio. [Demonstrar.] Ou começar em sua posição de equilíbrio no equipamento e usar um rolamento, deslize, giro ou outra ação de transferência de peso para sair do equipamento. [Demonstrar.] Revezem com seus parceiros. Ajudem oferecendo assistência ou sugestões quando necessário. Já. [Sinalizar para pararem.]"

"Quando eu disser 'já', quero que todos encontrem outro parceiro. Vocês vão trabalhar em turnos. Primeiro, um parceiro executará a sequência, enquanto o outro observará (A). Depois, vocês trocam de papel. Quando for sua vez de olhar, seu trabalho será observar a ação de transferência de peso, a transição suave e o equilíbrio. Vejam se o equilíbrio é feito parcial ou completamente no equipamento. Observem qual forma do corpo a pessoa usa durante o equilíbrio. Usem a escala de pontuação conforme observam as sequências de seus parceiros. [Ver Fig. 4.6. Usar o modelo de escala de pontuação como guia e criar a escala apropriada para essa sequência usando o equipamento. A escala de pontuação deve enfatizar as partes importantes dessa sequência: a ação de transferência de peso, a transição suave, o equilíbrio parcial ou total no equipamento e a forma do corpo. Além disso, criar o mesmo tipo de escala de três pontos para as crianças usarem.] Quando a sequência estiver concluída, digam aos seus parceiros o que vocês viram, de que gostaram mais e o que vocês acharam que eles poderiam melhorar na sequência."

"Agora, vocês vão ter um tempinho para trabalhar e melhorar a sequência. Depois, encontrem um novo parceiro e façam a sequência e a observação de novo. Em turnos, um executa sua sequência melhorada, enquanto seu novo parceiro observa com atenção e oferece *feedback* sobre o que observou, do que gostou e como você poderia melhorar. Parem. Reúnam-se na minha frente e sentem-se."

"Vocês trabalharam bastante hoje em sequências com equilíbrios no equipamento. Vocês também descobriram formas excelentes de se moverem suavemente para entrar

e sair desses equilíbrios. Eu gostei especialmente da forma como trabalharam com seus novos parceiros no final da aula, usando um *checklist* para repassar as sequências um do outro. Trabalhar cooperando com um parceiro é um bom meio de verificar o seu trabalho e garantir que incluiu todos os elementos da série, e também para encorajar um ao outro a fazer o melhor. Por hoje é isso. Tchau."

Sugestões de avaliação

• As crianças já fizeram trabalhos de equilíbrio no solo. A transferência para equilíbrios nos equipamentos deve produzir a mesma qualidade de trabalho. As crianças devem demonstrar o centro de gravidade sobre a base e devem ter bases fortes (mão inteira no solo, cotovelos encaixados, ombros sobre os punhos, quadril sobre os joelhos e assim por diante). Elas devem apresentar boas extensões – dedos dos pés e das mãos estendidos (ver Fig. 6.7). Crie uma planilha para determinar se cada criança entende a aplicação dos bons princípios de equilíbrio nos equipamentos. (Veja as Sugestões de avaliação para boas posições de equilíbrio no solo para a experiência de aprendizagem *Empurrar e Puxar* neste capítulo e adapte-as para posições de equilíbrio em equipamento.)

• Transições suaves são essenciais. As crianças devem experimentar proximidade com o equipamento, ângulos de aproximação e saída, escolha da ação de transferência e outros elementos, até acertarem. O movimento para entrar e sair de um equilíbrio deve ser natural, suave e fluido, sem passos extras ou interferências. Crie uma planilha para avaliar se cada criança demonstra cada uma dessas características.

Que mudanças posso fazer?

• Acrescente um segundo equilíbrio no início ou no final da sequência anterior: equilíbrio fora do equipamento, transferência de peso para chegar, equilíbrio no equipamento. Ou equilíbrio no equipamento, transferência de peso para sair, equilíbrio fora do equipamento.

• Acrescente um equilíbrio no início e no final: equilíbrio fora do equipamento, movimento para chegar, equilíbrio no equipamento, movimento para sair, equilíbrio fora do equipamento.

• Sincronize uma sequência de equilíbrio com um parceiro: equilíbrio espelhado fora do equipamento, movimento simultâneo ou imitado para chegar, equilíbrio espelhado no equipamento, movimento simultâneo ou imitado para sair, equilíbrio espelhado fora do equipamento.

140 Ensinando ginástica para crianças

Sugestões para ensinar condicionamento

Assim como os equilíbrios no solo, equilibrar-se parcial ou totalmente em um equipamento desenvolverá força muscular, resistência e flexibilidade. Por exemplo, fazer uma ponte em um banco, tanto com as mãos como com os pés no banco, ou com as mãos no solo e os pés no banco, desenvolverá músculos fortes nos braços e nas pernas. Manter a posição por períodos mais longos (10 a 30 segundos) desenvolverá resistência muscular. Arquear as costas com a barriga voltada para cima desenvolverá flexibilidade no tronco.

Sugestões para um currículo integrado

• Traga imagens de ginastas, bailarinos, arquitetura (p. ex., pontes, prédios) e esculturas (p. ex., Alexander Calder) que enfatizem a distribuição de peso. Encoraje as crianças a criar com o corpo desenhos parecidos com as imagens. Faça as crianças escreverem as razões pelas quais alguns prédios, pontes e equilíbrios são mais estáveis que outros.

• Compare equilíbrios em equipamentos com estátuas em um pedestal (p. ex., *O Pensador* de Rodin, *A Pequena Bailarina de Catorze Anos* de Degas). Que movimento a estátua teria feito para chegar naquela posição? Como ele ou ela escolheriam sair daquela posição?

Sugestões de inclusão

A maioria dos alunos é capaz de adaptar equilíbrios como o apoio frontal ou dorsal, seja parcial ou totalmente nos equipamentos. Por exemplo, na posição de flexão, as crianças podem se equilibrar no solo com os joelhos, em vez de nos pés, para facilitar o equilíbrio. Outras crianças podem usar a cadeira de rodas ou as muletas como seu equipamento para se equilibrar. A questão é que todas as crianças são capazes de se equilibrar em equipamentos com sucesso, adaptando a tarefa ao seu nível de capacidade.

Glúteos para cima

Objetivos

Como resultado da participação nesta experiência de aprendizagem, as crianças vão melhorar sua capacidade de:

• demonstrar várias posições de equilíbrio invertido (em que a cabeça fica mais baixa que os quadris) com uma base estável (norma 1);

• elaborar e executar uma sequência curta que inclua um equilíbrio invertido (normas 1 e 2);

• identificar pelo nome alguns equilíbrios invertidos tradicionais, tais como *tip-up*, parada de três apoios, parada de cabeça, parada de antebraço e ponte (norma 2); e

• criar seus próprios equilíbrios invertidos (norma 2).

Turmas sugeridas

Intermediárias (4º e 5º anos).

Organização

É necessário um espaço amplo e aberto. As crianças devem se espalhar, uma ou duas em cada colchão ou quadrado de carpete.

Equipamento necessário

Você precisará de um colchão ou quadrado de carpete para cada uma ou duas crianças.

Descrição

"Vamos trabalhar nos equilibrando em inversão hoje, mas, antes disso, precisamos nos aquecer. Comecem alguns movimentos laterais (I). Deslizem para a direita ou para a esquerda. Façam bons deslizamentos, nas pontas dos pés (R). Pés rápidos. Fiquem longe dos colchões. Movam-se em linha reta, não em trajetória curva (R). Agora continuem indo para os lados, mas cruzem os pés (E). Isso é chamado de *passo cruzado*: o pé direito vai na frente do esquerdo e depois atrás. [Demonstrar.]"

"Agora, movam-se para os lados da forma que desejarem com os pés (E). Quando chegarem a um colchão, saltem nele, aterrissem e rolem (E). Então levantem e saiam, de novo para o lado. Prontos? Vamos tentar! Parem. Desta vez, façam a mesma sequência: para o lado, salto, aterrissagem e rolamento, mas terminem o rolamento na posição de ginasta (E). A partir daí, passem para a posição de vela e estendam as pernas em diversas direções [Demonstrar.] (E). Concluam a posição de vela voltando a ficar de pé e se movendo para o lado (E). Aí comecem a sequência de novo. Então é ir para lado, saltar, aterrissar, rolar, vela, estender, finalizar. Tentem isso agora. [Sinalizar para pararem.]"

"A vela é uma das formas conhecidas por vocês de se equilibrar de cabeça para baixo. Hoje vocês vão aprender a se equilibrar em inversão de outras formas. Uma forma de ficar em inversão é deixar a cabeça mais baixa que o quadril. Vejam se vocês conseguem encontrar um meio de se equilibrar deixando a cabeça mais baixa que o quadril (I). Isso! Estou vendo o Bill fazer uma ponte. Estou vendo duas mãos e um pé no solo com o outro pé para cima. Muito bom, Jessie! Estou vendo várias formas criativas de se equilibrar em inversão."

"Agora, nos próximos 10 minutos, quero que vocês tentem quatro equilíbrios invertidos tradicionais (E). Eles são chamados *tip-up, parada de três apoios, parada de cabeça* e *parada de antebraço*. Primeiro, vou demonstrá-los para vocês e dar algumas orientações práticas. Depois, vocês podem praticar cada equilíbrio invertido no colchão [ou quadrado de carpete]. Um parceiro pode ajudar, oferecendo assistência, se vocês acharem que precisam de ajuda. Tentem executar apenas os equilíbrios que vocês se sentem preparados para fazer."

• *Tip-up* – agache com as mãos afastadas na distância dos ombros, cotovelos para fora, braços firmes, joelho apoiados sobre os cotovelos e balance para a frente.

• Parada de três apoios – comece na mesma posição do *tip-up*. Coloque a testa (linha do cabelo) no solo. Faça um triângulo e mantenha os joelhos sobre os cotovelos e o corpo firme; fique grupado.

• Parada de cabeça – o mesmo que a parada de três apoios. O corpo fica firme. Empurre as pernas para cima e alinhe o quadril sobre a base, e os pés e joelhos sobre o quadril.

• Parada de antebraço – os antebraços (dos cotovelos até as mãos) ficam no solo, afastados na distância dos ombros. Mantenha o corpo firme e empurre-o para cima em um alinhamento vertical.

"Ok. Todo mundo praticando. [Durante esse tempo, passar por entre os alunos, oferecer *feedback* e mantê-los focados em suas tarefas. Refinar o trabalho deles de acordo com as especificidades de cada tarefa. Por exemplo, usar orientações para melhorar a qualidade do tema de habilidade motora que eles estão trabalhando: o *tip-up* demanda força nos braços, joelhos nos cotovelos, inclinação para a frente; na parada de três apoios a orientação é testa no solo, formar triângulo, ficar grupado. Oferecer assistência quando necessário.] Parem."

"Agora, além de tentar esses equilíbrios, vejam se conseguem inventar algum equilíbrio novo, vocês mesmos (E). As únicas regras são que vocês devem ter uma boa base e que o quadril precisa estar mais alto que a cabeça. [Sinalizar para pararem.] Certamente vocês estão trabalhando bastante!"

"Todos tentaram vários meios de se equilibrar de cabeça para baixo. Nós chamamos isso de posição *invertida*. Como ginastas, vocês precisam aprender a entrar e sair de equilíbrios invertidos suavemente. Todos, pensem em um equilíbrio invertido de que gostam e em como vocês poderiam praticar para entrar nesse equilíbrio suavemente (R). Rolar? Dar um passo? Pensem no equilíbrio se desenvolvendo pouco a pouco. Vocês podem contar – um, dois, três, quatro – para ajudar a deixar o movimento fluido. Vocês precisam sair do equilíbrio tão suavemente quanto entraram. Escolham um equilíbrio e o pratiquem agora. [Durante a prática.] Sempre mantenham o controle. Vocês podem querer sair levemente do mesmo jeito que entraram no equilíbrio. Talvez prefiram arredondar o corpo e fazer um rolamento. Tentem vários equilíbrios invertidos e trabalhem para entrar e sair deles suavemente (E). [Sinalizar para pararem.]"

"Na última parte da aula, vocês vão criar uma sequência (A). Vocês devem fazer dois equilíbrios de sua escolha. Um deles, ou os dois, pode ser em posição invertida. Liguem esses dois equilíbrios com qualquer transferência de peso que quiserem. Equilíbrio, transferência, equilíbrio. Experimentem e depois escolham a sequência de que gostarem mais. Pratiquem várias vezes para demonstrar para um colega. Comecem! Quando terminarem de demonstrar seu trabalho para um colega, venham para cá."

"Qual foi a parte principal da aula hoje? Isso, equilíbrios invertidos, também conhecidos como de cabeça para baixo. Como nós definimos uma posição invertida? Certo, a cabeça mais baixa que os quadris. Agora usando uma ação de deslocamento em uma posição invertida, vão para a fila na porta. Ok, de pé. De volta para sua sala."

Sugestões de avaliação

• Assim como nos equilíbrios na posição normal, as crianças devem usar um alinhamento correto em seus equilíbrios invertidos (ver Fig. 6.8). Avalie se seus cotovelos e ombros estão sobre os punhos, se os joelhos e quadris estão acima dos pés, se os quadris estão acima da cabeça, e assim por diante.

• Nas posições de parada de três apoios e de cabeça, algumas crianças posicionarão a cabeça e as mãos em linha reta. Mostre a estabilidade de um triângulo. Avalie se a cabeça está na frente das mãos, criando um triângulo com a testa como vértice.

• As crianças devem deixar o corpo firme para manter o controle (ver Fig. 6.9). Caso elas soltem o corpo de uma posição invertida, elas cairão no solo. Veja se os músculos delas estão firmes e flexionados.

• As crianças devem ser capazes de manter seus equilíbrios por três segundos para demonstrar controle adequado. Conte até três periodicamente para verificar se as crianças conseguem manter um equilíbrio.

• Como em todo trabalho de sequência, são necessárias transições suaves de um equilíbrio para o outro para um trabalho de alta qualidade. Veja se as transições de cada criança são lógicas e suaves, sem movimentos extras ou ações desnecessárias.

Que mudanças posso fazer?

• Combine um equilíbrio invertido com a sequência de aquecimento. Desloque-se para os lados até o colchão, salte, aterrisse, faça um equilíbrio invertido e conclua o equilíbrio voltando à posição em pé. Repita.

Figura 6.8 Equilíbrios invertidos.

Figura 6.9 As crianças devem ter controle total de seus corpos em equilíbrios invertidos.

Capítulo 6 • Experiências de aprendizagem de equilíbrio estático **143**

• Aumente a complexidade acrescentando um equilíbrio. Tente três equilíbrios, incluindo pelo menos duas posições invertidas. Use dois métodos de transferência de peso para ligar os três equilíbrios.

• Execute uma sequência de equilíbrio invertido com um parceiro. Os parceiros podem espelhar os movimentos ou combinar. Executem um ao lado do outro, ou frente a frente.

Sugestões para ensinar condicionamento

Ao executar equilíbrios invertidos, as crianças frequentemente suportam uma parte do peso do corpo com os braços e, às vezes, com a cabeça. Manter o corpo em uma posição firme e forte sob controle requer o desenvolvimento de força muscular nos braços e no pescoço, além de outras partes do corpo.

Sugestões para um currículo integrado

• Às vezes, equilíbrios que podem ser feitos de uma determinada forma podem ser espelhados ou girados para outras posições no solo. Por exemplo, uma criança pode ficar em pé e curvar o corpo na forma de um C. A criança pode então fazer o mesmo C no solo em uma posição invertida (as duas mãos e os dois pés no solo com a barriga para cima ou para baixo). Uma criança também pode se deitar de lado no solo na posição de um C. Ao assumir a mesma forma do corpo em posições diferentes, a criança aprende sobre reflexão e rotação, como na matemática. Pergunte às crianças que outras formas do corpo podem ser feitas usando reflexões e rotações.

• Um triângulo forma uma base forte e resistente. Peça às crianças para observarem imagens de pontes e prédios para ver como os triângulos são geralmente usados na engenharia e na arquitetura para formar designs fortes e artísticos.

Gêmeos

Objetivos

Como resultado da participação nesta experiência de aprendizagem, as crianças vão melhorar sua capacidade de:

• desenvolver uma sequência que inclua equilíbrios individuais, tanto sobre quanto fora de equipamentos, focando nos relacionamentos parceiro (norma 6); e

• trabalhar em cooperação e produtivamente com um parceiro para desenvolver uma sequência de equilíbrio usando um equipamento (norma 5).

Turmas sugeridas

Intermediária (6º ano).

Organização

É necessário um espaço amplo e aberto. Espalhe bancos, caixas, ou ambos, para permitir uma área de trabalho segura para cada grupo de parceiros. Coloque colchões ao lado dos bancos e caixas.

Equipamento necessário

Você precisará de um banco ou caixa e de um colchão para cada dois alunos. Engradados, colchões dobrados, mesas e quadrados de carpete podem substituir ou suplementar os equipamentos de ginástica convencionais. Cada criança precisará de uma ficha e de um lápis. Música e um aparelho de som também são necessários para esta aula.

Descrição

"Hoje vocês vão escolher um parceiro e fingir que são gêmeos. O objetivo é parecer um com o outro. Quando eu disser 'já', encontrem um parceiro e espalhem-se. Já! Obrigado! Vocês realmente fizeram isso rápido! Agora, eu vou tocar uma música [lenta, fluida], e vocês vão começar a alongar, usando o movimento espelhado do parceiro no lugar onde estiverem (I). Lembrem-se que espelhar o parceiro significa que se olharem em um espelho, você e seu parceiro parecerão iguais. Caso um parceiro esteja com a mão esquerda para cima, o outro estará com a mão direita. [Demonstrar.] Uma pessoa lidera, e a outra segue. Executem movimentos que deixem vocês na posição de ginasta, com as pernas afastadas lateralmente, tocando os dedos dos pés, em pé inclinados para a direita e a esquerda, torcidos. Comecem. Vocês escolhem como continuar o alongamento. Tentem ficar tão bons que eu não vou saber quem está liderando e quem está seguindo (R)! Tentem alguns equilíbrios que vocês conhecem (E). Apoio frontal, dorsal, pernas afastadas lateralmente, ponte. Movam os braços e as pernas para criar simetria e assimetria (E). Acompanhem a música, movendo-se devagar e suavemente (R). Liguem seus movimentos espelhados. Troquem de papel com seu parceiro e continuem (E). Parem. Agora eu quero que vocês comecem a se mover pelo solo do ginásio com seu parceiro (E). [Caso quiser continuar com a música de fundo, deixá-la mais rápida.] Vocês não precisam espelhar um ao outro, mas eu quero que liderem e sigam (R). Quero ver boas ações de locomoção pelo solo (R). Talvez vocês possam executar estrelas no solo ou rolamentos nos colchões (E). Usem também outras ações de transferência de peso e de rotação (E). Quando chegarem a uma caixa ou banco, saltem em *jump* ou *hop* para cima, para fora, por sobre e ao longo do equipamento (E). Criem uma forma no ar quando saltarem, saindo do equipamento (E). Continuem em frente. Movam-se por todos os espaços do ginásio. Lembrem-se de variar em direções, trajetória, níveis, velocidade e assim por diante. [Demonstrar.] Vão. Parem. Troquem de papel com seu parceiro (E). Se quiserem, movam-se um ao lado do outro e façam as mesmas ações (E). [Sinalizar para começarem e pararem.]"

"Ok. Estamos todos aquecidos. Agora, como parceiros, vocês vão escolher um equipamento – uma caixa ou banco. Vocês trabalharão individualmente e como gêmeos para criar uma sequência (I). A ideia é ficar parecido e se mover igual ao parceiro (R). A sequência de vocês precisa incluir os seguintes elementos:

• Usar dois ou mais equilíbrios idênticos (espelhados) no solo.

• Usar um ou mais equilíbrios idênticos (espelhados) no banco ou na caixa.

• Usar ações de deslocamento ou rotação, ou uma combinação das duas, para criar transições suaves conforme vocês se movem para perto e para longe do equipamento e para ligar cada um dos equilíbrios. A sincronia é importante. Vocês devem se esforçar para se moverem ao mesmo tempo."

"Mickey, o que nós vamos fazer quando eu disser 'já'? Isso mesmo – nós vamos criar uma sequência. Comecem com um equilíbrio em pares no solo, usando uma imagem espelhada. Movam-se para o equipamento – os parceiros movem-se juntos da mesma forma. Criem um equilíbrio com o parceiro no equipamento que use uma forma espelhada. Movam-se para fora do equipamento – os parceiros movem-se juntos da mesma forma. Criem um equilíbrio com o parceiro no solo que use uma imagem espelhada."

"Hoje a ideia é parecerem gêmeos idênticos. Lembrem-se, é importante trabalharem juntos e produtivamente com o parceiro. Escolham equilíbrios que os dois possam fazer (R). Se um de vocês escolher um equilíbrio que o outro não consegue fazer, a sequência não vai funcionar. O que estou querendo é que vocês compartilhem ideias e cooperem com seus parceiros. Comecem a trabalhar no solo fora do equipamento. Escolham uma forma que vocês possam espelhar com o parceiro. Deve ser uma forma de ginástica e parada. Já. Parem. Tentem outros equilíbrios que possam espelhar com seu parceiro. Já. [Deixá-los praticar bastante.] Parem. Vamos ver a Terry e a Lori. Vejam o equilíbrio delas – elas parecem gêmeas idênticas. O equilíbrio é bastante firme e bem característico da ginástica. Elas têm boas linhas retas e curvas, têm uma base firme e bom apoio. De todos os equilíbrios que tentaram até agora, escolham um – o que vocês gostaram mais ou que acharam mais desafiador. Voltem a trabalhar e deixem seu equilíbrio o melhor que puderem. [Sinalizar para pararem.]"

"A seguir, a partir do equilíbrio que escolherem vocês têm de achar um meio de se moverem ao mesmo tempo e de forma idêntica para chegar ao equipamento (E). O movimento pode ser um deslocamento apenas com os pés; com os pés e as mãos; ou uma ação de transferência de peso como um rolamento, balanço ou deslizamento. O movimento também precisa ser lógico para excluir ações desnecessárias (R). Caso vocês estejam no nível baixo, talvez um rolamento ou deslizamento seja o mais apropriado. Caso vocês estejam invertidos (em vela), talvez um balanço ajude a chegar ao equipamento. Caso vocês estejam equilibrados no nível alto sobre seus pés, talvez vários saltos em *jump* ou *hop*, enquanto mudam de direção ou trajetória, seja o mais apropriado. [Demonstrar.] Já. Vejam o que funciona melhor para vocês. Parem. Vamos observar a Missy e a Shirley. Elas começam com um equilíbrio nas duas mãos e uma perna. A outra perna está alongada para trás delas. Bom espelho. Elas escolheram um rolamento para ajudá-las a chegar ao equipamento. Elas descobriram exatamente o quão longe precisariam estar do equipamento para que o rolamento fizesse com que elas chegassem bem e simultaneamente ao equipamento. Elas estão idênticas e bem sincronizadas. Sem passos extras. Voltem e façam seu melhor. [Sinalizar para começarem e pararem.] Estou vendo ótimos trabalhos tomando forma!"

"A próxima tarefa é escolher um equilíbrio que vocês consigam executar no equipamento (E). Experimentem.

Lembrem-se, eu quero ver bons equilíbrios (R). Firmeza – mantenham os equilíbrios por três segundos. Gêmeos – sejam um espelho do equilíbrio de seu parceiro. [Sinalizar para começarem e pararem.] Agora escolham seu equilíbrio favorito ou o melhor (E). Comecem do início. Equilibrem-se fora do equipamento. Movam-se para chegar a ele. Equilibrem-se no equipamento. O tempo todo como gêmeos! Quero ver bons equilíbrios, firmeza, boa sincronização, sem passos extras. Tentem várias vezes. Sem interferências. [Sinalizar para começarem e pararem.]"

"O próximo passo é sair e se afastarem do equipamento e concluir com um equilíbrio gêmeo no solo (E). A partir do equilíbrio no equipamento, como vocês poderiam sair do equipamento da melhor forma e mais lógica (R)? Por exemplo, se vocês estiverem se equilibrando no nível baixo, talvez possam deslizar ou rolar para fora. Caso estejam se equilibrando no nível alto, sobre os pés, talvez vocês possam saltar em *jump* ou *hop* para fora do equipamento. [Demonstrar.] Trabalhem com seus parceiros. Façam com que os movimentos para sair e para chegar ao equipamento sejam diferentes. Façam com que o equilíbrio final e o inicial sejam diferentes. Vocês podem mudar a forma, o nível ou a base. Trabalhando. [Sinalizar para pararem.]"

"Para encerrar, vamos unir toda a sequência (A). Equilíbrio, chegar ao equipamento, equilíbrio no equipamento, mover para sair, equilíbrio. Eu quero ver bons equilíbrios e bons movimentos de transição. Mais importante, eu quero ver gêmeos se movendo simultaneamente, iguaizinhos (R). Trabalhando. Limpem sua sequência. [Prática.] Parem. Ok. O professor de vocês chegou. Vamos demonstrar para ele [ela] nossa melhor apresentação e demonstrar como estamos nos tornando bons ginastas. E vamos demonstrar também como sabemos cooperar. Façam sua sequência três vezes para seu professor poder ver todo seu trabalho. Comecem. Parem. Obrigado. Eu vi excelentes formas, linhas e firmeza; níveis diferentes; posições normais e invertidas; e bases diferentes nos equilíbrios. Vi boas transições e ações de ligação. E, o mais importante, eu vi gêmeos trabalhando duro, sincronizando as ações para se moverem iguais e simultaneamente. Parabéns! [Começar a aplaudir.] Antes de vocês saírem, eu vou lhes dar uma ficha e um lápis. Em uma escala de 1 a 10, deem uma nota para si mesmos, para o quanto se esforçaram e trabalharam bem com seu parceiro hoje. Em uma palavra [frase, sentença], descreva a si mesmo como ginasta. Por exemplo, eu posso me dar 8 e dizer 'Eu senti que meu equilíbrio de cabeça para baixo me fez sentir forte, mas fiquei um pouco tonto'. Ou

'Eu gostei de trabalhar com o Jerry hoje. Ele sugeriu várias formas para nos equilibrarmos igual'. Quando acabarem de escrever, depositem suas fichas na caixa perto da porta e formem a fila. Obrigado."

Sugestões de avaliação

• As crianças precisam trabalhar bem juntas. Ambas devem fazer sugestões e tomar decisões. Preste atenção em quem está dominando na parceria. Faça as crianças avaliarem a si mesmas em relação ao próprio nível de cooperação em uma escala de 1 (baixa) a 10 (alta). Peça a elas que escrevam porque se atribuíram essa nota. Leia as respostas e veja se você concorda.

• As crianças precisam trabalhar em seu nível de capacidade. Preste atenção em incongruências. Caso um parceiro tenha alta capacidade e o outro, pouca, eles podem frustrar-se mutuamente. Veja se as parcerias estão funcionando e intervenha quando necessário.

• As crianças precisam escolher equilíbrios e ações de deslocamento a partir de seus trabalhos anteriores. A chave é focar no que for característico de ginástica. O que um ginasta faria? Você não quer as crianças correndo pelo ginásio fora de controle. Tampouco posturas de líderes de torcida ou posições típicas de outros esportes (Fig. 6.10). Crie uma planilha na qual os alunos escrevam ou desenhem suas sequências do início ao fim. Use uma câmera fotográfica ou de vídeo para registrar a apresentação deles. Faça os alunos avaliarem as imagens depois. Como professor, trabalhe com os alunos fazendo sugestões sobre como eles poderiam melhorar as apresentações. Proporcione tempo aos alunos para que se aprimorem.

• Sincronia (ou *timing*) é a chave dessa experiência de aprendizagem. Os parceiros devem sincronizar os movimentos. Uma contagem silenciosa, uma piscada, um balanço da cabeça ou um estalo podem ser o sinal para uma transição suave de um equilíbrio mantido para o movimento. Os alunos estão bem sincronizados? Avalie-os em relação a quanto seus movimentos em espelho e de transição são lógicos e suaves.

Que mudanças posso fazer?

• Use movimentos de correspondência em vez de espelho para criar a sequência.

• Foque em uma ou mais variáveis do processo CEER durante a sequência (ver Tab. 3.8).

Figura 6.10 Forma espelhada com seu parceiro.

• Escolha um trecho de música e coreografe a sequência para ele.

Sugestões para um currículo integrado

• O processo de criação de uma sequência na ginástica é muito parecido com o processo de ensaiar uma banda, fazer uma coreografia na dança e planejar estratégias em jogos. É quase o mesmo que escrever. Para criar sentenças ou parágrafos bem escritos, você precisa experimentar com as palavras e fazer algumas mudanças até acertar. Como resultado, montar uma sequência é bem parecido com desenvolver a trama de uma história.

• Trabalhar em conjunto faz parte de qualquer empreitada de sucesso. Cada pessoa contribui para o sucesso do todo.

Sugestões de inclusão

Alunos com necessidades especiais podem e devem fazer parte de experiências que exijam parceria e criação de sequências. Em certas turmas, as parcerias podem variar de dois ou mais alunos com necessidades especiais trabalhando juntos até um aluno típico trabalhando em cooperação com um aluno com uma necessidade especial (ver *A história de Elizabeth* no Cap. 1). Trabalhando juntas, as crianças podem começar a apreciar os benefícios da cooperação e da participação (norma 2), assim como a aceitar as habilidades e as capacidades de outros (norma 4). As crianças também podem aprender a buscar, a conviver e a mostrar respeito por pessoas com níveis de habilidade similares e diferentes (norma 6).

Olha só o que eu consigo fazer

Objetivos

Como resultado da participação nesta experiência de aprendizagem, as crianças vão melhorar sua capacidade de:
• escolher e executar vários equilíbrios em diversos equipamentos (norma 1);
• desenvolver uma sequência que envolva equilibrar-se em dois equipamentos com uma transição suave entre as partes (norma 1); e
• trabalhar em cooperação e produtivamente com os outros, dividindo os equipamentos.

Turmas sugeridas

Intermediária (6º ano).

Organização

É necessário um espaço amplo e aberto. Coloque equipamentos juntos em pares: uma caixa e um banco, um banco e barras, um cavalo e uma caixa, e assim por diante (Fig. 6.11). Os equipamentos podem ser dispostos paralelos um ao outro, em ângulos retos, ou em vários outros ângulos.

Equipamento necessário

Esta experiência de aprendizagem exige vários equipamentos grandes – caixas, bancos, barras, cavalos, cordas suspensas, traves ou mesas. Divida as crianças em grupos de duas a quatro crianças, de modo que haja uma estação de equipamentos para cada grupo. Coloque colchões ao lado e embaixo dos equipamentos.

Descrição

"Hoje nós vamos fazer equilíbrios em vários equipamentos se ligar nossas ações entre eles. Durante esta aula, é importante cooperar com o outro enquanto dividem os equipamentos."

"Antes de fazermos isso, comecem se espalhando pela sala para o aquecimento. A partir da posição de ginasta, alonguem e toquem os dedos dos pés (I). Afastem lateralmente as pernas; inclinem-se para a direita e toquem os dedos dos pés (E). Inclinem-se para a esquerda e toquem os dedos. Torçam o corpo para a direita e para a esquerda para alongar o tronco (E). Façam uma ponte (E). Ok, levantem e façam alguns outros alongamentos (E)."

"Comecem correndo – para lá e para cá, mas sem tocar no equipamento (E). Com bons passos de corrida, pés rápidos, joelhos elevados (R). Agora, quando chegarem a um equipamento, desloquem-se por cima ou ao longo dele, usando as mãos e os pés (E). Procurem espaços abertos e equipamentos livres. Eu não quero ver filas na frente dos equipamentos, tampouco alguém esperando muito tempo. Pratiquem várias formas de usar as mãos e os pés no equipamento – pode ser com o salto do coelho, andando ou fazendo estrelas (E). [Sinalizar para pararem.]"

"Desta vez, quando chegarem ao equipamento, parem e façam um equilíbrio de sua escolha (E). O equilíbrio pode ser total ou parcialmente no equipamento. Pode ser em posição ereta ou invertida. Pode ser simétrico ou assimétrico. Pode ser alongado, curvado ou torcido. Conforme saírem de seu equilíbrio, transfiram o peso para o solo (E). Vocês podem usar um *jump* ou um rolamento. Vejam o que conseguem imaginar. [Começar e parar.] Agora nós temos o começo de uma sequência (E). Correr no solo. Chegar a um equipamento. Deslocar-se sobre o equipamento usando as mãos e os pés. Equilibrar-se no equipamento. Afastar-se. Começar de novo. Tentem de novo; certifiquem-se de passar por todos os equipamentos no ginásio. Usem equilíbrios diferentes em cada um deles (E). Continuem em frente. [Sinalizar para pararem.]"

"Vocês notaram que os equipamentos estão organizados em pares, hoje? Vocês vão ver uma caixa e um banco,

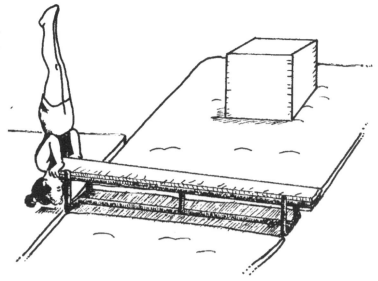

Figura 6.11 Os equipamentos devem ser dispostos em pares.

barras e um banco, ou uma trave e uma caixa perto uma da outra. Algumas estão paralelas, outras perpendiculares. Vocês vão escolher um par e criar uma sequência lá (I). As únicas regras são que não pode haver mais de quatro crianças em cada par e que vocês terão de trabalhar em cooperação com os outros em qualquer lugar que escolherem. Quando não for sua vez, você deve observar e ajudar os outros dando sugestões, pensando em ideias para a sua sequência ou praticando sua sequência no solo. Ela tem que ter estes elementos:

• pelo menos um equilíbrio em cada equipamento;
• uma ação de deslocamento ou rotação para criar uma transição suave entre os equipamentos; e
• variedade de formas do corpo e níveis: posições ereta e invertida, simétrica e assimétrica."

"Tentem algumas escolhas possíveis por cinco minutos. Escolham seus equilíbrios favoritos ou os que executam melhor (E). Criem as ações de ligamento suaves entre os equilíbrios (R). Por exemplo, você pode escolher um rolamento, ações de locomoção ou giros para ajudá-lo a deslocar-se e transferir peso entre os equipamentos. Não é permitido dar passos extras para chegar a um equipamento (R). Vocês podem ajustar o equipamento para deixá-lo mais perto ou mais longe do outro, ou acrescentar uma ação extra para cobrir os buracos (R). A chave é tornar a fluência natural – nada extra, sem interferências ou tropeços (R). Pratiquem até ficar bom e depois demonstrem sua sequência para alguém do outro lado do ginásio (A). [Sinalizar para começarem e pararem.]"

"Depois de se revezarem como observador e executor, conversem entre si. Digam um ao outro do que gostaram na sequência. Deem pelo menos uma sugestão sobre como melhorar a sequência. Voltem e pratiquem. Façam a sequência mais uma vez um para o outro. [Quando eles terminarem, fazer as perguntas a seguir.] A sequência ficou melhor desta vez? Como? [Mais lapidada, com menos interferências, linhas melhores, melhor imobilidade do corpo, foco do olhar.]"

"Obrigado pelo esforço de hoje. Eu gostei mesmo de ver vocês cooperando e ajudando um ao outro a melhorar o trabalho. É bom ver vocês se tornando ginastas tão bons e tão responsáveis em seus hábitos de trabalho. Até a próxima."

Sugestões de avaliação

• Avalie os alunos em relação a equilíbrios controlados de alta qualidade. Os equilíbrios no solo e no equipamento devem ser mantidos de um a três segundos. Quaisquer equilíbrios que as crianças venham a escolher devem ter bom alinhamento.

• A variedade é importante na escolha dos equilíbrios – um alto, um baixo; um simétrico, um assimétrico; um ereto, um invertido. As crianças devem fazer boas escolhas. A sequência de cada criança mostra diferenças na escolha dos equilíbrios?

• Transições ou ações de ligamento devem ser suaves e fluir para a entrada e a saída das posições de equilíbrio, sem passos extras ou movimentos desnecessários. Conforme as crianças movem-se em direção a, para longe ou entre os equipamentos, os movimentos são suaves e lógicos? Avalie a sequência de cada criança em relação a transições suaves.

Que mudanças posso fazer?

• Deixe a sequência mais complexa movendo-se do primeiro equipamento para o segundo e de volta para o primeiro, usando três equilíbrios e dois movimentos de transição.

• Combine os equilíbrios nos dois equipamentos com equilíbrios no solo: equilíbrio no solo, transição, equilíbrio no equipamento, transição, equilíbrio no solo, transição, equilíbrio no equipamento, transição, equilíbrio no solo.

• Acrescente um terceiro equipamento. Equilibre-se nos três equipamentos com duas transições.

• Coreografe a sequência para um trecho de música.

Sugestões para ensinar condicionamento

Conforme as crianças constroem sequências mais longas e complicadas usando equipamentos diferentes, elas se tornam mais fortes, adquirem mais resistência muscular e mantêm ou aumentam a flexibilidade por meio da prática.

Sugestões para um currículo integrado

• Durante a aula de ginástica, mostre algumas séries de ginastas olímpicos executando exercícios de solo e em equipamentos. Inclua ginastas de vários países. (É possível encontrar muitas séries interessantes no YouTube.) Peça também às crianças que pesquisem sobre ginástica artística em livros, revistas ou na internet. Em conjunto com outro professor da turma, peça a eles que preparem relatórios ou escrevam histórias comparando e contrastando os resultados de diferentes países, interesses especiais sobre os atletas, similaridades e diferenças nas séries e assim por diante.

• Peça às crianças que escrevam sobre elas mesmas como ginastas – do que gostam e do que não gostam. O que elas acham desafiador? Elas percebem que estão melhorando? Como a ginástica as ajuda a se manter em forma?

• Promova com elas uma discussão sobre o que torna alguma coisa interessante, seja na arte, na dança ou na ciência. Tanto para os espectadores quanto para os responsáveis pela execução do trabalho, as respostas geralmente envolvem competência e variedade. Quanto melhor as pessoas se tornarem em algo, mais desafiadas e envolvidas elas se sentirão, e mais provável é que elas continuem. A variedade cria novos desafios. Um espectador aprecia diferenças e contrastes. Os ginastas buscam variedade em seus equilíbrios e sequências para satisfazer a si mesmos e aos espectadores.

Sugestões de inclusão

Crianças com todos os níveis de habilidade devem ser capazes de desenvolver uma sequência usando equipamentos. Ajude alunos com necessidades especiais a descobrir o que conseguem fazer e quais são suas limitações. Encoraje, então, as crianças a mudar o tipo ou a altura do equipamento, a distância entre os equipamentos, os tipos de equilíbrio ou de movimentos de transferência de peso e assim por diante, para desenvolver uma sequência que esteja de acordo com o nível de desafio deles. Em alguns casos, adaptações devem ser feitas para ajudar as crianças a executar um equilíbrio com apoio ativo ou passivo ou para mudar o tipo de ação de transferência de peso para incorporar o uso de muletas, aparelhos ortopédicos ou cadeiras.

Conte comigo

Objetivos

Como resultado da participação nesta experiência de aprendizagem, as crianças vão melhorar sua capacidade de:
- escolher e executar três ou mais equilíbrios com parceiros com boa forma, incluindo bom contrabalanço e contrapeso (norma 1);
- ligar equilíbrios com parceiros a habilidades de deslocamento e rotação para desenvolver uma sequência (normas 1 e 2); e
- escolher com sabedoria um parceiro (com base no nível de habilidade, tamanho do corpo e peso) com quem eles possam trabalhar produtivamente (norma 5).

Turmas sugeridas

Intermediária (6º ano).

Organização

É necessário um espaço amplo e aberto. As crianças devem se espalhar pelo ginásio, duas crianças em cada colchão ou área acolchoada.

Equipamento necessário

Colchões ou quadrados de carpete (ou ambos) são necessários para esta atividade. Providencie um colchão ou quadrado de carpete para cada duas crianças e 5 a 10 cópias da Fig. 6.12.

Descrição

"Hoje vamos trabalhar com um parceiro para criar formas de equilíbrio. Na verdade, vocês vão fazer a aula toda com um parceiro. Escolham alguém com quem vocês sabem que conseguem trabalhar produtivamente – não necessariamente seu melhor amigo. Vocês precisam considerar tamanho, peso e força. Fiquem em pé ao lado do

parceiro, agora. Muito bem. Vamos começar brincando de seguir o líder (I). O líder pode escolher se quer fazer *hops*, *skips* ou *jumps*, se quer fazer estrela ou o que quiser. Quando chegarem a um colchão, vocês podem escolher rolar (E). Não vá rápido demais; você quer que seu parceiro o acompanhe (R). Considere mudanças de direção, trajetória, velocidade, forma de deslocamento, de rotação e nível (E). Após alguns minutos, troque de papel com o parceiro (E)."

"Agora vá com seu parceiro até um colchão e sente-se ao lado dele. Vamos trabalhar um pouco com força e flexibilidade. Primeiro, fiquem de frente um para o outro. Um de vocês estende os braços para a frente e empurra com as palmas para cima enquanto o parceiro cria resistência empurrando para baixo (E). Em seguida, um puxa os braços para dentro, enquanto o parceiro cria resistência puxando-os para fora (E). Revezem."

"Fique em pé de costas para seu parceiro, braços levantados para o lado e para trás. Peça ao seu parceiro que, devagar e com cuidado, tente aproximar suas mãos, com os braços paralelos ao solo (E). Por fim, fiquem de costas um para o outro e entrelacem os cotovelos. Um de vocês balança para a frente e levanta o outro nas costas (E). Estão sentindo a barriga e as pernas se alongando?"

"Eu vou mostrar a vocês algumas figuras de colegas se equilibrando. Em um equilíbrio com parceiro é preciso usar bem os princípios de contrabalanço e contrapeso para ter sucesso. Caso um parceiro se incline para um lado, o outro tem que se inclinar para o lado oposto, para criar equilíbrio. Vejam as figuras com cuidado e escolham, juntos, três equilíbrios que vocês gostariam de tentar (I). Vão até o colchão e tentem. Vocês podem voltar e olhar as figuras e também podem inventar alguns equilíbrios próprios (E). Trabalhem com cuidado, mas vejam o que conseguem fazer. Pratiquem até conseguirem fazer três equilíbrios diferentes. Lembrem-se de escolher equilíbrios que você e seu parceiro consigam fazer. [Consultar os equilíbrios na Fig. 6.12.]"

"Uma parceria exige que as duas pessoas trabalhem juntas. Se um equilíbrio em particular não funcionar, mudem-no de forma que consigam fazer ou tentem um diferente (R). Observem que alguns equilíbrios exigem que se suporte parte do peso ou todo o peso do parceiro. Escolham o que vocês conseguirem fazer melhor. [Sinalizar para começarem e pararem.]"

"Agora que vocês conseguem fazer três equilíbrios diferentes, vamos pensar em como entrar e sair desses equilíbrios suavemente (E). Como vocês chegam daqui até lá?

Figura 6.12 Exemplos de equilíbrios com parceiros.

Por exemplo, como base, um parceiro pode rolar à posição deitada de costas, seja na direção da frente, de trás ou das laterais. O segundo parceiro pode, então, usar um rolamento, estrela ou deslocamento para chegar perto da cabeça, dos pés ou da lateral da pessoa de apoio. Uma vez lá, sem hesitar, pode se mover suavemente para o equilíbrio com o parceiro. Voltem e tentem cada um dos seus equilíbrios. Trabalhem nas transições para entrar e sair dos equilíbrios (R). Movimento para chegar, manter, movimento para sair. [Sinalizar para pararem.]"

"Para encerrar, nós vamos montar uma sequência (E). Escolham dois de seus equilíbrios. Comece sua sequência com um equilíbrio individual longe de seu parceiro. Use alguma forma de transferência de peso para chegar. Vá para seu equilíbrio com o parceiro. Afaste-se para um segundo equilíbrio individual. Aproxime-se para seu segundo equilíbrio com o parceiro. Concluam e mantenham. Seus equilíbrios individuais podem espelhar, corresponder e contrastar formas ou níveis. [Equilíbrio sozinho, movimento, equilíbrio com parceiro, movimento, equilíbrio sozinho, movimento, equilíbrio com parceiro.] Voltem ao trabalho. Façam o melhor que puderem! Caso precisem de ajuda é só pedir. [Sinalizar para pararem.]"

"Ok, já se passaram vários minutos, pessoal. Eu vejo que vocês estão trabalhando bastante. Independentemente do ponto em que estiverem na montagem da sequência, demonstrem-na para outros dois colegas e deixem que eles comentem. Depois observem a sequência deles e falem sobre ela. Sejam construtivos e úteis em seus comentários. De que você gostou? O que você sugere que eles acrescentem ou melhorem (R)? Voltem e pratiquem sua sequência. Trabalhem por mais alguns minutos para refinar sua série. Quero ver imobilidade nos equilíbrios, boa sincronia e transições suaves nas ações de transferência de peso ou nos deslocamentos."

"Parem. Todo mundo para cá. Vocês vão receber agora uma folha de pontuação para séries de ginástica [*Ver Exame de ginástica: equilíbrios com o parceiro usando um colchão* no Apêndice.] Vou pedir que avaliem outros dois colegas, cuja série vocês ainda não viram, usando uma escala de pontuação que vou entregar a vocês (A). Vejam a série duas vezes. Avaliem a qualidade de cada um dos elementos na escala. Vocês vão verificar cinco elementos que valem 2 pontos cada, ou um total de 10 pontos. Caso vejam erros, tirem meio ponto. No final da folha, não se esqueçam de escrever sobre alguma coisa de que vocês gostaram na sequência. Quando terminarem, depositem as folhas na caixa em minha mesa, no canto do ginásio. Obrigado pelo esforço de vocês."

Sugestões de avaliação

• As crianças precisam usar um bom alinhamento e bases de apoio fortes para suportar o peso umas das outras (Fig. 6.12). Uma boa mecânica corporal é essencial: joelhos sobre os pés, quadris sobre os joelhos e ombros sobre as mãos. A pessoa que está em cima deve apoiar o peso em posições de força, não no meio de costas frouxas. Verifique cada par em relação a um bom alinhamento e bases de apoio fortes.

• Talvez as crianças precisem de sugestões para criar transições suaves para entrar e sair de um equilíbrio. Em geral, a pessoa que serve de base precisa chegar um pouco antes da pessoa que fica em cima, para se posicionar e ficar pronta para receber o peso do parceiro. A pessoa de cima deve iniciar a ação para se afastar. Rolamentos, gi-

ros, torções e ações de locomoção frequentemente criam as melhores transições. Avalie as séries de cada par em relação a transições suaves – sem passos extras, interferências ou interrupções. As transições são lógicas e intencionais – saem de um equilíbrio e entram no outro sem movimentos extras ou desnecessários?

• Algumas crianças vão entrar imediatamente na brincadeira. Outras vão hesitar ou começar a conversar. Seu trabalho é manter todo mundo produtivo e focado na tarefa. Dê sugestões, afaste-se e observe. Assegure-se de que todos pratiquem o suficiente. Os alunos estão trabalhando produtivamente? Eles estão se concentrando na tarefa?

Que mudanças posso fazer?

• Simplifique a sequência. Use um equilíbrio com parceiro e um equilíbrio individual antes e depois.

• Aumente a complexidade usando três equilíbrios com parceiros, com as transições apropriadas para entrar e sair de cada equilíbrio.

• Concentre-se nos relacionamentos com o parceiro. Por exemplo, todas as ações de deslocamento e rotações podem ter uma orientação lado a lado ou frente a frente. Um parceiro pode se mover acima e o outro abaixo.

• Concentre-se na sincronia. Execute uma das ações de transferência de peso ou rotação rapidamente e uma segunda lentamente, de forma clara, para criar contraste.

Sugestões para ensinar condicionamento

Quando parceiros trabalham juntos em posições de contrabalanço e contrapeso, eles precisam ser fortes. Suportar ou erguer o peso de outra pessoa ajuda as crianças a desenvolver força muscular. Além disso, muitas posições de equilíbrio ajudam as crianças a desenvolver ou manter a flexibilidade.

Sugestões para um currículo integrado

• Enfatize os princípios do bom equilíbrio usados na ciência, como base de apoio e centro de gravidade. Esses princípios são a chave para o sucesso de equilíbrios com parceiros. Em geral, ao usar os braços para apoiar, eles precisam estar retos – cotovelos encaixados com os ombros sobre os punhos. Quando em posição ajoelhada, as pernas devem estar flexionadas em ângulo reto com o tronco, com os quadris acima dos joelhos. O peso do corpo da pessoa carregada deve ser apoiado sobre os pontos de força da pessoa de base.

• Traga figuras que enfatizem o equilíbrio. Estruturas antigas em chave inglesa, arcobotantes, construções de Frank Lloyd Wright e outros arquitetos, além do trabalho de Alexander Calder e outros artistas podem ser usados como exemplos. Use essas figuras para mostrar como pessoas de várias áreas usam os princípios de equilíbrio como base para seu trabalho.

Sugestões de inclusão

Como enfatizado na experiência de aprendizagem *Gêmeos*, neste capítulo, o trabalho com um parceiro normalmente oferece a oportunidade para alunos de capacidades variadas trabalharem juntos. Essa experiência de aprendizagem foi o foco principal da sequência de equilíbrio com parceiro de Elizabeth, descrita no Capítulo 1. Crianças de todas as capacidades podem ser bem-sucedidas nessa experiência de aprendizagem. Às vezes, as posições de equilíbrio precisam ser modificadas para acomodar as capacidades individuais das crianças executando os equilíbrios de contrabalanço e contrapeso. Como regra, deixe as crianças e seu conhecimento sobre elas ditar o que elas estão dispostas a tentar. De vez em quando, ofereça apoio extra ou assistência se necessário.

OUTRAS SUGESTÕES DE EXPERIÊNCIAS DE APRENDIZAGEM

Príncipios de equilíbrio

Triângulo

Use uma ficha ou folha de papel. Com ela reta e sem dobras, tente deixá-la em pé. Você não vai conseguir. Dobre-a no meio, criando um vértice. Agora equilibre a folha ou a ficha em pé, com o vértice apontado para um lado, para cima ou para baixo. Da mesma forma, mostre às crianças que elas não conseguem fazer uma parada de três apoios ou uma parada de cabeça, quando a cabeça e os braços estão em linha reta. Elas devem posicionar a cabeça para a frente e as mãos cerca de 15 a 30 cm para trás, criando um triângulo isósceles.

Mover-se ou não mover-se?

• Use uma fruta redonda, como uma maçã ou uma laranja, ou uma bola. Mostre às crianças que, como o objeto é redondo, ele vai rolar facilmente. Agora, corte a fruta ao meio ou tire um pouco de ar da bola. Quando a fruta ou a bola tem uma superfície plana, ela tem uma base de apoio maior e um centro de gravidade mais baixo. Use esse exemplo para ajudar as crianças a entenderem que, quando elas criam posições de equilíbrio, a sua superfície de apoio precisa estar plana no solo e elas precisam criar uma base ampla e estável com o centro de gravidade baixo.

• Use um pino de boliche, bastão ou raquete, triciclo, bicicleta, monociclo, carrinho e outros brinquedos, como modelos de equilíbrio. Quais brinquedos são mais estáveis? Por quê? Faça as crianças tentarem tipos diferentes de equilíbrio e prever quais brinquedos serão os mais estáveis em diferentes posições. Por quê?

Máquinas simples

Use um bastão ou haste que tenha de 1 a 1,2 m. Em uma ponta coloque um peso de cerca de 0,5 kg. Na outra ponta, coloque um peso de 1 kg. Onde você teria que posicionar o ponto de apoio para fazer o bastão se equilibrar horizontalmente? Por quê? Conforme as crianças executam vários equilíbrios de contrabalanço e contrapeso, o quanto elas podem se inclinar para dentro ou para fora para compensar as diferenças no peso ou na alavanca com um parceiro?

Tipos de equilíbrio

Em forma

• Enfatize a forma do corpo na experiência de aprendizado. Peça que as crianças criem formas que sejam retas, flexionadas, curvas e torcidas. Peça a elas que façam as formas no solo e no equipamento. Façam as formas a partir de posições em apoio e em suspensão. Comece com uma forma e depois mude para outra.

• Una dois equilíbrios – um alongado e outro curvado. Trabalhe um movimento favorito que permita criar uma transição suave de um para o outro.

• Com as crianças trabalhando em pares, um parceiro faz uma forma alongada e o outro copia; depois um faz uma forma curvada e o outro copia. Os parceiros trocam de papel e repetem.

Igual, desigual

• Crie formas simétricas no solo (igual). Crie formas assimétricas no solo (desigual). Mova-se de uma forma simétrica para outra. Mova-se de uma forma assimétrica para outra.

• Encontre modos diferentes de se equilibrar em cima, embaixo e ao longo de um equipamento usando formas simétricas. Depois encontre vários modos de se equilibrar em cima, embaixo e ao longo do equipamento usando formas assimétricas. Equilibre-se de modo simétrico, use uma transferência de peso simétrica, e um equilíbrio com outra forma simétrica. Faça o mesmo com formas assimétricas.

Pontes

• Crie uma forma de ponte com seu rosto voltado para o solo. Crie uma forma de ponte com suas costas voltadas para o solo. Depois com a lateral. Faça algumas variações de cada forma. Ainda na forma de ponte, mantenha as mãos e os pés firmes e ande em círculos. Encontre modos de se mover mais rápido e mais devagar de uma forma de ponte para a outra. Passe de uma forma de ponte alta para uma baixa virando ou rolando.

• Faça uma forma de ponte sobre ou contra um equipamento. Faça uma forma de ponte alta sobre o equipamento, desça para o solo e vire ou role para uma ponte baixa.

• Com as crianças trabalhando em pares, um parceiro cria uma forma de ponte. O outro tenta formas diferentes de passar embaixo ou sobre a ponte – com *jump* ou *leap*, rolando, engatinhando e assim por diante.

Contato

Peça aos alunos que criem equilíbrios usando várias bases de apoio, equilibrando-se com uma, duas, três e quatro partes do corpo tocando o solo. Faça as crianças usarem partes diferentes do corpo para apoiar o peso. Elas conseguem se equilibrar sobre a barriga, os antebraços, os cotovelos, os joelhos, as coxas, a lateral?

O quanto você consegue descer?

As crianças também podem executar equilíbrios em níveis diferentes. Faça com que elas criem equilíbrios no nível alto, no médio e no baixo. Peça a elas que criem equilíbrios de vários níveis no solo e depois no equipamento. Peça que criem equilíbrios com uma parte específica do corpo em nível alto, médio ou baixo – os pés no nível mais alto, o quadril no meio, a barriga mais alta e assim por diante. Diga a elas que criem um equilíbrio em um nível e depois, suavemente, passem para um equilíbrio em outro nível.

Para cima, para baixo

Crie uma experiência de aprendizagem que encoraje as crianças a tentar várias posições de equilíbrio eretas e invertidas. Defina cada trabalho. Posição ereta significa a cabeça acima dos quadris. Invertida significa cabeça abaixo dos quadris. Em vez dos equilíbrios mais tradicionais como o apoio frontal, sentado em V, ou avião, ou na posição invertida como o *tip-up* ou a parada de cabeça, faça as crianças tentarem posições alternativas. Tente posições de equilíbrio eretas e invertidas com várias bases de apoio, níveis diferentes, formas diferentes, além de outros elementos. Ao final da experiência de aprendizagem, elas devem escolher seus equilíbrios eretos e invertidos favoritos ou mais originais e colocá-los em uma sequência: equilíbrio ereto, transição, equilíbrio invertido, ou equilíbrio invertido, transição, equilíbrio ereto.

Mudando a velocidade

Crie uma aula focada em se mover de um equilíbrio para o outro rapidamente e, depois, de modo sustentado. Mude de um equilíbrio para outro rapidamente, depois de modo sustentado, no solo e, depois, no equipamento.

Forças da natureza

Mude de um equilíbrio para outro de modo suave ou leve. Depois mude de equilíbrio de modo potente e usando bastante força. Combine as mudanças de equilíbrio usando diferentes níveis de força com variações na velocidade. Mova-se de um equilíbrio para o outro rápida e suavemente. Depois mude as posições de equilíbrio devagar, de modo sustentado, com bastante força.

Vai na onda

Mova-se de uma posição de equilíbrio para outra de modo fluente. Depois, mova-se de um equilíbrio para outro de modo amarrado, tenso.

Relativamente falando

• Faça as crianças desenvolverem posições de equilíbrio concentrando-se no relacionamento de uma parte do corpo com outra – quadris acima da cabeça, joelhos acima da cabeça, cotovelos abaixo da barriga, antebraços abaixo dos joelhos e assim por diante.

• Crie posições de equilíbrio em relação a um equipamento – de frente para o equipamento, de costas para o equipamento, de lado para o equipamento. Crie uma posição de equilíbrio sobre o equipamento e embaixo dele. Crie um equilíbrio a partir de uma posição de apoio no equipamento e a partir de uma posição em suspensão ou pendurado no equipamento. Equilibre-se parcialmente no equipamento e, depois, totalmente. Execute um equilíbrio no equipamento e um equilíbrio fora dele. Use uma transição suave.

• Crie posições de equilíbrio em relação a um parceiro. Equilibre-se em uma posição sobre, acima ou abaixo de um parceiro. Crie equilíbrios em que os parceiros fiquem de frente um para o outro, de costas ou lado a lado. Crie equilíbrios que espelhem ou correspondam ao do parceiro. Desenvolva posições de equilíbrio com um parceiro no equipamento.

Maior que, menor que

As crianças aprendem o conceito de *grandeza* na matemática. Na ginástica, as crianças podem fazer uma forma e depois outra que seja maior, menor ou do mesmo tamanho que a primeira. Elas também podem fazer uma forma e depois outra que seja mais alta ou mais baixa que a primeira.

Jogando os dados

Monte vários dados juntando seis pedaços de cartolina ou papel-cartão em forma de cubo. Em um dos dados, escreva os números de 1 a 6 para indicar o número de bases de apoio. No outro, escreva níveis (alto, médio, baixo) duas vezes cada. Em outro, escreva o tipo de forma (reta, curvada, torcida) duas vezes cada uma. Você pode criar dados adicionais para indicar extensões e espaços e pontos. Jogue cada um dos dados para determinar o tipo de equilíbrio que as crianças devem criar. Por exemplo, um jogar de dados pode criar um equilíbrio sobre três partes do corpo, em nível médio e em uma forma torcida. Rolando os dados duas vezes seguidas, você pode desenvolver uma sequência. A primeira vez dita a primeira forma, então os alunos usam uma transição suave para entrar na segunda forma.

Tesselação

Na arte, o conceito de *tesselação* pode ser usado na criação de padrões como mosaicos. Um *padrão transportado* é um padrão repetido pelo deslizamento para cima, para baixo, para a direita ou para a esquerda, ou diagonalmente. Da mesma forma, as crianças podem criar uma forma, depois fazer uma ação de deslocamento ou de transferência de peso em determinada direção e fazer aquela forma uma segunda vez. Uma *forma refletida* é como em um espelho. As crianças podem criar uma forma e então fazer uma imagem espelhada dela. Uma *rotação* é uma forma que é girada 90 ou 180 graus. As crianças podem fazer uma forma em posição ereta e depois fazer a mesma forma em inversão (p. ex., ficar em pé com os braços estendidos e depois fazer uma parada de mãos; ou sentado em V com os braços e pernas estendidos no ar e depois apoiar o corpo nos braços e pernas com o quadril para cima). Ou elas podem criar uma forma e depois fazê-la novamente, deitadas e fazendo a forma de lado.

Espelho, espelho meu

• Trabalhando com um parceiro, as crianças criam posições de equilíbrio que são espelhos uma da outra. Elas podem ficar frente a frente ou lado a lado. Depois, as crianças usam as mesmas posições de equilíbrio com uma pessoa mudando a forma para criar posições correspondentes. Execute uma sequência que comece com um equilíbrio em espelho. Use uma transferência de peso suave para um equilíbrio correspondente.

• Os parceiros criam equilíbrios espelhados ou correspondentes sobre equipamentos. Crie uma sequência na qual os parceiros começam em um equilíbrio correspondente, usam um movimento de transição e terminam em um equilíbrio em espelho.

Gangorra

Faça os parceiros experimentarem posições de contrabalanço e contrapeso com seu peso apoiado parcial ou totalmente sobre um equipamento. Escolha um equilíbrio favorito com o parceiro em uma posição de contrabalanço ou contrapeso. Então, crie uma sequência na qual os parceiros começam com um equilíbrio individual no solo. Após manter o equilíbrio, os parceiros usam um movimento de transferência de peso ou deslocamento para subir ou chegar até o equipamento. A sequência termina com o equilíbrio com parceiro. Faça o mesmo tipo de sequência, começando com o equilíbrio com parceiro sobre o equipamento. Após manter o equilíbrio para mostrar controle, os parceiros usam um movimento de transição para equilíbrios individuais no solo.

Capítulo 7

Experiências de aprendizagem de rotação

Este capítulo apresenta 11 experiências de aprendizagem do tema de habilidade motora de rotação. Desenvolvemos as experiências de aprendizagem para as três categorias de rotação, que incluem as características e os princípios de rotação e movimento nos eixos longitudinal, transversal e anteroposterior.

O quadro a seguir apresenta a breve definição do foco de cada experiência de aprendizagem e uma sugestão das turmas em que elas podem ser desenvolvidas. Ao final do capítulo, apresentamos outras sugestões para estimular o desenvolvimento de outras experiências de aprendizagem na ginástica para crianças.

Experiências de aprendizagem deste capítulo

Foco	Nome	Turmas sugeridas
Características da rotação: balanço, rolamento	Bolas, ovos e lápis	Iniciais
Características da rotação: balanço, rolamento para trás	Tudo para trás	Iniciais
Princípios da rotação: raio da rotação	Pião	Intermediárias
Movimento ao redor de eixos: rolamento para a frente	Deitando e rolando	Intermediárias
Movimento ao redor de eixos: giros	Dando um giro	Intermediárias
Movimento ao redor de eixos: estrelas	O desafio do cordão	Intermediárias
Movimento ao redor de eixos: usando equipamentos	Rolando de um jeito diferente	Intermediárias
Movimento ao redor de eixos: usando rotação para movimentos de transição em sequências	Vamos nos conectar	Intermediárias
Movimento ao redor de eixos: ao redor de equipamentos	Giros de quadril	Intermediárias
Movimento ao redor de eixos: sequências de rotação com um parceiro	Em pares	Intermediárias
Movimento ao redor de eixos: desenvolvendo habilidades mais avançadas de rotação pela transferência de peso pés-mãos-pés	Pés, mãos, pés	Intermediárias

157

Bolas, ovos e lápis

Objetivos

Como resultado da participação nesta experiência de aprendizagem, as crianças vão melhorar sua capacidade de:
- demonstrar controle em ações simples de balanço e rolamento (norma 1);
- selecionar, a partir de uma variedade de opções, formas de se mover para entrar e sair de um rolamento (normas 1 e 2); e
- elaborar uma sequência simples que envolva um deslocamento, um rolamento e um equilíbrio (norma 1).

Turmas sugeridas

Iniciais (1º ao 3º anos).

Organização

É necessário um espaço amplo e aberto. As crianças devem se distribuir, uma ou duas em cada colchão ou quadrado de carpete.

Equipamento necessário

Esta experiência de aprendizagem exige um colchão ou quadrado de carpete para cada aluno ou, pelo menos, um para cada duas crianças.

Descrição

"Bom dia! Hoje vamos aprender como fazer nosso corpo rolar como um meio de girar. Mas, primeiro vamos aquecer. Nossa aula é sobre girar, então vamos começar correndo, tomando cuidado para não pisar nos colchões e nos tapetes (I). Enquanto estiverem correndo, girem seu corpo na vertical, como o batedor de um mixer, mas não rápido demais (R). Mantenham-se sob controle. Tomem cuidado para não esbarrarem uns nos outros. Vão devagar, girando e girando. Vocês conseguem fazer um *hop* e girar (E)? E um *jump* e girar (E)?"

"Não vamos fazer isso por muito tempo, senão vamos ficar tontos. Todos encontrem um colchão ou um tapete e sentem-se ao lado dele. Vamos começar nossos rolamentos como parte de nosso aquecimento e alongamento. Todos sentados com as pernas estendidas ou na posição sentada de ginasta (I). Estendam um braço longe e à frente do corpo. Mantenham pernas, quadril e barriga firmes conforme vocês rolam e voltam para a posição sentada (R). Você acabou de rolar, ou de transferir peso, dos glúteos para a lateral, para a frente, para a outra lateral e de volta para os glúteos. Chamamos isso de rolamento sentado. Fácil!"

"Tentem de novo, rolando de volta para o outro lado (E). Bom! Desta vez, rolem até a metade do caminho, na posição de flexão (E). Chamamos isso de posição de apoio frontal. Arqueiem as costas para cima, como um gato bravo (E). Agora deixem as costas caírem e estendam a barriga, como um gato feliz (E). Muito bom! Rolem o resto do caminho e voltem para a posição sentada de ginasta (E)."

"A partir dessa posição, grupem-se em forma de bola; tragam seus joelhos e queixo para junto do tórax. Balancem para a frente e para trás, das costas para os ombros e, então, para os pés (I). Balançar é como rolar – você transfere seu peso de uma parte do corpo para outra. É como uma cadeira de balanço. Tentem balançar para a frente e para trás. Pensem em como vocês estão transferindo seu peso. Fiquem na posição grupada e firmes, como uma bola, para ser mais fácil (R). Agora deitem e se alonguem, como um lápis. Mantenham pernas, glúteos e barriga firmes e vejam se conseguem balançar para um lado e depois para o outro (E). Balancem de um lado para o outro. Continuem. Isso! Muito bem. Isso é bem fácil, não? Ok, parem."

"Agora estamos prontos para rolar. Um rolamento vai ajudar vocês a virar de uma parte do corpo para a próxima. Os adultos chamam isso de transferência de peso de uma parte do corpo para a outra. O segredo para um bom rolamento é deixar o corpo arredondado na direção em que você está se movendo. Quando eu disser 'já', tentem rolar como um lápis (I). Eu quero ver corpos firmes. Escolham uma direção e rolem das costas para a lateral, para a frente e para a lateral. Já. [Durante a prática.] Vocês conseguem rolar de novo e de novo três vezes (A)? Que tal ir para o outro lado (E)? Fiquem no seu espaço pessoal! Parem."

"Isso vai ser legal – vocês vão se sentir como um *pretzel*. Olhem o que eu faço [ou pedir para um aluno demonstrar] e, depois, vocês fazem. Primeiro ajoelhem-se e apoiem as mãos no solo (E). Levem uma mão em direção ao espaço formado entre seu corpo e o solo, até alcançar a axila do outro braço. Abaixem o ombro e comecem a rolar: ombro, costas, quadris, pés, joelhos. Mantenham a cabeça fora do solo. Tentem agora. [Durante a prática.] Fiquem na posição grupada, como se fossem cair. Deixem o movimento suave – eu não quero ouvir o corpo de vocês batendo no chão (R). Agora usem a outra mão para ir para o outro lado, com o outro braço passando por baixo do corpo (E). Tentem sozinhos mais algumas vezes dos dois lados. [Sinalizar para pararem.] Ok. Vamos grupar o corpo em forma de ovo e rolar para os lados (E). Muito bom, Karen e Joey, das pernas para a lateral, costas, lateral, pernas. Rolem para o outro lado [direção] também (E). Tentem em seu próprio espaço algumas vezes. [Parar.]"

"O próximo é um pouquinho mais difícil (E). Eu vou pedir para o Jeremy e a Shonda demonstrarem para vocês primeiro. Agachem com as mãos no solo bem à sua frente. Grupem o corpo – joelhos e queixo próximos ao tórax. Ok, agora levantem o quadril, olhem por baixo das pernas e deixem o corpo rolar! Tentem manter a cabeça longe do solo. Vocês estão prontos para tentar? Lembrem-se: grupar, glúteos para cima, rolar! Tentem no seu espaço agora. [Durante a prática.] Fiquem na posição grupada. O peso vai dos pés para as mãos, para os ombros, para as costas, para os quadris e para os pés (R). Bom grupamento, Johnny. Cabeça fora do solo, bom trabalho, Cindy. Tentem mais alguns rolamentos. Parem."

"Agora já conhecemos várias formas de rolar. Quem se lembra de uma? Isso, Sheryl, sentado. Bom, também temos [lápis, ombro, para a lateral como um ovo, para a frente como uma bola]. O que eu quero que vocês façam agora é pensar em como poderíamos entrar e sair desses rolamentos (E). Por exemplo, vocês conseguem começar um rolamento se estiverem em pé? Claro que sim. Vamos tentar isso. Abaixem o corpo até agacharem e então rolem. Tentem isso algumas vezes. Bom grupamento, Arisa! Parem. Desta vez, escolham um equilíbrio sobre três ou quatro partes do corpo e vejam se conseguem rolar para sair desse equilíbrio (E). Eu vou passar para olhar. Tentem equilíbrios diferentes e passem para rolamentos diferentes – não só para a frente (E). Parem."

"Vocês podem terminar o rolamento de formas diferentes (E). Vamos ver se vocês conseguem descobrir algumas dessas formas. [Caso você veja alunos fazendo isso, apontá-los para os outros alunos. Caso não veja, sugerir que os alunos tentem cada uma das formas.] Sentado em afastamento lateral. Dois joelhos com o corpo reto. Sentado em V. Em pé com afastamento lateral. Ajoelhado sobre uma perna com a outra em afastamento lateral. Agora pratiquem várias formas diferentes de terminar cada tipo de rolamento – vocês escolhem (E). Parem."

"Vamos terminar montando uma sequência curta (A). Vocês vão se deslocar pelo solo executando boa corrida, *hops*, *jumps* ou *skips*. Quando vocês chegarem a um colchão, abaixem o corpo, rolem, levantem-se e desloquem-se de uma forma diferente até o próximo colchão. Tentem um rolamento diferente em cada colchão. Então é deslocar, rolar e deslocar de novo. Já! Parem."

"Todos para cá rapidinho. Sentem-se. Quem sabe me dizer como fazer o corpo rolar bem de verdade? Isso, você tem que ficar arredondado e firme, ou grupado. Quando você balança ou rola, para onde seu peso vai? Certo, de uma parte do corpo para a próxima e para a próxima. Em que direção podemos balançar ou rolar? Muito bem, Rinji – para a frente, para trás e para as laterais. Quais são os nomes que demos para os rolamentos hoje? Isso mesmo, Tonia, sentado, lápis, ombro, ovo e rolamento para a frente. Lembrou direitinho! Quais formas o corpo assume quando fazemos esses rolamentos? Sim, Felipe, alongado [ovo, bola, curvado]. Vocês aprenderam bastante hoje. Vejo vocês na próxima aula."

Sugestões de avaliação

• As crianças tendem a iniciar as ações de rolamento lápis, ou tronco de árvore, com a parte de cima do tronco e, depois, as pernas acompanham. Elas precisam contrair os músculos do abdome, das pernas e os glúteos para que o corpo role como um todo (ver Fig. 7.1). Verifique se cada criança está mantendo o corpo firme e rolando o corpo todo de uma vez.

• As crianças tendem a abrir o corpo ou se soltarem nos rolamentos para a frente e nos rolamentos de ombro. Essa é uma ação reflexa. Elas podem segurar as pernas para continuarem grupadas: queixo e joelhos no tórax (Fig. 7.2). Avalie se as crianças permanecem grupadas.

• Para terminar um rolamento em uma posição ou forma do corpo diferente (p. ex., posição afastada ou forma ampla), deve-se estabelecer controle. Isso ajuda a executar o rolamento mais devagar e a manter os músculos firmes, em vez de flácidos e soltos (ver Fig. 7.3). As crianças estão fazendo seus rolamentos sob controle, permitindo que elas criem transições suaves para uma forma ou para sua próxima ação?

• Quantidade de movimento é a chave de qualquer ação de balanço ou rolamento. O impulso inicial ou a ação de queda precisa gerar força suficiente para que o corpo complete o rolamento sem movimentos extras e

160 Ensinando ginástica para crianças

Figura 7.1 Durante os rolamentos laterais, como lápis ou tronco de árvore, deve-se rolar com o corpo firme, como uma unidade.

Figura 7.2 No rolamento para a frente, deve-se permanecer grupado como uma bola.

Figura 7.3 Um rolamento pode ser finalizado em várias posições, incluindo uma posição com afastamento lateral das pernas ou sentado em V.

indesejados. Por exemplo, em um rolamento para a frente, o corpo precisa ficar arredondado e grupado, e o peso deve retornar para os dois pés. Nenhum movimento extra das mãos no solo deve ser necessário para retomar o equilíbrio no final.

Que mudanças posso fazer?

• Peça às crianças que trabalhem em sequências individuais em seus próprios colchões. Deslocar-se até o colchão, abaixar o corpo, rolar e finalizar com um equilíbrio.

• Combine ações de deslocamento com giros ou rodopios com rolamentos no colchão. Aproxime-se com um giro, virada ou espiral. Então salte, aterrisse, agache e role.

• Mude a sequência. Role para sair de um equilíbrio e entrar em outro. Equilíbrio, rolamento, equilíbrio.

Sugestões para ensinar condicionamento

• Executar ações de rolamento exige que as crianças tenham músculos fortes para que possam se mover sob controle.

• Executar várias ações de rolamento e concluí-las com equilíbrios exige que as crianças mantenham ou aumentem a flexibilidade.

Sugestões para um currículo integrado

• Traga vários objetos para a sala, como um lápis, um ovo, uma laranja, um cubo, um objeto retangular e um cone. Fale sobre as propriedades dos objetos (ou materiais) que rolam suavemente: elas são redondas, transferem o peso de uma parte para a outra facilmente e se movem ao redor de um eixo. Por que algumas coisas não rolam suavemente? Porque elas são retas e têm pontas ou cantos.

• Rolar em direções diferentes e com formas do corpo diversas ajuda as crianças a desenvolver consciência corporal e espacial, bem como desenvolver seu vocabulário linguístico e motor.

Sugestões de inclusão

• Os rolamentos podem ser modificados para permitir que todas as crianças obtenham sucesso. Algumas podem fazer rolamentos sentadas, enquanto outras fazem rolamento de ombro ou rolamentos para a frente. Algu-

mas crianças incapazes de andar podem rolar no solo. Outras podem fazer giros ou viradas em uma cadeira.

• As crianças podem modificar seus rolamentos usando equipamentos específicos, como bolacha de ginástica, plano inclinado ou rampas e bolas grandes.

• Crianças com atraso no sistema neurológico podem demonstrar ações reflexas persistentes. Elas podem se beneficiar de manipulação ativa ou passiva ou de assistência. A chave é superar a tendência delas de usar o reflexo tônico labiríntico e o reflexo tônico cervical simétrico. Algumas vezes, transferir o peso de um lado para o outro ou para a frente e para trás é o melhor que elas conseguem fazer. Elas precisam superar suas ações reflexas e continuar o movimento para serem capazes de realizar o movimento voluntário – neste caso, o balanço ou rolamento.

Tudo para trás

Objetivos

Como resultado da participação nesta experiência de aprendizagem, as crianças vão melhorar sua capacidade de:

• demonstrar controle nas ações de balanço e rolamento para trás (norma 1);

• selecionar, a partir de várias opções, formas de entrar e sair de um rolamento para trás (normas 1 e 6); e

• montar uma sequência simples envolvendo um deslocamento, um rolamento para trás e um equilíbrio (norma 1).

Turmas sugeridas

Iniciais (2º e 3º anos).

Organização

É necessário um espaço amplo e aberto. As crianças devem se distribuir, uma ou duas em cada colchão ou quadrado de carpete.

Equipamento necessário

Você precisará de um colchão ou quadrado de carpete para cada um ou dois alunos, além de fichas de pôquer azuis e vermelhas e de uma caixa para colocá-las.

Descrição

"Hoje é o dia do contrário. Tudo o que fizermos hoje vai ser para trás. Vamos começar correndo para trás (I). Boa corrida! Usem as pontas dos pés (R). Pés rápidos (R). Tomem cuidado para ver para aonde estão indo (R). Procurem os espaços vazios (R). Quem consegue dar um *jump* para trás (E)? Tentem saltos curtos e rápidos (E). Agora tentem saltos mais longos (E). Que tal *hop* para trás (E)? Quando um pé ficar cansado, usem o outro (E). Vocês conseguem saltar em *skip* ou galopar para trás (E)? Tentem assim! Parem."

"Vão para um colchão ou quadrado de carpete. Vou demonstrar a vocês o que vão fazer em seguida. Vocês vão agachar em formato de bola, com os joelhos e o queixo próximos ao tórax. Fiquem nas pontas dos pés. Fiquem também grupados, mas coloquem os braços para cima e apontem seus polegares para as orelhas. A partir daí, vocês vão balançar para trás para os calcanhares, depois para o quadril, as costas, os ombros e as mãos. Continuem grupados conforme vão para trás [Demonstrar.] (I). Prontos para fazerem sozinhos? Tentem algumas vezes. Comecem todas as vezes agachados. [Sinalizar para começarem e pararem.] Desta vez, quando vocês forem para trás, quero que fiquem grupados (R). Estão vendo como a Audrey está fazendo? A partir daí, empurrem com as mãos e balancem de volta na outra direção: ombros, costas, quadris, pés (E). Ok? Façam isso várias vezes sozinhos. [Durante a prática.] Fiquem bem grupados. Parem."

"Vocês estão indo bem! Agora vamos tentar rolar todo o caminho para trás (E). Vamos tentar de várias formas, do fácil para o difícil. Cada um escolhe a forma que achar melhor. [Pedir que um aluno demonstre as opções. Apresentar três, por exemplo, e convidar os alunos a tentarem outras formas que você pode apresentar mais tarde.]"

- [Nível iniciante.] (E) Todos nós temos essa bola em cima dos ombros chamada cabeça. Ela atrapalha quando rolamos para trás. Vamos entrar em nosso rolamento para trás agachados. Incline a cabeça para um lado e encoste a orelha no ombro. Agora você deixou um grande espaço aberto para rolar para o outro lado: incline para a esquerda, role para a direita. Prontos? Agachar, pés, quadril, costas, ombros, de novo para os pés.
- [Rolamento para trás sobre um plano inclinado] (E) [Para criar um plano inclinado, utilizar um colchão dobrado como base para levantar um dos lados de dois bancos colocados lado a lado. Colocar um colchão em cima dos bancos (ver Fig. 7.4).]
- [Rolamento para trás sobre uma superfície plana.] (E) Agachar, grupar, balançar para trás, empurrar com as mãos, de volta para os pés.

Figura 7.4 Exemplos de variações do rolamento para trás.

- [Rolamento para trás começando em pé.] (E) Em pé, agachar, balançar, empurrar, pés.
- [Rolamento para trás com finalização em afastamento lateral das pernas.] (E) Em pé, agachar, rolar, afastar as pernas.
- [Rolamento para trás a partir de uma posição carpada.] (E) Em pé, carpar, mãos, balançar para trás, empurrar, estender, carpar, em pé.
- [Rolamento para trás a partir da posição em pé com extensão.] (E) Em pé, agachar, balançar, empurrar, extensão (posição de parada de mão), descer rápido sobre os pés.

[Todas as crianças na sala devem praticar pelo menos um tipo de rolamento para trás que seja apropriado para elas.]

"Agora que todos conseguem rolar para trás pelo menos de uma forma, vamos trabalhar escolhendo formas de entrar e sair dos rolamentos (E). É como perguntar 'E agora?' ou 'Para onde eu vou a partir daqui?' Uma opção é usar ações de deslocamento com os pés. Por exemplo, vocês podem correr, pular, aterrissar, agachar, rolar, voltar a ficar de pé e continuar. Outra opção é criar um equilíbrio, rolar para trás, que é uma transferência de peso, saindo daquele equilíbrio e entrando em outro ou sobre um joelho e um pé, sobre os dois joelhos, ou sobre os dois pés, e então passar para outra ação de deslocamento. Por exemplo, vocês podem ir da posição de vela, rolar para trás e finalizar em um joelho e um pé, fazer uma estrela e deslocar-se sobre os pés."

"Então, vamos resumir o tipo de sequência que vocês podem criar usando um rolamento para trás. Vocês podem fazer:
- deslocamento, rolamento para trás, deslocamento (E);
- deslocamento, rolamento para trás, equilíbrio (E); ou
- equilíbrio, rolamento para trás, equilíbrio."

"Enquanto vocês praticam nos seus colchões, quero tentar uma ou duas dessas ideias. Pratiquem cada uma três ou quatro vezes. Então, escolham a sequência de que mais gostaram e pratiquem mais algumas vezes para eliminar as falhas (E). Já! [Durante a prática.] Quero ver firmeza nos equilíbrios, bom alinhamento e boas formas (R). Também quero ver rolamentos para trás suaves (R). E lembrem-se, trabalhem em transições suaves para entrar e sair dos equilíbrios e dos rolamentos (R). Ok, parem. Agora que a maioria de vocês já tem a sequência na cabeça e em boa forma, encontrem um parceiro para demonstrar a sequência para ele (A). Parceiros, digam ao seu colega do que gostaram na sequência. Vocês podem, por exemplo, dar uma sugestão

de como mudá-la ou melhorá-la da próxima vez, e depois demonstrem a sua sequência."

"Parem. Venham aqui. Quem sabe me dizer o que trabalhamos bastante na aula de hoje? Isso mesmo, rolamento para trás. De quais modos nós rolamos para trás? Que bom, vocês lembram. Plano inclinado, começando em pé, terminando em pé com as pernas afastadas lateralmente. Eu vou demonstrar a vocês um rolamento para trás. Quando vocês saírem, se acharem que eu fiz bem o rolamento – com boa forma e certa – coloquem uma ficha azul na caixa perto da porta. Caso vocês achem que minha forma poderia melhorar, coloquem uma ficha vermelha na caixa." [Ver p. 73 no Capítulo 4 para a pesquisa com fichas de pôquer.] [Fazer o rolamento.]

Sugestões de avaliação

- Rolar para trás é difícil para crianças pequenas até elas aprenderem a inibir seu reflexo postural para abrir o movimento. É importante ajudá-las a ficar grupadas, com os joelhos no tórax e os pés próximos aos glúteos. Avalie cada um desses fatores tanto no balanço como no rolamento.
- O posicionamento adequado dos braços e das mãos é essencial: braços flexionados, cotovelos para cima, mãos espalmadas no chão, polegares voltados para as orelhas (Fig. 7.4). Avalie se as crianças estão colocando as mãos na posição correta perto da cabeça. Cada um desses fatores é vital para o sucesso em conseguir elevar o suficiente de modo a deixar a cabeça livre em um rolamento para trás bem-sucedido.
- Força suficiente nos braços também é importante para rolar para trás. Antes desta aula, garanta que as crianças suportem peso com as mãos de várias outras formas para desenvolver força nos braços. Verifique se os alunos conseguem suportar, momentaneamente, seu próprio peso sobre as mãos.

Que mudanças posso fazer?

- Acrescente um banco ou uma caixa. Use a ação de rolamento para trás para chegar ou sair do equipamento na criação de uma sequência.
- Trabalhe com um parceiro. Crie uma sequência curta com um parceiro usando um rolamento para trás: deslocamento lado a lado, salto, aterrissagem, rolamento, equilíbrio simétrico e correspondente.

Sugestões para ensinar condicionamento

• Balançar e rolar para trás geralmente exige músculos abdominais fortes para manter o corpo grupado. Além disso, os músculos dos braços, especialmente o tríceps, devem ser fortes. No aquecimento e durante a aula, trabalhe exercícios de força com as crianças.

• Balançar e rolar para trás exige boa flexibilidade de pescoço, tronco e quadris. Durante o aquecimento, garanta que as crianças alonguem todo o corpo, mas principalmente o pescoço, tronco e quadris.

Sugestões para um currículo integrado

• Fazer qualquer movimento para trás não é natural. Não temos olhos atrás da cabeça; não podemos ver para onde estamos indo. Rolar para trás, sentar em uma cadeira, andar para trás sobre uma linha e em cima de uma trave de equilíbrio são atividades que vão desenvolver a percepção corporal-cinestésica. A percepção corporal-cinestésica é uma das várias inteligências de Howard Gardner.

• As crianças podem escrever suas sequências em um caderno usando símbolos ou frases para suas ações, a fim de desenvolver as habilidades de linguagem e escrita.

Sugestões de inclusão

Crianças com atraso de desenvolvimento no sistema neurológico podem demonstrar ações reflexas persistentes. Essas crianças podem se beneficiar de manipulação ativa ou passiva ou de assistência. O segredo é superar as tendências delas de usar o reflexo tônico labiríntico e o reflexo tônico cervical simétrico. Algumas vezes transferir o peso de um lado para o outro ou para a frente e para trás é o melhor que elas conseguem fazer. Elas precisam superar suas ações reflexas e continuar o movimento para serem capazes de realizar o movimento voluntário – neste caso, o balanço ou rolamento para trás.

Pião

Objetivos

Como resultado da participação nesta experiência de aprendizagem, as crianças vão melhorar sua capacidade de:

• girar várias vezes, sob controle, na posição sentada (norma 1);

• combinar ações de giro com equilíbrios, deslocamento e transferência de peso em sequências simples no solo e sobre caixas ou bancos (norma 1); e

• descrever como aumento ou encurtamento do raio da rotação afeta a velocidade de giro (norma 2).

Turmas sugeridas

Iniciais (3º e 4º anos).

Organização

É necessário um espaço amplo e aberto. Organize caixas, bancos e colchões ou quadrados de carpete espalhados para permitir liberdade de movimentos. Deve haver um colchão ao lado de cada equipamento.

Equipamento necessário

Você precisará de um colchão ou quadrado de carpete para cada criança, ou pelo menos um para cada duas crianças, assim como de um banco ou caixa para cada duas crianças.

Descrição

"Hoje vamos nos divertir aprendendo como fazer nosso corpo girar e rotacionar como um pião! Vamos começar com uma corrida leve, suave (I). Corram na direção de alguém e quando for chegando perto, desviem (R). Aproximem-se rápido, diminuam e afastem-se. Relaxados – sem travar (R). Dessa vez, cumprimentem a pessoa que encontrarem fazendo um *high five* com as duas mãos (E). Vocês vão correr, aproximar-se, saltar em *jump*, aterrissar e depois se afastar. [Após várias vezes.] Parem."

"Agora vamos levar essa mesma ideia de correr, aproximar-se, saltar em *jump* e aterrissar para espaços abertos (E). Desta vez vocês vão trabalhar sozinhos. Cada vez que vocês correrem, vão executar um *jump* no ar e girar um quarto de volta para finalizar a aterrissagem de frente para outra parede. Usem a cabeça, os pés e os braços para auxiliar no giro, assim [Demonstrar.] Viram como eu movo minha cabeça e braços na direção que estou girando (R)? Quando aterrissar, afastem os braços e as pernas para ajudar vocês a se equilibrar (R). Flexionem os joelhos e aterrissem sob controle (R). Prontos? Vão. [Durante a prática.] Conforme forem melhorando, podem ir mais rápido na corrida. Nas saídas rápidas como as chamadas, saltem no ar com um pé e caiam com os dois como nos saltos ornamentais ou salto com vara (R). Se vocês estiverem realmente bons, podem tentar girar três quartos de volta ou fazer uma volta completa (E). O controle é importante. Firmem a aterrissagem antes de continuar. Correr, chamada, *jump*, girar, aterrissar [agachar], continuar. [Sinalizar para pararem.]"

"Vamos sentar em posição de ginasta. Agora, fiquem no solo e não nos colchões, pois vamos precisar de uma superfície escorregadia para fazer o próximo exercício. Olhem o que faço primeiro, depois vocês tentam. Firmem a barriga e as pernas para ficarem sentados em V. Virem as duas pernas para um lado e coloquem as duas mãos no solo do outro lado. Empurrem os braços com força e virem as pernas de volta para o outro lado. Façam isso várias vezes para criar a quantidade de movimento [empurrar, virar, empurrar, virar, empurrar, virar] (I). Tentem sozinhos. [Sinalizar para começarem e pararem.] Quando forem fazer desta vez, empurrem com força, grupem os joelhos para perto do tórax e passem os braços em volta das suas pernas (R). Tentem isso e vejam o que acontece. Isso mesmo, vocês começam a girar rápido! Caso vocês encurtem o corpo, vocês girarão mais rápido. Da próxima vez, no final do giro, estendam o corpo de volta para posição sentado em V (R). Estender o corpo ajuda a deixar o giro mais lento. Tentem várias vezes. [Durante a prática.] Mantenham o controle girando sobre os glúteos. Não queremos ninguém caindo e girando em cima das costas ou dos ombros. Movam as partes do corpo simetricamente para ajudar a manter o controle (R) Ok, parem."

"Vamos ver se conseguimos colocar esses giros sentados em uma sequência no solo (E). Vocês vão correr, fazer a chamada, saltar e aterrissar, como antes. Então abaixar, sentar em V, girar sentado e finalizar o giro com um rolamento para um equilíbrio de sua escolha. Vocês conseguem se lembrar de tudo isso? Pratiquem várias vezes para sua sequência ficar boa. Já. [Durante a prática.] Trabalhem a qualidade. [Após praticarem várias vezes, sinalizar para pararem.]"

"Agora, vamos tentar fazer os giros sentados no equipamento (E). Primeiro, encontrem um espaço em um banco ou caixa. [Dar tempo a eles.] Quando fizerem os giros no equipamento, quero ver um controle perfeito.

Já. [Durante a prática.] Muito bom. Estou vendo os corpos firmes. Vocês estão parecendo ginastas, bem controlados. Tentem girar mais rápido quando se sentirem mais confortáveis no equipamento. Grupem o corpo durante o giro para ir mais rápido (R). Tentem girar para os dois lados (E). Parem. Desta vez, usem as mãos e os braços para controlar e terminar o giro e concluam com o corpo todo estendido no comprimento do banco [ou caixa], com as costas ou os ombros apoiados no banco (E). [Sinalizar para começarem e pararem.]"

"Em seguida, façam um giro sentado e parem como quiserem (E). Pensem *para onde eu posso ir a partir daqui?* para continuar no equipamento ou sair do banco ou da caixa para o solo. Usem tipos diferentes de transferência de peso como rolamentos ou passadas. Explorem. Parem. Quero mostrar para vocês algumas das soluções que seus colegas encontraram para esse desafio. [Destacar vários alunos.] Alguns de seus colegas ligaram seus giros sentados com equilíbrios nos ombros, ou com um rolamento, ou com uma ação de balanço no equipamento. Algumas crianças finalizaram seu giro em posições diferentes, como sentado em V, com as pernas retas ou com uma perna reta e outra flexionada no banco. Quando o giro sentado finaliza com as pernas retas, vocês devem transformá-lo em um rolamento de corpo inteiro sobre o colchão ou em uma ação de deslocamento com os pés. Tentem algumas dessas formas e outras que vocês consigam pensar. Vão. [Durante a prática.] Vocês pegaram a ideia. Trabalhem bastante! Quero ver movimentos controlados – sem despencar! [Sinalizar para pararem.]"

"Vocês fizeram um ótimo trabalho com os giros sentados tanto no solo como no equipamento. Quero que vocês tenham a chance de criar uma sequência de movimentos para demonstrar seus talentos (E). Sua sequência precisa começar com um giro sentado no equipamento, sair do giro e do equipamento da forma que desejarem, depois incluir um rolamento e um equilíbrio. Façam um trabalho de qualidade. Vocês vão apresentar as sequências para seu outro professor(a) quando ele(a) entrar. Quero que vocês demonstrem para ele(a) seu melhor trabalho. [Sinalizar para começarem e pararem.]"

[Para o professor da turma.] "Bem-vindo ao final da nossa aula. Hoje trabalhamos bastante desenvolvendo uma nova habilidade chamada giro sentado. Todos criaram uma sequência. Primeiro, metade da turma vai apresentar suas sequências (A). Depois a outra metade vai fazer o mesmo. Queremos que você perceba todas as ações do giro sentado e veja a variedade de formas que as crianças usam para sair dos giros para um rolamento e um equilíbrio. [Apresentações.] Obrigado por ser nossa plateia. A turma está trabalhando duro na ginástica."

Sugestões de avaliação

As crianças devem demonstrar controle em seus movimentos de rotação. O uso de braços, pernas, cabeça e outras partes do corpo é importante para iniciar e parar a rotação (ver Fig. 7.5). Enfatize o bom controle, incluindo o senso estético, focado e controlado do giro. As crianças estão usando os braços e as pernas de modo apropriado com boa sincronização para girar rápido e depois devagar e realizando a tarefa com controle? Girar é gostoso e divertido para as crianças. O que você não quer é que aconteçam quedas e escoriações nas costas e nos ombros, com os alunos estirados no chão durante rotações fora de controle.

• As crianças devem controlar seus giros sentados no banco para que não percam o equilíbrio nem caiam do equipamento (ver Fig. 7.6). Observe se as crianças conseguem começar e terminar seus giros de modo controlado. Elas estão caindo? Garanta que haja colchões embaixo dos equipamentos. As próprias crianças podem ajudar assistindo umas as outras, para ser mais seguro.

• As transições (ações de ligação) são importantes no trabalho de sequência. Conforme as crianças param a partir de um giro sentado, o corpo delas deve se mover naturalmente para uma ação de balanço, rolamento (transferência de peso) ou de equilíbrio. As crianças estão demonstrando ações de ligação boas e controladas? Buracos, falhas, pausas grandes ou interrupções não devem ser evidentes.

Que mudanças posso fazer?

• Simplifique a sequência se necessário: começo sentado em V, giro sentado e transferência de peso para um equilíbrio que o aluno escolher no solo.
• Peça aos alunos para passar para um giro sentado no equipamento e incorporar isso na sequência: entrada, equilíbrio, giro sentado, equilíbrio, saída.

Sugestões para ensinar condicionamento

Sentar em V ou realizar giros sentados exige o desenvolvimento de força abdominal. Como preparação para essa experiência de aprendizagem, trabalhe com as crianças para de-

Figura 7.5 Para iniciar um giro, deve-se fazer um movimento controlado de empurrar e grupar.

Figura 7.6 Giros sentados podem ser realizados no equipamento.

senvolver seus músculos abdominais. Exercícios como abdominais curtos e completos com os joelhos flexionados podem ser úteis. Se as crianças se cansarem rápido, e seus músculos abdominais começarem a tremer, passe para outra atividade e volte para os giros sentados em outro momento.

Sugestões para um currículo integrado

• Assegure-se de que as crianças entendem o princípio de aumentar ou diminuir o raio de rotação. Um raio menor (corpo grupado) aumentará a velocidade do giro; um raio maior diminuirá a velocidade do giro e torná-lo mais controlado. Exemplifique o uso desse princípio em outras habilidades da ginástica (reversões, mortais) e em outros esportes, como saltos ornamentais, patinação artística, dança e patinação.
• Relacione a ação de rotação com a de um pião ou uma roda de bicicleta. O que mais você conhece que é afetado pelo aumento ou diminuição do raio de rotação

(p. ex., balanços no parquinho, pêndulos em relógios antigos)?

• Girar sobre um eixo ajuda as crianças a desenvolverem o sistema vestibular. Isso, por sua vez, melhora a consciência espacial delas. Para girar de modo eficaz e evitar a tontura, as crianças precisam aprender a focar em um ponto.

• Peça às crianças que escrevam sobre como podem abrir e fechar os movimentos para fazer o corpo girar mais devagar ou mais rápido.

• Peça às crianças que escrevam sobre como se sentem quando estão girando. Peça que identifiquem outras experiências que estimulem o sistema vestibular, como nos brinquedos de parques de diversão, girar em um balanço, girar em um *skate*, abaixar ou patinar.

Deitando e rolando

Objetivos

Como resultado da participação nesta experiência de aprendizagem, as crianças vão melhorar sua capacidade de:

• demonstrar várias saídas possíveis de um rolamento para a frente (norma 1);

• executar um rolamento para a frente saindo em pé, em posição carpada, e em afastamento lateral (norma 1); e

• desenvolver uma sequência de movimentos criativa que envolva uma combinação de cinco rolamentos, com pelo menos um desses rolamentos executado rapidamente e um rolamento diferente executado lentamente (normas 1 e 2).

Turmas sugeridas

Intermediárias (4º e 5º anos).

Organização

É necessário um espaço amplo e aberto, com colchões espalhados pela sala.

Equipamento necessário

Esta experiência de aprendizagem exige um colchão ou quadrado de carpete e um pedaço de giz (opcional) para cada aluno. Você também vai precisar de uma ficha e um lápis para cada um.

Descrição

"Hoje, vamos continuar trabalhando com o conceito de rotação. Para começar, encontre seu espaço. Ok. Façam algumas estrelas em um círculo [Demonstrar.] (I). Vocês podem desenhar um círculo grande no solo com giz ou imaginar o círculo na sua mente. [Sinalizar para começarem e pararem.] Vocês conseguem fazer as estrelas em um círculo como um relógio e depois na outra direção [sentido anti-horário] (E)? Façam as estrelas em continuidade (R). Tentem não parar entre as estrelas para completar o círculo. Tentem de novo. Agora, corram pela quadra e, quando chegarem a um colchão, façam um rolamento. Então, levantem e façam uma estrela (E). Vocês podem executar mais de um rolamento no colchão se ele for longo o bastante. Já! [Durante a prática.] Aterrissem sobre os dois pés depois de rolar (R). Mantenham-se grupados durante todo o rolamento (R). É isso aí! Estátua!"

"Vamos rever alguns dos rolamentos que já conhecemos de aulas anteriores. Sabemos como fazer rolamentos sentado, para a frente, em lápis, para trás e de ombro. Hoje vamos ver como esses rolamentos podem ser finalizados (I). Por exemplo, quando vocês começarem um rolamento normal para a frente, vocês podem terminar na posição sentada com as pernas estendidas, sobre os dois joelhos, sobre um joelho e um pé, sobre um pé ou finalizar em pé sobre os dois pés (E). [Demonstrar uma ou algumas dessas opções; ver Vela, no Cap. 6.] Vocês podem ter que torcer ou virar o corpo um pouco, conforme giram para terminar nessas posições (R). Tentem vários rolamentos e terminem de formas diferentes (E). Já! [Durante a prática.] Rolamento em lápis para sentado em V (E). Rolamento de ombro para trás para um joelho e um pé (E). É isso aí, continuem tentando outras formas. Bom trabalho! Parem."

"Venham todos aqui e sentem-se de frente para esse colchão. Eu vou mostrar para vocês como fazer um rolamento saindo em pé [Demonstrar.] (E). Fiquem retos. Deem um passo para a frente e comecem a flexionar ou inclinar o corpo para a frente. Levem o braço contrário para a frente. Conforme vocês abaixarem o corpo, apoiem o peso sobre o antebraço, depois no braço, ombro e costas. A ideia é que vocês usem esse rolamento por segurança, se acharem que vão tropeçar e cair. Braço, ombro, costas, rolar. Fiquem grupados durante o rolamento e levantem sobre os dois pés (R)."

"Vocês já devem ter visto jogadores de vôlei ou lutadores de artes marciais rolando assim. Alguma pergunta? Por que vocês não vão para seu colchão e tentam? Tentem várias vezes. [Durante a prática.] Fiquem grupados no rolamento. Isso mesmo. Tentem não usar as mãos. Levantem sobre um joelho e um pé ou voltem a ficar em pé sobre os dois pés. Parem."

"Sentem-se onde estão e olhem para mim. Agora, vamos aprender como fazer um rolamento em posição carpada [Demonstrar.] (E). Comecem em pé. Carpem, mãos, rolem, empurrem, carpem em pé. Coloquem suas mãos no colchão e recebam o peso na parte de cima das costas. Mantenham a cabeça grupada. Sua cabeça e seu pescoço não devem nunca tocar o colchão. Comecem. [Durante a prática.] Em vez de grupar o corpo como vocês fizeram em todos os outros rolamentos, mantenham as pernas retas e o quadril flexionado na posição carpada. Vocês podem aterrissar em posição de ginasta ou tentar levantar com os dois pés (E). Levantar sobre os dois pés é uma tarefa difícil. Tentem. [Pode ser melhor ensinar esse rolamento apenas aos alunos mais habilidosos.] Parem."

"Finalmente, nosso último rolamento é um rolamento em afastamento lateral [Demonstrar.] (E). Comecem em pé, retos. Coloquem as mãos sobre o colchão em frente ao corpo. Empurrem com as pernas. Grupem a cabeça. Recebam o peso do corpo na parte superior das costas. Mantenham as pernas retas e em seguida separem-nas para a posição afastada lateralmente. Empurrem o corpo para cima para vocês terminarem em pé em afastamento lateral. Pensem: alongar, mãos, rolar, afastar lateralmente, empurrar! Tentem. Vocês têm que rolar rápido e empurrar com força o corpo para cima usando as mãos (R). Caso isso seja muito difícil, terminem sentados no colchão com as pernas afastadas lateralmente (E). [Sinalizar para começarem e pararem.]"

"A sequência hoje envolve uma combinação de cinco rolamentos de sua escolha (E). Quem pode me dizer um dos rolamentos que aprendemos nesta unidade? Sim, Latasha, o rolamento de ombro [rolamento para segurança, rolamento para trás]. Ok, Mark, rolamento para a frente em afastamento lateral [rolamento em lápis, para trás, de ombro]. Aprendemos muitas formas de rolar. Na sequência de vocês os rolamentos devem ser ligados suavemente (R). Façam de modo que eu consiga saber quando a sequência começa e quando termina. Sejam criativos. Um dos cinco rolamentos tem de ser feito rápido e um bem devagar (E). Trabalhem bastante neles. Demonstrem que aprenderam bem a rolar. Já!"

"Parem. Eu quero que todos vejam a variedade de sequências de rolamento que vocês criaram. Dividam-se em três grupos: 1, 2, 3... Ok. Eu quero que o primeiro grupo demonstre suas sequências, enquanto os grupos 2 e 3 assistem (A). Agora é a vez do grupo 2. Agora é a vez do grupo 3. Para encerrar, eu vou dar a vocês uma ficha e um lápis. Escrevam na ficha os nomes de três rolamentos diferentes que vocês conseguem fazer. Escrevam também três ideias rápidas que vocês acham importantes para ajudá-los a rolar bem ou suavemente. Quando acabarem, coloquem sua ficha na caixa e formem fila. Obrigado."

Sugestões de avaliação

• Os alunos podem ter dificuldade com um ou mais rolamentos. Prepare um *checklist* com o nome dos alunos em uma coluna à esquerda e cada um dos tipos de rolamentos em uma linha na parte de cima. Veja quais rolamentos cada criança consegue fazer. Esteja preparado para amplificar as tarefas as quais as crianças estejam tendo problemas. Por exemplo, permita que as pernas flexionem no rolamento em afastamento lateral. Lembre-se, queremos que cada criança seja sucedida e se sinta desafiada em seu próprio nível.

• Certifique-se de que cada criança esteja rolando com segurança. Assegure-se de que os alunos estejam recebendo o peso do corpo na parte superior das costas e nunca na cabeça ou no pescoço.

• Para realizar um rolamento com segurança, o segredo é deixar as superfícies do corpo arredondadas, transferindo o peso de uma parte do corpo para a próxima, e cedendo ou abaixando o corpo conforme ele se move gradualmente da posição em pé para o rolamento no solo (ver Fig. 7.7). Observe se as crianças estão usando essas características em seus rolamentos: superfície arredondada, transferência de peso para partes adjacentes do corpo, absorção do peso do corpo, transição para uma posição final.

• Assegure-se de que os alunos estão empurrando com força e estendendo os braços para cima nos rolamentos em posição carpada e em afastamento lateral (ver Fig. 7.8). Para ter sucesso, eles devem empurrar com as mãos.

Que mudanças posso fazer?

• Para as crianças mais avançadas, você pode ensinar essas habilidades em uma aula anterior sobre rolamento.

• Após cada novo rolamento que os alunos aprenderem, peça a eles para associarem o rolamento a ações di-

Figura 7.7 Rolamento para a frente com segurança.

Figura 7.8 Rolamento para a frente com afastamento lateral.

ferentes, como um equilíbrio, antes de ensinar o rolamento seguinte.

• Acrescente um equipamento. Use os rolamentos para se aproximar ou se afastar do equipamento. Deixe que as crianças menos avançadas, ou com menos capacidade, finalizem seus rolamentos nas posições sentada afastada ou carpada, ou sentada em V afastada ou carpada. Você também pode permitir que elas flexionem as pernas para ficar em pé no final do rolamento.

Sugestões para ensinar condicionamento

Rolar começando em várias posições e finalizar os rolamentos de várias formas diferentes desenvolve músculos fortes e flexibilidade.

Sugestões para um currículo integrado

Discuta a importância dos rolamentos em vários esportes. No vôlei, beisebol, futebol e no basquete, por exemplo, os atletas usam os rolamentos para retornar com segurança e voltar à posição em pé rápido durante o jogo. Peça aos alunos para escreverem em seus cadernos sobre experiências que eles tiveram ou possam vir a ter ao realizar um rolamento para retornar com segurança e não se machucar.

Sugestões de inclusão

• Algumas crianças com atraso no desenvolvimento neurológico podem se beneficiar do trabalho com rolamentos – decúbito ventral para dorsal ou dorsal para ventral – de modo coordenado.

• Crianças com ações reflexas lentas podem deitar sobre uma bola grande e, com alguma assistência, rolar para a frente, para trás ou para o lado, trabalhando a inibição de seu reflexo paraquedas.

• As crianças podem girar em um *skate*, deitadas ou sentadas, para estimular o seu sistema vestibular. Elas também podem girar em um balanço ou em um aparato de rede para cargas.

• Crianças que conseguem executar rolamentos básicos, como rolamentos sentado ou em lápis, podem trabalhar começando e finalizando seus rolamentos com posturas ou formas diferentes do corpo.

Dando um giro

Objetivos

Como resultado da participação nesta experiência de aprendizagem, as crianças vão melhorar sua capacidade de:
- executar um quarto de giro, meio giro ou giros completos no eixo longitudinal, durante a fase de voo de um *jump* (norma 1);
- aterrissar sob controle após rotação durante a fase de voo de um *jump* (norma 1); e
- compreender o papel da cabeça, braços e pernas no início da rotação ao redor de um eixo e no controle da aterrissagem (norma 2).

Turmas sugeridas

Intermediárias (4º e 5º anos).

Organização

É necessário um espaço amplo e aberto para essa atividade, com colchões, bancos e caixas espalhadas a uma distância segura umas das outras. Posicione os colchões ao lado dos bancos e caixas.

Equipamento necessário

Esta experiência de aprendizagem exige um colchão e um banco ou caixa para cada aluno, além de um bambolê ou quadrado de carpete para cada aluno.

Descrição

"Hoje vamos fazer *jumps* com giros no ar, como patinadores ou bailarinos (I)! Vamos começar com bons saltos. Todos usando os pés de formas diferentes para saltar no solo agora. É isso aí: saindo e chegando com os dois pés, saindo com um e caindo com dois, saindo com dois e caindo com um. Executem vários *jumps*, rápidos e seguidos, como na amarelinha. Saltem em *jump* o mais alto que conseguirem (E). Façam *jumps* indo para algum lugar na sala (E). Desloquem-se para a frente, para trás, para os lados (E). Vão em linha reta, em zigue-zague, em curva (E). [Sinalizar para pararem.] Bom."

"Agora, cada um de vocês pegue um bambolê [ou um quadrado de carpete] e vá para o seu espaço pessoal. Espalhem-se e usem bem o espaço. Fiquem dentro do seu bambolê e olhando para uma parede. Você vai tentar fazer um *jump* e girar um quarto de volta para finalizar olhando para a parede ao lado (E). Olhem para mim. [Demonstrar.] Quando fizerem isso, pensem no que podem fazer com seu corpo para ajudá-lo a girar. Tentem várias vezes. [Sinalizar para começarem e pararem.] Ok. Quem pode me dizer quais partes do corpo ajudam vocês a virar (R)? Isso, Billy, seus braços se movem, ou rodam, na direção do giro. Muito bem, Shelley, sua cabeça também. Vocês perceberam que suas pernas empurram para o lado contrário [ação, reação] para ajudá-los a girar? Vamos ver vocês usando os braços, a cabeça e as pernas [Demonstrar.] para girar melhor agora. Ainda um quarto de volta; pensem em girar e aterrissar. Comecem e finalizem dentro do bambolê ou no tapete."

[Após várias tentativas] "Seus giros estão melhorando bastante, mas mesmo assim ainda estou vendo alguns de vocês batendo no solo ao aterrissar. O que podemos fazer para aterrissar melhor (R)? Isso, afastar os pés, flexionar os joelhos, manter as costas retas, cabeça erguida e braços expandidos. Muito bem. Agora pensem em afastar, flexionar e cabeça para cima. Vamos melhorar as aterrissagens agora. Comecem. É isso aí, muito bem!"

[Passar para meio giro e giro completo com as crianças que puderem lidar com essa dificuldade maior (E). Enfatizar o uso dos braços, pernas e cabeça para começar os giros e controlar a aterrissagem, assim como a altura mais elevada para ter tempo de girar.]

"Agora vamos usar os giros para sair do equipamento (E). Coloquem seu bambolê no colchão mais ou menos a 30 cm de distância do banco ou caixa. Vocês vão subir no banco [ou caixa], executar um *jump* fazendo um quarto de giro e aterrissar dentro do bambolê [Demonstrar.]. Pensem: *jump*, girar, aterrissar, manter. Prontos? Vão em frente e tentem. [Após oferecer tempo para várias tentativas, sinalizar para pararem.] Lembrem-se de aterrissar da mesma forma que estavam fazendo no solo. Espalhar, flexionar, cabeça erguida (R)! Contem três segundos para demonstrar controle depois de aterrissarem (R). Tentem assim agora, pensando nas aterrissagens. Parem. Agora, desloquem-se para todos os outros bancos e caixas e façam um *jump*, girem, aterrissem e mantenham a posição em cada vez (E). [Para as crianças que estiverem indo bem, permitir meio giros e giros completos.] Parem."

"Voltem para o equipamento onde começaram. Vamos colocar esses giros no ar em uma sequência (E). Vejam, vou mostrar. Vocês vão começar longe do banco ou caixa, escolher uma ação de deslocamento com os pés para se aproximarem do banco, saltar para cima dele saindo com um pé e aterrissando com os dois. Então, executem um *jump* para fora do banco, girem e aterrissem. Passem para um rolamento ou estrela de sua escolha e finalizem com um equilíbrio. A sequência é deslocamento, *jump*, *jump*, giro, aterrissagem, sua escolha, equilíbrio. Pratiquem bastante para me demonstrarem o seu melhor trabalho. Já!"

"Parem. Eu vi ótimas sequências. Vocês realmente aprenderam a girar no ar. Quem sabe me dizer quais partes do corpo ajudam a girar? Isso, os braços, a cabeça e as pernas. Como vocês param seu giro quando aterrissam? Muito bem – afastar e flexionar. Muito bom; vejo vocês na próxima aula."

Figura 7.9 *Jump* com giro e aterrissagem suave.

Sugestões de avaliação

• As crianças tendem a saltar para fora e a aterrissar longe de seu ponto de partida. A finalidade do salto com um giro vertical é saltar alto para ter tempo para a rotação e ainda conseguir uma aterrissagem controlada – pés afastados, braços abertos, costas retas, cabeça erguida, joelhos flexionados.

• Crie um *checklist* para ajudar a verificar os seguintes itens. Giro da cabeça: a cabeça gira na direção da rotação. Braço perto do corpo: um ginasta girando para a direita traz o braço esquerdo para perto do corpo. Impulso: uso dos pés para impulsionar a saída, que inicia o giro a partir do solo (ver Fig. 7.9). Lançar os braços na direção do giro.

Que mudanças posso fazer?

• Até esse ponto, os giros foram feitos a partir de um *jump* para a frente. Você também pode saltar em *jump* para os lados ou para trás para iniciar o giro. Comece no solo e, uma vez estabelecido o controle, faça um *jump* para sair dos equipamentos.

• Tente executar *jump* com giros em cima do equipamento. Comece com um quarto de volta. Conforme as crianças vão ganhando confiança, deixe que elas façam meio giro.

Sugestões para ensinar condicionamento

• Pernas fortes e potentes são necessárias para explodir para cima e para fora no ar. Para ajudar a desenvolver a força nas pernas, as crianças podem saltar sobre barreiras erguidas em diversas alturas. Em alturas de 15 cm, as crianças podem fazer saltos consecutivos para a frente e para trás. Com obstáculos mais altos, de 30 a 45 cm, as crianças podem executar saltos únicos sobre a barra. Para desenvolver ainda mais a força nas pernas, as crianças podem saltar sobre superfícies elevadas, como colchões dobrados, bancos ou caixas.

• Pular corda com um quarto de giro, meio giro ou giro completo também é um bom exercício para aumentar a força nas pernas.

Sugestões para um currículo integrado

• Compare os giros aos graus de uma bússola: 90 graus é igual a um quarto de giro, 180 graus é igual a meio giro e 360 graus igual a um giro completo.

• Use os pontos cardeais – norte, sul, leste, oeste – para comparação.

• Relacione o salto e o giro com princípios científicos simples. A Terceira Lei de Newton – ação e reação – atua quando os pés empurram para baixo e para longe e o salto vai para cima e para adiante. Encolher os braços para diminuir o raio de rotação e girar rápido. Expandir os braços para desacelerar e parar, mantendo o giro sob controle.

Sugestões de inclusão

• Dependendo dos métodos de locomoção das crianças, elas podem executar giros completos, meio giros ou um quarto de giro. Em uma cadeira de rodas, elas podem usar seus braços para ajudá-las a girar. Com muletas, é possível usar duas muletas e uma perna. Crianças sem capacidade de locomoção podem deitar de costas ou de bruços e fazer os giros estabelecidos.

• Crianças em cadeiras de rodas também podem aprender a saltar com suas cadeiras impulsionando os ombros e o tronco para cima, se elas tiverem força e habilidade para fazê-lo.

O desafio do cordão

Objetivos

Como resultado da participação nesta experiência de aprendizagem, as crianças vão melhorar sua capacidade de:
• transferir o peso dos pés para as mãos sobre o solo, banco ou caixa e de volta para os pés, conforme elas giram em torno do eixo transversal (norma 1);
• desenvolver força nos braços e na cintura escapular (norma 4); e
• desenvolver flexibilidade em diversas articulações usando exercícios de alongamento (norma 4).

Turmas sugeridas

Intermediárias (4º e 5º anos).

Organização

É necessário um espaço amplo e aberto com caixas ou bancos (ou ambos) espalhados pela sala. Posicione colchões ao lado de cada um desses equipamentos.

Equipamento necessário

Esta experiência de aprendizagem exige um pedaço de giz, um pedaço de cordão (de 2 a 2,5 m), fita adesiva, uma caixa ou banco e um colchão para cada aluno. Você também precisará de uma cópia da Figura 7.10.

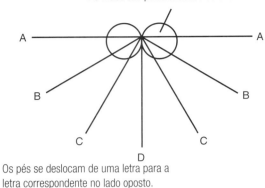

Figura 7.10 Diagrama de uma estrela executada sobre o cordão.

Descrição

"Hoje vamos começar nos deslocando de um colchão para outro. Quando chegarem a um colchão, apoiem seu peso nas mãos e nos pés para atravessá-lo (I). Façam o salto do coelho ao longo de um banco ou de um lado para o outro, ou saltem por cima do banco apoiando as mãos e chutando as duas pernas para um dos lados (salto *flank* ou salto ladrão) (E). Lembrem-se de manter os braços retos e o corpo firme (R). [Sinalizar para começarem e pararem.]"

"Enquanto estamos nos aquecendo, pensem em formas diferentes de alongar o corpo (E). O alongamento é importante para desenvolver e manter a flexibilidade das articulações. Tentem alongamentos diferentes agora para garantir que estão alongando os músculos dos braços, ombros, costas, barriga e pernas (E). Muito bom. Estou vendo algumas pontes; Johnny está sentado e afastando as pernas e flexionando o corpo para a frente; estou vendo outros alongamentos também. Pensem em quatro alongamentos diferentes. Façam cada um deles várias vezes e bem. [Após um tempo.] Agora encontrem um parceiro e ensinem para ele os quatro alongamentos – sem falar (E). Depois façam a sequência de quatro alongamentos do seu parceiro. Escolham juntos os quatro melhores dos oito alongamentos e coloquem-nos em uma sequência que vocês possam fazer juntos."

"Agora estamos prontos para a parte principal da nossa aula, que é apoiar nosso peso sobre as mãos (I). Quando apoiamos o peso em nossas mãos, ficamos com braços e ombros mais fortes. Ginastas e todas as outras pessoas também precisam de músculos fortes na parte superior do corpo. Vocês já aprenderam a apoiar o peso sobre as duas mãos ao mesmo tempo. Hoje vamos aprender a colocar nosso peso nas mãos, uma de cada vez. Quando eu disser 'já', todos escolhem um parceiro. Você e seu parceiro pegam um pedaço de giz e escolhem um colchão. Sentem-se ao lado dele. Vocês vão desenhar esta figura no colchão. [Mostrar aos alunos a Figura 7.10.] Já!"

"Estou vendo que vocês estão prontos, então vamos começar trabalhando em turnos com o parceiro. Você começa na letra B e alonga, tomba ou cai para a frente e, então, pega impulso (R). Caso você esteja na letra B da esquerda, coloque a mão esquerda no círculo; depois coloque a mão direita no outro círculo e desça na letra B da direita, com uma perna seguindo a outra. Primeiro você aterrissa suavemente a perna que não deu o passo (R). Veja o Jeremy fazendo. Você precisa pensar: *alongar, tombar, impulsionar, mão, mão, pé, pé.* Vá em frente e tente; faça quatro vezes e depois troque com seu parceiro. O objetivo é desenvolver força na parte superior do corpo e ação de giro na estrela. Alongar, tombar e impulsionar são movimentos que ajudam a suavizar a sequência. Mantenha pernas e braços retos, conforme gira. Mantenha o corpo firme; aterrisse suavemente e sob controle (R). Comece. [Durante a prática.] Tente fazer isso a partir das duas laterais do corpo (E). Ora sua mão direita desce primeiro e, ora a esquerda. Parem."

"Vamos usar um cordão para deixar essa tarefa mais desafiadora (E). Um dos parceiros pega um pedaço de cordão e fita adesiva e espera minhas instruções. [Quando todos estiverem prontos.] Prenda. Um de vocês vai segurar a outra ponta do cordão no ar para o parceiro. O cordão precisa ser longo o suficiente para que qualquer um que segure fique longe o bastante do outro colega para não levar um chute. O cordão pode ser segurado em várias alturas, dependendo de onde seu parceiro desejar. Quanto mais alto o cordão, mais difícil será a estrela. Quem for primeiro, deve posicionar uma mão de cada lado do cordão, uma de cada vez, e rodar as pernas sobre ele. Olhem como eu faço. Que bom que o cordão estava baixo! Qualidade é importante – pensem: alongar, tombar, impulsionar, mão, mão, pé, pé. Vão em frente e comecem, começando e terminando na letra C. [Dar outras alternativas conforme necessário (E), usando variações no nível de dificuldade da tarefa ou permitindo que os alunos modifiquem a tarefa.]

- Começar em C, receber o peso nas mãos, voltar para o C do lado oposto.
- Começar no B, retornar para o D.
- Começar no B, retornar para o C oposto.
- Começar no B, retornar para o B oposto.
- Começar no B, retornar para o A oposto.
- Começar no A, retornar para o A oposto.
- Amarrem ou prendam com fita adesiva um pedaço de cordão em cima de um banco ou caixa (E). Um aluno segura o cordão para cima, e o outro faz estrelas a partir de um ponto no solo. As mãos são colocadas sobre o banco ou em cada lado do cordão. Os pés aterrissam no solo ou no lado oposto do cordão.

[Sinalizar para pararem.] "Conforme você for melhorando e se sentindo mais confiante, peça que seu parceiro eleve o cordão para aumentar o desafio (E). Lembre-se de fazer as estrelas sobre o cordão começando tanto do lado esquerdo como direito do corpo (E). [Alunos mais avançados podem aprender habilidades avançadas de rotação da ginástica artística nos eixos transversal e anteroposterior, tais como pontes, rodantes, reversões para a frente e para trás. Essas habilidades estão fora do escopo desta experiência de aprendizagem. Eles são apresentados na experiência de aprendizagem Pés, Mãos, Pés nas p. 186-190. Consultar também em Hacker et al. (1993) e Cooper e Trnka (1989).]"

"Vamos terminar nossa aula com uma sequência de movimentos (A). Vamos apoiar o peso nas mãos, usando uma ação de giro. Façam um rolamento de sua escolha, depois finalizem com um equilíbrio [rodar, rolar, equilibrar]. Pratiquem várias vezes até estarem prontos para apresentar a sequência. Comecem! [Durante a prática.] Não se esqueçam de incluir boas ações de transição (R). Uma ação deve levar a outra sem interrupções ou movimentos extras. Sua sequência deve fluir como um todo. Trabalhem bastante. Estão prontos para executar sua sequência? Parem."

"As meninas ficam em pé, os meninos se sentam. Meninas, vocês vão demonstrar suas sequências primeiro. Ok, meninos, agora é a vez de vocês. Obrigado! Todos sentados. Vocês realmente aprenderam bastante sobre estrelas e rotação. Quem pode me dizer o que é necessário para uma boa estrela? Isso, Li, mão, mão, pé, pé. Braços e pernas retos como raios em uma roda. Vi esforços muito bons de transições suaves nas suas sequências. Vi muito poucos movimentos extras, interrupções ou falhas. Obrigado por trabalharem tanto."

Sugestões de avaliação

• Os alunos devem se esforçar para manter braços e pernas retos durante ações de giro. Avalie se os corpos estão firmes, com os cotovelos encaixados e os ombros sobre as mãos. Os alunos estão aterrissando sobre o pé oposto ao que saíram?

• Quanto o cordão pode ser elevado e ainda permitir uma boa estrela?

Que mudanças posso fazer?

• Faça uma sequência com ação de roda, rolamento e equilíbrio no solo com equipamento ou com parceiros.

• Acrescente um equilíbrio no início: equilíbrio, ação de roda, rolamento, equilíbrio.

Sugestões para ensinar condicionamento

• Receber o próprio peso nas mãos exige força nos braços e na cintura escapular. As crianças podem começar fazendo o salto do coelho. Elas também podem subir à posição de parada de mãos com a ajuda de um parceiro e manter a posição por cada vez mais tempo – 5, 10 e 15 segundos.

• Flexões e flexões em parada de mãos podem ajudar os fortes a ficarem ainda mais fortes.

• Fazer estrelas exige boa flexibilidade. Peça às crianças vários exercícios de alongamento nos quais elas alonguem tentando alcançar cada vez mais alto e mais longe. Faça-as afastar as pernas em pé e flexionando o quadril para a frente, para trás e para os lados com os braços estendidos.

Sugestões para um currículo integrado

Uma estrela deve ser como o giro de uma roda de bicicleta. As mãos e os pés são os pneus e os braços e pernas são os raios na roda. Para a roda funcionar bem, os raios precisam estar retos, firmes e alongados.

Sugestões de inclusão

Crianças com necessidades especiais que podem apoiar o próprio peso nas mãos em uma posição invertida devem fazer o exercício. Outras crianças que não conseguem suportar o próprio peso quando de cabeça para baixo podem desenvolver força nos braços tentando apoiar seu peso em uma posição de apoio frontal ou dorsal no solo ou em uma posição mais próxima da ereta a partir de um equipamento, como uma trave de equilíbrio. Elas podem afastar as pernas para deixar o movimento mais parecido com o de uma estrela.

Rolando de um jeito diferente

Objetivos

Como resultado da participação nesta experiência de aprendizagem, as crianças vão melhorar sua capacidade de:

• demonstrar controle em ações de rolamento usadas para se mover sobre, ao longo, ou para fora de equipamentos (norma 1); e

• desenvolver uma sequência de ação que inclua o uso de um rolamento sobre, ao longo, ou para fora de equipamentos (normas 1 e 2).

Turmas sugeridas

Intermediárias (4º e 5º anos).

Organização

É necessário um espaço amplo e aberto. As crianças devem ficar espalhadas, uma ou duas em cada equipamento.

Equipamento necessário

Esta experiência de aprendizagem exige no mínimo uma caixa, um banco, uma trave baixa ou mesa para cada dois alunos. Colchões dobrados com 10 a 15 cm de altura também podem ser usados. Posicione colchões e quadrados de carpete embaixo ou ao lado dos equipamentos.

Descrição

"Vocês já estão muito bons em rolar de várias formas e em direções diferentes. Hoje vamos usar rolamentos para subir, passar por ou sair de equipamentos. Vai ser um desafio para vocês! Primeiro, vamos nos aquecer correndo pelos espaços abertos (I). Caminhem, na ponta dos pés, bem rápido. Mudem de velocidade – mais rápido e mais devagar. Mudem de direção. Correndo. Quando estiverem chegando perto de um colchão, passem suavemente para saltos e, no colchão, façam um rolamento e voltem a ficar em pé. Continuem para outro colchão. Correr, saltar, saltar, saltar, aterrissar, rolar. Muito bom! Parem."

"Hoje vamos começar rolando para fora do equipamento (I). Todos vão até um equipamento em que queiram começar e sentem ao lado dele. Primeiro, vamos subir em nosso equipamento agachados ou ajoelhados. Olhem como eu faço primeiro [ou pedir para um aluno demonstrar]. A partir dessa posição, coloquem suas mãos no solo (R). Fiquem grupados, o queixo e os joelhos próximos ao tórax (R). Balancem para a frente um pouco e transfiram o peso para as mãos e os braços (R). Força nos braços. Os glúteos vão para cima; rolem até ficar em pé (R). Acham que podem tentar? Vão em frente, tentem algumas vezes. Parem."

"Que tal rolar para os lados na posição de lápis (E)? Coloquem um braço e uma perna para baixo no solo e rolem (R). Vejam se conseguem deitar de costas ou na posição de vela e rolar para fora de costas (E). Usem as mãos para controlar a posição do corpo segurando no equipamento (R). Vão em frente e pratiquem o rolamento."

[Sinalizar para pararem.] "Muito bem, estou vendo que conseguem rolar para fora! Agora vamos tentar rolar para cima do equipamento (E). Fiquem de frente para o equipamento, como a Danny e a Megan. Posicionem as mãos sobre o equipamento e grupem para aproximar o queixo do tórax (R). Comecem a baixar o corpo e apoiem o peso nas mãos e braços (R). Saltem em *jump*, glúteos para cima, grupem o corpo e rolem. Seu peso tem que passar dos pés para as mãos, para os ombros, costas, quadril e pés. Fiquem grupados. [Demonstrar.] Todo mundo tentando esse. Caso vocês precisem podem trocar de equipamento, mas peçam licença para a pessoa que já está lá. Muito bem. Pratiquem várias vezes. Parem."

"Agora, vocês vão girar ao redor do equipamento com as costas voltadas para ele (E). Sentem no equipamento e balancem para trás. Posicionem as duas mãos no equipamento atrás de sua cabeça (R). Grupem o corpo e empurrem com as mãos (R). Rolem até voltarem o peso para os pés. [Demonstrar.] Essa é uma habilidade difícil. Nem todos vão querer fazer. Alguns de vocês talvez queiram fazer com ajuda. Vejam se conseguem encontrar uma forma de rolar sobre o equipamento para os lados (E). [Após alguns minutos.] Parem."

"Para vocês conseguirem rolar ao longo de um equipamento, ele precisa ser um tanto longo (E). Podemos usar mesas, bancos e colchões dobrados para isso. [As superfícies precisam ser largas e baixas para proporcionar confiança. Somente crianças hábeis desejarão usar uma trave de equilíbrio de largura padrão.] Lembrem-se de tentar fazer os rolamentos como se estivessem no solo. Vou observar estes pontos para ver se estão fazendo os rolamentos corretamente (R):

• Rolamento para a frente – queixo no tórax; glúteos para cima; transferir o peso para as mãos, ombros, costas, quadril e pés.

• Rolamento para trás – grupar o corpo; o peso vai dos pés para o quadril, costas, ombros; empurrar com as mãos e de volta para os pés.

• Rolamento para os lados – corpo firme; rolar como um lápis ou tronco de árvore.

"Tentem não ficar nervosos só porque estão em uma superfície mais alta. Caso consigam fazer o rolamento no solo em linha reta, com o tempo vocês vão desenvolver precisão e controle sobre o equipamento. Vamos começar em superfícies baixas e largas por segurança. Vocês também podem pedir para alguém dar assistência. [Colchões podem ser colocados dos dois lados de um banco ou trave baixos para diminuir a altura em caso de queda.] Pratiquem cada habilidade várias vezes. Parem."

"Agora vamos colocar esses rolamentos em uma sequência (A). Vocês podem escolher o tipo de sequência que quiserem.

• Comecem com um deslocamento com os pés para chegar ao equipamento, então façam um rolamento de sua escolha para subir no equipamento e depois finalizem com um equilíbrio em cima do equipamento.

• Comecem com um equilíbrio de sua escolha no equipamento, rolem para fora do equipamento e finalizem com um equilíbrio de sua escolha.

• Comecem com um equilíbrio no equipamento, passem para um rolamento de sua escolha ao longo do equipamento e finalizem com um equilíbrio de sua escolha no equipamento."

"Parem. Uau! Estou impressionado com a variedade de rolamentos que fizeram para subir, descer e ao longo dos equipamentos. Vamos mostrar o trabalho de vocês. Todos que tiverem uma sequência com um rolamento para subir no equipamento apresentarão sua série primeiro. Os outros observam. Ótimas ideias! Boas transições! Agora, todos com uma sequência com rolamento ao longo do equipamento, apresentem suas séries. Muito bem, foram bons rolamentos e vocês mantiveram o controle. Para encerrar, todos que tiverem um rolamento para fora do equipamento na sua sequência podem se apresentar. Estou muito impressionado com o trabalho de vocês. Boas transferências de peso nos rolamentos para fora. Foram suaves; sem quedas ou atropelos. Obrigado pelo bom trabalho."

Sugestões de avaliação

• As crianças devem executar esses rolamentos para entrar e sair dos equipamentos como se os estivessem executando no solo (Figs. 7.11 e 7.12). Avalie cada criança em relação à boa forma e à transferência de peso suave.

• Algumas crianças podem ficar bastante apreensivas tentando alguns desses rolamentos. Não as force. Encontre o nível de conforto delas; simplifique um rolamento empilhando mais colchões. Proporcione assistência àquelas que quiserem. Permita que as crianças escolham um rolamento com o qual se sintam confortáveis. Primeiro dominem o rolamento no solo em linha reta. As crianças estão trabalhando em seu nível de capacidade?

• Quando começar o trabalho com a sequência, procure transições suaves para entrar e sair dos rolamentos e dos equipamentos, sem passos extras, indecisão ou interrupções. As crianças devem manter um bom controle.

Figura 7.11 Rolando para fora do equipamento.

Figura 7.12 Rolando para subir no equipamento.

Que mudanças posso fazer?

• Torne a sequência mais complexa combinando rolamentos. Por exemplo, use deslocamentos com os pés para chegar ao equipamento, rolamento para subir no equipamento, equilíbrio no equipamento, rolamento para sair do equipamento, finalizando em um equilíbrio.

• Crie uma sequência de rolamento em pares em que os parceiros espelhem ou correspondam ao outro. Por exemplo, use uma estrela para chegar, salte sobre o equipamento, abaixe para um equilíbrio de sua escolha, role para sair e finalize com um equilíbrio de sua escolha.

Sugestões para ensinar concicionamento

Ações de rolamento nos equipamentos, para fora e ao longo deles exigem bastante força e flexibilidade. Para desenvolver a força em geral, faça os alunos contraírem grupos musculares específicos e depois relaxarem os mesmos grupos de forma isométrica. Construa o corpo por inteiro em uma posição pequena, agachada e então em posição longa, relaxada e alongada. Para desenvolver a flexibilidade, faça os alunos gruparem o corpo em formato de bola – queixo e joelhos próximos ao tórax – e então balançar de frente para trás (dos ombros para os pés) e de um lado para o outro.

Sugestões de inclusão

Em vez de rolar para cima e para fora do equipamento, faça as crianças rolarem rampa abaixo para a frente, para trás e para os lados. A gravidade vai ajudá-las a completar seus rolamentos. Boa forma ainda é essencial.

Vamos nos conectar

Objetivos

Como resultado da participação nesta experiência de aprendizagem, as crianças vão melhorar sua capacidade de:

• equilibrar-se em várias posições eretas ou invertidas, mover-se suavemente para um rolamento e finalizar com um equilíbrio (norma 1);

• mover-se suavemente de um equilíbrio para o outro de várias formas (norma 1);

• explicar que a combinação entre a quantidade de movimento e a manutenção do formato arredondado do corpo pode ajudar a pessoa a rolar e retornar a posição em pé (norma 2);

• detectar, analisar e corrigir erros em padrões de movimento pessoais (norma 2);

• aceitar a responsabilidade pela escolha de movimentos que sejam adequados e seguros para o nível de habilidade de cada pessoa (norma 5); e

• elaborar sequências de ginástica únicas (norma 6).

Turmas sugeridas

Intermediárias (5º e 6º anos).

Organização

Colchões espalhados no ambiente de aprendizagem.

Equipamento necessário

Será necessário um colchão por aluno ou para cada dois alunos. Uma câmera simples de filmagem para cada quatro alunos é opcional.

Descrição

"Se vocês fossem ganhar uma bicicleta ou um *skate* novo, provavelmente escolheriam o que achassem ser melhor e mais legal. O que vocês analisariam para decidir? Ok, alguns de vocês disseram que escolheriam o que tivesse melhor aparência; outros, o que tivesse melhor desempenho. Hoje vamos fingir que árbitros olímpicos estão aqui para assistir à melhor apresentação de vocês. Nas nossas aulas anteriores de ginástica, vocês já aprenderam vários equilíbrios, rolamentos e deslocamentos que podem usar agora. Hoje vocês vão escolher algumas das ações que fazem melhor e vão colocá-las em uma sequência de ginástica única. Vamos aprender a fazer conexões entre as partes da sequência e, assim, melhorar a aparência dela tanto quanto for possível. As palavras-chave de hoje são *transição* e *fluência*."

"Vamos nos aquecer enquanto nos deslocamos pelo espaço todo (I). Vocês podem escolher como se deslocar. Quero ver vários tipos de habilidades locomotoras, trajetórias, níveis e velocidades. Alguns de vocês podem escolher variar o vigor/energia do deslocamento. Mas,

Ensinando ginástica para crianças

quando eu tocar uma vez no tambor, vocês precisam mudar pelo menos uma das opções de deslocamento e continuar a se mover sem parar (E). A mudança tem de ser tão suave a ponto de os árbitros sequer perceberem o momento em que vocês fizeram a transição. [Após duas ou três vezes, parar e refinar a tarefa se parecer que eles não estão planejando o próximo movimento.] Enquanto estiverem se deslocando, vocês já devem estar planejando o próximo movimento e a forma de transitar para ele (R)."

"Agora, sentem-se em um colchão e vamos começar a trabalhar nos equilíbrios e usar rotações do corpo para fazer transições suaves saindo desses equilíbrios. Comecem com um equilíbrio invertido de sua escolha. Vocês vão precisar manter o equilíbrio, mostrando músculos firmes, extensões e estabilidade, por cinco segundos (I)."

"Entrem e saiam do mesmo equilíbrio, retornando devagar os pés para a posição em que começaram. Repitam o mesmo equilíbrio, mas desta vez, quando saírem do seu equilíbrio, torçam o quadril com cuidado, virando o corpo para que seus pés desçam em um lugar diferente (E). Continuem praticando essa mesma transição ou torcendo para outra direção, mas diminuam a velocidade de seu movimento enrijecendo os músculos, demonstrando que estão no controle do corpo tanto para entrar como para sair do equilíbrio (R). Repitam o mesmo equilíbrio invertido, só que desta vez use a torção para transitar para um equilíbrio novo (E). Planejem qual será a base de apoio de seu segundo equilíbrio. Não se esqueçam de manter controle sobre seus movimentos. Reduzam a tensão só nos músculos que precisam usar para torcer, virar, ou para mudar para a forma necessária no novo equilíbrio (R). Continuem a praticar até essa combinação de equilíbrio invertido, transição, equilíbrio parecer um desempenho elegante (A)."

"Agora vamos tentar um modo diferente de usar movimentos de torção para passar para equilíbrios novos. Comecem equilibrando-se sobre dois pés e uma mão com o tronco voltado para o solo. Levantem a cabeça e estendam o braço livre (E). A partir desse equilíbrio, alonguem devagar a parte livre do corpo em direção ao teto e, então, para longe do resto do seu corpo. Torçam o tronco na direção do braço livre até finalizar em outro equilíbrio, mudando sua base de apoio e voltado para o teto (p. ex., ponte, sentado em V) (E). Usando esses dois equilíbrios que acabaram de fazer, vamos tentar usar um rolamento como movimento de transição. Assumam a posição do primei-

ro equilíbrio, mantenham por cinco segundos e, então, levem o braço livre para baixo do corpo usando um rolamento de ombro para a frente para transitar para o segundo equilíbrio (E). Lembrem-se de controlar tanto a tensão dos músculos como a velocidade do movimento para fazer uma transição suave (R). Escolham por conta própria dois outros equilíbrios e um modo de usar um rolamento diferente para fazer a transição entre os dois (E)."

"Por fim, criem uma sequência que inclua três de seus equilíbrios favoritos, sendo um deles invertido. Podem ser equilíbrios que usamos hoje ou outro dia. Usem uma combinação de torção, virada e rolamento para fazer transições suaves de um equilíbrio para o outro. Não se esqueçam de manter o controle sobre seus movimentos. Diminuam a tensão apenas nos músculos que ajudam vocês a torcer, virar, rolar ou mudar para o formato necessário para o novo equilíbrio. A sequência deve ser um equilíbrio inicial, um movimento de transição com torção ou virada, segundo equilíbrio, movimento de transição de rolamento, equilíbrio final. Pratiquem a sequência para que ela atenda às altas expectativas de nossos árbitros olímpicos (A). [Permitir que metade da turma apresente sua sequência enquanto a outra metade finge ser os árbitros. Eles devem buscar transições suaves e controladas. Depois trocam de papéis.]"

"Agora vamos praticar um movimento de transição chamado 'encostou- pulou' que pode ser usado entre outros movimentos de rotação ou entre equilíbrios. Primeiro, vamos praticar um rolamento que comece e retorne à posição em pé (I). Lembrem-se de que vocês devem manter o corpo arredondado e aumentar a velocidade do rolamento para terem quantidade de movimento suficiente para retornar à posição em pé. [Praticar por alguns minutos.] Isso está bom, mas lembrem-se de manter o queixo próximo ao tórax para ajudar a manter o corpo arredondado e empurrem bem forte com as mãos para aumentar a velocidade do rolamento (R). Muito bom, agora podemos acrescentar o movimento de transição (E). Depois do rolamento, assim que seus pés tocarem o colchão, sem parar, vocês vão pular com as pontas dos pés, saltando no ar e estender os braços para cima na direção do teto e, então, aterrissar sobre os dois pés, mas deixando os braços acima da cabeça por um momento, em uma ótima postura final de ginástica. [Praticar.] Bom uso dos músculos no salto! Percebi que vocês se lembraram de flexionar os joelhos para aterrissar melhor. Repitam o rolamento para a frente, encostem no solo e pulem com a ponta dos pés e, dessa vez, durante o salto, façam um quarto de volta antes de aterrissarem. Siga a aterrissagem com uma estrela ou outro rolamento. Tenham certeza de estarem equilibrados quando pularem e aterrissarem para conseguirem ir direto para a próxima ação. Vão! Agora, acrescentem mais um 'encostou-pulou' no final, depois do último movimento, terminando na postura final de ginástica (E). Vejam como a sequência deve ficar:

- Saindo em pé, fazer um rolamento para a frente.
- Fazer um 'encostou-pulou' com um quarto de volta.
- Passar direto para uma estrela ou outro rolamento.
- Unir com um 'encostou-pulou'.
- Parar em uma postura final de ginástica."

"Não deve haver interrupções até o final; só encostem e vão. Bom trabalho! Quero ver se vocês conseguem com uma combinação de rolamentos ou deslocamentos e *jumps* com giros (um quarto, meia volta, três quartos ou uma volta completa) (A). Trabalhem com segurança e dentro de suas capacidades. Mantenham controle da tensão nos músculos, velocidade e equilíbrio para terem sucesso. Tenham certeza de terminar cada sequência que criarem com encostou, pulou, estátua."

"Para seu projeto final, hoje, vocês vão criar uma série de ginástica que combine as duas sequências com ótimos movimentos de transição e fluência. Vocês querem deixar os árbitros de boca aberta. Comecem com sua primeira sequência de equilíbrio e então acrescentem uma das sequências que vocês acabaram de praticar. A parte difícil vai ser encontrar o movimento de transição que conectará o último equilíbrio da primeira sequência com o rolamento de sua segunda sequência (A). Caso vocês precisem de ajuda, ficarei feliz em dar ideias para essa parte. Pratiquem pelo menos três vezes e depois, em grupos de quatro, filmem uns aos outros usando a câmera (A). Verifiquem se estão usando a mesma câmera que seu grupo sempre usa. Amanhã vamos assistir aos vídeos e você e seus colegas definirão o que cada um precisa fazer para melhorar a transição e a fluência da série. Bom trabalho! Sei que este árbitro ficou impressionado! [Caso não haja equipamento de vídeo disponível, fazer uma avaliação por pares na hora.]"

Sugestões de avaliação

- Crie um *checklist* para que os colegas possam avaliar os movimentos de transição importantes.

- Observe se os alunos estão controlando tanto a tensão muscular como a velocidade de seus movimentos para conseguir transições suaves.
- Peça aos alunos que compartilhem a sequência que planejaram e para explicarem por que um movimento ou equilíbrio em particular foi o melhor.

Que mudanças posso fazer?

- Ofereça aos alunos sequências específicas, em vez de deixar que eles criem suas próprias sequências.
- Ofereça uma opção de rolamento para a frente ou de rolamento para a frente sobre o ombro.
- Use a avaliação por pares feita na hora, em vez da avaliação por filmagem.

Sugestões para ensinar condicionamento

- Discuta a necessidade de flexibilidade nos movimentos de alongamento e torção. Ofereça aos alunos ideias para aumentar a flexibilidade deles.
- Torcer, virar e rolar exigem músculos abdominais fortes. Sugira que os alunos façam abdominais à noite por pelo menos um minuto.

Sugestões de inclusão

- Alunos com deficiências intelectuais podem precisar que sequências específicas sejam desenhadas ou demonstradas para eles.
- Algumas crianças com autismo podem ter dificuldade de permanecerem focadas durante períodos longos de prática. Tente oferecer outras opções para esses alunos.
- Crianças obesas talvez não consigam suportar o próprio peso em alguns equilíbrios invertidos ou manter a forma curvada durante os rolamentos. Ofereça opções para que elas obtenham sucesso.

Giros de quadril

Objetivos

Como resultado da participação nesta experiência de aprendizagem, as crianças vão melhorar sua capacidade de:

- demonstrar movimentos circulares controlados do quadril para a frente e para trás sobre equipamentos (norma 1);
- compreender o princípio de rotação ao redor de um equipamento (norma 1);
- executar uma sequência de movimentos que inclua pelo menos um movimento circular do quadril para a frente ou para trás (norma 1).

Turmas sugeridas

Intermediárias (5º e 6º anos).

Organização

É necessário um espaço amplo e aberto. Posicione os equipamentos a uma altura apropriada para que os alunos possam girar com segurança ao redor deles. Uma barra posicionada alta demais pode impedir que crianças menos habilidosas consigam realizar a atividade. Posicione as barras ou traves na altura do tórax para posições em pé; as crianças devem ser capazes de alcançar a barra ou trave se sentadas em posição estendida embaixo do equipamento. Espalhe colchões em baixo e ao redor dos equipamentos. Espalhe as estações pelo ginásio.

Equipamento necessário

Vários equipamentos grandes precisam estar disponíveis para você realizar essa experiência de aprendizagem, incluindo traves de equilíbrio, barras paralelas e barras horizontais. Caso você disponha de apenas um ou dois equipamentos, use-os como estações e faça as crianças trabalharem em rodízio. Idealmente, você precisa de equipamentos suficientes para acomodar quatro a seis alunos com segurança em cada equipamento. Por questão de segurança, deve haver um número adequado de colchões em volta dos equipamentos. Caso disponha de colchões suficientes, espalhe-os afastados dos equipamentos, para que os alunos possam desenvolver sequências movendo-se para perto ou para longe do equipamento. Um tambor é necessário, e barras fixas, como as de *playground*, também são úteis.

Descrição

"Hoje, vamos usar a ideia de rotação de uma forma nova com equipamentos. Vamos girar ao redor de uma trave ou barra. Esta atividade exige alguma força no abdome, na parte superior do corpo e nos braços, que já vínhamos desenvolvendo aos poucos durante o ano. Vamos lá. Para começar, corram pela sala da forma que preferirem (I). Sempre que eu bater o tambor, mudem a velocidade da corrida (E). Fiquem fora dos colchões. Estátua! Encontrem um parceiro. Pensem em três alongamentos para braços, tronco e pernas (E). Ensinem seus três alongamentos para seu parceiro. Vocês devem fazer seis alongamentos diferentes no total. Encontrem um novo parceiro e façam o mesmo."

"Ok. Quando eu disser 'já', encontrem um equipamento e fiquem de frente para ele, olhando para mim. Não quero mais que seis de vocês em cada equipamentos. Já! Apoiem seu peso no equipamento em uma posição de apoio frontal (I); assim. [Demonstrar.] Revezem com um parceiro se o espaço estiver cheio. Seu corpo e seus braços precisam estar firmes e retos (R). O quadril fica encostado no equipamento (R). Mantenham a cabeça erguida (R). Já!"

[Durante a prática.] "Muito bom. Mantenham por cinco segundos (A). Tentem ficar mais tempo (A). Contem em silêncio; quanto tempo vocês conseguem manter? As mãos têm que estar afastadas na distância dos ombros com a palma voltada para baixo, com os dedos longe do corpo (tomada dorsal) (R). Ótimo. Estou vendo corpos firmes, fortes e boas linhas. Estou até vendo ponta dos pés estendidos. Parem. Agora, de frente para o equipamento; apoiem o peso do corpo sobre o equipamento e então elevem uma perna na posição afastada sobre ele (E). Mantenham as pernas retas e a cabeça erguida (R). Mantenham os braços firmes e retos, os ombros sobre as mãos (E). Desçam para a posição de apoio frontal. Agora afastem a outra perna e apoiem sobre a trave (E). Balancem, inclinem-se, afastem-se e apoiem-se. Agora deixem seu parceiro tentar."

"Que outros equilíbrios vocês conseguem criar a partir da posição de apoio frontal (E)? Que tal balançar as duas pernas para um lado e equilibrar-se sobre uma mão e seus pés [largadas com uma mão]? E afastar as duas pernas ao mesmo tempo? Você e seu parceiro têm alguns minutos para praticar apoios e equilíbrios diferentes. [Sinalizar para pararem.]"

"Agora, vamos fazer um tipo de giro do quadril para a frente e para trás (I). Vamos começar com um giro de quadril para a frente, que finaliza em uma posição sentada estendida embaixo do equipamento. Observem agora. [Demonstrar ou pedir para que um aluno demonstre.] Fiquem em posição de apoio frontal. Segurem o equipamento com os dedos voltados para você, polegares para fora (R). Tragam o corpo para a posição grupada conforme giram ao redor da trave (R). Finalizem a rotação sentado no solo na posição estendida. [Demonstrar.] Pensem: apoiar, grupar, girar, sentar. Façam isso com controle – sem desmoronar no colchão. Comecem! [Durante a prática.] Mantenham o corpo firme, isso vai ajudá-los a ter controle. Contraiam os glúteos e as pernas. Parem. Caso consigam fazer isso direito, aposto que conseguirão fazer com as pernas retas, na posição carpada. Isso exige mais força: apoiar, carpar, girar, sentar. Façam devagar e finalizem na posição sentada estendida no colchão embaixo da trave [barra], do jeito que o Dawn fez. [Demonstrar.] Tentem. Muito bom, estou vendo rotações lentas e controladas ao redor da trave [barra], com glúteos e pernas firmes. Mantenham os braços flexionados para que o corpo gire próximo à trave [barra]; isso lhes proporcionará mais controle. Uma vez sentado no colchão, acrescentem uma ação para se afastar dele, como um rolamento, uma onda ou uma torção para subir de volta para a trave [barra] (E) Explorem formas diferentes. [Apontar alguns alunos para demonstrações.] Daqui a pouco, vou pedir para algumas pessoas demonstrarem para todos o que fizeram."

"Ok. Em seguida vocês vão tentar um tipo de giro de quadril para trás (E). Essa é outra tarefa desafiadora. Vocês vão começar na posição sentada estendida embaixo do equipamento com as mãos segurando em tomada palmar, palmas viradas para o corpo. Puxem para cima com os braços até deixar a trave [barra] perto do tórax e chutem uma das pernas por cima da trave [barra]. Chutem com força para ter a quantidade de movimento necessária para passar por cima da trave [barra]. Puxem e chutem. Finalizem em posição de apoio frontal. Legal, não? Vamos tentar. [Durante a prática.] Continuem tentando. Esse exercício exige força e sincronia. Vocês precisam manter o equipamento perto do quadril para conseguir (R). Mantenham o movimento fluido e controlado. Alguém pode ajudá-los apoiando a perna de impulsão por cima da trave [barra]. Quero que todo mundo tente algumas vezes. Bom trabalho!"

[Alunos mais avançados podem aprender também as habilidades de giro de quadril para a frente e para trás da ginástica artística (E). Consultar em Hacker et al. (1993) e Cooper e Trnka (1989).]

"Para a sequência de hoje, comecem com um giro de quadril para a frente ou para trás; afastem-se do equipamento com um rolamento, apoiando o peso nas mãos, e terminem em um equilíbrio (A): giro de quadril, rolamento, peso sobre as mãos, equilíbrio. Lembrem-se de fazer transições suaves de uma ação para a outra. Trabalhem com qualidade. Vou dar uma volta e observar vocês. Apresentem sua sequência para um parceiro também. Excelente trabalho! Por hoje é só isso."

Sugestões de avaliação

Quando as crianças estiverem na posição de apoio frontal no equipamento, seus braços devem estar retos, com os ombros alinhados sobre as mãos. Os corpos devem estar firmes, com as pernas retas e os pés em ponta estendidos (ver Fig. 7.13).

• Os alunos precisam usar tomadas apropriadas para os giros de quadril. Os polegares devem sempre estar apontados para a direção do giro. Caso as mãos dos alunos sejam pequenas, talvez eles necessitem mudar a posição da mão durante a rotação para ter uma tomada segura. Ensine esse movimento, observando com cuidado; ele é importante para a segurança.

• Crianças acima do peso podem não ter a força necessária para os giros de quadril. Preste atenção nos alunos que podem não conseguir. Ofereça a eles atividades para aumentar a força na parte superior do corpo. (Ver a seção Sugestões para ensinar condicionamento, mais adiante nesta atividade.)

• Assegure-se de que todas as rotações ocorram com o centro de gravidade do corpo próximo da trave ou barra (Fig. 7.14). Isso torna o movimento muito mais eficiente do ponto de vista mecânico.

Figura 7.13 Exemplos de equilíbrios a partir de um apoio frontal.

Figura 7.14 Giros de quadril.

Que mudanças posso fazer?

- Divida os alunos em pequenos grupos. Cada grupo vai para uma estação de trabalho específica. Em cada estação coloque um cartão com algumas instruções para que eles desenvolvam uma sequência de movimentos criativa. Por exemplo, "entrada, equilíbrio, apoio frontal, giro de quadril, sentado estendido, vela, rolamento, equilíbrio."
- Faça-os trabalhar com um parceiro e desenvolver uma sequência curta que inclua um giro de quadril. Eles podem espelhar ou corresponder aos movimentos um do outro.

Sugestões para ensinar condicionamento

- Manter o corpo em posição de apoio frontal ou dorsal em um equipamento exige força considerável nos braços e na cintura escapular. Desenvolva gradualmente essa força colocando as crianças em situações em que elas suportem o peso do próprio corpo nas mãos – posição de flexão, helicóptero, salto do coelho, estrelas, parada de três apoios, equilíbrio sobre dois braços e uma perna em posição ereta ou invertida, e assim por diante.
- Executar giros de quadril exige boa força abdominal. As crianças podem fazer a posição sentado em V, abdominais curtos e completos com os joelhos flexionados para desenvolver a força necessária.
- Para ter sucesso nos giros de quadril, a pessoa também precisa ser flexível. Faça as crianças ficarem em uma posição curvada sobre as costas, com os joelhos e o queixo próximos ao tórax. Faça-as balançar para a frente e para trás dos pés para os ombros e retornar para os pés, e para os ombros e para os pés novamente.

Sugestões para um currículo integrado

- Explique aos alunos o que é um bom alinhamento do corpo em um apoio frontal na trave. Pegue um cabo de vassoura ou uma régua e posicione contra a trave; explique como o corpo da criança deve parecer tão reto quanto o cabo de vassoura ou régua.
- Em ciências, as crianças aprendem sobre aumentar ou diminuir o raio de rotação para aumentar ou diminuir a velocidade de rotação. Elas também aprendem sobre o centro de gravidade e a base de apoio. Para executar giros de quadril com competência, as crianças precisam manter o centro de gravidade próximo ao eixo de rotação. Dessa forma, elas precisam grupar o corpo e manter os joelhos próximos ao tórax durante a rotação. Elas podem alongar o corpo para deixar a rotação mais lenta e terminar em uma posição sentada ou suspensa na trave ou nas barras.
- A rotação ao redor de uma barra ou trave oferece a excelente oportunidade de discutir as forças centrífuga e centrípeta.

Sugestões de inclusão

- Para desenvolver as habilidades de prontidão necessárias para executar giros de quadril ao redor de um equipamento, trabalhe com todas as crianças conforme elas tentam apoiar o peso do corpo completa ou parcialmente em uma posição de apoio ou suspensão. Trabalhe especialmente no desenvolvimento de força nos braços e na cintura escapular.

• Antes de trabalhar em uma trave ou barra, os alunos podem usar ações de balanço no solo para começar a sentir a rotação ao redor de um eixo transversal ou longitudinal e inibir seus reflexos labiríntico, cervical tônico e extensor. Balançar em posição de lápis de um lado para o outro e em posição grupada para a frente e para trás são exemplos.

Em pares

Objetivos

Como resultado da participação nesta experiência de aprendizagem, as crianças vão melhorar sua capacidade de:

• usar várias habilidades de rotação em sequências de movimento específicas (norma 1);

• integrar os conceitos de encontrar, separar, espelhar e corresponder em suas sequências de movimento (norma 2); e

• trabalhar em cooperação com um parceiro na elaboração de uma experiência de movimento (norma 5).

Turmas sugeridas

Intermediárias (5º e 6º anos).

Organização

É necessário um espaço amplo e aberto. Quatro estações devem ser espalhadas no ginásio:

1. Uma série de colchões unidos.
2. Colchões na base de vários bancos.
3. Uma trave de equilíbrio ou barra horizontal com colchões sob e no entorno.
4. Uma segunda série de colchões unidos.

Equipamento necessário

Esta atividade exige colchões, bancos e uma trave de equilíbrio ou barra horizontal. Caso você não disponha de uma trave de equilíbrio ou barra, um segundo conjunto de bancos com colchões pode ser usado. Você deve ter equipamentos suficientes para acomodar quatro a seis alunos com segurança em cada equipamento. Você também vai precisar de cartões com instruções para orientar as crianças na criação de suas sequências de movimento (veja detalhes do que incluir nesses cartões na seção Descrição).

Descrição

"Hoje vamos ter uma aula desafiadora em que vocês terão de cooperar bastante com um parceiro e desenvolver sequências de movimento com foco nas habilidades de rotação. Aproximem-se de seus parceiros. Vamos começar nosso aquecimento nos deslocando pelo ginásio – um parceiro na frente e o outro seguindo, copiando os movimentos do líder. Façam *jumps*, *hops*, *skips* e deslizem (I). Mudem a direção ou trajetória (E). Mudem a velocidade (acelerando ou desacelerando) (E). Quando se aproximarem de um colchão, o líder fará um rolamento de sua escolha e o parceiro copiará esse rolamento [Demonstrar.] (E). Parem. Troquem o líder e repitam. [Sinalizar para pararem.] Agora encontrem um colchão com seu parceiro e sentem-se. Para continuar nosso aquecimento vamos fazer mais alguns rolamentos para enfatizar as ações de espelhar e corresponder e de encontrar e separar (E). Por exemplo, se Johnny e eu somos parceiros, podemos combinar que vamos começar longe um do outro em uma forma espelhada. Saindo dessa forma podemos fazer um rolamento para a frente e nos aproximar. Podemos então terminar com uma segunda forma que seja de novo uma imagem em espelho. [Demonstrar.] Também podemos começar em uma forma correspondente estando lado a lado. Podemos então abaixar e fazer um rolamento em lápis lado a lado terminando em uma segunda forma correspondente. [Demonstrar.] A sequência de equilíbrio será equilíbrio, rolamento, equilíbrio com um parceiro. Vocês podem se encontrar, separar, mover-se lado a lado, e espelhar ou corresponder aos movimentos um do outro. Escolham uma forma de resolver o problema e depois outra. Comecem. [Dar a eles vários minutos para praticarem.] Parem. Venham aqui nesta estação."

"Vocês fizeram um bom aquecimento, mas eu vi várias coisas que precisamos trabalhar. Primeiro, precisam estar mais sincronizados com seus parceiros (R). Comecem e terminem simultaneamente. Como parceiros, vocês precisam ser um espelho ou correspondente exato um do outro. Prestem atenção nos pequenos detalhes (R). Certifiquem-se de que os dois estão com as pontas dos pés estendidas, que os braços estão flexionados exatamente no mesmo ângulo, e as pernas afastadas na mesma distância quando se equilibrarem. Vi que Susan e Camille estavam particularmente bem nesse aquecimento. Vocês nos mostrariam sua última sequência de equilíbrio, rolamento e equilíbrio? Viram como elas estavam com uma forma exatamente correspondente para começar? Aí elas combinaram um sinal para indicar quando iam começar o rolamento. A velocidade do rolamento delas foi exatamente igual. E elas terminaram em outra forma exatamente igual. Bom trabalho, meninas."

"Agora encontrem outro parceiro e se desloquem para uma das quatro estações que montei. Cada estação deve ter quatro ou cinco pares, então vocês terão de fazer um rodízio. Vamos usar várias das ações de rotação que aprendemos para criar uma nova sequência que exigirá que você espelhe ou corresponda às ações de rotação de seu parceiro. Quando não estiverem usando o equipamento, podem conversar com seus parceiros sobre os equilíbrios e rolamentos que usarão na tarefa. Quem pode me dizer um tipo de ação de rotação que aprendemos? Isso, estrela, giro sentado, giro de quadril. Certo, todos os rolamentos diferentes que aprendemos – para a frente, para trás, sentado, ombro, em ovo. Usamos muitas dessas habilidades com e sem equipamento. Seu trabalho hoje é ir até uma das estações, ler o cartão de instruções e trabalhar com seu parceiro para montar a sequência sugerida com ele/a (I). Cada estação tem equipamentos diferentes e uma tarefa diferente marcada para vocês. Não importa onde vocês começam, pois terão a chance de passar por todas as estações. A cooperação com o parceiro será muito importante. Agora encontrem um parceiro novo e vão para a primeira estação. Muito bom, Todd e Rob, vocês viram que aquela estação estava muito cheia, então mudaram para a estação 3, que tinha menos pessoas. Parem e sentem-se."

[Quando as crianças chegarem às suas estações, elas encontrarão cartões com as tarefas seguintes.]

Estação 1 (E)

Vocês podem começar lado a lado, de frente um para o outro, ou de costas um para o outro. Façam um rolamento de sua escolha com seu parceiro. Lembrem-se de espelhar ou corresponder um ao outro. O rolamento que escolherem deve permitir que se movam na mesma direção ao mesmo tempo, na direção um do outro ou para que se afastem um do outro. Terminem seu rolamento na posição sentado em V. Façam um giro sentado e um segundo rolamento. O segundo rolamento deve ser em uma direção diferente do primeiro. Saiam do segundo rolamento e finalizem sua sequência com um equilíbrio de sua escolha. Lembrem-se de espelharem ou corresponderem ao equilíbrio do parceiro (rolamento, sentado em V, giro sentado, rolamento, equilíbrio).

Estação 2 (E)

Desloquem-se sobre o banco para se aproximarem e depois se afastarem de seu parceiro. Suas ações de deslocamento podem incluir passadas, *hops*, *jumps*, deslizamentos (com os pés ou com outras partes do corpo) ou rolamentos. Vocês podem usar uma ação de rodar (estrela ou rodante) para sair do equipamento ou saltar para fora dele, aterrissar e executar uma ação de rodar. Essa ação tem que levar vocês para longe do banco. Façam um rolamento de sua escolha para voltar na direção do banco com seu parceiro. Lembrem-se de se moverem ao mesmo tempo e de espelharem ou corresponderem ao seu parceiro. Terminem a sequência equilibrando o peso completa ou parcialmente sobre o banco em uma forma que espelhe ou corresponda à forma de seu parceiro (ver Fig. 7.15) (deslocamento em direção ao parceiro, depois em afastamento; ação de roda; rolamento, equilíbrio com parceiro).

Estação 3 (E)

Comecem em uma posição de apoio frontal na trave ou barra. Espelhem ou correspondam ao seu parceiro. Executem um giro de quadril para a frente e terminem na posição sentada carpada sobre o colchão. Escolham uma ação de deslocamento que os afaste da trave ou da barra (rola-

Figura 7.15 Equilíbrio no banco em uma forma que espelha ou corresponde à do parceiro.

mento, deslizamento com partes específicas do corpo, deslocamento com os pés). Finalizem em uma forma de equilíbrio que espelhe ou corresponda à de seu parceiro. Dependendo da forma de se afastarem do equipamento, o equilíbrio de vocês será em níveis diferentes (apoio frontal, giro de quadril, posição carpada, deslocamento, equilíbrio).

Estação 4 (E)

Comecem em um equilíbrio em espelho com seu parceiro sobre o colchão. Usem um rolamento de sua escolha para se afastar de seu parceiro. Equilibrem-se em uma forma correspondente com seu parceiro. Dependendo da posição de seu equilíbrio, façam um giro de sua escolha (giro sentado; *jump* com um quarto de giro, meio giro, ou giro completo; estrela). Usem um rolamento diferente para se aproximarem novamente. Finalizem em uma forma diferente em espelho (equilíbrio em espelho, rolamento para se afastar, equilíbrio correspondente, giro, rolamento para se aproximar, equilíbrio em espelho).

"Quando eu disser 'já', quero que comecem a trabalhar. Lembrem-se, quero ver bons equilíbrios em espelho ou correspondentes aos parceiros. Cada parte de sua sequência deve ser executada com habilidade (R). Cada equilíbrio precisa demonstrar imobilidade, boas linhas e olhar focado (R). Quero que mostrem boas ações de ligação para entrar e sair de seus equilíbrios – movimentos lógicos, sem passos extras, suaves (R). Para coordenar seus equilíbrios com suas ações de ligação, talvez vocês queiram contar ou combinar um sinal, como piscar um olho ou estalar a língua, para que os dois saibam quando se mover ou manter um equilíbrio. Quero ver belas posições iniciais e finais. Quando tivermos passado por cada uma das estações, vou pedir a alguns de vocês que executem uma das sequências para a classe. Já. [Proporcionar aos alunos tempo suficiente para praticar em cada estação. Sinalizar quando for a hora de mudar para outra estação, até que todos tenham tido oportunidade de trabalhar em todas as quatro estações.]"

"Foi um ótimo esforço de vocês. Gostei do modo como trabalharam com seus parceiros. Eu os vi discutindo ideias, buscando soluções diferentes para cada problema e descobrindo formas de executar a sequência. Vamos ver Jenny e Kelly fazendo sua sequência na estação 3. Depois que elas terminarem, quero que me digam o que elas fizeram e o que vocês gostaram na apresentação. [Apresentação e discussão.] Vamos ver agora Ben e Jameson. [Apresentação e discussão. Repetir várias outras vezes.] Obrigado por serem ginastas tão bons. Vejo vocês em breve."

Sugestões de avaliação

• É essencial que os parceiros sincronizem suas séries com precisão. Ensine as crianças a contar cada parte da sequência em silêncio ou a combinar sinais para que elas aprendam a sincronizar cada movimento. Cada par estabeleceu um sinal para tentar sincronizar suas sequências?

• Os alunos podem ter dificuldade em trabalhar com parceiros. Eles devem estar dispostos a cooperar e devem ter níveis de habilidade bem próximos para permitir que as sequências sejam desafiadoras para ambos. Verifique a compatibilidade de cada par. Eles estão cooperando? O nível de habilidade deles é mutuamente complementar?

• Um trabalho de qualidade na sequência é essencial. Não deixe de proporcionar a eles tempo suficiente para aperfeiçoarem suas sequências. Procure observar equilíbrios de qualidade. Espere movimentos em espelho ou correspondentes precisos. Busque ações de rotação limpas e de qualidade.

Que mudanças posso fazer?

• Atribua uma sequência mais longa que inclua conceitos e habilidades aprendidos anteriormente. Permita que eles trabalhem durante várias aulas para resolver as tarefas e praticá-las, de modo que as sequências ganhem qualidade.

• Crie tarefas diferentes daquelas apresentadas nesta experiência de aprendizagem.

• Use equipamentos diferentes. Caixas, cavalos, mesas, cadeiras ou equipamentos externos, como trepa-trepa ou escadas horizontais.

• Crie tarefas diferentes para vários níveis de capacidade. Por exemplo, atribua aos alunos mais habilidosos tarefas que envolvam pontes, giros de quadril ou reversões. Atribua aos alunos menos habilidosos tarefas que envolvam movimentos mais fáceis, como rolamentos sentado, oval e em lápis para entrar ou sair de equipamentos.

Sugestões para um currículo integrado

• Peça aos alunos que escrevam em seus cadernos sobre as sequências que realizaram em cada uma das estações. Que habilidades eles incluíram? Eles espelharam ou corresponderam a seus parceiros? Eles ficaram de frente um para o outro ou lado a lado? Eles se aproximaram ou se afastaram? De qual sequência eles gostaram mais? Por quê?

186 Ensinando ginástica para crianças

• Esta aula oferece um grande potencial para trabalhar metas no campo afetivo (normas 5, 6 e 7). Por exemplo, discutir como respeitar as ideias do parceiro, tomar decisões com um parceiro e comprometimento. Houve uma boa cooperação? Cada um deles teve a chance de acrescentar algo às sequências? Como eles resolveram suas diferenças?

Sugestões de inclusão

Esta experiência de aprendizagem serve de base para o trabalho de sequências com parceiros como na história sobre Elizabeth contada no Capítulo 1. Você conhece melhor seus alunos; antes de aplicar esta tarefa de sequência com parceiros, converse com um ou mais alunos que você acredita serem capazes de trabalhar bem com uma criança em particular e pergunte se eles estariam dispostos a ser o parceiro dessa criança. Sugira algumas maneiras para eles completarem a tarefa e, se necessário, ajude o par durante o processo. Proponha tarefas alternativas para permitir que eles completem bem o trabalho.

Pés, mãos, pés

Objetivos

Como resultado da participação nesta experiência de aprendizagem, as crianças vão melhorar sua capacidade de:
• entender o conceito de que várias tarefas com peso sobre as mãos sobrepõem aquelas como movimentos de rotação e deslocamento (norma 2);
• desenvolver habilidades mais avançadas que apoiam o peso sobre as mãos, como estrelas, rodantes, pontes e reversões para a frente e para trás (norma 1); e
• executar uma sequência com movimentos criativos e hábeis que incluam pelo menos uma das habilidades listadas no item anterior (normas 1 e 2).

Turmas sugeridas

Intermediárias (5º e 6º anos).

Organização

Espalhe colchões em um espaço amplo e aberto. Deixe espaço suficiente entre os colchões para que as crianças te-

nham uma boa distância de corrida para executar os giros com transferência de peso nos colchões. Em várias tarefas, você precisará de pequenas pilhas de colchões, colchões enrolados ou bancos ou caixas para criar os estágios de desenvolvimento apropriados para progredir para a habilidade.

Equipamento necessário

Você precisará de 10 a 15 colchões para esta atividade, com duas ou três crianças em cada colchão. No aquecimento, uma corda de pular para cada criança é colocada no solo para servir de linhas sobre as quais elas se moverão. Caso os colchões de que dispuser sejam pequenos, junte vários e os prenda com velcro.

Descrição

"Hoje temos uma aula desafiadora. Já fizemos aulas apoiando nosso peso sobre as mãos, como no salto do coelho, saltos sobre equipamentos e paradas de mãos. Essas atividades usaram a transferência de peso dos pés para as mãos e de volta para os pés sem focar na rotação. Por exemplo, um salto do coelho transfere o peso dos pés para as mãos e de volta para os pés sem usar a rotação. [Demonstrar.] Hoje vamos apoiar nosso peso sobre as mãos de modos diferentes, focando na rotação. Por exemplo, uma estrela transfere o peso dos pés para as mãos e de volta para os pés durante a rotação do corpo em um eixo anteroposterior. [Demonstrar.] Também giramos ao redor de um eixo em vários tipos de rolamentos. Hoje nós vamos aprender algumas habilidades de rotação e, depois, terminar a aula criando uma sequência que inclua um movimento de rotação."

"Vocês parecem prontos para se mexer! Corram devagar pelo ginásio e quando chegarem a um colchão, transfiram seu peso dos pés para as mãos e de volta para os pés, atravessando o colchão (I). Pés, mãos, pés, mãos, pés. É isso aí! Muito bom, estou vendo braços retos, mãos espalmadas no solo com os dedos afastados, ombros alinhados sobre os punhos (R). Chutemos pés para cima um de cada vez ou os dois ao mesmo tempo (E). Desçam suavemente os pés de volta todas as vezes (R). Eu não quero ouvir o som de pés batendo, tampouco ver ninguém caindo no chão. Ótimo! Parem."

"Agora encontrem um espaço em um colchão. Começando em pé, alonguem o corpo com os braços acima da cabeça (E). Inclinem o corpo para a direita e depois para a esquerda. Mantenham cada posição por 10 a 15 segundos. Façam várias vezes. Agora, deitem no solo de costas, flexionem os joelhos em um ângulo de 45 graus com os pés perto dos glúteos. Posicionem as mãos perto dos ombros com as palmas no solo e os dedos apontados para os pés. Os cotovelos devem apontar para o teto. Levantem o corpo e formem uma ponte (E) [Demonstrar.]. Empurrem a barriga para cima (R)! Isso mesmo. Quando estiverem cansados, deitem de volta, descansem, e depois tentem de novo."

"Dividam-se em grupos de três. Vocês farão rodízio para o próximo aquecimento. Uma pessoa vai fazer a posição de rolamento oval, com as costas voltadas para o teto. A segunda pessoa deitará de costas por cima do 'ovo', perpendicular a ele, com as mãos e a cabeça de um lado do 'ovo' e os pés do outro. A terceira pessoa será o assistente. O 'ovo' agora vai se levantar sobre as mãos e os joelhos, empurrando as costas para cima. Isso fará com que a pessoa deitada de costas assuma a posição de ponte – peso apoiado nas mãos e nos pés, costas arqueadas, barriga para cima (E). Estenda os braços para baixo, alcançando o solo e balance o corpo para que seus ombros fiquem em cima das mãos (R). Olhe para o solo (R). Por segurança, o assistente pode ajudar a pessoa deitada a subir para a posição de ponte. [Demonstrar.] Comecem. Lembrem-se de que todos têm que fazer todas as posições. Façam várias vezes. [Para aqueles que não têm flexibilidade ou habilidade para tentar esse exercício com um parceiro, fazer uma ponte a partir do solo é uma boa alternativa (E). Os mais habilidosos podem fazer a ponte começando em pé (E).] Braços para cima, corpo alongado. Comecem flexionando as costas, com os joelhos e a barriga avançando um pouco para a frente. Tentem alcançar o solo e foquem o olhar nele (R). Desçam suavemente sobre as mãos (R). Mantenham a posição e, devagar, desçam o corpo para o solo até deitar. [Sugere-se assistência no início. Bolachas de ginástica ou colchões de espuma dobrados ajudam nesse processo, se você tiver vários disponíveis.] Parem. Venham aqui e reúnam-se em volta deste banco [caixa]."

"Como eu disse, a lição de hoje é sobre a transferência de peso do seu corpo dos pés para as mãos e de volta para os pés novamente. Vamos fazer isso nas quatro estações que montei. No começo, todos tentarão essas três primeiras habilidades. Caso vocês sejam habilidosos o bastante, podem tentar algumas habilidades novas na quarta estação. Vejam que marquei algumas linhas no solo.

Vocês já apoiaram seu peso nas mãos antes fazendo o salto do coelho, o relógio e o desafio do cordão. Hoje, vamos tentar fazer uma estrela em linha reta (I). Comecem com o corpo de frente para a linha e os pés unidos sobre a linha. Realizem um quarto de giro com a parte superior do tronco e posicionem a mão que começa o movimento [direita ou esquerda] sobre a linha. Acompanhem com a outra mão. Depois aterrissem um pé de cada vez. Tentem descer os pés sobre a linha (R) – mão, mão, pé, pé. Mantenham os braços retos – ombros em cima dos punhos (R). Mantenham as pernas retas (R). Quando terminarem, devem estar de lado com os pés afastados lateralmente sobre a linha [Demonstrar.] (R)."

"Vamos para a segunda estação. A segunda habilidade que todos vão tentar é uma estrela sobre a caixa [banco], aterrissando do outro lado (E). Caso queiram, podem fazer isso no final da caixa [banco] (E). Aqueles que acharem que conseguem manter as pernas retas e alinhadas verticalmente sobre os ombros podem tentar a estrela a partir do meio da caixa [banco] [Demonstrar.] (E). Mais uma vez é mão, mão, pé, pé. Vou observar as mesmas coisas de quando fizeram as estrelas sobre a linha."

"Aqui na terceira estação vocês vão começar deitados de costas e perpendiculares à caixa [banco] (E). Vocês precisam deixar os glúteos bem perto do equipamento e colocar os pés em cima da caixa [banco]. A partir dessa posição vocês vão levantar para a posição de ponte, e a partir daí vão passar o peso do corpo para os ombros, chutar uma perna para cima e depois a outra e terminar em pé de frente para o equipamento. [Demonstrar.] [Assistência pode ser uma boa ideia para essa atividade.] Ok, vamos nos dividir em três grupos iguais. [Conceder tempo para eles praticarem e depois sinalize para os grupos trocarem de estação. Deixar que todos tenham a chance de praticar em cada estação.]"

"Nikki, Rashad, Tiffany e Josh, venham para esta estação. [Pedir a alguns alunos mais habilidosos para irem para a estação extra.] Andei observando vocês e acho que estão prontos para tentar alguns movimentos de ginástica mais difíceis. Vamos aprender cinco habilidades em sequência. Vamos precisar de várias aulas para trabalhar essas habilidades, mas tenho certeza de que vocês conseguirão dominá-las. As habilidades são o rodante, a ponte para a frente e para trás, e a reversão para a frente e para trás (ver Fig. 7.16)."

• *Rodante (E):* alongue bem o corpo com as mãos para o alto, acima da cabeça, da mesma forma que faria uma estrela ou parada de mãos. Posicione as mãos como se fosse fazer uma estrela. Conforme o quadril e as pernas subirem, faça um quarto de volta com o quadril e desça as pernas unidas, enquanto as mãos empurram com força para sair do solo (R). Haverá o momento em que os pés e as mãos estarão fora do solo ao mesmo tempo (R). A posição final é aquela oposta à do início. [Demonstrar.] Pensem: *mão, mão, torção, juntar, empurrar, aterrissar*. Suas pernas unem-se no ar conforme torcem e descem. Você aterrissa com os pés juntos (R). Quando estiver pronto, afaste-se e execute corrida de três passos até o colchão antes de fazer o rodante (E).

• *Ponte para trás* (E): Encontrem um parceiro. Vocês já fizeram reversões para trás para sair de equipamentos. Desta vez, vocês farão o mesmo no solo. Um parceiro será o ginasta, e o outro será o assistente. Quando for a sua vez, vá para a posição de ponte. Como antes, balancem ou transfiram o peso do corpo para os braços e os ombros (R). Ao mesmo tempo, usem uma das pernas como apoio e a outra para chutar (R). Vocês também podem começar a reversão para trás em pé (E). Nesse caso, comecem alongados com as mãos acima da cabeça. Mais uma vez, uma das pernas apoia e a outra chuta (R). Conforme a perna que chuta é empurrada para cima, as costas arqueiam e as mãos alcançam o solo (R). A cabeça deve inclinar para trás, enquanto os olhos buscam o solo (R). As pernas ficam em posição de tesoura e aterrissam uma de cada vez (R). Vocês também podem optar por unir as pernas enquanto estiverem de ponta-cabeça (parada de mãos), descendo com as pernas unidas (E). O assistente pode ajudar, posicionando uma mão no arco das costas e a outra na perna que chuta para ajudar a atingir a posição invertida sobre as mãos e depois para retornar em pé. Pensem: flexionar, *chutar, em pé*.

• *Ponte para a frente* (E): Fiquem em pé de frente para um colchão, com os dedos dos pés tocando o solo. Alonguem o corpo, tombem e gerem impulso; posicionem as mãos no colchão perto dos pés na ponta mais próxima do colchão. Chutem uma perna para cima e por sobre a cabeça, para a posição de parada de mãos, conforme hiperestendem o corpo (R). A perna de apoio segue a primeira (R). Continuem o movimento arqueando as costas (R). Aterrissem um pé após o outro, e finalizem na outra ponta do colchão de costas para ele [Demonstrar.] (R). Pensem: *mãos, chutar a perna, arquear as costas, aterrissar*. Aqui também, o assistente pode apoiar suas costas nos estágios iniciais. [Como auxílio, um colchão mais alto ou dobrado, um banco, ou

uma caixa podem ser usados como ponto de saída para as mãos (E)]. Posicionando as mãos em uma superfície mais alta e em rotação para o solo, vocês têm mais tempo de rodar o corpo antes de os pés descerem para o solo. Caso executem a reversão mais devagar com um chute para a posição de parada de mãos, deixando os dois pés descerem simultaneamente, podem finalizar a ponte em estático (E).

• *Reversão para a frente* (E): Comecem a reversão para a frente com corrida de aproximação para gerar quantidade de movimento (R). Conforme se aproximam do colchão, transfiram o peso para um pé (chamada) e saltem para o ar (R). Os braços ficam estendidos acima da cabeça na passada para a chamada (R). Então, apoiem as duas mãos juntas no chão, flexionando o corpo na altura da cintura, enquanto chutam a outra perna para cima, para a posição de parada de mãos (R). Quando a perna de apoio alcançar a primeira (pernas unidas), os braços elevam o corpo, empurrando-o com força para sair do solo (R). Os quadris ficam estendidos durante a fase de rotação, enquanto os pés descem juntos rapidamente para o solo com as costas arqueadas [Demonstrar.] (R). Pensem: *chamada, chutar, juntar, arquear, aterrissar*. Para ajuda, a reversão para a frente pode ser feita saindo de uma pilha de colchões, o que permite mais tempo de rotação para unir os pés e consequentemente melhorar a aterrissagem (E). [Como nas habilidades anteriores, assistência nos estágios iniciais proporciona aos alunos a sensação de sucesso. A assistência é a mesma daquela para a ponte para a frente.]

• *Reversão para trás* (E): Comecem a reversão para trás em uma posição semiagachada (R). Inclinem-se para trás como se fossem sentar em uma cadeira (joelhos alinhados com pés) (R). Assim que sentirem que vão perder o equilíbrio, lancem os braços para cima e para trás, enquanto as pernas empurram para sair do solo (R). A cabeça também se movimenta para trás conforme vocês buscam olhar o solo (R). Nesse ponto, as costas estão arqueadas e os braços alcançam o solo, com os polegares apontados para dentro (R). Posicionem as mãos no colchão, na distância dos ombros, enquanto as pernas descem rapidamente (R). Conforme as pernas descem, os braços também se estendem e empurram para sair do solo (R). A posição final é em pé, corpo ereto, com os braços estendidos [Demonstrar.] (R). Pensem: *sentar, lançar, alcançar, descer, aterrissar*. [A assistência é idêntica àquela na ponte para trás e é recomendada nos estágios iniciais. Conforme os alunos adquirem mais habilidade, eles podem se aproximar do colchão, fazer um rodante e finalizar com uma reversão para trás em uma linha.]

Figura 7.16 Formas desafiadoras de realizar a transferência de peso dos pés para as mãos e para os pés: (a) rodante, (b) ponte para trás, (c) ponte para a frente, (d) reversão para a frente e (e) reversão para trás.

A assistência ou alguma ajuda é essencial para esses movimentos avançados. Como professor, você não poderá assistir a todas as crianças o tempo todo. Ensine as crianças a se ajudarem mutuamente. Pais e alunos mais velhos também podem ajudar.

"Ok, quero todos aqui de volta. Vamos trabalhar em uma sequência final para esta experiência de aprendizagem (A). Cada um de vocês vai escolher uma das habilidades que aprendemos e colocá-la em uma sequência curta. Sua rotação pode estar no começo ou no final da sequência. Quero que vocês incluam um equilíbrio inicial e um final e usem boas transições durante toda a sequência. Por exemplo, equilíbrio em parada de cabeça, rolamento para a frente, em pé, passadas, chamadas, reversão para a frente e equilíbrio. Ou equilíbrio em ponte com as mãos no solo e os pés em um banco, ponte para trás em afastamento do banco e finalização com um equilíbrio. [Demonstrar.] Trabalhem em prol de uma sequência de qualidade. Apesar de ser uma sequência individual, trabalhem com um parceiro. Revezem a vez e ajudem um ao outro. Quando estiverem prontos, metade da turma apresentará sua sequência para a outra metade, e vice-versa. Trabalhem bastante! [Sinalizar para começarem. Conceder tempo para praticarem. Sinalizar para pararem.] Hora do *show*! [Após as apresentações] Obrigado! Vocês realmente conseguiram fazer um belo trabalho."

Sugestões de avaliação

• Use um *checklist* para determinar quem está pronto para executar as habilidades mais difíceis além das três primeiras – força nos braços, flexibilidade das costas, capacidade para executar uma estrela com boa forma e assim por diante.

• A qualidade da mecânica corporal é importante em todo trabalho com habilidade avançada. Procure ações potentes de chamadas e lançamentos dos braços para os saltos. Boas linhas corporais também são essenciais. As pernas devem estar estendidas, e as costas, arqueadas. As pernas devem retornar ao solo. Avalie a forma e a sincronia de cada habilidade.

Que mudanças posso fazer?

• Nem todas as crianças conseguem trabalhar no mesmo nível. Esteja disposto a modificar as atividades para envolver vários níveis de capacidade. Alguns alunos podem rolar sobre um colchão enrolado. Outros podem fazer um rodante sobre um banco. Seja sensível às capacidades de todos.

• Acrescente um equipamento à sequência. Por exemplo, uma ponte para a frente no solo pode servir como aproximação para um banco, caixa, cavalo ou trave. Entre no equipamento, equilibre-se, desloque-se (*jump*, *hop*), execute uma estrela ou rodante para sair e finalize com um equilíbrio.

Sugestões para ensinar condicionamento

• Executar qualquer uma das habilidades nesta experiência de aprendizagem exige o desenvolvimento de força nos braços e na cintura escapular. Os alunos podem fazer flexões, manter-se sobre as mãos ou fazer outros exercícios em que apoiem o peso do próprio corpo sobre os braços e as mãos em posição ereta ou invertida.

• Executar qualquer uma das habilidades nesta experiência de aprendizagem exige o desenvolvimento de flexibilidade nas costas. Os alunos podem praticar fazendo pontes e mantendo a posição por períodos cada vez mais longos. Eles podem fazer pontes totalmente no solo ou com as mãos ou os pés elevados sobre um equipamento, como um banco ou colchão dobrado.

Sugestões para um currículo integrado

• Estas são habilidades de ginástica difíceis. Os alunos têm de aprender a decidir com responsabilidade se estão prontos ou não para tentar uma determinada habilidade. Este não é momento para tolices ou audácias. Converse com os alunos sobre responsabilidade, confiança, risco e cooperação. Ensine a eles como prestar assistência e ajudar uns aos outros. Quando estiverem prontos, ensine como eles podem se arriscar a aprender uma nova habilidade desde que tenham trabalhado para isso.

• Enfatize que essas habilidades de rotação são a base para acrobacias, para *cheerleading*, saltos ornamentais e trabalho de ginástica avançada. Ao executar essas habilidades, os alunos precisam aprender a focar os olhos em um ponto de referência na parede para saber onde seus corpos estão localizados no espaço.

• Faça os alunos assistirem a apresentações de ginastas avançados ou olímpicos, analisarem seus exercícios de solo e séries em equipamentos e anotarem as habilidades de rotação que virem. Para avaliar se os alunos entenderam o que precisam para aprender a executar as habilidades por si próprios, peça a eles para escrever ou explicar os elementos da forma que viram os ginastas avançados usarem.

• Peça aos alunos que anotem suas séries usando um código, palavras específicas ou desenhos simples para descrever cada uma das habilidades nas suas sequências.

• Os alunos podem escrever sobre como se sentem quando apoiam o peso nas mãos e executam habilidades de ginástica mais avançadas usando os princípios da rotação.

OUTRAS SUGESTÕES DE EXPERIÊNCIAS DE APRENDIZAGEM

Balançando e rolando

Firme como uma rocha...

• Abrace os joelhos e grupe o queixo, mantendo o corpo em formato arredondado e firme. Balance para trás e depois para cima para a posição sentada novamente. Faça o movimento mais duas vezes.

• Sente e posicione seus polegares abaixo das orelhas. Vire a palma das mãos para o teto. Aponte os dedos para trás. Desta vez, você vai precisar manter seu corpo na forma arredondada, contraindo os músculos do abdome. Agora, balance para trás e para a frente três vezes. Balance para trás o suficiente para que suas mãos encostem retas ou quase retas no colchão atrás de sua cabeça. Cada vez que suas mãos tocarem o solo, empurre-as com força para balançar de volta para a posição sentada. Na terceira vez, balance para a frente para ficar em pé sem usar as mãos. Para conseguir isso, deixe seus tornozelos bem próximos dos glúteos, mantendo a cabeça à frente com o queixo próximo ao tórax, empurre os braços para a frente o mais forte que puder e empurre com força com as pernas.

• Na posição de tronco de árvore (com os braços ao lado do corpo) ou de lápis (braços alongados acima da cabeça), balance primeiro para um lado e depois para o outro. Comece deitado de barriga para baixo e também de costas. Mantenha seu corpo rígido e reto. Balance com os braços alongados acima da cabeça (lápis). Balance com os braços firmes ao lado do corpo (tronco de árvore). Mantenha os músculos firmes e concentre-se em mover o corpo como um todo.

• Enrole o corpo bem pequeno no formato de um ovo. Balance para uma direção e depois para outra.

• Comece com um equilíbrio de sua escolha. Depois escolha uma ação de balanço que seja lógica ou que ofereça uma transição suave e a faça três vezes. Finalize com um equilíbrio novo.

• Sente-se ao lado de um parceiro e tentem corresponder quaisquer das ações de balanço anteriores.

...Mas rolando

• Grupe o corpo o máximo que puder perto do solo. Role pelo solo como um ovo.

• Usando um rolamento em lápis ou tronco de árvore, vá até o final do colchão e volte. Deixe os músculos firmes, como se suas pernas estivessem coladas. Tente rolar o mais reto possível. Finja que o colchão é uma estrada e você tem que ficar dentro das faixas (as laterais do colchão) sem rolar para o meio fio (fora do colchão).

• Corra entre os colchões. Quando chegar a um colchão livre, enrole e role para trás, para a frente e para os lados. Levante e continue correndo. Cuidado com os outros.

• Execute *jumps* entre os colchões. Quando chegar a um colchão, enrole o corpo e role para trás, para a frente ou para os lados. Levante e continue.

• Corra, faça um *jump*, aterrisse. Então, abaixe-se e role para o lado. Use um rolamento em lápis ou tronco de árvore ou um rolamento oval. Repita do outro lado.

• Fique de frente para o colchão. Posicione as mãos e os pés sobre o colchão com os pés juntos. Aproxime lentamente pés e mãos. Encoste o queixo no tórax e desequilibre para a frente para rolar. Lembre-se de enrolar o corpo assim que perder o equilíbrio. Deixe as costas arredondadas e mantenha a cabeça fora do solo. Caso consiga fazer isso, consegue também voltar a ficar em pé sem usar as mãos?

• Fique em pé de costas para o colchão. Abaixe-se, faça um rolamento de ombro para trás ou um rolamento para trás, e volte a ficar em pé.

• Balance para trás e para a frente várias vezes, com as mãos para cima, ao lado da cabeça no lugar correto – polegares para dentro, palmas viradas para o teto. Quando sentir que está quase rolando para trás, balance de volta com força e empurre com as mãos para rolar para trás gerando impulso para ficar de pé. Lembre-se de empurrar forte com as mãos e braços para dar espaço para a cabeça passar. A cabeça não deve receber nenhum peso.

• Role para a frente em câmera lenta. Quando eu tocar o tambor, role rapidamente. Quando eu tocar de novo, mude para a câmera lenta. Escolha outro rolamento e mude a velocidade quando eu tocar meu tambor.

• Escolha seu rolamento favorito e role por todo o colchão sem parar. Combine dois rolamentos usando um para ir em uma direção do colchão e outro para voltar à posição inicial.

• Desloque-se entre os equipamentos espalhados (caixas e bancos) usando os pés. Quando chegar a um equipamento livre, use um rolamento de sua escolha para se mover em direção a ele. Suba e, então, faça um equilíbrio no equipamento.

• Desloque-se entre os equipamentos com partes diferentes do corpo. Quando chegar a um equipamento livre, role em direção a ele, suba e faça um equilíbrio. Então salte e role de novo para longe.

• Desloque-se entre os equipamentos da forma que quiser. Quando chegar a um equipamento livre, role em direção a ele, suba e faça um equilíbrio. Então saia do equipamento com um rolamento, apoiando o peso nas mãos primeiro – peso nas mãos, queixo no tórax, descendo devagar para o rolamento. Quando desequilibrar, enrole o corpo firmemente e mantenha a cabeça fora do solo.

- Desloque-se quicando entre os equipamentos. Então salte em *jump* para cima do equipamento e faça um equilíbrio. Abaixe o corpo e use o equipamento para deslizar. Deslize para fora do equipamento e role para longe.
- Desloque-se entre os equipamentos de várias formas. Quando chegar a um equipamento livre, suba e faça um equilíbrio. Então salte para fora com um quarto de giro ou meio giro para aterrissar no solo. Abaixe-se e role para longe.

Girando e rolando

Tontinho

- Fique em pé com um pé só e gire na ponta do pé. Lance os braços e olhe para a direção do giro. Gire com os braços afastados, demonstrando boa extensão. Gire com os braços grupados ao corpo. Comece com os braços próximos e afaste do corpo conforme gira. De que modo você gira mais rápido? E mais devagar? Por quê?
- Encontre outras partes do corpo sobre as quais você poderia girar. Tentem com joelhos, barriga, glúteos, com os dois pés, e assim por diante. Deixe as crianças tentarem ideias diferentes.

Nos eixos

- Trabalhem em pares, apertem as mãos e inclinem-se para trás para girar um ao redor do outro. Parem, soltem as mãos e corram entre vocês da sala. A cada comando, encontrem um parceiro novo, apertem as mãos e girem algumas vezes antes de seguir em frente.
- Imagine uma linha – o eixo longitudinal – atravessando seu corpo da cabeça até os pés. Você consegue descobrir formas de girar o corpo ao redor dessa linha ficando no mesmo lugar? E enquanto se move? Quais partes do corpo podem iniciar o movimento? Conceda tempo para as crianças experimentarem e apresentarem ideias diferentes. Alguma outra parte do corpo pode suportar seu peso enquanto você gira ou roda em torno do eixo de seu corpo?
- Corra e execute um *jump* bem alto para girar no ar o máximo que puder antes de aterrissar. Gire no sentido horário. Gire no sentido anti-horário. Lembre-se de aterrissar com segurança sobre os pés. O que acontece quando você muda a forma do corpo enquanto está no ar? Quais as melhores formas de se entrar nos saltos?
- Comece deitado com o corpo longo e plano no solo. Encontre formas de girar ao redor de seu eixo longitudinal nessa posição.
- Crie uma sequência curta de movimentos, girando ao redor de seu eixo longitudinal enquanto seu corpo está alongado ou curvado. Use várias partes do corpo para produzir a rotação.
- Use um equipamento como uma caixa ou banco. Desloque-se até o equipamento usando os pés. Quando chegar ao equipamento, faça um *jump* para deslocar-se sobre ele enquanto gira em seu eixo longitudinal. Sempre aterrisse com segurança sobre os pés. Em seguida, suba no equipamento com uma ação de rotação. Saia do equipamento com um movimento de rotação. Por fim, crie uma sequência. Gire em seu eixo longitudinal para subir no equipamento. Equilibre-se sobre o equipamento. Então, gire de novo para descer. Conecte os movimentos com ações suaves.

De ponta-cabeça

- Imagine uma linha atravessando seu corpo de um lado do quadril ao outro. Esse é o chamado eixo transversal ou lateral. Encontre formas diferentes de girar seu corpo ao redor dessa linha. Tente várias ações de balanço e rolamento. Veja se consegue girar ao redor desse eixo transversal para a frente ou para trás começando em um equilíbrio sobre os ombros, depois em uma posição sobre os joelhos e, depois, em uma posição sentada.
- Use um equipamento como uma trave de equilíbrio ou barra horizontal. Você consegue encontrar um ponto no equipamento em que consiga girar ao redor de seu eixo longitudinal ou de seu eixo transversal? Consegue sair do equipamento enquanto gira em seu eixo transversal? Ensine os alunos que tiverem habilidade suficiente a fazer giros de quadril ao redor da barra. Para um giro de quadril para a frente, lançamento. Volte para a barra e incline-se para a frente com o corpo reto. Direcione com o queixo, com o tórax aberto. Mantenha a barra próxima ao quadril e volte para a posição inicial de apoio frontal. Ou comece em uma posição de apoio frontal e inicie um giro de quadril para a frente; termine suspenso embaixo da barra. Para um giro de quadril para trás, lançamento, então volte para a barra balançando as pernas para a frente, enquanto se inclina para trás. Mante-

nha a barra próxima do quadril e volte para a posição inicial de apoio frontal.

• Junte dois movimentos – um giro ao redor de seu eixo longitudinal e outro ao redor de seu eixo lateral. Acrescente posições de equilíbrio para começar e terminar sua sequência. Procure dar continuidade ao movimento.

Rodando e jogando

• Imagine uma linha atravessando seu corpo da frente de sua barriga até suas costas (coluna). Esse é o chamado eixo anteroposterior. De que formas você pode girar seu corpo ao redor dessa linha? Agache-se perto do solo sobre os pés. Role para os lados sobre seus ombros e de volta para sua posição inicial agachada. Tente rolar tanto para a esquerda quando para a direita. Sente-se no chão com as pernas afastadas lateralmente. Role para os lados sobre os ombros e de volta para sua posição com as pernas afastadas lateralmente. Você consegue fazer isso várias vezes seguidas, fazendo uma meia volta a cada vez? Você consegue fazer nas duas direções – para a esquerda e para a direita?

• Começando agachado, posicione as mãos no solo de um lado e apoie o peso do corpo sobre elas enquanto levanta o quadril. Faça isso para a esquerda e para a direita. Acrescente um equipamento pequeno, como uma corda, um obstáculo erguido a 15 cm do chão ou um bambolê, e execute o mesmo movimento por cima ou para dentro e para fora do equipamento. Faça o mesmo movimento enquanto se move ao longo de um banco de uma ponta à outra.

• Tente virar estrelas para a esquerda e para a direita. Deixe-as mais simples se necessário, apoiando o peso do corpo em um movimento de giro e permitindo que as pernas fiquem flexionadas ou carpadas. Encoraje os alunos que tiverem capacidade de rodar as pernas alinhadas verticalmente. Tente estrelas sobre uma linha no solo. Tente estrelas sobre uma superfície elevada como um banco de 25 a 30 cm de largura (por segurança, posicione colchões elevados ou dobrados de cada lado do banco para reduzir o impacto de qualquer possível queda). Comece uma estrela em cima do banco e aterrisse no chão. Execute uma estrela por cima do banco passando de um lado para o outro.

• Desloque-se sobre o solo e sobre o equipamento fazendo movimentos de girar e rodar onde for possível. Crie e execute uma sequência que demonstre uma ação de giro em cada um dos três eixos.

Capítulo 8

Como elaborar sequências de ginástica

Conforme observado no Capítulo 3, as crianças geralmente aprendem ginástica em estágios (Nilges, 1997, 1999). No estágio I, elas aprendem habilidades individuais básicas. Elas permeiam todos os três temas de habilidade motora de deslocamento do corpo, estática e rotação e se evidenciam em muitas habilidades como *hop*, estrela, apoio frontal, *tip-up*, parada de cabeça, rolamento para a frente e rolamento para trás sobre o ombro. Essas habilidades individuais servem de base para combinações de habilidades no estágio II e para começar o trabalho em sequência no estágio III. Nos primeiros anos, as crianças devem aprender sequências simples constituídas de três opções ou menos. As crianças mais velhas podem ser incluídas nos níveis mais avançados de desenvolvimento de habilidades do estágio I e trabalhá-las em sequências cada vez mais complicadas no estágio IV. As crianças mais velhas têm maior capacidade de escolher e de usar habilidades adicionais e processos variáveis, desenvolvendo um trabalho bastante sofisticado. As opções devem ser amplas o suficiente para que todos os alunos possam desenvolver uma sequência independentemente do seu nível de habilidade.

Assim como na dança, as sequências são um processo orientado; elas têm começo, meio e fim. São frases de movimento. Nas posições iniciais e finais, os ginastas muitas vezes ficam em equilíbrios verticais que sinalizam controle e chamam a atenção. Essas posições indicam: "Olhem para mim" ou "Já terminei". Mas em vez de permanecer em uma posição de alerta (ereta), também se pode facilmente recorrer a outras formas do corpo como meio de iniciar e de finalizar uma sequência. No meio de uma sequência ou série, as crianças têm opções que incluem habilidades provenientes dos principais temas de deslocamento do corpo, equilíbrio e rotação e das variáveis do processo (CEER). Por exemplo, é dito a elas que uma sequência deve consistir em um deslocamento com os pés, um rolamento e um equilíbrio simétrico; dois rolamentos usando formas diferentes do corpo; ou três equilíbrios em três níveis diferentes.

Elaborar sequências é uma boa tática para as crianças consolidarem o trabalho, reverem movimentos anteriores e acrescentarem um novo elemento. Todo trabalho de sequência deve se concentrar em boas ações de ligação e de transições de uma habilidade para outra. Comece o trabalho de sequência anunciando a tarefa e, depois, oferecendo às crianças um tempo para que explorem as possibilidades. Elas precisam descobrir o que funciona no seu nível e o que não funciona. Entre as várias opções, o trabalho deve ficar o mais próximo das escolhas de que as crianças gostam ou podem executar melhor. Depois, elas devem repetir essas sequências várias vezes a fim de memorizá-las e, finalmente, realizá-las sem erros.

As sequências ajudam as crianças a integrar as habilidades de cada um dos três temas principais e devem ser usadas de maneira informal, como base no desenvolvimento de cada aula. Ocasionalmente, assim como no final de uma unidade de trabalho, elas podem ser utilizadas para uma avaliação mais formal. No Capítulo 4, a questão da avaliação é abordada com bastante profundidade.

O QUE É NECESSÁRIO PARA UMA BOA SEQUÊNCIA DE GINÁSTICA

Assim como na área de jogos, as crianças aprendem as habilidades básicas em primeiro lugar. Quando começa a jogar beisebol, um jogador tem de aprender a bater, defender e arremessar. No tênis, ele tem de aprender a servir e a dar golpes *forehand* e *backhand*. No entanto, essa aprendizagem não prende a atenção dele por muito tempo. Ele quer jogar uma partida. A mesma coisa vale para a ginástica. As crianças logo querem combinar habilidades e colocá-las em uma sequência ou série. E isso é o mais divertido.

Então, em quais fatores ou conceitos você, professor, precisa focar para ajudar as crianças a entender o que é preciso para construir uma boa sequência? As ideias a seguir devem servir como base para desenvolver um trabalho de sequência com as crianças.

Siga as orientações dos requisitos de sequência

Todas as sequências devem ter requisitos especificados. As sequências iniciais devem ter apenas dois ou três. Conforme as crianças vão se desenvolvendo como ginastas, as sequências podem se tornar tão complexas como a capacidade de manejá-las. Sequências devem se concentrar em uma unidade do trabalho intencional ou em uma forma final para que as crianças demonstrem o que aprenderam. Por exemplo, se a unidade de trabalho tem sido a ligação entre as posições de equilíbrio e as ações de rolamento, isso é o que você deve avaliar. Caso uma criança utilize ações de deslocamento como *hop* ou *jump*, essas ações devem ser reorientadas de acordo com a natureza ou a intenção da tarefa. Caso a unidade de trabalho inclua uma criança que usa um equipamento, como uma caixa ou um banco para se aproximar, subir, equilibrar e sair, isso é o que você deve avaliar. Caso o trabalho de uma criança seja ao lado de um equipamento ou inteiramente sobre um equipamento sem subir ou sair, essas ações também devem ser reorientadas de acordo com a natureza ou intenção da tarefa.

Você pode relembrar as crianças sobre os requisitos da sequência ou fornecê-los por escrito em *checklists* que contenham o que deve estar na sequência.

Uma maneira formal para começar e terminar

Conforme afirmamos anteriormente, as sequências devem ter uma boa posição ou forma inicial e final. Esta pode ser uma posição de pé ereta (alerta), como também uma postura de equilíbrio. A intenção é dizer: "Estou pronto para começar" ou "Já acabei".

O início e o final podem ser uma ação de deslocamento, uma postura estática ou uma rotação. Por exemplo, as crianças podem usar uma corrida para iniciar um salto sobre equipamento. Podem usar qualquer quantidade de posturas de equilíbrio para sinalizar o início ou o final de uma sequência. Da mesma forma, podem utilizar uma ação de rotação como um giro sentado ou um rolamento para iniciar ou finalizar uma sequência. Quaisquer que sejam as escolhas feitas pelas crianças, os movimentos devem ser feitos com controle, intenção e precisão.

Caso uma habilidade inclua um parceiro ou um equipamento, o início ou o final pode ser a subida ou descida do equipamento. Por exemplo, um parceiro pode ir desde uma posição ereta de pé até uma parada de mãos inclinada apoiada pela assistência do parceiro. Ou uma criança pode fazer uma estrela ou executar um *jump* com um quarto, metade ou uma rotação completa enquanto sai de um banco. Em ambos os casos, o início e o final devem ser controlados e praticados com perfeição.

Seja como for, tanto o início como o final não devem conter nenhum movimento estranho. O aluno não deve oscilar, dar passos adicionais, olhar para o espaço, ajeitar o cabelo, ajustar a roupa ou se distrair. O início e o final devem ser focados e feitos com propósito.

Manter posturas tranquilas e tempo suficiente para demonstrar controle

Ninguém espera que um ginasta mantenha uma posição por muito tempo. Muitas posturas estáticas requerem enorme quantidade de força. Por exemplo, ficar apoiado em um só pé no que é comumente chamado pivô (cegonha ou quatro) é um equilíbrio com uma base de apoio pequena. Da mesma forma, um *tip-up*, uma parada de cabeça e uma parada de mãos são difíceis de manter por um longo tempo. Muitos equilíbrios em equipamentos ou até mesmo equilíbrios com parceiro também são difíceis de manter por muito tempo. No entanto, esse não é o objetivo da ginástica. Para os ginastas, o objetivo é mostrar que têm domínio e controle das habilidades. Depois, precisam dar continuidade à sua sequência.

Manter uma postura de três a cinco segundos geralmente é o suficiente para demonstrar controle. Por isso, um ginasta deve se mover suavemente para a postura de equilíbrio escolhida, mantê-la por um curto período de tempo e, então, sair suavemente do equilíbrio para entrar no próximo movimento.

O que não se deseja é uma criança tentando um equilíbrio, de forma deficiente, balançando completamente ou dando passos adicionais. Muitas vezes ela pode tropeçar ou cair, criando assim uma situação de risco. Quando isso acontecer, incentive a criança a abandonar a sequência naquele momento, e a substituir aquele equilíbrio por outro que ela domine. Incentive-a também a continuar trabalhando na habilidade mais difícil e dê auxílio e assistência a ela. Então, mais tarde, quando ela tiver dominado a habilidade difícil, poderá incluí-la em uma sequência futura.

Transições suaves

No desenvolvimento do trabalho de sequência, a grande questão é como ir de um lugar a outro de maneira mais suave, mais lógica, sem qualquer movimento desnecessário. A resposta muitas vezes depende da posição de partida. Caso a primeira posição seja em um lugar alto, na posição de pé, o próximo passo poderá ser um mergulho do corpo ao flexionar joelhos e quadris e avançar suavemente para a frente, para trás ou para os lados, balançando ou rolando para começar o próximo equilíbrio. Poderia incluir um movimento para a frente com apoio frontal ou o uso de uma ação com um giro para finalizar sobre um joelho e um pé. Caso uma criança comece em um equilíbrio no solo sobre uma das bases de apoio, a passagem de transição mais lógica pode ser balançar, rolar ou deslizar para a posição seguinte. As principais perguntas que devem ser feitas são: "Onde estou agora?", "Para onde quero ir?", "Como posso chegar lá de uma forma suave e lógica?".

Quando se trabalha com um equipamento ou com um parceiro, as questões são as mesmas, mas as soluções são mais desafiadoras. A criança deve considerar a direção em que abordará o equipamento, a distância a partir do equipamento, como um parceiro pode ajudar ou estabilizar e apoiar o outro, como um parceiro pode assu-

mir ou aliviar parcial ou totalmente o peso do outro e como sincronizar o movimento com um parceiro. Pense calmamente, logicamente, sem medidas adicionais, passos ou movimentos desnecessários.

Trabalho desafiador em um nível individual de especialidade

Ao contrário da sequência ou da série de trabalho de ginástica artística, na qual todos estão presos ao mesmo padrão de desempenho, o trabalho em sequência na ginástica educacional deve incentivar as crianças a desenvolver um trabalho único e individual, baseado em seus níveis de capacidade. Quanto mais os alunos cumprem os requisitos de uma série estabelecida (verbal ou escrita), mais podem obter alta pontuação e se sentirem realizados.

Vamos deixar claro: em qualquer turma, pode haver crianças que estão em um nível baixo de habilidade e força, algumas em um nível médio e, talvez, algumas com potencial para o desempenho de alto nível. A dificuldade é desafiar os alunos que estão desenvolvendo suas sequências para que trabalhem em seus níveis. Caso você observe que alguns alunos montam uma sequência que está acima do seu nível de capacidade, trabalhe com eles e ofereça sugestões para movimentos alternativos. Por exemplo, um rolamento apoiado nos ombros pode ser usado em vez de um rolamento para a frente ou para trás. Ou um equilíbrio sobre as duas mãos e um pé com a perna livre estendida poderia ser substituído por um equilíbrio invertido de três apoios. Em outros casos, você pode ver alunos com níveis médios ou elevados de capacidade que não estão se desafiando. Você sabe o nível de trabalho que eles são capazes. Não os deixe serem preguiçosos. Desafie-os então a trabalharem em seu nível de capacidade. Eles se orgulharão e terão um sentimento de realização quando atingirem a meta apropriada.

Novidade e contraste

Quando determinada sequência deve ser desenvolvida e executada, incentive as crianças a pensarem por si mesmas. Incentive-as a experimentar novas ideias. Elas podem tentar se equilibrar de uma nova forma, entrar ou sair de um equilíbrio de uma nova maneira, abordar um equipamento a partir de uma direção diferente ou realizar um equilíbrio com parceiro que seja único. Ainda que aquilo que estejam fazendo não seja verdadeiramente novo ou inusitado, é novo para elas. E elas acabam tendo a sensação de propriedade e de orgulho em suas realizações.

Na ginástica educacional, é aceitável que cada criança encontre sua própria maneira de resolver um problema. Incentive as crianças a experimentarem várias maneiras de completar suas sequências de ginástica. Experimentem de uma forma. Experimentem de outra. Qual caminho funciona melhor? Com qual se sentem melhor? Incentive-as a se desafiarem e a não olharem ao redor para ver o que um amigo ou um ginasta ao lado está fazendo.

Dependendo da natureza da sequência, o contraste também é um conceito importante de ser focado. Na maioria das vezes, o trabalho em sequência incluirá a comparação de pelo menos duas opções: formas do corpo, bases de apoio, níveis, direções, simetria e assimetria, dimensões, tempo, relacionamento com um parceiro ou um equipamento. Qualquer que seja a natureza da sequência, certifique-se de que as crianças demonstram contraste em seu trabalho. Por exemplo, uma criança poderia criar um equilíbrio na posição de pé e depois um equilíbrio invertido. Em uma sequência diferente, ela poderia sair rapidamente de um equilíbrio e depois sair do próximo lentamente.

Tanto para o ginasta como para o observador, mover-se de maneiras inusitadas torna a experiência interessante. Da mesma forma, incluir contraste em uma sequência deixa a experiência mais divertida de ser executada e de ser assistida.

Consciência corporal completa

Esteja a criança realizando uma habilidade individual ou uma sequência de ginástica completa, em todos os momentos ela deve ter total consciência do corpo. Da cabeça aos dedos do pé, a criança deve ter controle completo. Qualquer coisa menos que isso pode parecer desleixo, além de poder comprometer a segurança. Por exemplo, o que a cabeça está fazendo? A criança está curvando-se para aproximar o queixo do tórax e iniciar um rolamento? Virou a cabeça para começar um giro? Onde os olhos estão focados – para a frente, para o lado, para trás? Isso faz a

diferença quando se realiza um equilíbrio ou uma ação de rotação. Quanto ao tronco, a criança está concentrada em manter o corpo ereto, curvado ou flexionado, e da melhor forma possível? O que os braços e as pernas estão fazendo? Estão alinhados, com os dedos das mãos e dos pés estendidos? Estão intencionalmente flexionados em ângulos específicos ou estão curvados?

Quando se trabalha com um equipamento ou um parceiro, é ainda mais importante ter total consciência corporal em todos os momentos. As crianças devem tomar decisões conscientes de onde colocar seu peso corporal parcial ou totalmente no equipamento ou no parceiro. Em geral, o peso deve ser apoiado a partir de posições de força. Por exemplo, colocar os ombros sobre os braços com os cotovelos encaixados, os joelhos sobre os pés ou os quadris sobre os pés enquanto se está em cima do equipamento e apoiar o peso em um parceiro sobre os joelhos ou ombros, em vez de colocá-los no meio das costas ou na parte da frente, são bons princípios a seguir. O ponto é que as crianças devem saber tomar decisões que afetem a qualidade de seu desempenho e mantenham sua segurança em todos os momentos.

EXEMPLOS DE SEQUÊNCIAS DE GINÁSTICA

A seguir, estão alguns modelos de sequências de ginástica. Eles foram divididos em quatro categorias:

1. Sequências individuais em um colchão.
2. Sequências com parceiro em um colchão.
3. Sequências individuais com equipamento em um colchão.
4. Sequências com parceiro e equipamento em um colchão.

Como as sequências individuais em um colchão podem ser aquelas mais praticadas, oferecemos seis sequências. São fornecidas três para cada uma das outras categorias.

Não estamos sugerindo que esses exemplos sejam as melhores ou as únicas sequências de ginástica possíveis. Pelo contrário, como é o propósito de todo este livro, elas são um ponto de partida, fornecendo a você e às crianças envolvidas um ponto para começar a gerar ideias para o avanço do desenvolvimento.

Sequências individuais em um colchão

Sequência 1
Sequência individual – Trabalho no solo

1. Ligar as formas ABC, DEF, GHI (linhas).
2. Ligar as formas ADG, BEH, CFI (colunas).
3. Ligar as formas AEI, CEG (diagonais).
4. Ligar as formas ABCFI, ADGHI (qualquer uma das cinco formas).

- Mantenha cada forma por 3 segundos.
- Faça transições de uma para outra o mais suavemente possível.
- Faça cada forma, curva ou reta, com qualidade e precisão, e assim por diante.

Figura 8.1 Sequência individual em um colchão.

Alcance – Balance – Retorne

Tente cada uma das seguintes sequências. Partindo da forma inicial, balance até a forma arredondada e então retorne ao início.
1. Sequência A.
2. Sequência B.
3. Sequência C.

- Lembre-se de se alongar completamente e alcançar por 3 segundos quando estiver executando a forma inicial e a final.
- Curve as partes do corpo para conseguir realizar ações de balanço suaves.

Figura 8.2 Sequências do tipo "alcance – balance – retorne".

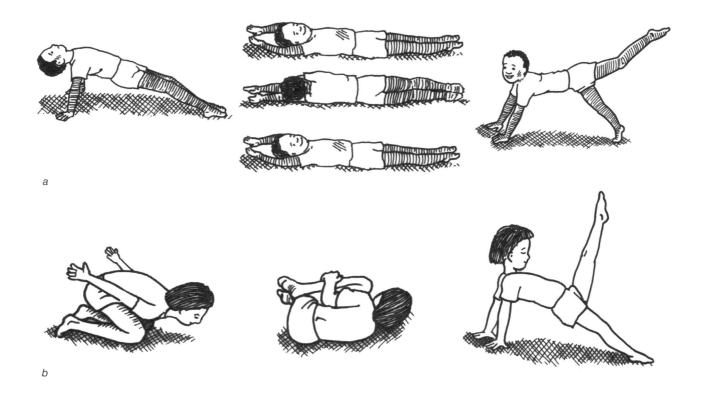

Sequência
Equilíbrio – Rolamento – Equilíbrio

Tente cada uma das seguintes sequências:
1. Sequência A: equilíbrio – rolamento lápis – equilíbric.
2. Sequência B: equilíbrio – rolamento oval – equilíbrio.

- Lembre-se de fazer equilíbrios de qualidade (centro de gravidade sobre a base de apoio, bons alinhamentos e músculos rígidos).
- Mantenha cada equilíbrio por 3 segundos.
- Utilize boas técnicas quando rolar e executar transições suaves entre equilíbrios e rolamentos.

Figura 8.3 Sequências do tipo "equilíbrio – rolamento – equilíbrio".

202 Ensinando ginástica para crianças

Crie uma sequência 1:
Equilíbrio – Rolamento lápis – Equilíbrio

Selecione um equilíbrio inicial entre A, B ou C. Use um rolamento lápis para fazer a transição para o equilíbrio final selecionado entre D, E ou F. Agora repita a seleção acima com um equilíbrio diferente no início e no final.

- Lembre-se de realizar equilíbrios de qualidade (centro de gravidade sobre a base de apoio, bons alinhamentos e músculos rígidos).
- Mantenha cada equilíbrio por 3 segundos.
- Utilize uma boa técnica quando rolar e executar transições suaves entre equilíbrios e rolamentos.

Figura 8.4 Sequência de rolamento lápis.

Capítulo 8 • Como elaborar sequências de ginástica 203

Crie uma sequência 2:
Equilíbrio – Rolamento para a frente sobre os ombros – Equilíbrio

Selecione um equilíbrio inicial entre A, B ou C. Use o rolamento para a frente sobre o ombro para passar para um equilíbrio final selecionado entre D, E ou F. Agora repita a sequência acima com um equilíbrio diferente no início e no final.

- Lembre-se de realizar equilíbrios de qualidade (centro de gravidade sobre a base de apoio, bons alinhamentos e músculos rígidos).
- Mantenha o equilíbrio por 3 segundos.
- Utilize uma boa técnica quando rolar e executar transições suaves entre equilíbrios e rolamentos.

Figura 8.5 Sequência de equilíbrio e rolamento para a frente sobre os ombros.

Crie uma sequência 3:
Equilíbrio – Rolamento para trás sobre os ombros – Equilíbrio

Selecione um equilíbrio inicial entre A, B ou C. Use o rolamento para trás sobre os ombros para fazer a transição para um equilíbrio final selecionado entre D, E ou F. Agora repita a sequência acima com um equilíbrio diferente no início e no final.

- Lembre-se de realizar equilíbrios de qualidade (centro de gravidade sobre a base de apoio, bons alinhamentos e músculos rígidos).
- Mantenha o equilíbrio por 3 segundos.
- Utilize uma boa técnica quando rolar e executar transições suaves entre equilíbrios e rolamentos.

Figura 8.6 Sequência de equilíbrio e rolamento para trás sobre os ombros.

Sequências com parceiro em um colchão

a
Os parceiros começam em uma posição com apoio dorsal: A – clássica ou simétrica, B – um braço estendido acima da cabeça.

b
O parceiro B faz meio giro enquanto o parceiro A deita-se no solo.
O parceiro B apoia os braços sobre os joelhos de A.
O parceiro A está com os braços estendidos e as mãos apoiadas nas pernas de B.

c
O parceiro A flexiona os joelhos e desliza os pés para mais perto dos glúteos.
O parceiro B permanece na mesma posição.

d
O parceiro B move as mãos até a região tibial das pernas de A.
O parceiro A abaixa joelhos e ergue o tronco até a posição sentada em L.

f
O parceiro B trava as mãos com o parceiro A; os cotovelos de ambos estão travados; o parceiro B coloca os pés nos quadris de A. O parceiro B estende as pernas e ergue A do chão para configurar a posição.

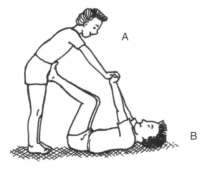

e
O parceiro B executa um rolamento para a frente e se senta em V, faz um meio giro e em seguida se deita no solo de frente para A.
O parceiro A ajuda B a vir para a frente e fica de pé de frente para B.

g
O parceiro B conduz A de volta ao chão e fica de pé.
O parceiro A fica de pé, dá um passo para trás, coloca as mãos no chão, dá um impulso e faz uma parada de mãos.
O parceiro B coloca as mãos sobre os joelhos de A para ajudá-lo no equilíbrio.

Figura 8.7 Sequência com parceiro sem equipamento: apoiar o peso parcial e completamente com equilíbrios individuais.

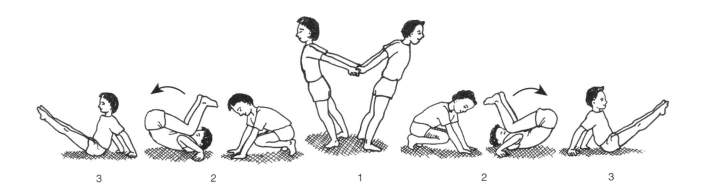

Sequência com parceiro
Contrapeso/Contrabalanço – Rolamento – Equilíbrio

Tente a seguinte sequência:
1. Início: Contrabalanço
2. Meio: Rolamento para a frente e para longe do parceiro (separação)
3. Final: Equilíbrio individual
4. Pratique a sequência até que você e seu parceiro estejam completamente sincronizados e finalizem simultaneamente.

Para uma sequência de qualidade, lembre-se de:
- comunicar-se e cooperar (sincronizem seus movimentos);
- inclinar-se para longe de seu parceiro para o contrapeso; e
- usar transições suaves para entrar e sair de seus equilíbrios e rolamentos.

Figura 8.8 Sequência com parceiro e realização de contrapeso.

Criação de sequências com um parceiro
Separar e aproximar usando contrapeso/contrabalanço

Crie uma sequência com um parceiro: separar
1. Selecione um contrapeso ou contrabalanço entre A-F acima; role para longe de seu parceiro (separar); e finalize com um equilíbrio individual.
2. Pratique a sequência até que você e seu parceiro estejam completamente sincronizados e acabem ao mesmo tempo.

Crie outra sequência com o parceiro: separar e aproximar
1. Selecione um contrapeso ou contrabalanço diferentes: role para longe de seu parceiro (separar); execute um equilíbrio individual; role de volta para encontrar seu parceiro (aproximar); e finalize com o mesmo contrapeso.
2. Pratique a sequência até que você e seu parceiro estejam completamente sincronizados e finalizem simultaneamente.

Para uma sequência de qualidade, lembre-se de:
- comunicar-se e cooperar (selecionem equilíbrios que os dois possam executar e sincronizem seus movimentos);
- inclinar-se na direção contrária de seu parceiro para contrabalançar ou mover-se na direção dele para o contrapeso; e
- usar transições suaves para entrar e sair de seus equilíbrios e rolamentos.

Figura 8.9 Criação de sequências com um parceiro.

Sequências individuais com equipamento sobre colchão

a

Comece de pé com uma forma de estrela simétrica: pernas afastadas lateralmente, braços na posição Y; o lado esquerdo ou direito na direção do meio do banco.

b

Faça uma estrela para a esquerda ou para a direita a fim de alcançar o banco; fique com os dois pés unidos. Abaixe o joelho e o pé – tronco ereto – um braço para cima, o outro estendido para o lado de fora.

c

Curve-se para a frente – e apoie um dos ombros sobre o banco. Deixe o braço do lado oposto com a mão no solo – impulsione para uma posição invertida sobre o ombro ou parada de mãos. Mantenha o corpo ereto, as pernas unidas, ponta de pés.

d

Role para a frente no banco e sente-se em V – pernas bem afastadas lateralmente. Faça um giro sentado da esquerda, da direita, meio giro para a esquerda, em círculo 1, 1 vez e meia.

e

Saia do giro sentado para a posição vertical apoiada nos ombros – uma perna reta para cima, dedos em ponta, a outra perna com o joelho flexionado e o pé apoiado na coxa da perna oposta. Saia da posição apoiada nos ombros, gire o corpo 1/4, de modo que fique com os ombros paralelos ao banco.

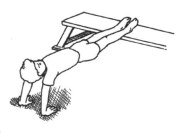

f

Estenda-se até o solo com os braços e posicione-se em apoio dorsal com as pernas sobre o banco – corpo estendido.

g

Entre em uma posição de apoio frontal – uma perna erguida e a outra em apoio no banco. Faça meio giro para a direita ou para a esquerda.

h

Deslize as pernas para fora do banco e entre suavemente em um rolamento para a frente. Termine sentado em V no solo com as pernas unidas – estendidas em linha reta, com ponta de pés – e os braços para trás apoiados no chão.

Figura 8.10 Sequência individual com equipamento: três tipos de rotação com posturas.

Série de ginástica

Execute a seguinte série de ginástica usando um equipamento (banco, caixa, trave ou colchão dobrado).
Em seguida, crie a sua própria série. Ela deve incluir o seguinte:
1. Equilíbrio inicial.
2. Forma de se deslocar para o equipamento (habilidade locomotora ou um movimento de rotação, como um rolamento ou uma estrela).
3. Montar sobre o equipamento (com um *jump* ou *leap*).
4. O desempenho sobre o equipamento deve incluir pelo menos um modo de deslocamento, um equilíbrio diferente do equilíbrio inicial e um movimento de rotação, como uma pirueta ou um *jump* com giro.
5. A saída com uma forma em voo (ampla, estreita, curvada ou torcida) ou uma mudança de direção (*jump* com giro).
6. Um equilíbrio final diferente dos outros dois equilíbrios.

Para uma série de qualidade, lembre-se de incluir:
- Uma variedade de tipos de movimento, fazendo mudanças na base de apoio, no nível, na direção, na forma e/ou velocidade dentro da série.
- Pelo menos um equilíbrio invertido.
- Equilíbrios de qualidade (centro de gravidade sobre a base de apoio, bons alinhamentos e músculos rígidos).
- Boa técnica em todos os movimentos.
- Transições suaves entre os movimentos.

Figura 8.11 Sequência individual de ginástica usando um banco.

Série de ginástica individual sobre um equipamento 1

Execute esta série de ginástica usando uma caixa ou um colchão dobrado:
1. Sente-se em V
2. *Skip* na direção da caixa
3. *Jump* para cima da caixa (subir)
4. Equilíbrio em avião sobre a caixa
5. *Jump* para fora da caixa (descer)
6. Avião sobre o joelho

Depois, crie sua própria série, incluindo o seguinte:
1. Equilíbrio inicial
2. Deslocamento para a caixa
3. Entrada
4. Equilíbrio sobre a caixa
5. Saída
6. Equilíbrio final

Para uma série de qualidade, lembre-se de:
- incluir equilíbrios de qualidade (centro de gravidade sobre a base de apoio, bons alinhamentos, músculos rígidos e manter por 3 segundos);
- usar uma boa técnica em todos os movimentos; e
- usar uma transição suave entre os movimentos.

Figura 8.12 Sequência individual de ginástica sobre um equipamento.

Sequências com parceiro e um equipamento sobre colchão

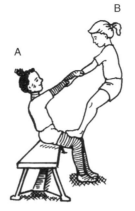

a
Os parceiros iniciam no solo, distantes um do outro e do banco. O parceiro A está sentado em posição L, de costas para o banco, ombros paralelos ao banco. O parceiro B está de pé na posição X, longe do banco, ombros paralelos ao banco.

b
O parceiro A executa um rolamento para trás ou apoiado nos ombros para chegar até o banco e nele se sentar. O parceiro B executa uma estrela até ficar na posição de pé de frente para o parceiro A. Então, o parceiro B dá as mãos ao parceiro A e também coloca um pé de cada vez sobre as coxas dele. O parceiro A puxa o parceiro B enquanto este se inclina um pouco para trás. Como o parceiro B está se inclinando para trás, o parceiro A perde contato com o banco.

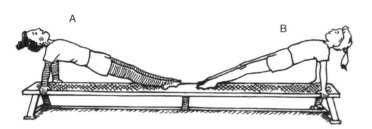

c
O parceiro B desce ou salta das pernas do parceiro A e aterrissa sobre os dois pés de frente para o banco. O parceiro A senta-se novamente no banco e faz ¼ de giro para permitir que os pés se movam em direção ao meio do banco, enquanto suas mãos se posicionam perto da extremidade do banco. O parceiro A se levanta para entrar na posição de apoio dorsal. Ao mesmo tempo, o parceiro A executa um giro, o parceiro B executa um *jump* com um ¼ de giro sobre o banco com os pés próximos do parceiro A e, em seguida, se abaixa em uma posição espelhada em apoio dorsal.

d
O parceiro B sai da posição de apoio dorsal e executa um V sentado com meio giro até a posição deitada sobre o banco. O parceiro A sai da posição de apoio dorsal ao afastar as pernas, grupando-as, balançando para a frente, posicionando as mãos sobre o banco, assumindo a postura agachada e, então, ficando de pé e de frente para o parceiro B. O parceiro A então salta em *jump* ou faz meia pirueta e começa uma ponte para trás com os braços estendidos acima da cabeça. O parceiro B eleva as pernas, posiciona os pés na parte inferior das costas ou glúteos do parceiro A e, ao mesmo tempo, estende suas mãos e segura as do parceiro A, enquanto ergue-as até a extensão completa na posição de apoio.

e
O parceiro B abaixa o parceiro A de volta para o banco em posição de pé. O parceiro A faz ¼ de giro e salta em *jump* para o solo, agacha e executa um rolamento para a frente e finaliza apoiado em um pé e em um joelho com o braço de dentro para cima e o outro estendido para o lado de fora. O parceiro B retorna para a posição sentada, faz ¼ de giro voltado para a mesma direção do parceiro A, realiza um rolamento para a frente e finaliza apoiado em um joelho e em um pé, com um braço estendido para cima e o outro estendido para fora. Os braços do lado interno se tocam no alto.

Figura 8.13 Série com parceiro no equipamento.

Série com parceiro
Série de contrapeso/contrabalanço usando equipamento (banco ou trave).

Tente a seguinte sequência:
1. Inicie sobre o banco executando o contrapeso/contrabalanço.
2. Desloque-se para longe de seu parceiro usando um passo cruzado.
3. Gire, ficando de frente para a extremidade do banco.
4. Salte executando meio giro (180°) e aterrisse em uma postura de equilíbrio de frente para o seu parceiro.
5. Pratique essa série até que você e seu parceiro estejam completamente sincronizados e finalizem simultaneamente.
6. Você também pode trocar os papéis e repetir a sequência.

Depois, junto com o parceiro, crie uma série usando um equipamento.
Inclua o seguinte:
1. Início contendo contrapeso/contrabalanço.
2. Deslocamento para longe do parceiro.
3. Saída (rotações, forma em voo e outras).
4. Postura final ou equilíbrio.

Para uma série de qualidade, lembre-se de:
- comunicar-se e cooperar (selecionem equilíbrios que ambos possam executar e sincronizem seus movimentos);
- inclinar-se para longe de seu parceiro para o contrapeso ou mover-se na direção dele para o contrabalanço;
- flexionar os joelhos ao aterrissar para absorver o impacto; e
- usar uma boa técnica em todos os movimentos.

Figura 8.14 Série de equilíbrio com parceiro e uso de contrabalanço e equipamento.

Tente a seguinte sequência:
1. Início: execute um equilíbrio em pares com o parceiro A no papel de apoio (à esquerda) e o parceiro B em equilíbrio (à direita).
2. Meio: rolamento para separar, com o parceiro B executando um rolamento para a frente em descida pelo plano inclinado e o parceiro A executando um rolamento para trás em descida pela outra extremidade.
3. Final: aterrissam na posição de pé.
4. Pratique essa série até que você e seu parceiro estejam completamente sincronizados e finalizem simultaneamente.
5. Você também pode trocar os papéis e repetir a sequência.

Depois, junto com o parceiro, crie uma série usando o equipamento. Inclua o seguinte:
1. Comece pelo equilíbrio com o parceiro (A, B, C ou D).
2. Um rolamento para separar.
3. Postura final ou equilíbrio.

Para uma série de qualidade, lembre-se de:
- comunicar-se e cooperar (selecionem equilíbrios que ambos possam executar e sincronizem seus movimentos);
- inclinar-se para longe de seu parceiro para o contrapeso ou mover-se na direção dele para o contrabalanço;
- flexionar os joelhos ao aterrissar para absorver o impacto; e
- usar uma boa técnica em todos os movimentos.

Figura 8.15 Série com parceiro e uso de equipamento.

Apêndice: Formulários e folhetos

Como professor, você provavelmente vai achar esta série de formulários bem útil para promover e desenvolver seu programa de ginástica. Ela começa com um relatório de ginástica que você pode enviar aos pais junto do boletim escolar da criança. Quando preenchê-lo, um simples asterisco (*) pode representar as habilidades que uma criança aprendeu durante a unidade. Além disso, você pode usar um D, P ou F para indicar o nível de domínio de uma habilidade ou de um conceito (veja a explicação na parte final do relatório). O espaço na parte final do relatório permite que você escreva comentários breves sobre séries, sequência de trabalho, avaliação cognitiva e afetiva.

Em seguida, há uma série de cartões de tarefas que servem de exemplos para você usar em conjunto com o trabalho individual ou da estação de trabalho em um ambiente de ginástica. Uma série de jogos de equilíbrio, um sistema de notação de ginástica e uma folha do centro de aprendizagem trazem ideias adicionais para promoção individual e da estação de trabalho na ginástica.

Um modelo de certificado para o trabalho das crianças na ginástica, uma sequência individual e uma sequência com parceiro são itens que incentivam o desenvolvimento de exames de alta qualidade. Professores, pais, alunos mais velhos ou colegas podem aprender a usar a escala de avaliação subjetiva fornecida, da mesma maneira como a ginástica regular é julgada. Enquanto desafiarem a si mesmos dentro de seus próprios níveis de habilidade, os alunos menos habilidosos podem atingir altas pontuações tal como os estudantes altamente habilidosos; todos são reconhecidos pelo esforço. Finalmente, como os Estados norte-americanos se movem em direção à avaliação de alto desafio em educação física, dois modelos de gabaritos estão incluídos para representar o que pode ser avaliado para os estudantes de ginástica do 1º ao 3º anos, e do 4º ao 6º anos.

RELATÓRIO DE GINÁSTICA

Nome _____ Escola _____

Professor _____ Nível _____

Unidade de trabalho ou habilidades dominadas

Deslocamentos			
Ações de locomoção (com os pés)	Ações de locomoção (com mãos, pés e joelhos)	Transferência de peso	Voo
__Andar	__Engatinhar	__Balançar, rolar	__Chamadas
__Correr	__Caminhada do urso	__Torcer, virar	__Suspensão
__Hop	__Caminhada do caranguejo	__Deslizar	__Aterrissagem
__Jump	__Salto do coelho	__Saltos acrobáticos	__Trabalho em minitrampolim
__Skip	__Coice de mula		__Salto sobre equipamento
__Galopar	__Helicóptero		
__Deslizar	__Ponte (para a frente, para trás)		
__Outra locomoção	__Roda		
	__Saltos		

Estáticos		
Características do equilíbrio	Princípios do equilíbrio	Tipos de equilíbrio
__Momentos de imobilidade	__Base de apoio	__Posição em pé ou invertida
__Rigidez do corpo	__Centro de gravidade	__Simétrico ou assimétrico
__Controlado	__Equilíbrio, contrapeso	__Suspensão
	__Ações de ligação	__Apoios
	__Movimento para entrar e sair do equilíbrio	__Relação com o equipamento
		__Individual ou com parceiro

Rotação		
Princípios da rotação	Movimento nos três eixos	Tipos de rotação
__Raio de rotação	__Longitudinal	__No espaço
__Foco dos olhos	__Transversal	__Em volta do equipamento
	__Anteroposterior	

Nível de domínio

D demonstra que a criança **dominou** essa habilidade ou conceito.

P demonstra que a criança está **praticando** ou trabalhando para dominar essa habilidade ou conceito.

F demonstra que atualmente o desempenho da criança é **fraco** e está abaixo do nível de desenvolvimento em relação a essa habilidade ou conceito.

Série e trabalho em sequência: componentes da sequência _____

_____

_____

Avaliação de conhecimento:_____

_____

_____

Avaliação de atitude e valores:_____

_____

_____

Observação: Um asterisco (*) indica o trabalho durante esse período e o nível de domínio.
De P.H. Werner; L.H. Williams; T.J. Hall, 2015, *Ensinando ginástica para crianças*, 3.ed. (Barueri: Manole).

EXEMPLOS DE CARTÕES COM TAREFAS EM ESTAÇÕES QUE UNEM TEMAS NA GINÁSTICA EDUCACIONAL

De P.H. Werner; L.H. Williams; T.J. Hall, 2015, *Ensinando ginástica para crianças*, 3.ed. (Barueri: Manole).

JOGOS DE EQUILÍBRIO

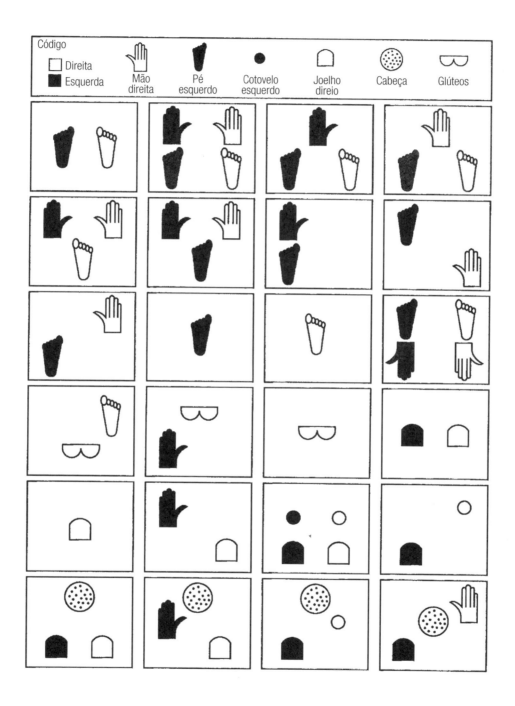

De P.H. Werner; L.H. Williams; T.J. Hall, 2015, *Ensinando ginástica para crianças*, 3.ed. (Barueri: Manole). De P. Werner; L. Rini, 1976, *Perceptual motor development*, vol. 1. (New York: Wiley), 13-14. Copyright © 1976 by Wiley. Reproduzido com permissão de John Wiley & Sons, Inc.

ESCREVA SUA SEQUÊNCIA UTILIZANDO A NOTAÇÃO DE GINÁSTICA

Símbolos de ginástica para movimentos e conceitos

Ações de deslocamentos

Pés:
- Andar   – – –
- Correr   ᗯᗯ
- *Leap*   ⌢
- *Jump*   ∧
- *Hop* |||
- *Skip*   ⊥
- Deslizar   ▷

Transferência de peso e rotação
- Estrela   x
- Rodante   x
- Salto do coelho   ʌ
- Andar em ponte   ⫽
- Rolamento   ⁒⁒⁒

Equilíbrio
- Suspenso   ↑
- Pêndulo   ⊥
- Apoio   ⊤
- Arqueamento das costas   ⌢
- Parada de cabeça   ⊔⊔
- Parada de mão   ⊤⊤

Conceitos

Direção
- Para cima   ↑
- Para baixo   ↓
- Para a frente   →
- Para trás   ←
- Para os lados   ↔

Trajetória
- Reta   —
- Curva   ∿
- Em zigue-zague   ⇄

Relacionamento
- Sobre   ⌢↻
- Embaixo   ⌣
- Em torno   ↺

Nível
- Baixo   ⊔
- Médio   ⊟
- Alto   ⊓

Velocidade
- Rápida   ⫽
- Lenta   ●●●

Simetria
- Simétrico   △
- Assimétrico   ⋈

Invente seus próprios símbolos: $3 \times$ = 3 vezes

I = invertido

_____

_____

_____

_____

_____

_____

Modelo de sequência: ⃗|||3×   Pular para a frente 3 vezes

                   ⁒⁒⁒   Fazer rolamento para trás

                   ⋈I   Equilíbrio assimétrico, invertido

Sua sequência:

1. _____

2. _____

3. _____

4. _____

5. _____

De P.H. Werner; L.H. Williams; T.J. Hall, 2015, *Ensinando ginástica para crianças*, 3.ed. (Barueri: Manole). Ideias originais apresentadas por Stephen W. Sanders, J.T. Walker School, Marietta, Georgia, na Southern District AAHPERD Conference, Nashville, Tennessee, Fevereiro, 1980. Reproduzido com permissão.

CENTRO DE FORMAÇÃO: ELABORANDO UMA SEQUÊNCIA

Objetivo

Quando você tiver completado essas atividades, será capaz de executar uma sequência de ginástica sobre um equipamento.

Equipamento

Este centro de formação pode ser executado em qualquer um dos equipamentos no ginásio, como caixa, banco, trave, barra ou mesa.

O que fazer

1. Depois de ter escolhido o equipamento, tente várias maneiras de subir ou *montar* nele de forma segura. Tente executar *jumps* e *hops* de maneiras variadas, usando as mãos e os pés, ou mesmo uma ação de rolamento. Explore as direções para a frente, para trás ou para os lados.
2. Escolha o equipamento de que você mais gosta, então *se equilibre* em uma posição simétrica sobre duas, três ou quatro partes do corpo. Conte até três enquanto mantém o equilíbrio.
3. *Mude* para um equilíbrio assimétrico usando várias partes do corpo.
4. Encontre um meio de sair, ou *desmontar*, de seu equipamento com segurança.
5. Pratique a sequência completa: montar, equilibrar, mudar, desmontar. Repita várias vezes até que se torne fácil. Então vá para o número seis.

Verifique a qualidade

6. A sua sequência evolui com uma boa ligação entre as ações? Existem passos extras, pausas ou hesitações?
7. Verifique suas formas de equilíbrio para imobilidade e controle.
8. Você está desafiando a si mesmo? Caso alguma parte de sua sequência esteja fácil demais, mude-a para que ela se torne mais difícil.

Que mudanças posso fazer em minha sequência?

9. Mude as formas de equilíbrio – alongado, curvado, torcido.
10. Mude o nível dos equilíbrios.
11. Mude o lugar de onde você sobe ou desce do equipamento (ponta, lado).
12. Varie a velocidade durante a sequência – comece devagar e finalize com movimentos rápidos ou comece rápido e finalize devagar.
13. Quando sair do equipamento, finalize a sequência adicionando um rolamento e um novo equilíbrio no solo.

De P.H. Werner; L.H. Williams; T.J. Hall, 2015, *Ensinando ginástica para crianças*, 3.ed. (Barueri: Manole).

Este certificado por

Excelência em ginástica

é concedido a

_____
Nome da criança

pelo

_____
Nome do exame de ginástica

Escola _____

Ano _____

Professor _____

De P.H. Werner; L.H. Williams; T.J. Hall, 2015, *Ensinando ginástica para crianças*, 3.ed. (Barueri: Manole).

EXAME DE GINÁSTICA

Sequência individual usando banco ou caixa e colchões

Desenvolva uma sequência de exercícios de solo no banco e em colchões que inclua os seguintes componentes:
- Um mínimo de cinco equilíbrios devem ser incluídos na série.
- A sequência deve ser iniciada e finalizada em uma posição de postura de ginástica.
- Os equilíbrios devem mostrar mudanças de forma, simetria e assimetria, mudanças de bases e do número de bases de apoio.
- Um equilíbrio deve ser invertido.
- Um equilíbrio deve incluir apoio completo ou parcial do peso sobre o banco ou a caixa.
- Uma ação de deslocamento deve ser uma passada.
- Uma ação de deslocamento deve incluir apoio do peso sobre as mãos.
- Uma ação de deslocamento deve incluir balanço, rolamento e deslizamento.

Outras considerações devem ser incluídas na série:
- mudanças no uso das trajetórias no ar e no solo;
- mudanças na velocidade (tempo);
- mudanças no nível; e
- o uso de relacionamentos (de uma parte do corpo com a outra; como você se aproxima do equipamento ou se afasta dele; ou como se move sobre o banco, por cima dele ou para fora dele).

Preste atenção em como associar ações de um equilíbrio ao outro. O que funciona bem para levá-lo de uma posição a outra? Preste atenção na estrutura e na técnica em seu trabalho. Suas formas alongadas estão estendidas? Suas formas curvas são arredondadas e suaves? Você eliminou as ações desnecessárias?

Você será avaliado nos seguintes fatores:
Ações de equilíbrio: 2 pontos
Ações de deslocamento: 2 pontos
Uso do banco ou da caixa: 2 pontos
Ações de ligação, de transições: 2 pontos
Variedade no uso de características do processo CEER e apelo estético: 2 pontos

De P.H. Werner; L.H. Williams; T.J. Hall, 2015, *Ensinando ginástica para crianças*, 3.ed. (Barueri: Manole).

EXAME DE GINÁSTICA

Equilíbrios com o parceiro usando um colchão

Com seu parceiro, desenvolva uma sequência no colchão que inclua os seguintes componentes:
- A sequência deve incluir uma posição clara inicial e final que demonstre que você está pronto para iniciá-la e que finalizou seu trabalho.
- Sua sequência deve incluir três equilíbrios com o parceiro.
- Pelo menos um dos três equilíbrios com o parceiro deve incluir uma pessoa apoiando totalmente seu peso na outra.
- Os dois equilíbrios restantes devem incluir o apoio parcial do peso do seu parceiro usando equilíbrio e contrapeso.
- A série deve incluir um mínimo de dois equilíbrios individuais.
- Você deve demonstrar o uso de características do processo em sua sequência. Isso inclui consciência corporal e espacial, esforços e relacionamentos. Alguns exemplos incluem mudanças na base de apoio, no método de deslocamento ou na forma do corpo; mudanças no nível, direção, extensão ou trajetória; mudanças no tempo ou no uso da força; e mudanças nos relacionamentos com foco para espelhamento, correspondência ou trabalho contrastante.
- Leve em consideração o movimento lógico que proporciona transições suaves (ações de ligação) entre deslocamentos, equilíbrios e trabalho de rotação. Dedique especial atenção ao modo como usa suas ações de transferência de peso para se aproximar e se afastar de seu parceiro e como você pode se mover suavemente para entrar e sair de equilíbrios individuais ou com parceiros.

Preste atenção em como associa ações de um equilíbrio ao outro. O que funciona bem para levá-lo de uma posição à outra? Preste atenção na estrutura e na técnica em seu trabalho. Suas formas alongadas estão estendidas? Suas formas curvas são arredondadas e suaves? Você eliminou as ações desnecessárias?

Você será avaliado nos seguintes fatores:
Início e finalização evidentes e transições suaves: 2 pontos
Equilíbrios com parceiros: 2 pontos
Equilíbrios individuais: 2 pontos
Deslocamentos, ações de transferência do peso: 2 pontos
Variedade em características do processo CEER: 2 pontos

De P.H. Werner; L.H. Williams; T.J. Hall, 2015, *Ensinando ginástica para crianças*, 3.ed. (Barueri: Manole).

GABARITO DE GINÁSTICA

Do 1º ao 3º anos

Avaliação de tarefas

Demonstrar uma sequência de ginástica que inclua um mínimo de três ações e três conceitos de movimento CEER.

Opções de ações	Opções de conceitos de movimento
Ações de deslocamento com passadas	Consciência corporal: formas do corpo
Andar, *jump*, *hop*, *skip*, deslizar, galopar	Consciência espacial: mudança de nível, direção, trajetória, extensão
Transferir o peso dos pés para as mãos e para os pés	Esforço: tempo, energia, espaço
Salto do coelho, estrela	Relacionamento: partes do corpo com o equipamento
Equilíbrio	

Exemplos

Ação	Conceito de movimento
Jump	Para a frente e para dentro de um arco
Equilíbrio	Nível baixo, simétrico no arco
Rolar	Mudar de direção ou acelerar a partir de um arco
Ação	**Conceito de movimento**
Estrela	Tempo: rápido, lento
Rolar	Direção: para a frente, para trás, para os lados
Equilíbrio	Forma, nível
Ação	**Conceito de movimento**
Equilíbrio	Forma, nível, base de apoio
Rolar	Tempo, direção
Equilíbrio	Mudança de forma, de nível, de base de apoio

Escreva ou desenhe sua sequência

Ação	Conceito de movimento

(continua)

Critérios de avaliação

- Os equilíbrios devem demonstrar formas claras e retas, ângulos e linhas curvas, e devem ser mantidos por três segundos.
- As ações de deslocamento devem demonstrar boa estrutura e técnica.
- As ações de rotação devem demonstrar boa estrutura e técnica.
- A sequência deve demonstrar o uso de três conceitos de movimento diferentes.
- As transições devem ser suaves e lógicas.
- O início e a finalização das posições na sequência devem ser evidentes.

Nível 3

Executa as ações verbais de maneira proficiente, com estrutura e técnica; demonstra consistentemente um início e uma finalização claros; demonstra variedade e contraste nos conceitos de movimento; demonstra com consistência transições suaves e lógicas; repete consistentemente a mesma sequência.

Nível 2

Executa as ações verbais com boa estrutura e técnica; geralmente demonstra um início e uma finalização claros; demonstra alguma variedade e contraste nos conceitos de movimento; geralmente realiza transições lógicas e suaves; costuma repetir a mesma sequência.

Nível 1

Executa as ações verbais com alguma estrutura e controle; às vezes demonstra um início e uma finalização claros; demonstra pouca variedade ou contraste nos conceitos de movimento; raramente realiza transições lógicas e suaves; raramente repete a mesma sequência.

Nível 0

Executa as ações com técnica pobre; raramente demonstra um início e uma finalização claros; não demonstra nenhuma variedade ou contraste nos conceitos de movimento; raramente realiza transições lógicas e suaves; nunca repete a mesma sequência.

De P.H. Werner; L.H. Williams; T.J. Hall, 2015, *Ensinando ginástica para crianças*, 3.ed. (Barueri: Manole).

Apêndice **227**

GABARITO DE GINÁSTICA

Do 4º ao 6º anos

Avaliação de tarefas

Criar, escrever e executar uma sequência de ginástica usando um equipamento (p. ex., caixa, banco, trave, cavalo, barras).

A sequência deve incluir três dos quatro elementos seguintes:

- Ações de deslocamentos usadas para subir, percorrer e descer do equipamento.
- Posições de equilíbrio de pé e invertido.
- Movimento aéreo, incluindo uma ação de salto e uma forma durante o voo.
- Uma habilidade que requer alguma transferência de peso para as mãos e um retorno para os pés.

Você deve escolher e executar toda a sequência de trabalho que considerou para exibir uma variedade de ações e de escolhas entre os conceitos de movimento CEER.

Exemplos

1. Posição inicial: em pé e longe do banco com a lateral do corpo voltada para a ponta do banco, alerta, pronto para começar – corpo na forma de estrela, faça uma estrela lateral rápida para chegar ao banco.	2. Gire 90 graus para ficar de frente para o banco. Use um rolamento lento para a frente para subir no banco.
3. Termine o rolamento sentado em V com os glúteos e as duas mãos apoiando o peso do corpo no banco e com as pernas afastadas; mantenha essa posição por três segundos.	4. Faça meio giro, deite-se no banco, e entre em uma parada de ombros invertida com uma perna alongada e a outra flexionada, com o pé próximo ao joelho da perna alongada.
5. Saia da parada de ombro com o corpo em uma posição curvada; quando os pés entrarem em contato com o banco, erga-se e fique de pé.	6. Posição final: salte vigorosamente do banco; fique em posição grupada enquanto estiver no ar, aterrisse suavemente no solo com sua lateral voltada para o banco. Fique em uma posição de alerta controlada para demonstrar que finalizou.

Escreva ou desenhe sua sequência:

1. Posição inicial	2.
3.	4.
5.	6. Posição final

(continua)

Critérios de avaliação

- Três das quatro partes devem ser incluídas na sequência – deslocamentos, equilíbrios de pé e invertidos, movimento aéreo e transferência de peso para as mãos e retorno sobre os pés.
- As ações verbais devem ser consideradas para demonstrar o uso de uma variedade de conceitos de movimento.
- As transições devem ser suaves e lógicas.
- A sequência deve ter posições inicial e final claros.

Nível 3

Realiza de maneira proficiente um mínimo de três das quatro ações verbais, com estrutura e técnica; demonstra com consistência um início e um final claros; demonstra variedade e contraste em conceitos de movimento; demonstra consistentemente transições lógicas e suaves; repete de modo consistente a mesma sequência; a descrição narrativa escrita corresponde consistentemente ao desempenho.

Nível 2

Executa um mínimo de três das quatro ações verbais com estrutura e técnica; geralmente demonstra um início e um final claros; demonstra alguma variedade e contraste de conceitos de movimento; geralmente demonstra transições lógicas e suaves; repete de modo consistente a mesma sequência; a descrição narrativa escrita corresponde consistentemente ao desempenho.

Nível 1

Executa um mínimo de duas das quatro ações verbais com alguma estrutura e técnica; geralmente mostra um início e um final claros; demonstra pequena variedade ou contraste de conceitos de movimento; raramente demonstra transições lógicas e suaves; raramente repete a mesma sequência; geralmente a descrição narrativa escrita corresponde ao desempenho.

Nível 0

Executa menos de duas ações verbais com técnica pobre; raramente demonstra um início e um final claros; não demonstra nenhuma variedade e contraste de conceitos de movimento; raramente demonstra transições lógicas e suaves; nunca repete a mesma sequência; raramente a descrição narrativa escrita corresponde ao desempenho.

De P.H. Werner; L.H. Williams; T.J. Hall, 2015, *Ensinando ginástica para crianças*, 3.ed. (Barueri: Manole).

Referências bibliográficas

Belka, D. (1993). Educational gymnastics: Recommendations for elementary physical education. *Teaching Elementary Physical Education* 4 (2): 1-6.

Brown, M. (1987). *D. W. flips.* Boston: Little, Brown.

Buschner, C. (1994). *Teaching children movement concepts and skills: Becoming a master teacher.* Champaign, IL: Human Kinetics.

Coelho, J. (2010). Gymnastics and movement instruction: Fighting the decline in motor fitness. *Journal of Physical Education, Recreation and Dance* 81 (1).

Cooper, P. S. e M. Trnka. (1989). *Teaching basic gymnastics: A coeducational approach.* 2. ed. New York: MacMillan.

Graham, G. (2008). *Teaching children physical education: Becoming a master teacher.* 3. ed. Champaign, IL: Human Kinetics.

Graham, G., S. Holt/Hale e M. Parker. (2010). *Children moving: A reflective approach to teaching physical education.* 8. ed. Mountain View, CA: Mayfield.

Hacker, P., E. Malmberg, J. Nance, A. Tilove e S. True. (1993). *Sequential gymnastics for grades 3-6.* 3. ed. Indianapolis: U.S. Gymnastics Federation.

Hopple, C. (2005). *Elementary physical education teaching and assessment: A practical guide.* 2. ed. Champaign, IL: Human Kinetics.

Kelly, L. E. (1989). Instructional time: The overlooked factor in PE curriculum development. *Journal of Physical Education, Recreation and Dance* 60 (6): 29-32.

Mitchell, D., B. Davis e R. Lopez. (2002). *Teaching fundamental gymnastics skills.* Champaign, IL: Human Kinetics.

National Association for Sport and Physical Education (NASPE). (1995). *Moving into the future: National standards for physical education.* Reston, VA: Naspe.

_____. (2004). *Moving into the future: National standards for physical education.* 2. ed. Reston, VA: Naspe.

_____. (2010). *Appropriate instructional practice guidelines for elementary school physical education.* Reston, VA: Naspe.

Nilges, L. (1997). Educational gymnastics: Stages of content development. *Journal of Physical Education, Recreation and Dance* 68 (3): 50-55.

_____. (1999). Refining skill in educational gymnastics: Seeing quality through variety. *Journal of Physical Education, Recreation and Dance* 70 (3): 43-48.

_____. (2000). Teaching educational gymnastics. *Teaching Elementary Physical Education* 11 (4): 6-35.

Nilges-Charles, L.M. (2008). Assessing skill in educational gymnastics. *Journal of Physical Education, Recreation and Dance* 79 (3): 41-51.

Physical Education Association of Great Britain and Northern Ireland. (1991). Gymnastics – ideals for the 1990's? *British Journal of Physical Education* 22 (3): 8-35.

Ravegno, I. (1988). The art of gymnastics: Creating sequences. *Journal of Physical Education, Recreation and Dance* 59 (3): 66-69.

Rikard, G. L. (1992). Developmentally appropriate gymnastics for children. *Journal of Physical Education, Recreation and Dance* 63 (6): 44-46.

Rink, J. (2010). *Teaching physical education for learning.* 6. ed. Boston: McGraw-Hill.

Shulman, L. S. (1987). Knowledge and teaching: Foundations of the new reform. *Harvard Educational Review* 57 (1): 1-22.

Siedentop, D. (1991). *Developing teaching skills in physical education.* 3. ed. Palo Alto, CA: Mayfield.

U.S. Department of Health and Human Services, Centers for Disease Control and Prevention. (2008). *2008 Physical activity guidelines for Americans.* www.health.gov/paguidelines.

Sugestões de leitura

Baumgarten, S. e K. Pagnano-Richardson. (2010). Educational gymnastics: Enhancing children's physical literacy. *Journal of Physical Education, Recreation and Dance* 81 (4): 18-25.

Este artigo apresenta uma definição de ginástica educacional, destaca seu papel em um programa de educação física e enfatiza uma estrutura de movimento que contribui para a alfabetização física de uma criança. Os conceitos de corpo, espaço, esforço e relacionamentos são discutidos a partir de uma perspectiva da ginástica.

Belka, D. (1993). Educational gymnastics: Recommendations for elementary physical education. *Teaching Elementary Physical Education* 4 (2): 1-6.

Este artigo compara a ginástica educacional com a ginástica olímpica, salientando como a ginástica educacional é mais apropriada para ambientes de ensino fundamental. Também descreve oito temas de movimento: suporte e transferência de peso, dinâmica e equilíbrio estático, movimentos de passadas, balanços e rolamentos, deslizamentos, voos e aterrissagens, pendurar e oscilar e escaladas.

Brown, M. (1987). *D. W. flips.* Boston Little, Brown.

Trata-se de um livro de introdução para crianças. Ele apresenta uma menina chamada D. W., que gosta de fazer cambalhotas no ar e todos os tipos de atividades de ginástica.

Carroll, M. E. e D. R. Garner. (1988). *Gymnastics 7-11: A lesson-by-lesson approach.* New York: Falmer Press.

Este popular título aborda a ginástica a partir da perspectiva da educação ou da consciência corporal e fornece aos professores de ensino fundamental assistência prática para a estruturação significativa de aulas para crianças menores. A abordagem "aula por aula" abrange um período de quatro anos, que vai dos 7 aos 11 anos. As habilidades específicas são ensinadas para serem usadas regularmente durante todo o programa.

Franck, M., G. Graham, H. Lawson, T. Loughrey, R. Ritson, M. Sanborn e V. Seefeldt. (1991). *Physical education outcomes: A project of the National Association for Sport and Physical Education.* Reston, VA: Autores.

Esta obra tenta definir uma pessoa fisicamente educada, do primeiro ano ao final do ensino médio, em relação aos campos psicomotor, cognitivo e afetivo. Avaliações para cada nível são descritas nos seguintes termos: *aprendeu as habilidades específicas, está fisicamente apto, não participa regularmente, compreende informações cognitivas* e *valoriza a atividade física.*

Graham, G. (2008). *Teaching children physical education: Becoming a master teacher.* 3. ed. Champaign, IL: Human Kinetics.

Este texto para o curso de pedagogia do American Master Teacher Program for Children's Physical Education integra informações baseadas em pesquisa com experiência direta de ensino. O livro é uma excelente fonte de habilidades práticas e técnicas para que os professores possam motivar as crianças a praticar, desenvolver sentimentos positivos, minimizar os comportamentos de dispersão e problemas de disciplina, além de criar um ambiente propício à aprendizagem. Ele também auxilia no desenvolvimento do conteúdo da aula e na resolução de problemas, na observação e análise, no *feedback* e nas avaliações.

Graham, G., S. Holt/Hale e M. Parker. (2010). *Children moving.* Mountain View, CA: Mayfield.
Este livro aborda temas sobre as habilidades que as crianças podem usar conforme avançam nos níveis de competência. Os capítulos sobre deslocamento, salto e aterrissagem, rolamento, equilíbrio e transferência de peso são especialmente apropriados para a ginástica educacional.

Hacker, P., E. Malmberg, J. Nance, A. Tilove e S. True. (1993). *Sequential gymnastics for grades 3-6.* 3. ed. Indianapolis: U.S. Gymnastics Federation.
Este livro apresenta um guia para o estabelecimento de um ambiente seguro e não competitivo nas escolas. As sequências de habilidades exigem pouca ou nenhuma assistência e são ministradas de forma progressiva, isto é, uma habilidade ajuda a desenvolver outra. As atividades usam colchões, traves de equilíbrio baixas, tablado para saltos com o auxílio das mãos e barras horizontais.

Hopple, C. (2005). *Elementary physical education teaching and assessment: A practical guide.* 2. ed. Champaign, IL: Human Kinetics.
Esta fonte exclusiva divide-se em três partes. A Parte I introduz o conceito de planejamento com objetivos (criar metas curriculares ou de resultados que sejam realistas e exequíveis para a sua situação particular) e, em seguida, mostra como avaliar esses objetivos utilizando dossiês e avaliações de desempenho de tarefas. Os professores encontram muitas dicas úteis, especialmente quanto ao uso e à pontuação dessas avaliações. A Parte II é organizada de acordo com os conceitos (incluindo conceitos de aptidão) e habilidades ensinadas em educação física. Ela também contém um modelo de desempenho e dossiês de tarefas. Muitos deles podem ser usados pelos professores para fazer uma avaliação direta de acordo com os critérios da NASPE, que indicam quando podem ser aplicados. O conjunto que deve ser ensinado está detalhado para cada habilidade e conceito, juntamente com as ideias de atividades e orientações para ensiná-las nos diferentes níveis de escolaridade. A Parte III concentra-se na real

avaliação das tarefas e ideias curriculares para a sala de aula. Cada capítulo traz adições e revisões da primeira edição que são o resultado dos avanços no conhecimento sobre avaliação.

Kirchner, G., J. Cunningham e E. Warrell. (1978). *Introduction to movement education.* 2. ed. Dubuque, IA: Brown.
Um texto fundamentalmente sólido, este livro não separa os capítulos em jogos, dança ou ginástica. Pelo contrário, ele apresenta capítulos ilustrados com base nos temas de qualidade de movimento Laban (forma, direção, esforço e variedade) e no uso de aparelhos de pequeno e grande porte.

Kruger, H. e J. Kruger. (1977). *Movement education in physical education.* Dubuque, IA: Brown.
Com um novo olhar sobre a educação física, este livro dá atenção ao uso de 16 temas Laban. Esses temas fundamentais servem de base para o trabalho com jogos, dança e ginástica.

Learmouth, J. e K. Whitaker. (1977). *Movement in practice.* Boston: Plays.
Os autores apresentam 14 aulas de ginástica educacional. Cada uma delas trabalha um tema ou uma combinação de temas, uma fase de introdução exploratória, desenvolvimento do tema por meio de extensões e refinamentos e a ligação do tema com o trabalho no aparelho.

Mauldon, E. e J. Layson. (1979). *Teaching gymnastics.* 2. ed. Londres: MacDonald and Evans.
Os autores examinam a relevância da ginástica no contexto histórico e no contexto do currículo escolar. Com base nos temas da ginástica educacional, o livro atende especialistas de educação física, bem como professores em sala de aula.

Morrison, R. (1974). *A movement approach to educational gymnastics.* Boston: Plays.
O conteúdo deste livro cobre toda a gama de ginástica educacional para alunos do ensino fundamental e médio. As ações enfatizam a locomoção e o equilíbrio. Os subtemas para a locomoção incluem transferência do peso, deslocamento e voo. Os subtemas para o equilíbrio incluem suporte do peso, habilidades de equilíbrio, ações de che-

gada e ações dentro e fora do equilíbrio. Trabalhos em duplas e em grupos são abordados em uma seção separada.

Nilges, L. (1997). Educational gymnastics: Stages of content development. *Journal of Physical Education, Recreation and Dance* 68 (3): 50-55.

As quatro etapas de jogos de Rink são interpretadas em um conteúdo de desenvolvimento na ginástica. A primeira etapa é a exploração e a variação de habilidades individuais. A segunda é a combinação de habilidades individuais. Aos poucos, as crianças combinam essas habilidades em sequências que começam na etapa 3. Durante a etapa 4 são desenvolvidas sequências avançadas.

Nilges, L. (1999). Refining skill in educational gymnastics: Seeing quality through variety. *Journal of Physical Education, Recreation and Dance* 70 (3): 43-48.

Este artigo concentra-se em como os professores criam tarefas de aperfeiçoamento e amplificação em uma tentativa de melhorar a eficiência e a variedade de respostas mostradas no trabalho dos alunos. No processo de aperfeiçoamento, os professores concentram-se na correção e na mecânica do desempenho e no uso de transições suaves entre os movimentos. Durante o processo de amplificação, os professores focam na variedade de escolhas dos alunos no desempenho de uma determinada tarefa de resolução de problemas, para indicar uma compreensão do número de respostas disponíveis em uma tarefa de movimento aberto.

Nilges, L. (2000). Teaching educational gymnastics. *Teaching Elementary Physical Education* 11 (4): 6-35.

Esta edição da revista traz uma reportagem especial sobre ginástica educacional. Ela foi escrita e editada por Nilges. Os coautores são Belka, Hardin, Lathrop, Murray e Ratliffe. Os tópicos incluem orientações de segurança, ensino de rolamento, passadas, voo e ações de equilíbrio, avaliação e como facilitar a inclusão.

O'Quinn, G. (1978). *Developmental gymnastics.* Austin, TX: O'Quinn.

Um modelo sequencial para ginástica acrobática olímpica, saltos acrobáticos e início de trabalho em aparelho. As habilidades são apresentadas em uma progressão bem ilustrada do desenvolvimento. As descrições das mecânicas apropriadas para cada especialidade incluem sugestões de

desempenho para a execução. O livro é voltado para iniciantes (com idades entre 5 e 6 anos) até crianças nos anos iniciais.

Physical Education Association of Great Britain and Northern Ireland. (1991). Gymnastics – ideals for the 1990's? *British Journal of Physical Education* 22 (3): 8-35.

Esta edição especial apresenta o melhor da teoria e questões relativas à ginástica educacional. Trata-se de uma série de artigos escritos pelas principais autoridades da Inglaterra em ginástica educacional.

Ravegno, I. (1988). The art of gymnastics: Creating sequences. *Journal of Physical Education, Recreation and Dance* 59 (3): 66-69.

Este artigo, além de apresentar uma visão clara de como ajudar as crianças a construírem sequências em ginástica, inclui vários exemplos.

Rikard, G. L. (1992). Developmentally appropriate gymnastics for children. *Journal of Physical Education, Recreation and Dance* 63 (6): 44-46.

Incluído em uma edição especial sobre o desenvolvimento das práticas adequadas de educação física para crianças, este artigo dá muitas sugestões para o ensino da ginástica. Rikard identifica práticas inadequadas e sugere correções.

Ryser, O. e J. Brown. (1990). *A manual for tumbling and apparatus stunts.* 8. ed. Dubuque, IA: Brown.

Este guia é uma excelente fonte para os professores de educação física sobre a organização de classes e habilidades técnicas na ginástica olímpica. Também serve para treinadores de equipes de ginástica competitiva, pois fornece regras de competitividade, informações essenciais e progressões de habilidades sobre os vários eventos competitivos.

Stanley, S. (1977). *Physical education: A movement orientation.* 2. ed. Toronto: McGraw-Hill.

Seguindo a estrutura de movimento Laban, este livro enfatiza o uso da consciência corporal, da consciência espacial, o esforço e relacionamentos no ensino de jogos, dança e ginástica. Os capítulos sobre ginástica oferecem aulas selecionadas para crianças ao longo de todo o ensino fundamental.

Wemer, P. e T. Sweeting. (1991). Gymnastics in schools. *The Physical Educator* 48 (2): 86-92.
Este artigo é baseado na abordagem teórica da ginástica educacional moderna, que estabelece o deslocamento, a rotação e o trabalho estático como alicerces para o conteúdo de ginástica. Esses temas são apoiados pelas variáveis do processo Laban de consciência corporal, consciência espacial, ações de esforço e relacionamentos.

Williams, J. (1987). *Themes for educational gymnastics.* 3. ed. London: Black.
Este renomado livro é uma referência muito prática. Os professores podem usar o seu conteúdo como ponto de partida para elaborar suas aulas, ou mesmo como planos de aula detalhados.